珍藏本
纪念版

汉译世界学术名著丛书

人口问题

——人类进化研究

〔英〕亚历山大·莫里斯·卡尔-桑德斯 著

宁嘉风 译

楠木 校

商務印書館
SINCE 1897 The Commercial Press

2017年·北京

Alexander Morris Carr-Saunders

THE POPULATION PROBLEM

A STUDY IN HUMAN EVOLUTION

Oxford：the Clarendon Press，1922

本书根据英国牛津克拉伦登出版社 1922 年版译出

汉译世界学术名著丛书
（120年纪念版·珍藏本）
出 版 说 明

2017年2月11日，商务印书馆迎来120岁的生日。120年前，商务印书馆前贤怀揣文化救国的理想，抱持"昌明教育，开启民智"的使命，立足本土，放眼寰宇，以出版为津梁，沟通中西，为中国、为世界提供最富智慧的思想文化成果。无论世事白云苍狗，潮流左右激荡，甚至战火硝烟弥漫，始终践行学术报国之志，无改初心。

迻译世界各国学术名著，即其一端。早在20世纪初年便出版《原富》《天演论》等影响至今的代表性著作，1950年代后更致力于外国哲学和社会科学经典的译介，及至1980年代，辑为"汉译世界学术名著丛书"，汇涓为流，蔚为大观。丛书自1981年开始出版，历时三十余年，迄今已推出七百种，是我国现代出版史上规模最大、最为重要的学术翻译工程。

丛书所选之书，立场观点不囿于一派，学科领域不限于一门，皆为文明开启以来，各时代、各国家、各民族的思想与文化精粹，代表着人类已经到达过的精神境界。丛书系统译介世界学术经典，引领时代思想，为本土原创学术的发展提供丰富的文化滋养，为推动中国现代学术和现代化进程做出了突出的贡献。

为纪念商务印书馆成立120周年，我们整体推出“汉译世界学术名著丛书”120年纪念版的珍藏本，寄望既利于文化积累，又便于研读查考，同时向长期支持丛书出版的译者、编者和读者致以敬意。

两甲子后的今天，商务印书馆又站在了一个新的历史时间节点上。我们不仅要铭记先辈的身影和足迹，更须让我们的步伐充满新的时代精神。这是商务人代代相传的事业，更是与国家和民族的命运始终紧密相连的事业。我们责无旁贷，必须做好我们这代人的传承与创造，让我们的努力和成果不仅凝聚成民族文化的记忆，还能成为后来人可以接续的事业。唯此，才能不负前贤，无愧来者。

商务印书馆编辑部

2017年10月

出版说明

《人口问题——人类进化研究》是英国著名社会学家亚历山大·莫里斯·卡尔-桑德斯的一部代表作,也是他的成名之作。作者生于1886年,青少年时代就学于伊顿公学,后入牛津大学麦格达林学院(Magdalin College)学习生物学,成绩优异,因而获得生物学奖学金到那不勒斯继续深造(1908—1909)。这时,他的兴趣已由生物学转向社会学,并投身于社会活动,一度在劳动人民聚居的伦敦东区一处社交俱乐部和文化中心——托因比会所(Toynbee Hall)从事管理工作(1912—1913)。第一次世界大战期间,他参加了英国皇家陆军,先后随军在法国、埃及和巴勒斯坦等地服役。

战后不久,《人口问题——人类进化研究》一书问世(1922)。这是卡尔-桑德斯的第一部主要著作,他在这本书中运用丰富的生物学知识以及社会科学知识,对历史上资源与人口之间的关系进行估量,为现代人口统计学奠定了基础。次年,他应聘担任利物浦大学的社会科学教授,在任教的十四年期间陆续发表了一系列有关社会问题的著作。其中主要有《职业》(*The Professions*,与P. A. 威尔逊合著,1933)和《世界人口》(*World Population*,1936)两书。前者是对各种职业在英国的发展情况首次进行全面研究的一部专著，旨在确定各种职业的基本社会特征并指出其在现代社会中具有的特殊重要意义。后者是在当时许多国家缺乏人口统计的情况下，对世界人口所做首次调查的产物。这部书篇幅虽然不大，却为后继者在这方面的研究工作打下了基础。由于作者在社会科学的很多方面都有着深厚的造诣，特别是对现代人口学有着重大的贡献，他在英国和西方学术界都享有很高的声誉和地位。1937年他被委任主持伦敦大学伦敦政经学院的工作，任期长达二十年之久，并一度担任伦敦大学的副校长。1946年被选为英国科学院的研究员，并封为爵士。1957年退休后，他仍积极从事社会活动。

本书的目的，正如作者在序言中开宗明义所表明的，是试图追溯有关人口诸主要问题的起源并指出它们之间的关系，也就是试图从历史的和进化的观点考察整个人口问题。因此，它讨论的范围非常广泛，涉及与人口问题有关的生物学、人类学、经济学以及其他社会科学等各方面的问题。内容丰富，材料翔实，是本书的主要特点和优点。书中概述了人口论简史，勾画了人类史的轮廓，对人类的繁殖问题和生育力的变化也分章做了专门的研究。对人口问题的两个基本方面——数量方面与质量方面——都进行了探讨，后者是自19世纪后半叶起才逐渐受到重视的研究课题，也是近、现代人口学家区别于前人的领域。本书以巨大的篇幅分别就渔猎民族、原始农业民族、有史以来的民族以及人类所有这些民族如何调节人口的问题做了详细的考察，论证了人类在历史发展的各个阶段采取种种措施以限制人口的增长，从而引出在一般情况下并不存在人口过剩的结论，而把人口过剩视为偶发现象或个别国家中存在的例外现象。值得注意的是，作者宣告了马尔萨斯人口论的破产，代之而起的是现代人口论——最适宜的人口密度论，并认为这一理论适合于人类的所有民族。在本书的最后几章里，作者就遗传、环境、传统等诸因素对人类的影响进行了追本溯源的探索，对人体性状和精神性状的进化从历史的角度加以分析研究，并做了相应的估计，得出了自己的结论。

作为现代人口学的奠基之作，这本书也不免带有其本身固有的缺点，对一些问题的估计有失粗略等等。至于其中某些带结论性的观点是否正确，也有待进一步地检查和验证。尽管如此，由于本书在现代人口学界占有一定的学术地位，它仍不失为一本人口学者的必读之书，也可供关心人口问题的广大读者参考。

1982 年 11 月

目　录

序　　言

当前人们常常讨论与人口有关的各式各样的问题。本书不打算对其中任何个别问题的研究有所贡献,但试图追溯现在引人注意的种种主要问题的起源,指出它们之间的关系——实际上是从历史的和进化的观点来观察整个问题。本书是战争的偶然产物。战争爆发时,我为了探讨人口问题的某几个方面,忙于搜集资料。现在这些资料已吸收到这本书里。当时我曾经设想,可以写一本引论来表明这些方面是如何与整个问题相关的。除此之外,我就没想做什么了。其后我服役五年,在此期间,这个写一本短的引论的计划变成抱负大得多的计划——对整个人口问题进行较详细的研究。在那些年月里这并不是一项轻而易举的工作,它既涉及全书各部分所占比例的困难,也涉及必须接触到生物学的、人类学的和经济学的问题而产生的困难;谁也不能自命对这一切都具有渊博的知识。不过,要是姑且不谈本书在什么程度上完成了它的使命,最熟悉现代人口文献的那些人大概会同意试图以历史透视法观察整个人口问题还是有用武之地的。因此,本书只要能引起那些对人口问题个别方面感兴趣的人注意到我这样做的必要性,它就不会完全辜负其使命了。

我要向 L. T. 霍布豪斯教授深表谢意,他通读了全书的手稿,并提供了许多最有价值的建议和批评。朱利安·赫克斯利先生阅读了简直是研究生物学问题的那几章，我也感谢他的有益帮助。关于第五章最末一节记载的计算资料，我还得感谢 H. T. 蒂泽德先生。

第一章　人口论简史

一

人口问题可以划分为两大主要部分：一些问题是和人口的数量相关的，另一些问题是和它的质量相关的。对于人口问题的考察，往往致力于这两大主要部分的一方面，而不涉及另一方面，以致人们极少重视它们之间的关系。本书的目的之一在于表明一切人口问题都出自同一来源。在19世纪，生物学知识的发展，特别是关于进化的讨论，使人们看清楚了整个人口问题以及由此所产生的一切问题都起源于这个事实：人类在动物王国中占有确定的地位。在下两章里，我们将试图根据现代研究的成果来说明整个问题的基础；在第四章里，我们将讨论各种问题的性质和它们之间的关系：首先讨论那些与人口数量相关的问题，然后再讨论与人口质量相关的问题。

但是，这不是最初探讨这一问题的方式。起初，人们并不了解人类在动物中的地位能导致对这一地位所引起的各种问题的越来越多的理解。从早期开始，人们就特别注意人数问题。在公元前5世纪和公元18世纪之间（柏拉图时代和马尔萨斯时代之间），人们常常发表关于人口稠密好还是不好的意见。马尔萨斯的著作意见就集中在这一点上。从狭义上说,即使不了解整个问题的生物学根源,这一问题也能得到解决。《人口论》发表后接着进行的讨论,使政治经济学研究者普遍接受了这种解决办法。从广义上说,这一问题的解决取决于对其生物学根源的理解。因此,一直到19世纪中叶之后,由于达尔文和华莱士的著作问世,与数量问题相关的一切问题才列入适当地位。达尔文和华莱士都感激马尔萨斯。马尔萨斯讨论了与进化极其密切相关之处,虽然他丝毫没有认识这一事实。达尔文和华莱士在形成他们对进化过程的解释时,都由于熟悉马尔萨斯的著作而受益匪浅。这样,从达尔文和华莱士时代开始,就能够全面观察人口问题了,虽说不仅在《物种起源》发表之前,而且在它发表之后,与数量相关的种种问题的讨论都曾经独立地进行过。

质量问题没有引起同样的早期兴趣。当然大家都很熟悉,柏拉图曾经致力于整个问题中这一方面的研究。[①] 罗马作家也提到一些习俗的优生意义。[②] 后来,坎帕内拉在一部名著中详细地研究了优良教养的重要意义。[③] 但人们对于质量的兴趣不像对于数量的兴趣那样广泛和持久。在人们普遍接受生物的起源来自进化这种观点,并取得一些遗传知识之前,只不过偶然注意到质量问题

---

① 关于这一课题,请参阅罗珀所著《古代优生学》。

② 罗珀引证塞尼卡如下:"我们沉溺弱者和怪物。把无用者和适宜者区分开,不是出于冲动,而是出于理智。"(《古代优生学》第12页)

③ 坎帕内拉:《太阳城》。

而已。[①] 例如，J. S. 穆勒和巴克尔的主张，恰好都是在人们逐渐重视遗传的重要意义之前形成的，因此，他们都否认遗传在任何方面与社会问题的研究有关。[②]

二

马尔萨斯名著的第二版大为增订了。他在序言中写道，关于这一课题他找到了许多引证，都是他第一版出版时还没有发现的。[③] 他承认有几位作家看起来已经牢固地掌握了他书中所要证明的“原理”。在这些作家中他提到柏拉图和亚里士多德。在这些事例中，马尔萨斯很想把最初阐明这一“原理”归于别人。其实，只是由于希腊生活极其特殊的条件，才发生过人口问题。筹划理想的城市国家，就涉及最令人满意的市民人数问题。柏拉图专心致力于这一问题，曾详细地加以研究。他说，在这种国家里应当有五千零四十个市民。[④] 在《共和国》一书中他解释说，由于同业公会的严格规定，市民的人数大约可以保持相同的数目。[⑤] 但在《法律》一书中他没有提倡这种制度，还讨论了难以保持这一人数的可

① 罗珀先生在书中所引上文夸大了早期对质量的重视。例如，当谈到杀婴和类似的一些习俗时，他说：“这些野蛮的优生学……与数量问题和质量问题都有关系。”（第11页）正如以后要指出的，这些习俗主要与数量有关；它们与质量的关联是偶然性的。

② 例如，参阅穆勒所著《政治经济学原理》，第1卷，第389页。达尔文批评了穆勒著作的这一方面（《人类起源》，第98页）。

③ 马尔萨斯：《人口原理》，第1卷，第5页。

④ 柏拉图：《法律》，第737页。

⑤ 柏拉图：《共和国》，第460页。

能性。[①] 他似乎认为，各种限制如杀婴和“洪水”之类，会使人数保持接近令人满意的水平。如果人口增加过多，就必须向外移民。在希腊文献中，似乎从来没有更深入地研究过这一问题。

罗马作家对这一课题的论证，大多局限于慨叹古罗马血统的低生育力。因此，引起罗马人对这一课题的注意的只是它的特殊方面，他们发表的意见往往局限于为民族生活中的特殊弱点寻找补救办法。正如我们以后将指出的，低生育力对一切阶级究竟典型到多大程度是可疑的。低生育力涉及的范围并不广泛，似乎在特塔利安的下述精辟章节中偶然指出过。在这些章节里，他发表的意见使我们联想起关于这一主题的许多现代作品。特塔利安驳倒了派塔高尔的灵魂转生理论。他争辩道，如果灵魂转生理论是正确的，则人数必然永远不变。可是事实显然不是如此，人口还在继续增长。这就使他谈到当代的文明状态。他说：“在人类古代记录[②]中，我们发现人类发展了，人口逐渐在增长。……如果我们纵观全世界，这一点的确是明显极了。和古代相比，现今土地的耕种越来越改进了，人口越来越稠密了。现在，所有地方都可以去，所有地方都为众所周知，所有地方都通商了；十分可爱的田园除去了曾经是沉寂而又危险的荒野的一切痕迹；已耕地征服了森林；羊群和牛群驱走了野兽；沙漠上播了种；岩石上栽了树；沼泽排干了水；以前几乎连孤零零的茅屋都看不到的地方，现在也变成了大城市。人们不再害怕荒凉的岛屿，也不再畏惧岛上怪石林立的海岸；到处

① 柏拉图：《法律》，第740页。

② 这显然是引证瓦罗的一本著作。

是房屋、居民、安定的政府和文明的生活。最经常映入我们眼帘的是稠密的人口。人口数量对于世界的负担是沉重的，世界上的自然要素几乎难以供养我们。我们的欲望越来越大，当自然不能像往常那样供应我们以生活资料时，我们每个人的抱怨就越来越厉害。的的确确，时疫、饥荒、战争和地震必须看作是对各民族的补救办法，看作是消除人类多产的手段。”①

三

16 世纪之前，我们没有发现人们对人口问题发生过任何重大兴趣。从 16 世纪起，人们常常谈到这一问题。一般地说，我们不难理解这种情况是怎样发生的。那时的思想动态转向具有实际重要意义的问题。人们对与人口相关的问题之所以发生兴趣，主要是因为一些欧洲大国的兴起和统一引起了种种问题。在某种程度上，发现新大陆的航行和殖民地的建立也把人们的思想吸引到与人口有关的问题上来。正如我们将要看到的，在新的一批政治家和理论家的著作中，以及在游记中，我们可以找到大多数的论证。②

① 特塔利安：《灵魂论》（尼西亚以前基督徒丛书），第 481 页。

② 环球航行后，人们认识到地球的表层是有限的。这毫无疑问对人口问题具有影响。地球是圆的或者至少它不是扁平的（事实上它在某种程度上是四面体的），亚里士多德当然是知道的（《苍天论》，第 2 部分第 14 页）。有人说过，对于从事记述所有那些自远古流传下来的种种猜想的学者来说，这一概念是经常呈现在他们的心目中的（博赞克特：《国家的哲学理论》，第 330 页）。但只是经过实践证实之后，一般人才不得不注意到地球是圆的。

这些论证大多采取了对人口众多是好还是不好加以讨论的形式。的确,往往极少进行什么讨论;人口众多的好处在论述者看来似乎是很明显的。大多数人都和《寓言》这本书的作者持有相同的意见,认为"人民众多是帝王的光荣,而人民稀少则等于君主的毁灭"[①]。理由是不难找到的。人口众多似乎就是既有权力又有财富。人口众多的好处在供应庞大的军队方面最具有吸引力,从而极大地影响了18世纪的学者。[②] 即使在今天,对一些人来说,它也没有完全失去吸引力,正如我们在下一章里按理要提到的那样。人口众多有好处这一简单的看法同重商主义的发展相吻合。这个学派的学者也得出结论说,总的说来,人口越多越好。但是,却不时碰到反对这种观点的主张。反对这种流行意见的主要人物,在一些情况下受到观察事实的影响比受到理论的影响多,在另一些情况下受到理论的影响则比受到观察事实的影响多。作为前者的例证,我们可以举出16世纪末叶和17世纪初叶英国的几位学者;作为后者的例证,我们可以举出主要属于18世纪后半叶的几位英国学者。最后提到的那些看法,常常受到人口和生活资料之间的关系的某种概念的影响。这种概念和马尔萨斯的概念极其相似。但预见到马尔萨斯主张的不只是他们。16世纪以来,我们在讨论人口问题的章节里,就可以找到类似马尔萨斯主张的一些大致清楚的论述。但是,这些学者对于人口增长不总是采取不赞成的看

① 《寓言》XIV第28页。

② 孟德斯鸠写道:"只有大的国家才有军队。"(《罗马人的兴衰》,法文版,第130页)

法。其中许多人的确支持当时流行的人口众多有好处的看法。不过，总的说来，考虑人口和食物供应之间的关系，往往是和害怕人口增加相联系的。现在我们可以更加详细地回顾一下前面概述过的意见的趋势。这就要把我们带到《人口论》问世的年代。①

四

远在16世纪之前，人们就发表过人口众多是有益的这种意见。圣汤姆·阿奎纳说："谁家子孙越多，就越能得到政府的支持。"②但只是后来我们才发现人们明确地坚持这一意见。布丹说："在我看来，由于任何城市都不比市民最多的那些城市更加富足，在艺术与科学方面更为著名，因此，许多人不相信市民和儿童众多会造成饥荒。"③根据博特罗的意见，"据说城市的伟大不在于城市的面积大，也不在于城墙范围的广阔，而在于居民人数众多和他们力量的强大"④。马卡维利持有极其类似的意见，而据说法国的亨利四世曾经说过："帝王的富强在于其臣民的众多与富足。"⑤

① 我曾经几次查阅人口文献。我主要感谢斯坦格兰写的《马尔萨斯以前的人口理论》，载于《历史、经济学和公法研究》——哥伦比亚大学出版物；第XXI卷，第3期，1901年。

② 汤姆·阿奎纳：《论元老政治》，第八卷，第9章（第Ⅳ卷是伪著；不过，它大概代表圣·汤姆的意见）。

③ 布丹：《共和国六卷》，第Ⅴ卷，第2章，第575页。

④ 博特罗：《城市兴起的原因》，第5页。

⑤ 斯坦格兰引自《政治经济学新词典》中"人口"一文，第103页。在沃班看来（《皇家什一税》第18页），"帝王权力的大小取决于其臣民的多少"。

可以说，这种例证几乎不胜枚举。根据这样广泛而强烈的意见，人们采取了实际措施，以鼓励人口增长。在这些实际措施中，最著名的是1664年通过的科尔伯特法。像大多数的这类法律那样，它是仿照晚期罗马帝国的法律制定的。大多数欧洲国家，在这一时期里或在其他时期里，都实施过类似的法律。

17世纪末叶出现了一派学者，可以列为政治经济学家，虽然当时尚未使用这一名词。根据当时占优势的重商主义理论，人口众多被认为是有益的。我们发现了关于贸易繁荣的条件的种种较新的理论，与国家要想强大则人口必须稠密这种较旧和较含糊的理论相吻合。在这些学者中，配第和格劳恩特以统计学的先驱著称。据前者说："人口稀少便是真正贫困；拥有八百万人民的国家，比占有相同土地面积但仅有四百万人民的国家，其富足程度要超过两倍。"①格劳恩特则说："君主因其臣民的众多而富强（人手乃财富之父，土地乃孕育财富之母），那么，认为各国通过鼓励结婚和禁止放荡就能增进其本国利益，并能保护上帝的法律免于遭受蔑视和冒犯，这种看法就不足为奇了。"②查理士·达维南特爵士和乔赛亚·蔡尔德爵士是这一学派的两位主要学者。前者如下写道："人民是国家的真正力量和财富。我们看到了西班牙拥有金银矿和世界上最好的港口与土壤，但由于缺少居民而那样软弱无能；我们也看到了联合省*占有坏的港口和地球上最坏的气候，但人口

① 配第：《论赋税与捐献》，载于《经济论著》，第Ⅰ卷，第34页。

② 格劳恩特：《关于死亡统计表的民族的和政治的观察》，第8章，第14节。

* 即今荷兰所在地。——译者

众多使它那样强大。人民缺少土地比土地缺少人民也许会好些。地广人稀的后果只能是懒惰和贫困。但人口稠密而土地狭小，就必然迫使人们节约、勤劳并从事发明，因而往往可以致国家于富强。”[①]后者论证这一课题不止一次。例如：“对一国人口的任何关怀，总会对这个国家的改进有所裨益。”[②]“世界上文明地区大多数国家的贫富程度，或多或少和它们的人民众寡成比例，而不和它们的土地肥瘠成比例。”[③]在这些引证之外，我们还可以补充摘自威廉·坦普尔爵士的一个引证：“我认为贸易的真正和根本的基础是众多的人民拥挤在狭窄的土地上。”[④]

从 18 世纪学者的作品中可以引证许多类似的意见。弗雷德里克大帝持有极其坚定的意见。他在给伏尔泰的一封信中说：“我看臣民就像大公爵猎苑里的一群鹿，它们除了繁殖并充斥围场以外别无其他用途。”[⑤]休谟说道：“这是种普遍规则：任何社会的幸福和它的人口兴旺是必要的互为依存的条件。”[⑥]亚当·斯密说：“任何国家的繁荣最具有决定意义的标志就是它的居民数目的增长。”然而，使我们对这一时期的学者最感兴趣的，是他们对这一课题的其他方面越来越增长的兴趣。

① 达维南特：《政治工作与商业工作》，第Ⅰ卷，第 16 页。

② 蔡尔德：《贸易新社》，第 10 章，第 181 页。

③ 同上书，第 179 页。

④ 坦普尔：《联合省观察》，第 164 页。

⑤ 费迪：《儿童数量的人为限制》，第 85 页。

⑥ 坎南：《生产与分配理论史》，第 124 页。

五

在论证多少与马尔萨斯的意见相近的那些预见之前,我们应当注意到上述这些乐观意见并不是到处被接受的。特别是在英国,接近16世纪末叶时,有几位学者表示了对人口过剩的恐惧。据霍林斯黑德说,有些人"确信我们英国拥有的人口已经太多了;青年人结婚太早,对国家毫无好处,却使乞丐遍于国中,从而(他们说)使英联邦遭受损害和败坏"[①]。后来我们看到布吕克纳说了如下一段话:"有的人认为人口永远不可能过多,他们谈到人口增长就好像总是对幸福有所贡献,因而他们继续不断地敦请君王鼓励人口增殖。可是,实际情况往往大不相同,其利弊取决于这个国家的条件。在自由和开明的国家里,由于它具有巨大的自然优点,并能保护其自身免于运气较差的邻邦的入侵,因而人口的增长是一件好事……在条件与此相反的国家里,人口的增长比无用还坏,事实上也是办不到的,这种企图只能招致额外的灾难和增加死亡数字。"[②]亚瑟·扬以加强的语气讲了同样的内容:"在政治经济学的一切课题中,我不知道有哪门课题像人口这门课题产生过这么多的错误。多少世纪以来,似乎把人口看作是国家繁荣的唯一验证。那些时代的政客以及现代的大多数政客都具有这样的意见:查看人口的数字是确定一个国家繁荣程度所能够采取的唯一步骤。我

① 斯坦格兰:《政治经济学新词典》,第110页。

② 同上书,第234页。布吕克纳的著作发表于1769年。

在1769年走遍英格兰北部的旅行中，提出了反对这一理论的警告，并擅自断言，'任何国家都不会只是由于人口众多而富强起来，使国家强有力的是勤劳阶级'。这一论断我曾于1774年在我的《政治算术》一书中加以重述。"①大约与此同时，卢梭曾指出："对国家来说，匮乏是比人口稀少更为严重的问题。"②

六

18世纪常常就人口和食物供应之间的关系讨论人口问题。人口巨大增长的可能性和少量实际增长之间的矛盾也往往引起人们的注意。华莱士说："由于各式各样的原因，任何时刻世界上也从没有像人类的多产能力所可能生产出那么多的居民。居民稀少和增长的不规则性，原因是多方面的。有些可以叫作物质原因，因为它们完全取决于大自然的进程，完全不以人类的意志为转移。另一些原因是道德上的，取决于感情、冲动和人类的制度……对于后一类原因，我们可以指出人类彼此之间进行的许多破坏性战争、严重的贫困、世俗的或宗教的腐化制度、放纵、淫乱、不正当的男女关系、懒惰、奢侈，以及妨碍结婚的任何事物，等等，它们削弱了人类的生育能力，或者使他们不关心和不能教育他们的子女并有效地耕种土地。必须把人口稀少归之于这类破坏性原因。"③詹姆士·

① 扬：《游法杂记》，第Ⅰ卷，第481页。

② 勒鲁瓦-博利厄：《人口问题》，第31页。

③ 华莱士：《论人口数量》，第12页。

斯图亚特爵士用很大的篇幅讨论了这一课题。他说:"生育能力与负荷重量的弹簧相似,它所发挥的力量总是和阻力的减弱程度成比例。当食物在相当期间内既不增加也不减少,生育就会使人口达到可能的高峰。如果后来食物逐渐减少,则弹簧负担过重,它的负荷力就会变成负数——居民将减少,至少与过重的负担成比例。反之,如果食物增加,处于零的弹簧,就会与阻力的减少程度成比例地开始发挥其力量——人民的饮食会开始得到改善,人口将增加,而食物又会随着人口增加成比例地变得稀少起来。"①

马尔萨斯告诉我们,写第一版时,"他据以从其作品中推论出来形成人口论主要论证的原理"的学者只是休谟、华莱士、亚当·斯密和普赖斯。② 在《人口论》第一版和第二版出版之间的期间,他发现许多其他学者已或多或少预见到他的原理。其后,许多其他类似的文章也问世了。讨论前人预见马尔萨斯的原理到怎样程度是没有价值的。看一看发表过的一些意见就够了。人口和食物之间有关联,这在 18 世纪已经成为常识了。米拉博说过:"对于生活资料的计量就是对于人口的计量。"③我们可以举出和这个意见相当的许多例子。④ 可以找到很早以前人们对人口增长的巨大力量经常发表的言论。雷利就在他的《世界史》中说过,要不是因为

① 斯图亚特:《政治经济学原理》,第Ⅰ卷,第 20 页。

② 马尔萨斯:《人口原理》,第Ⅰ卷,第 3 页。

③ 米拉博:《人类的朋友》,第 2 章,第 14 页。

④ 葛德文在 1798 年(《政治的正义》,第Ⅷ卷,第 518 页)说过:"人类社会存在着一个原理:人口永远被压制在生活资料的水平上。"在重农学派的著作中可以找到许多类似的意见。可参阅杜尔哥:《论商业》,第 7 节;以及魁奈:《经济表分析》,第 25 章与第 26 章。

战争、饥荒、时疫等，全世界在很久以前就会是人烟稠密的了。[1]马卡维利不止一次地指出人口的增长存在着阻力。他把后期罗马野蛮人的入侵归因于莱茵河与多瑙河以外的部族异常迅速的增长。[2] 对于这一课题最有趣的议论之一，可以在我们已经引证过的博特罗的著作中找到。“因此，我说，城市的扩大，一部分来自人类的生育能力，另一部分来自城市的营养能力。毫无疑问，一直到今天生育能力完全没有变化，至少是和它在过去的三千年中一样。所以，如果没有其他阻力让它停滞不前，人类的繁殖会无止境地增长，城市的扩大会是无限的。如果它不能无限地增加，我必须说，这是由于足以使它增加的营养和生活资料方面有缺陷。”[3]其后他又说：“虽然人类在罗马帝国登峰造极的骄傲时代和在它刚开始时一样，是同样适宜于增殖的，但人口并没有成比例地增加。因为城市的营养能力不能再前进一步了。……由于同一理由，人类增长到一定的数量之后，就不再进一步增长了。三千年或更早以前，和现在一样，世界上已经是人烟稠密了。”[4]

就预见到马尔萨斯的原理来说，比涉及人口数量和食物供应之间的关系也许更为引人注目的言论是一些常见的提到比率问题的讨论。在《人类的原始起源》里，马修·黑尔爵士力求表明，人类必然有过开端，也必然会有终结。他在人类生育力方面寻找这一命题的证据。他计算过，除非受到限制，人口数量必然按几何比率

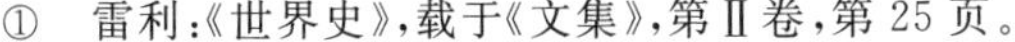

① 雷利：《世界史》，载于《文集》，第Ⅱ卷，第 25 页。

② 马卡维利：《佛罗伦萨史》，第Ⅰ卷，第 5 页。

③ 博特罗：《城市兴起的原因》，第 73 页。

④ 同上书，第 75 页。

增长。显然,人口并没有这样增长,这主要是因为缺乏充足的食物,大量人口总是被各种各样的因素所消除。他指出这些因素是时疫、饥荒、战争和洪水泛滥等。① 威廉·配第爵士较详细地研究了几何比率。他绘制出一张很精细的表,假定自洪水以来已经过了四千年,表明如何能得出世界人口为320,000,000的估计数字。② 在马尔萨斯的书发表之前,比率之说不时重复出现,例如在萨克斯所著的一部书里,③但从来没有在讨论中起过显著作用。

七

马尔萨斯《人口论》第一版出版于1798年。1766年他生于鲁克利,这是多金附近相当大的一个村舍。1784年进入剑桥大学学习。他少年时就显露才华,在大学里实现了这一愿望,得了一些奖励,并在1788年数学优胜考试中被列为第九名一等及格者。1793年被选为他的学院的研究员,但只是偶尔住在那里。1798年他在出生地附近的阿尔伯里当副牧师。1799年游历瑞典、挪威和俄罗

① 黑尔:《人类的原始起源》,第8章,第2节。

② 配第:《论人口的增长》,第21页。

③ 参阅斯坦格兰的《政治经济学新词典》,第230页。18世纪有两本有价值的、重要的讨论人口的书问世。这两本书不适于引证,但值得在这里提一下。本杰明·富兰克林在他的《人口增长和各国人口情况观察》里,指出了欧洲和较晚近殖民地国家之间结婚率的差别,并分析了原因。看一看下面这一点是很有趣的:他趋向于大致明确承认,在一切有生命的机体中存在着为生存而斗争的现象(第21页)。上面所指的第二本书就是亚当·弗格森的《论文明社会史》,奥特斯的名字也许应该提一下。他的书《关于人口的感想》发表于1792年,几乎在各个方面都预见到马尔萨斯的原理,可是实际上并没有引起注意。

斯，为他的第二版搜集资料；1802 年，由于亚眠和平协议的签订，他得以游历瑞士和法兰西。第二版于 1803 年问世。这实质上是一本新书。马尔萨斯在当时及以后陆续出版的四版，主要是这一版的重印，补充了一些新的事实而已。他于 1804 年结婚，1805 年当上了海利伯里学院的历史和政治经济学教授，直至 1834 年逝世。[①]

好像马尔萨斯和他的父亲常常讨论当时的新书和新问题。他的父亲丹尼尔·马尔萨斯倾向于赞成革命学派；罗伯特·马尔萨斯认为自己发现了葛德文关于“圆满性”这一课题的意见的严重缺点，这些缺点给他们印象极深，他决定把自己的观点写出来。在第一版里马尔萨斯主要致力于反驳葛德文和他的学派，在第二版问世时，他对于问题的这一方面已经没有兴趣，注意力几乎完全集中于人口问题。

这就是这本书的起源，它把人们的注意力集中于人口问题。在第六章里我们将不得不评述它所说明的主张并探讨这一理论以后的发展。在这里说明一点就够了，即按照马尔萨斯的看法，人口趋向于按几何比率增长，而食物趋向于按算术比率增长。从而，人口受到恶习和贫困等作用的限制。在第二版里，除这些因素之外，他又补充了道义上的限制。但是统计表明，即使马尔萨斯在世的

---

① 根据莱斯利·斯蒂芬在《全国传记词典》里的文章，熟悉马尔萨斯生平的主要权威是(1)奥特在 1836 年发表的《政治经济学》第二版卷首所写的评介，奥特后为奇切斯特的主教；(2)恩普森在 1837 年 1 月出版的《爱丁堡评论》第 469 页到 506 页发表了一篇文章。请同时参阅博纳的《马尔萨斯和他的作品》，我的这一节和以下各节文章是受益于这本书的。关于一些个人回忆，参阅马蒂诺的《自传》，第 I 卷，第 211 页。马尔萨斯被描述为具有“最令人可爱的态度和最仁慈的心肠”(曼宁，《萨里的历史和古代风俗制度》，第 578 页)。

时候，食物也不限于按算术比率增长，这样，这一理论实质上是站不住脚的。可是，人们只是逐渐认识到食物不限于按算术比率增长，并逐渐认识到人口和食物供应之间的关系是和工业报酬问题相关的，这种报酬，根据许多因素的作用在某一时候可能是递增的，也可能是递减的，在这些因素中技术的增长是主要的。马尔萨斯这一历史性概述的令人关注之点是：这本书在各思想学派拥护者中所引起的强烈感情，它所促成的实际运动，以及它对于达尔文和华莱士的影响。

八

根据以上所述，显然客观上已经为顺利接受马尔萨斯的主张铺平了道路。此外，在18世纪，“古代国家人口稠密是著名的争论主题。关于英格兰人口究竟是递增或递减也有许多讨论。[①] 再者，贫困问题很吸引人们的注意，一部分是由于产业革命，另一部分则由于战争，对于这些问题马尔萨斯的书曾直截了当地加以论述。因此，第一版立即获得巨大的成就就不足为奇了。[②] 葛德文承认《人口论》使数以百计的进步朋友转变了”。[③] 皮特在1800年放弃了他的济贫法案，部分原因就是受到这一论著影响的那些人

① 18世纪，人们常常认为英国的人口是递减的。亚瑟·扬是不赞同这一意见的极少数人之一（的确，米拉博认为整个欧洲的人口在增长）。人们提出各种各样理由解释这一假定的递减。普赖斯认为这是由于圈地运动。霍勒斯·沃波尔则提出酗酒作为理由。

② 说“《人口论》在1803年以前比较不怎么引人注意”（《英格兰政治史》，第Ⅺ卷，第421页），这是不对的。

③ 博纳：《马尔萨斯和他的作品》，第43页。

反对这一法案。马尔萨斯的早期支持者大部分属于辉格党和功利主义派。皮特、佩特、科普尔斯顿、詹姆斯·穆勒、西尼尔、李嘉图、马辛托斯和惠特布雷德都拥护马尔萨斯。布鲁厄姆在1819年说："人口原理是政治经济学最完善的原理之一。"[①]功利主义者对马尔萨斯的支持特别强烈。J. S. 穆勒大约在1825年论证说："马尔萨斯的原理，同某些意见特别是边沁的意见极其相似，在我们中间是一面旗帜和结合点。"[②]

反对者主要是一些保守党人、革命党人和激进派人。1801年葛德文发表了对马尔萨斯的答辩。数年之后，他发现马尔萨斯的"原理"在持续普及，于是再次试图批驳它，这次和早期那次一样，基本上没有取得什么成就。葛德文的追随者对马尔萨斯的态度，我们可以引证谢利提出的下述意见作为例子："形而上学和对道德与政治科学的研究，只是妄图复活已被打破的迷信，或已经成为类似马尔萨斯先生的那些诡辩，指望哄骗人类的压迫者产生永远胜利的安全感。"[③]反对者中的保守党分子受到下述感情的影响：人类的命运不可能像《人口论》似乎认为的天生的那样坏。[④] 索塞和

① 博纳：《马尔萨斯和他的作品》，第363页。

② 穆勒：《自传》，第105页。很有趣，科尔里奇之所以脱离功利主义，理由之一就是《人口论》在他们中间享有众望。参阅本：《理性主义史》，第Ⅰ卷，第238页。

③ 谢利：《伊斯兰教徒的暴动》序言，第11页。

④ 这样，我们看到约瑟夫·得·梅斯特——这一时代和任何时代最大的保守主义者之一——大为称赞《人口论》时，就觉得奇怪。参阅《论教皇》，第Ⅲ卷，第3章，第3节，书中把《人口论》称为"一部深刻的著作"……"一本书列入名著之后，人们就无须再去研究相同的课题了。"1856年《人口论》也被编入《政治经济学词典》的索引里，因为《词典》支持《人口论》的结论。

科尔里奇代表这一意见，前者不止一次相当猛烈地攻击《人口论》。[①] 科贝特由于发明了马尔萨斯"牧师"这一绰号，而使自己在批评者中处于突出的地位。此事见下文。

"唔，"我说，"你们打算最后有多少子女？"

"我不管有多少，"男的说，"老天爷不会饿死人的。"

"你从来没有听说一位马尔萨斯牧师吗？"我说。

"从来没听说过，先生。"

"假如听到你们的事，他会大为震怒的，因为他要求议会通过一个法案，阻止穷人早婚，并阻止他们有这么多的子女。"

丈夫听后大笑，认为我在说笑话，这时妻子感叹地说："哎，这个畜生。"[②]

黑兹利特可以列为激进派，他是最激烈的反对者之一。的确，正如博纳先生所说，"马尔萨斯是他那个时代最受咒骂的人"[③]。

大陆上老早就知道《人口论》。就德国而言，据封·莫尔说，这要归功于卢登的一部著作。[④] 马尔萨斯在世时，反对意见的猛烈程度逐渐减弱，原理极其普遍地被接受了。有许多年，所有的反对意见都是根据宗教的理由，而不是根据对这一理论的真正弱点的理解。不过，后来当上坎特伯雷大主教的萨姆纳以及早期

① 例如，参阅艾特肯的《年度评论》，第Ⅱ卷，1803年，第292页。

② 莱斯利·斯蒂芬：《英国功利主义者》，第Ⅱ卷，第255页。

③ 博纳：《马尔萨斯和他的作品》，第1页。

④ 卢登：《政治知识或政治手册》。封·莫尔对于《人口论》发表后出现的文献提供了一个很有用的回顾（《政治学的历史与文献》，第Ⅲ卷，第480页，以及《政治学词典》，第Ⅱ卷，第955页）。

的汤姆斯·查默斯都宣称赞成这一原理。[①] 1840 年出版了三本书,每本书都根据宗教理由攻击这一原理。这些作家中,萨德勒是牧师,显然没有什么强烈的政治见解,艾莉森是保守主义者,道布尔代是激进派人士。[②] 从 W. P. 格雷格所写的一篇论文里,可以搜集到宗教动机继续鼓动反对意见的材料。这篇论文在很久之后才问世。[③]

还应当注意到,社会主义作家对于马尔萨斯的意见几乎总是表示强烈的反对。[④] 蒲鲁东说:“马尔萨斯的理论就是政治上的暗杀理论,由于博爱而暗杀的理论,为了上帝之爱而暗杀的理论。”[⑤] 卡尔·马克思在一段众所周知的章节里,以最猛烈的进攻性语言攻击了马尔萨斯。[⑥]

《人口论》的发表,导致人们当马尔萨斯还在世的时代就开始提倡新马尔萨斯主义。马尔萨斯本人坚决不赞成他的“原理”被这

① 萨姆纳:《创世记与造物主道德品质论》;查默斯:《论政治经济学:联系道德状态与社会道德方向》。

② 莱斯利·斯蒂芬:《英国功利主义者》,第Ⅲ卷,第 150 页。

③ 格雷格:《生活之谜》,第Ⅱ章。

④ 关于这一课题,参阅苏特贝尔:《社会主义者对马尔萨斯人口理论的态度》。苏特贝尔在他的回顾中把葛德文、亨利·乔治以及其他被视为社会主义者是不适当的一些人的作品包括在内。

⑤ 同上书,第 20 页。

⑥ 马克思:《资本论》,第Ⅱ卷,第 629 页(英文版。——译者)。

样实际应用。[1] 他所赞成的实际应用是马蒂诺小姐在她的《政治经济学解说》中的一个解说里所说的实际应用，那个解说今天看起来令人觉得极为奇怪。[2] 关于新马尔萨斯主义，人们极其普遍地认为，积极的宣传只是大约在1876年著名的布雷德洛—贝赞特审判进行时才开始。但是，这完全是错误的。[3] 提出这些观点的具有重要意义的第一部出版物是詹姆斯·穆勒在《大英百科全书》里所写的一篇文章。他的措辞是很谨慎的，但他所说的主导思想是不可能被误解的。四年之后，弗朗西斯·普莱斯给葛德文做了回复。他广泛地涉及其他领域，但公开地和有意地提倡这些做法。接着就在以后的十年里开展了积极的宣传。首先使整个问题受到公众注意的一些事情是有些令人难以理解的。1823年，把许多传单送给了法尔兹夫人，由于在穷苦人民当中做工作，她在北部是很有名气的。这些传单包括对一些方法的描述，新学派的学者们愿意看到这些方法为工厂阶级所采用。除传单外还附上了一封匿名信，要求她帮助分发这些传单。法尔兹夫人极为愤慨，整个故事发表在名为《黑矮人》的这个杂志上。传单因此臭名昭著，被认为是"恶魔一样的传单"。罗伯特·欧文似乎背上了嫌疑。新马尔萨斯主义的方法在新拉纳克推行了，并且从那时起还常常予以重复。也许弗朗西斯·普莱斯更像是传单和信的作者。不管是否如此，

① 似乎没有什么根据，普莱斯做了大意如下的陈述：马尔萨斯承认人们提倡的新马尔萨斯方法是他的原理的逻辑结果，但他由于害怕别人的偏见而未做这些提倡就退缩下来了。见普莱斯：《人口原理的解说与证据》，第173页。

② 哈里特·马蒂诺：《政治经济学解说》，第6期，《格雷福湾的祸福》。

③ 关于这一课题，参阅菲尔德的"人口运动的早期历史"，载于《美国经济评论》，1911年4月份。关于下面的内容我要感谢这篇有价值的文章。

普莱斯在以后几年里忙于尽一切可能从事传播这些新的见解。为了传播,他准备牺牲掉自己的威望。[①] 1834 年有益知识推动学会因为他对这个课题持有的见解而拒绝他的帮助。科贝特和理查德·卡莱尔猛烈地攻击他。后者以后转变了,并于 1825 年发表过几篇文章拥护这些做法。这几篇文章在 1826 年作为《妇女手册》重印了,并再版了几次。在这样早的时候情况就已经清楚了,一方面这些书和小册子在工人阶级中被广泛地阅读着。例如,卡莱尔在《共和主义者》里说,它们"在北部人口稠密地区数以千计地流通着"。另一方面,当时许多卓越人物都主张新马尔萨斯主义观点。功利主义者的领袖们,即使实际上不关心这些观点的传播,至少也把他们持赞同的态度让别人知道。J. S. 穆勒年轻时,由于散发这样一些小册子而跟警察发生纠纷。格罗特稍晚一些时候送给伦敦大学一本著名的《哲学的果实》,关于这本书下面还要更多地谈到。

不久之后,宣传沉寂下来了,大约有五十年的时间极少听到这类宣传。[②] 但这一期间却出版了几本书,后来发生的一些事件使这些书成为名著。R. D. 欧文的《道德哲学》在 1830 年问世。诺尔顿的《哲学的果实》和德赖斯代尔的《社会科学要素》分别发表于 1833 年和 1854 年。但也是多年之后才变得众所周知。许多年间《哲学的果实》和任何类似的著作都未遭到反对,这一类书

① 格雷厄姆·沃拉斯:《弗朗西斯·普莱斯的生平》,第 169 页。

② 关于这一运动的后期历史,参阅费迪:《儿童数量的人为限制》;加尼尔:《人口原理》;以及勒鲁瓦-博利厄:《人口问题》。

被准许自由流通。1876年，一个名叫库克的布里斯托尔书商，因为出售诺尔顿著作的带有图解的版本而被罚两年监禁。不久之后，另一书商也被罚款。于是布雷德洛先生和贝赞特夫人决定讨论这一课题，并为他们所认为的对这些问题进行自由讨论的权利而战斗。他们把《哲学的果实》的一种版本付印，并且开了一个小书店，坐落在非常显眼的地方，便于销售这本书。于是，起诉跟着就来了。1877年他们在高等法院院长亚历山大·科伯恩爵士面前受审，由首席检察官起诉。法官的总结显然对被告有利；但陪审团裁决被告有罪，加了一条附款，大意是说他们认为被告没有任何不道德的意图。判决改期了。但在这一期间布雷德洛先生和贝赞特夫人还是继续出售这本书，结果并不像审判官原来的意图那样，仅仅让他们发誓不再出售这些书，而是判处他们六个月的监禁并罚款六百英镑。这一判决随后被上级法院宣布无效了。

这次审判对新马尔萨斯主义来说是一幅巨大的宣传广告。有些年，时断时续地对出售新马尔萨斯主义书籍给予惩罚，这只能有助于激励那帮宣传鼓动家。1877年"新马尔萨斯主义联盟"成立，并进行了有力的宣传。联盟在英国的活动逐渐衰落，此后这一运动逐渐扩展到外国去了。其他国家里的宣传遵循着和英国极其相仿的路线。1888年澳大利亚有一件审判案，在该国轰动一时，就像布雷德洛—贝赞特审判案之于英国一样。起诉也在印度和美国发生。1891年在挪威发生了出售新马尔萨斯主义书籍一次引人注目的争论，最后通过一项法律来加以禁止。迟至1908年，一位比利时医生还因为传播新马尔萨斯方法的知识，而被判处监禁。[①]

十

在简单评述新马尔萨斯主义的发展史之后，我们可以把这个课题的这一方面撇开。对进化的思想史的描述已是连篇累牍，我们就没有必要在这里涉及这些事实了。

众所周知，在达尔文和华莱士把他们的注意力转到这个课题之前，人们就常常提出有机体来源于进化的见解，与有机体起源于各别创造行为的主张相对立。关于各种有机体的结构和彼此之间的关系以及关于各种有机体遗留下来的化石，在 19 世纪初叶就已经积累了大量的资料。人们看到，这些证据是支持进化论而反对创世说的。但在达尔文和华莱士提出他们的理论之前，关于进化是怎样发生的却没有人能提出令人满意的假说。达尔文和华莱士都是在阅读马尔萨斯的《人口论》之后才各自提出他们的理论，察觉出这一点是饶有兴味的。就人类而论，当马尔萨斯研究这一问题的数量方面时，他实际上已经在涉及不仅是问题的数量方面而且是质量方面所依据的那一类事实。当基本上是质量问题的进化问题——一种类型的有机结构能够来自另一种类型的有机结构的方式问题——摆在达尔文和华莱士面前的时候，他们恰巧阅读了

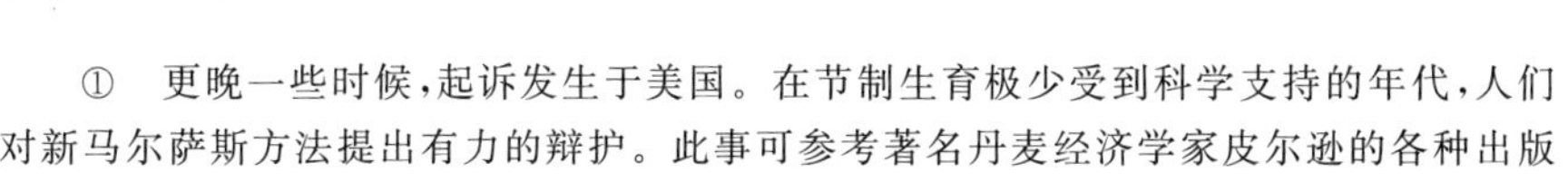

① 更晚一些时候，起诉发生于美国。在节制生育极少受到科学支持的年代，人们对新马尔萨斯方法提出有力的辩护。此事可参考著名丹麦经济学家皮尔逊的各种出版物。见《经济学原理》，第Ⅱ卷，第 107 页。

马尔萨斯的《人口论》,他们的注意力就被吸引到出生率、死亡率以及其他有关现象的那一类事实上了。他们认识到,自然中各种生物的情况,与马尔萨斯从问题的另一方面着眼进行研究的人类的情况之间,存在着某种类似的状态。于是,他们根据对这些事实的研究,各自创立了自然选择这个假说。

看一看达尔文和华莱士本人所说的对于马尔萨斯的感谢是很有趣的。在众所周知的自传性概述的一段中,达尔文写了下面一段话:"1838 年 10 月,那就是在我已经开始系统的研究十五个月之后,我为了消遣碰巧阅读了马尔萨斯的《人口论》。在根据长期持续对动物和植物的观察,正充分准备正确评价到处进行的生存斗争的时候,《人口论》立刻使我想起,在这些条件之下,适宜的变种会趋向于保存下来,不适宜的变种却会趋向于毁灭。这将导致新物种的形成。这样,我终于形成了用以工作的理论。"[①]在发表的两封信里(一封是给黑克尔的,[②]另一封是给华莱士的[③]),达尔文也以相仿的语句记载了他对马尔萨斯的感谢。在《物种起源》里,当描述什么是生存斗争和它是如何发生的之后,他说:"这是马尔萨斯的理论经过种种努力应用于动物和植物王国。"[④]华莱士于 1908 年收到林诺安学会所给予的第一枚达尔文—华莱士奖章之后,在他的回答中也以下列的言辞感谢马尔萨斯:"达尔文和我自己在关键时刻,即当我们心中充实着大量留存下来有待解决问题

① 《查尔斯·达尔文的生平与书简》,第Ⅰ卷,第 83 页。

② 黑克尔:《创世史》,第Ⅰ卷,第 134 页。

③ 马钱特:《A. R. 华莱士,书简与回忆录》,第Ⅰ卷,第 136 页。

④ 达尔文:《物种起源》,第 50 页。

的材料和想法时，我们的注意力都指向马尔萨斯在他的《人口原理》中所阐明的积极限制制度。达尔文在旅行归来两年之后阅读了这本书，我在出国之前就阅读了它，这是个不重要的细节；但正是由于突然回忆起这本书的教导，才使问题的答案闪现在我的心头。”[①]

自《物种起源》出版以来，人们极为注意人类的质量问题。显然，如果人类是由某种较低级类型的有机体进化而来的，那么它大概仍然处于进化过程中，而且进化的方向未必就是向上的。同样也很明显，如果人们选择了使用他们力所能及的控制手段，人类的进一步发展至少在某种程度上是处于人类控制的范围之内。弗朗西斯·高尔顿爵士的著作给问题的这一面以极大的推动，他创造了“优生学”[②]这个名词。在英国，在许多欧洲国家，在美国和其他国家，研究优生学和提倡优生观念的学会成立了。今天每个国家里受过教育的各阶级至少知道人口质量问题的存在，就像他们早就知道人口数量问题的存在一样。

这样，对这一课题的意见是沿着特殊的路线发展的。早期，人们的注意力被吸引到数量问题上去。但人们长期满足于根据比较简单的理由断言稠密人口是令人满意的或不令人满意的，并且常常得出这样的结论，即认为一个国家的居民越多对这个国家就越好。远在马尔萨斯时代以前，许多不同的作者就注意到数量和食物供应之间的关联。但是马尔萨斯首先唤起大家对这一课题的关

① 马钱特：《A. R. 华莱士，书简与回忆录》，第Ⅰ卷，第116页。

② 参阅《社会学论文》，第45页。高尔顿最先建议使用“优种繁殖”这个名词。

注。的确,他的书给予人们的印象是以往的书所极少能做到的。从他那个时代开始,每个受过教育的人都会想到人口数量问题,而且现行的意见还常常充分反映马尔萨斯所提倡的观点,即使不是在细节方面(因为很难确切地说马尔萨斯的观点是什么),至少也是一般和基本上反映了对这个问题的悲观的和宿命论的态度。由于马尔萨斯时代以后,最引人注意的那些著作对思想发展极少有所补充这个事实以及 J. S. 穆勒著作的影响(穆勒从来未能摆脱《人口论》在他青少年时代对他形成的深刻印象),马尔萨斯的观点,或者我们不如说他的先见,长久地保持了其支配地位。政治经济学家所阐述的现代观点的发展,没有采取吸引公众注意的形式,因而才可能使得已故南非总督几年前在众议院回答问题时那样谈论人口问题,好像自马尔萨斯时代以来,对这一课题就不曾做出任何重要的贡献。

对于问题质量方面的思想的发展,没有什么可说的。一般人对这一课题的兴趣是较晚近才发生的。看起来有趣的是,由于思想演进所遵循的路线,导致人们极少全面地看人口问题;并且,人口所产生的许许多多的问题彼此之间的关系也一向很少受到人们的重视。

第二章　人口问题的基础：(1)数量方面

一

在以下的论述中，我们认为进化论是当然的，那就是说，我们认为生命的高级形式是从低级形式进化而来的。如果我们做了这种假设，我们必须设想人类祖先有一个时期曾经生活在处于自然中的各种生物现在所遭遇的那些情况中。所谓自然状态中的各种生物，就是指除了人和经人培育的动植物之外的一切种类的动物和植物。本章和下章的目的在于表明，自然中的各种生物无论在数量方面还是质量方面都存在着繁殖问题；并进一步表明，在具有基本重要意义的某些特点上，对一切自然中的生物来说，处境都是相同的。我们可以提出某些命题，适用于其中任何一类生物。在这几章里我们要表明对一切生物都可以肯定的那些命题是什么。接着要表明的是，由于人类祖先的繁殖问题在某个时候一定曾经采取一般生物所采取的形式，因此，经过讨论将找出一个基础，我们能够据以进一步研究这个问题的两个方面在人类中所采取的形式。

必须强调指出，我们的讨论不采取对人类的情况和自然中的各种生物的情况进行类比的形式。我们所做的，只是企图确定人类祖先生活过的情况，以便我们能够理解已经发生的变迁。此外，指出下面这一点也可能是好的，即这几章里的讨论将遵循比较不寻常的途径。似乎具有相当普遍的重要意义的一些事实被略而不提了，却着重谈到了具有极少明显重要意义的其他事实。这一途径之所以正确，以后我们研究人类情况时就会清楚的；因为做这一概述的目的，主要不在于弄清楚自然中的各种生物的情况，而是为讨论繁殖问题在人类中所采取的形式铺平道路。

二

这个问题的两个方面的基础是繁殖。一切有机体都繁殖其族类。繁殖显然是一种需要，因为一切生物易于因伤害而死亡，如果没有繁殖，则每种生物都会很快灭绝。值得注意的是，在一切高级生命形式中，寿命的大致明确界限业已逐渐形成。换句话说，一定时期之后自然死亡就发生了。似乎自然死亡是按照下列方式演化而来的。一切有机体都遭受每日生活的磨损，也有对付这种磨损的恢复能力。在低级有机体中，这种能力是极其显著的。有的动物能从本体的一小部分中再生出来，因此，极其严重的伤害都不是致命的。在高级有机体中，一般来说，结构的进化带来再生能力的减退，以致在最高级有机体中极少或根本没有再生能力；在一定的平均时间长度之内，最高级的有机体能够经受每日生活的摧残，但逐渐失去恢复能力，以致最后死亡。如果为了抵制对所属成员的伤害，从而使其族类延续，繁殖是必需的话，则这种进一步的进化是不难理解的。在比较简单的生命形式中，除了最严重的伤害以外，从各种各样的伤害中恢复过来的能力是存在的。这种恢复能力的保持同结构的逐渐复杂趋于互不相容。从而，可以这么说，进化为这样的有机体是更加经济的：在它们仍然能够繁殖期间，只具备抵制正常磨损的恢复能力。因此，高级生命形式在繁殖其族类之后就死亡了。从而生活的战斗总是由新的世代重新开始。

三

必须以上述这样的方式解释繁殖，这似乎是显而易见的。但我们在这里所关注的是关于繁殖的一些事实。以后将有必要较为详尽地研究繁殖的性质。这里需要说明的一切，都可以十分简略地加以陈述。有两种繁殖形式，即有性繁殖和无性繁殖；后一类繁殖只发生于植物和低级动物中。由于有性繁殖发生于一切类别的动物和植物中，姑且不论无性繁殖是否也存在其中(细菌类除外，它们只存在无性繁殖)，并由于有性繁殖是高级有机体中发生的唯一繁殖形式，因此，我们在这里可以不考虑无性繁殖。可以指出，无性繁殖形式并未产生新的原理，被发现为无性繁殖的那些类别也并不因此而和其他类别区分开，我们将得出的一般结论对它们同样适用。

为了弄清楚有性繁殖的过程，必须说一说有机体的结构。除了暂时不提原生动物以外，一切有机体都表现出细胞结构。在显微镜观察之下，我们发现生命组织是由许多小间隔或细胞组成的。

在植物中典型的细胞就像厚边的小匣子;在动物中,边或细胞膜极薄。在细胞膜里面区分为两个主要成分:一个中枢体,即细胞核和周围的细胞质。这种细胞质是由普通粒状的原生质和特殊种类的原生质的核心所组成的。只有原生质可以恰当地说是活着的。在这个物体中,不是原生质的那些组成部分,要么处于转变成为原生质的过程中,要么是原生质活动的产品。后者在人类中的例子是头发和指甲,在其他动物中是皮革、壳以及其他等等。大概每个细胞包括一个细胞核,但有些细胞没有细胞核,有些细胞又不止一个细胞核。上面所提到的原生动物这个名词是指最低级的动物和植物的,一般说来,它们是由单一细胞组成的。我们可以认为它们是这样的。但这一类别包括着各种形式的单个细胞,具有许多细胞核,我们只能说它们的细胞结构还没有区分开。因此,"细胞"这一名词可能根本不应该应用于这一类别。

在原生动物中,性繁殖采取极其不同的形式。但基本上它是由两个个体融合而成的,如果我们把每个个体看作是一个细胞,那么也可以说它是由两个细胞融合而成的。在高级形式中,性繁殖的基本特点是相同的。也就是说,它是由两个细胞融合而成的。它不再是由两个个体融合而成,而是由两个细胞融合而成:一个细胞是由一个个体发出的,另一细胞是由另一个体发出的。

叫作配子的这些细胞由雄体和雌体发出的方式,以及它们融合的方式,需要做进一步的解释。植物中发生的情况和动物中发生的情况,在一切重要特点方面都是相仿的,我们可以把我们的注意力限于后一种情况。每一类别的每一个正常的成员都有一个生殖器官。[①] 它是由里面装着许多发育着的生殖细胞的围壁组成的。雌体中充分发育的配子名为卵子或卵细胞,与雄性配子相对来说,它的体积较大。它是典型的不动的细胞,包括着不同数量的食物资料,有时可以达到很大的数量,例如鸟蛋。雄性配子是小得多的细胞。除了少数特殊例子以外,它包括一个小的椭圆形的头,并由一个连接颈或中间一块,把一条长的颤动的尾巴同头连接起来。头就是这种细胞的细胞核;如果有点细胞质的话,数量也极少,它的存在不能马上被指出来。[②] 和卵细胞强烈相对照,精子是典型活跃的,并能在受精作用经常发生的那些液体中游泳。

受精作用是由精子侵入卵细胞形成的。尾巴并不总是进到卵子里边去;一旦头部进去了,卵子就发生变化,有时阻止尾巴,更经常地是阻止其他精子进入卵内。精子的头或细胞核接近卵细胞核,并和它融合在一起。这样就产生了名为合子的单一细胞,它是由两个细胞融合而成的,一个细胞来自雄体,另一细胞来自雌体。合子生长、分离,最后产生出成长体。我们暂时不需要研究这一成长过程。合子被看作是这一类别生物的新成员,它的存在是从两个细胞融合时开始的。就新的个体存在开始的日期而言,合子是

① 在许多植物中和不少的低级动物中雌体和雄体不是分开的——在同一个体中既发现了雄性生殖器官又发现了雌性生殖器官。这一情况发生于一些鱼类中,不过雌雄同体的例子在脊椎动物中是罕见的。在这些情况中,大概在同一个体中发现的两种生殖器官成熟期不同,从而得以实现异体交互受精。这样,上面的描述是能够适用的。在自体受精发生的地方,上面的叙述不能在细节方面都适用。但是,自体受精的发生不能使以下将得出的一般结论无效。

② “细胞核(精子的)大概是包括在细胞质鞘里边,虽然这往往是不易看出的。”(唐卡斯特,《细胞学》,第 92 页)

否从开头就单独生存，或者留在母体内一个较长或较短的时期，这都无关紧要。这样，每个男人或女人实质上都比其名义上的年岁大九个多月。

四

这就是各个类别的新成员得以产生的性繁殖过程的基本特征，现在我们要考察这一过程的表面特征。这在各种类别之间的差别是相当大的。它们是如此多种多样，乍看起来，关于自然中各种生物的整个性繁殖过程，似乎简直不可能得出任何基本规律。但在观察了性繁殖的事实以及对这些事实的解释之后，我们就能够讨论什么是对一切类别都适用的基本规律了。

在一切多细胞的动物和植物中，生产出来的精子的数目比起卵细胞的数目来要多得不可胜数。人的正常的一次排精据说包括大约 226,000,000 个精子。雄性配子的这种庞大产量，使雄性配子易于碰到每个雌性配子并与之融合在一起。高级动物还具有某些本能，可以进一步保证把雄性细胞带到雌性细胞的附近。其他多细胞的动物和植物却没有这样的本能。一般来说，后一类型中的受精作用可以认为是偶然的。例如，像松树之类的风媒植物，其雄性细胞或花粉种子特别适合于被风吹到很远的地方。这些植物所形成的雄性细胞比雌性细胞多好几百万倍，其中的一些雄性细胞经风飘送，最后落到胚珠上。海胆这类低级动物也是如此，雄性细胞和雌性细胞都排入到附近的海水中；因为这些动物生活在毗连的地方，并且因为雄性和雌性细胞在同一时间成熟和排泄，任何卵保持不受精的机会是很少的，何况活跃的精子的数目比卵子的数目大许多倍。这一简单的受精形式对大多数植物和许多动物来说是典型的。在植物中还有一些复杂的情况，特别是和昆虫的帮助相关的那些受精作用。但我们不需要研究这些情况。

动物结构的递增复杂只是大致上与受精过程的递增复杂相关联。虽然过程的最复杂形式发现于最高级的动物中，但等级相当高的一些动物却表现出简单的受精方法。鱼类就是这方面的一个例证。而且还不止于此，更为高级的硬骨鱼比更为低级的软骨鱼表现出更简单的形式。事实上，在我们以海胆为例子的那个阶段紧挨着的上边那个阶段，就可以根据硬骨鱼的情况来说明。这一类别的过程是：为初步发育的性本能所引诱，雄性接近在它旁边游着的雌性。雌性向水中排出配子时，雄性也排出配子，庞大数目的雄性配子保证了一切或几乎一切的卵子都有一个精子侵入。[①]

下一个阶段以体外交配为特点。雄性紧紧抱住雌性，雌性排卵时，雄性同时排出精子。这样，配子相遇于雌体外，这种受精方式见于两栖类。例如，雄蛙在前足上生有特别发达的肉趾，用以拥抱雌蛙。体内交配虽然看作是受精过程的最复杂形式，但也见于像扁虫[②]这样的低级动物中，普通的条虫是其中的一员，同时见于许多高级无脊椎动物如蛇与昆虫之类，同样也见于软骨鱼、鸟和哺乳动物。体内交配的基本特点是，雄性具有一个特殊的交配器官，

① 少数硬骨鱼，例如四眼鱼属实行体内交配。

② 扁虫的体内交配是极其初步的类型——阴茎显然可以，至少有时可以在任何一点上插入雌体。

也就是生有一个阴茎，用以插入雌体。雄性配子通过管状的阴茎，直接进入雌体，因而受精作用是在雌体内发生的。

五

当受精作用在不交配的情况下进行时，人们可能认为只有很小部分的卵子才会受精。例如，只要受精作用决定于风把花粉种子飘送到很远的距离以至落在一个很小的点上，或决定于一个精子和一个卵子在水中的偶然相遇，则只有很小部分的卵子会受精。但是，事实并非如此。观察表明，在自然中不受精是比较罕见的，大部分雌性配子是受精了的。这主要是因为，与卵子的数目相比，雄性细胞的数目极为庞大。在交配发生的那些形式中，受精作用显然决定于推动雄性追求雌性的性本能的强度。这种本能极其强有力是众所周知的。它一时可能克服一切其他本能。许多动物具有一种发狂的情欲。雄蛙和雄蟾蜍要持续拥抱其雌性许多天以等待排卵。人们发现雌蟾蜍在性的拥抱中被雄性所窒息。[1] 人们也看到鸟类在普通条件下被枪声一吓就飞了，但在追逐雌性时就不管枪声了。[2] 一切证据都显示这种事实，由于性本能的强大，在性周期里雌性极少不被雄性所发现。詹纳记载过，一对喜鹊当中的一只被杀死了，第二天活着的那只就和另一只配偶一起出现了。这新的一对当中的一只被杀死了，第二天活着的那只又和另一配

① 勒突尔诺：《婚姻的进化》，第 8 页。

② 达尔文：《人类起源》，第 384 页。

偶一起出现。这种情况重复了七天,每一次活着的那只总是和新的配偶一起出现。[①] 与此相关,我们也可以指出次要性特征的那些形式的巨大发展,使两性能够彼此找到和相识。识别的标志是:许多昆虫、鸟类和哺乳类的叫声,以及许多动物在性周期中发出的强烈气味。

一般来说,雄性随时准备进行交配,当雌性准备接纳雄性时,交配就发生了。在哺乳类动物中情况是如此的。不管雄性是经历着叫作"发情期"的性周期(如在鹿类中)或是不经历这一时期(如在狗类中)情况都是一样的,因为"发情期"延续的时期比雌性准备接纳雄性的时期要长些。但是,由于雌性所经历的性周期的性质,哺乳类性周期的有关事实是有些复杂的。人们区分许多不同类别的哺乳类性周期,但我们没有必要研究这些区别。我们说明每个性周期是由一个或一个以上发情周期所组成的,也就够了。一个动情周期可以区分为四个时期。第一期名为动情前期,这是准备时期,这一期的结局是子宫黏膜血管的破裂。当血液流出外部时,人们把它叫作月经来潮。第二期为发情期,即情欲时期。这一时期总是很短。羊类大约延续十二小时,其他类别往往还不能延续这么长。只有在这一时期里雌性才会接纳雄性,[②]交配从来不发生于任何其他时期。可是,即使交配机会极为有限,但由于雄性的性本能如此强烈,根据观察所见,每一发情期中雌性没有进行交配的事实极为罕见。发情期之后跟着就是发情中期,这一时期生殖

① 勒突尔诺:《婚姻的进化》,第 28 页。

② 人类例外——这一事实的重要意义在第四章里加以研究。

活动平息下来了。跟着发情中期的是休止期；此期之后，另一发情前期又开始一个新的周期。

发生交配的发情期往往标志着成熟的雌性配子的出现，因此它们立即可以受精。但是，成熟的卵细胞不总是在发情期出现。兔的排卵发生于交配后一个半小时。蝙蝠的发情期和排卵期极其显著地不相一致，交配发生于秋天，但一直到第二年春才排卵。在这种情况下，精子在子宫里一直活到雌体配子成熟、受精完成的时候，从而，蝙蝠的精子会持续生活几个月之久。因此，当这种情况发生时，并不意味着卵细胞没有受精。不过，猴类的排卵可独立于发情期而发生，因此，游离出来的卵可能没有受精。

上述一切都表明，自然中的各种生物，大部分成熟的卵细胞总是受精的，但能交配的那些生物，它们的成熟的卵细胞必然有一定数目没能受精。例如，当哺乳类雌性在发情期不进行交配时是如此，而这种情况是必然会时时发生的。在不交配的各种生物中，毫无疑问没能受精的情况就更加频繁了。黏着在某种物体上的卵——就像大多数海产动物那样——比浮游着的卵的损失大概要大得多，因为当卵是黏着的时候，精液可能被冲掉。

现在我们正在接近这样一点：关于自然中各种生物的繁殖过程，有可能确立第一个通则。但在对动物的活动进行一些叙述之后，才能弄清楚这一通则意欲表明什么。关于繁殖过程，一类动物和另一类动物之间的一些最显著的差别，是和动物活动的进化相关的。截至现在，我们说到了本能但没有说明它的意义。只有在对于动物精神进化的道路与极限进行一些叙述之后，才能说明自然中所有生物的一切繁殖方式的共同因素的性质，及其区别于人类繁殖方式的地方。下面的议论似乎要使我们有点脱离我们原来的轨道。但是,事情是这样的,考虑到以后要提出来讨论的问题,这样一个概述是必需的。因此,现在就可以着手进行,以免将来还要扩大篇幅。①

六

撇开植物的活动不谈,我们在低级动物中看到的一种活动类型,虽然在某种意义上说是简单的,但没有冗长的讨论就不能恰当地加以解释。如果我们考虑反射作用是由什么组成的,就可以得到其活动性质的某种概念。当一个确定的和简单的反作用紧跟着一个确定的和简单的刺激发生时,就产生了所谓反射作用。应当注意到,这一名词通常局限于具有神经组织的那些动物中。当相似的反作用发生于其神经组织没有区分开的有机体中时,人们建议应当使用“复写”这个名词。

但是,反作用大概从来不会毫无变化地跟着重复的相同刺激发生。在最低级的动物——原生动物中,一个自由游泳的纤毛浸液虫,如果在培养液中接触一些不正常的东西,例如碱性溶液,它就要停止并游回去。这就是行动反射的一个例子。对它的随后行动的分析表明,如果它一再遇到碱性溶液,一些修正的反作用就发生了。这个动物可能表现出加剧的活动,一直到它要么被扰乱的培养液所征服,要么逃离这种扰乱的培养液。同样,在消化食物之

① 詹宁斯:《低级有机体的行动》,第277页。

后，这样一个有机体对于出现它身边的食物，也表现出不同的反应。

变更培养液性质的试验提供了重复的相同刺激产生不同反作用的更加确切的例证。一个浸液虫在培养液中一定时间之后已经习惯而不再发生反作用时，它会对培养液中的某种新因素做出激烈的反应。极其有趣的试验表明，即使是最简单类别的有机体也会从经验中得到一定知识。“一个喇叭虫(纤毛浸液虫的一种)，如果轻轻地触及它的一边，它就会收缩它的躯体，但很快就又伸开了。再碰它一下，它可能弯向一边，如果这样继续捉弄它，它就会以可谅解的愤怒的样子抖动一下就游走了。也就是说，它有几种方式对刺激做出反应并寻求平衡，如果一种方式失败了，它就会试用另一种方式。但是，当它又安定下来的时候，它似乎已经学会了一些东西，因为如果再碰它的话，它将不再经过收缩和弯向一边等阶段。它保持它比较激烈的解救方法，又离开了。”[①]在那些不具有我们现在必须加以描述的这种行动的有机体中，这种类型的行动是否还有什么进一步的复杂性，这是令人怀疑的。

七

众所周知，赫伯特·斯潘塞给本能下的定义是混合的反射作用。由于种种理由，这一定义虽然不能被接受为恰当的定义，但它

① 霍布豪斯：《发展与目的》，第62页。在这一节和以下若干节里，我感谢霍布豪斯教授关于动物活动进化的评论。

却指出了本能的基本性质，那就是对于一定的但常常是不明显的刺激产生一系列或多或少复杂的反作用。本能不只是混合的反射作用，因为它涉及有机体全身，并且伴之以精神作用，或是精神作用的产物。一切精神作用据说包括三个方面：认识方面，即对于一件事物的理解；感情方面，即对于一件事物的感觉；能动方面，即争取或反对一件事物。这三方面在一切本能行动中都可以找到。本能行动由感觉印象开始，接着就发生极其重要的后果，因为神经系统生来要对一定的感觉印象做出反应。人们认为某种感情的激动，不管它是多么轻微总是会接着发生的，并认为这种激动会引起我们看到的在行动方面的努力。人们给本能下的定义是"遗传的或天生的精神与身体倾向，它决定着它的占有者窥察并注意某类事物，在窥察这类事物时感到一种特殊性质的感情激动，并对这类事物报以特殊的行动方式，或者至少说，感到这类行动的刺激"①。

每个人都熟悉许多本能动作的例子。"有许多昆虫的例子，它们千篇一律地把卵只产在这样的地方：当蛆孵化以后，会找到所需要的食物吃；或者是幼虫能够以对自己的生存有必要的某种方式作为寄生虫把自己和某些寄主联系在一起。在这类例证上，显然母虫的行为决定于适当的事物或地方在它的感觉上所形成的印象：例如，腐鱼的气味导致食腐肉的苍蝇把卵产在腐鱼上。一些特殊的花的外观或香味导致另一些昆虫把卵产在花的胚珠上，这些胚珠就成为幼虫的食物。还有一些昆虫采取了更加精心的特殊行

① 麦克杜加尔：《社会心理学》，第29页。

动。例如，当胡蜂把卵产在泥窠里时，里边装满毛虫，并极其准确地把毛虫刺得瘫痪，然后把窠封好；这样毛虫就留在里边作为幼虫鲜美的食物。这些幼虫，母虫永远不会看到，关于幼虫的需要，母虫也不可能有任何知识与概念。”①从脊椎动物中也可以找一些例子。“野鸡、鹬、母松鸡、家禽鸡鸭以及其他许多这类动物出生之后不久就活跃起来，并表现出复杂的协调力量，极少或根本没有进行必要的四肢活动，它们很快就能很好地走路和维持身体平衡，好像表明这种行动方式是天生的，并不需要通过经验的指引逐渐取得。幼小的水鸟在第一次被轻轻地放到水里的时候就能利索地、有条不紊地划水。甚至一两天大的雏鸟也能游得很好。”②

用例证的方式已经说得够多了，因为许多例子是每个人都熟悉的。像扁虫这样极其低级类别的有机体，我们不得不认为它们有本能行为，这是讲得通的。在昆虫中本能达到最大的发展。上面业已提出一些令人惊异的活动的例子，这些活动是昆虫在本能的指引下所进行的。动物的精神进化有两条路线：一条在昆虫中极度发展，另一条在脊椎动物中极度发展。在前者中本能极其专门化，在后者中本能仍旧比较一般化。此外，后者比前者具有远为发达的智慧，从而进一步区分开了精神进化的两条路线。但是，大概智慧总是伴随着本能的，虽然有时肯定是处于极其初步的状态中，因此，现在我们必须转向对智慧的讨论。

① 麦克杜加尔：《社会心理学》，第 25 页。

② 劳埃德·摩根：《动物行为》，第 84 页。

八

我们看到了像浸液虫这样低级的动物如何能够从经验中得到知识。只是当从经验学习知识达到比较高级的阶段,才能叫作智慧活动。如果我们观察在欲望影响之下,正努力满足欲望的某种高级动物,我们会发现它按照下列的方式行动。例如,把一个动物关在笼子里,笼外放着食物。本能使这个动物不时采取各种活动,它要抓爬并尽一切努力设法窜脱出来。如果笼子上装有某种简单的门扣,能把门打开,从而提供窜脱的机会,这个动物大概迟早会偶然弄开门扣窜出来。如果把这个动物一再放进这个笼子里许多次,人们就会发现它一般窜出得更快些。事实上它在某种程度上学会了如何弄开门扣,并从而取得食物和自由。这件事提出的问题是:我们必须假定智慧发展到什么程度,才能说明这些事实。

在一些原生动物中出现的从经验学习的阶段之后,紧跟着发生的次一阶段可以用鸡作为例证。鸡最初本能地啄食各种东西。如果它啄到味道不好的黄毛虫,就要把黄毛虫扔下。下一次,或经过一系列这样的经验之后,它就要避开黄毛虫。对这种现象,似乎可以做这样的解释:鸡一看到黄毛虫就直接引起修正的反应。感官的印象由于经验已经充满第一次曾经引起的感觉。这一简单解释比那种解释更为可取,即假定鸡能识别出在它发现黄毛虫又出现在自己面前和它以前所经历到的怪味之间的关系。这样,这个过程乃是一个既得概念的再生过程。我们现在必须提出这样的问题:我们是否终究要认为动物具有高级的智慧作用,或者是否笼子里动物的行动要用像鸡的行为一样的理由去解释。

霍布豪斯教授说:“让我们假设再生对于某种心理起作用,这种心理在确定的空间和时间关系里能够理解 A、B、C 三件东西,C 是令人喜欢的某种东西,例如食物。如果这三件东西摆在感官面前,前两件导致第三件(例如,空间上介于中间的东西),意动会经过 A 和 B 确定地指向 C。假定这种情况发生了,然后再假定只有 A 是已知的条件。如果这个动物处于饥饿状态,也就是说具有进行意动的基础,那么根据再生法则,A 会引起和以前相当的意动,但这次意动是确定地连续指向 B 和 C,因为这两件东西和 A 具有确定的关系。这个动物然后就把它的努力指向一点,根据第一次的经验,应指向 B 和 C。它寻找它们,或者如果 B 是某种替换物,能够带来 C,它就要找到 B 并从而得到 C。它的活动指向没有给予的某种东西,这似乎是意动或实践观念的萌芽。”[1]这样,我们不得不承认笼中动物的行为是迈向高级智慧作用的第一步,这是讲得通的。努力可以指向某种未知的东西,从而可能就是观念的出现的第一个征兆。不管是否如此,这样一个观念肯定不是一个普通的观念;它只是对于即将到来的某种东西的指向,并且仅此而已。这是我们能够认为的动物的最高级智慧的发育,并且应当注意到,如果是这样的话,动物大概不可能有任何真正的记忆。所以,要是动物竟然存在明确的观念,也不能引起连续发生的其他观念。它们的观念是孤立的,只能起指引活动的作用。

① 霍布豪斯:《发展与目的》,第 76 页。

九

动物的智慧作用的最高形式,在人类中达到充分的发育。这一智慧发育阶段叫作可认知的相关阶段。动物对于直接关系的有意识的理解发展到多大程度是可疑的,但人类对于这种关系的理解是毫无疑问的。因此,行动不仅是像鸡那样间接地与结果相关。行动是抱着一种目的而采取的。如果鸡变得能理解黄毛虫和坏味道之间的关系,它就达到了可认知相关性的充分发展阶段。我们已经看到,在鸡这个例证上,我们不得不假定其智慧作用是一个比较简单的状态,虽然在某些例证上对动物行为的研究表明有些接近高级阶段。在只有人类才达到的充分发展的这个阶段中,世界不再呈现为只是充满感觉的感官印象,而是采取一大堆关联在一起的可认知的事物这种形式,这些事物构成它们所引起的感官印象与感觉的基础。

人类具有发展到更高阶段的智慧作用,这是人类所特有并且区别于其他动物的主要特点。这就是概念思维阶段。在认知阶段里,行为是由认知事物的出现所单独指引的。即使有对于目的的任何预见,随时的活动仍然总是由实际的客观事物所指引。在概念阶段里,活动是由对于目的的理想预见所指引。在这一阶段里,构成思维过程基础的是概括。客观形势被解剖和分析了,客观形势和以前形势的共同因素被认识和综合了。分析和综合这两个过程并肩前进,概念在认知世界之外形成了。人们认识了认知体系的共同因素,从而就可能牢固掌握贯穿于经验的连续性。

这样,人不再为实践中眼前的事物所指引,他可以怀着理想的目的编制计划和采取行动。随着概念思维的发展,语言也发展了,从而人可以向别人学习,同时也可以把自己内心的东西传达给别人。关于概念思维这一阶段,在以后的一章里还有更多要说的。在这里只是提一提这个进一步的发展,以便把人的智慧作用所达到的最高形式同动物的智慧作用进行对比。

十

现在我们要考虑智慧进化对于繁殖过程的意义。一切动物都具有一定的繁殖能力,我们把它叫作生育力。生育力是通过生产出来的成熟的卵细胞的数目来计量的,精子的数目对于生育力没有直接意义。我们看到最高级动物——与人类关系最近的那些动物——具有本能和智慧。智慧的价值在于它使本能能够适应当时的特殊环境,从而更有把握地实现目的。性本能就以这种方式得到智慧的帮助。这样,在交配的动物中,繁殖的力量得以充分地或几乎充分地实现。在实现繁殖方面可能有一些失败,也可能有一些滥用本能的情况;我们已经指出了一些这样的情况。但是,大致说来,动物在本能和智慧方面最高度的发展,确是朝着天生的生育力程度的完成方向顺利进行的。因此,必然的结论是:从这个意义上说,当高级动物和低级动物做比较时,动物的智慧进化没有以任何形式改变高级动物的情况。海胆的繁殖和某些哺乳类的繁殖——它们之间的智慧作用大为不同——仍然是相似的。繁殖的力量全部或几乎全部得到实现。本能和智慧所做的一切,就是保证在这种更加复杂的受精过程中，繁殖的全部力量能尽可能地得到实现——就是说，几乎一切卵细胞都受精了。

在人类中，即使在人们所研究的最低阶段中，情况也完全不同。由于概念思维的发展，人们抱着某种理想的目的而行动。风俗习惯养成了，它们的起源必然要追溯到一些推理过程，不管这些过程是怎样地模糊不清；同时，还采取了审慎的行动。这两者都可能影响繁殖能力的实现。这样，在最低级的原始民族中，我们发现人们由于各种各样的动机而戒绝交媾，我们必须把这些动机看作是由于理性的存在。或者，他们可能采取某种方式使性器官残缺不全，这就可以影响生育的能力。这种风俗习惯的起源可能是秘而不宣的。但几乎可以肯定，它并不是出于对它影响到生育有任何理解，甚至从来就没有人认识到它的影响。不过，只有理性存在了，当初这种风俗习惯才可能产生出来。同样，在最低级的民族中，有关于堕胎和杀婴措施的许多例子，这也是理性的产物，虽然它们不能影响生育力，但对于人口问题的数量方面却具有重要意义。

因此，在人类中，由于智力进化到高级阶段，生育力没有充分实现。我们必须把繁殖的能力(我们称之为生育力)和繁殖的实际程度(我们称之为生育率)区分开来。如果暂时我们认为动物的繁殖过程是“机械的”，也许能够有助于强调这种区分的意义。人们不能认为这一名词的采用具有什么最终意义，即同智慧作用的真正性质具有什么关系。我们只是把它用作方便的名词，说明动物的繁殖和人类的繁殖之间的差别。自然中所有生物的繁殖可以被认为是“机械的”，而人类的繁殖从来不是“机械的”。人类生育出来的幼儿数量远非完全与生育力相关，在生育力和生育率之间存在着各种程度的差别。在自然中的各种生物中，实际上生育力和生育率是同一个东西，因为不管智慧进化达到什么阶段，繁殖总是“机械的”。而且，自然中各种生物的生育力(成熟卵细胞的数目)和生育率(受精卵细胞的数目)之间存在的这种差别，是由于配子没能相互碰到一起，就像整个过程一样，可以叫作“机械的”。生育力和生育率之间这种“机械的”差别在人类中也可以发现，但是在人类中，两者之间的差别的主要原因完全属于另一类，并且正如我们已经看到的，是直接由于概念思维的进化。

上面说过，我们打算证明，关于自然中各种生物的繁殖过程能够得出一些通则。以下就是第一个通则：生育力和生育率是密切相关的，同人类的情况相比，繁殖可以被认为是“机械的”，并且即使没能实现生育力的充分力量，也可以被认为是“机械的”。

十一

前面已经说过，自然中各种生物的生育力是极大的。现在我们要探索一下什么东西决定了它将是多大。正如我们已经看到的，生育力大致上是通过生产出来的卵子的数目来计量的，而这一数目显然决定于许多因素，例如成熟期的开始和持续期间、任何一次生产的卵子的数目和两次产卵期之间的间距。我们没有必要详细研究生育力差别的近因。我们希望知道的是，一般是什么因素最后决定每种生物的生育力强度。我们可以首先举出从各种生物课得出的生育力程度的一些例子。

普通的油螺把卵产在囊状物里，这种囊状物的生产数目很大。据计算，大约两立方英寸大的一小堆这样的囊状物含有大约20万个卵。另外，海兔属的软体动物一次可以产生200万—300万个卵。“一只蚝可以有6,000万个卵，美国蚝的平均产卵量为1,600万。”[①]据发现，在孵化季节里，附着于可食蟹的卵，为数在50万和300万之间。一对苍蝇可以生产2万个幼虫。寄生虫生产的卵的数目，可能大大超过这一数字。脊椎动物中鱼是最多产的一类。“61英寸长、54磅重长鳕鱼的卵巢有2836.1万个卵；21.5磅重的鳕鱼有665.2万个卵。最低产的英国可食鱼是青鱼，根据检查过的四个样品，青鱼卵巢中的卵从21,000个到47,000个不等。”[②]

任何时候生产出来的这样庞大数目的卵，理论上使巨大的增加率成为可能。据计算，单一的霍乱杆菌一天之内就能生产出来160,000,000,000,000,000个杆菌，形成重一百吨坚固的一块。“华莱士引证克纳的大意如下的话，一棵普通的英国杂草(播娘蒿)往往有75万粒种子，如果全都长到成熟，只要三年地球上的全部地皮就容不下它们了。只有两粒种子的一年生植物，在第二十一年时就会出现1,048,576棵……如果一只蚝的子孙全都活下来并进行繁殖，它的玄孙的数目就会达到36,000,000,000,000,000,000,000,000,000,000个，其壳堆的体积将为地球体积的8倍。赫克斯利计算过，如果一只绿蝇的后裔全都活着并进行繁殖，在夏季之末它们的数目就会压倒中国人口的数目。普通家蝇每次产卵120—150堆，在炎热的

① 汤姆森：《达尔文主义和人类生活》，第81页。

② 布里奇：《剑桥自然史》，《鱼类》卷，第412页。

天气里大约三星期的寿命期间，它能生产五次到六次这么多堆的卵。在夏季之末，如果全都成长了，并且假使有六代，那么一对苍蝇的子孙挤压成坚固的一块，会占据大约 25 万立方英尺的体积，一立方英尺有 20 万只苍蝇。”[①]达尔文在众所周知的一段话里说："这个原则是没有例外的，即每种有机体以极高的比率自然地增长，如果不被毁灭，则地球很快就会被任何一对生物的子孙所覆盖。即使繁殖慢的人类，二十年也会增加一倍，按照这一比率计算，不到一千年的时间人类的子孙简直就会无立足之地了。林尼厄斯计算过，如果一棵一年生植物只生产两粒种子(没有任何植物像这一植物这样不事生产的)，它们的幼苗第二年也生产两粒种子，如此继续下去，二十年后就会有 100 万棵。大象被认为在所知一切动物中是能力最低的繁殖者，我费了一点心去估计它的大概的最低自然增长率。我们可以极其稳妥地假定，它从三十岁开始繁殖，一直繁殖到九十岁，这一期间生产出六只幼象，并活到一百岁。如果情况是如此的话，则在 740—750 年之后，从第一对象繁殖下来的象将有 9,000 万头活着。”[②]

十二

这些例证表明生育的能力总是巨大的，不过在许多例证上比在其他例证上大得多。要不是因为在正常情况下，除了很小一部

---

① 汤姆森：《达尔文主义和人类生活》，第 82 页。

② 达尔文：《物种起源》，第 51 页。

分以外，所有的卵子总是受精的这一事实，人们可能会说，为了使足够数目的卵子能够受精，在没有交配的有机体中比在高级的有机体中，需要数目远为更多的卵子。但是，这只能是对没有交配的低级有机体中卵子的庞大数目所做的部分解释。

是什么东西决定各种生物的生殖力？为了对这一问题得出答案，我们需要调查研究自然的动物和植物生活的一些特点。观察和推论表明一个显著的事实：在某一年的任何一个季度，各种生物的成长体数目，如果和其他年代同时期的数目进行比较，总的说来是保持不变的。这一事实不能以统计为根据，因为我们不能采取近似人口普查的任何步骤。虽然如此，根据已知的事实，这是不可避免的论断。越强调从一季到另一季之间数目的变化，情况就变得越明显，即如果与可能的增长率进行比较，这种差别是微不足道的。但我们知道，除了很小一部分以外，所有的卵子都受精了，并且因为我们从受精的时刻起计算各种生物新成员存在的日期，情况就很清楚了，即构成各个新的一代的数目大大超过新的一代成长体的数目，而新的一代是靠后者生存的。因此，必然的结论是，除了很小一部分以外，每一代的幼体在达到成长体阶段以前就灭亡了。历来记录下来的任何一种生物成长体的最显著增长，与可能的增长比较起来，都是无足轻重的。观察表明，通常根本没有什么增长。

因此，生育力以某种方式与这种事实相关，即绝大部分的受精卵没有发育为成长体。为了进一步揭示这一联系，我们要探索一下幼体是如何死去的。

十三

要弄清楚各种生物的幼体如何大规模地死去，必须讨论一切生命组织的相互依存关系。这也许通过论证动物和植物之间的主要区别，就能够最好地予以说明。营养方式的差别是把动物和植物区别开的主要因素。还有其他差别，但和我们现在要描述的差别比较起来，它们的重要性就小了。需要食物对一切生物来说是共同的，并且是由叫作原生质的生命物质——一切生命的物质基础——的性质所决定的。原生质是极其复杂的组织。它永远在消耗，要想维持生命就必须供应食物以弥补这种损耗。植物的需要和动物的需要一样大，但供给需要的手段根本上来讲是不同的。

植物以极其简单的物质——硝酸盐、氨盐和碳酸——作为食料。在绿色植物中，碳酸是通过叫作气孔的叶上无数小孔从空气中取得的；硝酸盐和氨盐是从土壤的水溶液中吸收的。碳酸和水在植物的细胞中综合成为淀粉，淀粉转变为糖，糖与硝酸盐和氨盐化合在一起形成氨基酸，后者又最终转变成为蛋白质。这样，植物从最简单的要素精心制造出高度复杂的原生质，从而弥补了它的生活物质不可避免的消耗。

动物所遵循的方法完全不同。它们以复杂的物质作为食物，这些物质可分为蛋白质、脂肪和糖。这些物质不直接进入动物身体的活细胞中；它们首先经过一个消化过程，此后就被同化。消化过程把这些复杂食物分解到一定阶段。例如，蛋白质变为氨基酸，淀粉变成糖。它们在这些形式中是易于溶解的，并被营养管壁所吸收,然后重新被综合成为蛋白质和淀粉。

这一差别的重要意义在于,动物所需要的高度复杂物质的唯一取得方法,是以其他动物或植物的组织为食物。显然,每一种动物不能都以别种动物为食,整个动物界最终必须依靠植物,因为只有植物能够精心制造出动物所需要的各种物质。因此,从某种意义上说,动物是寄生于植物的;在任何情况下动物的存在是和植物的继续存在联系在一起的。活的组织之间这一相互依存关系,自始至终是在自然中各种生物的生活条件下实现的,并采取各种形式。一种有机体依存于另一种有机体,大部分与提供适当环境这个问题相关。而这种环境往往只能在某些别种生物的附近找到。许多种生物只能在树的附近才能繁荣。有些种类生物之间的相互依存关系极其密切。关于所谓共生有许多例子,例如,一些种类的海葵生活在一些特殊种类的蟹的背上。又如,在一个寄主和另一寄主之间轮流寄生的寄生虫,要以它们生命史中每一时刻能够找到的某一特殊种类生物的某一成员作为寄主,否则它们就要死去。相互依存的许多例子都在常识范围之内,记住有机生命的这一特点,我们就可以进一步探索下面这一情况是怎么一回事:通过每种生物大部分幼体被淘汰,成长体的数目总的说来保持不变。

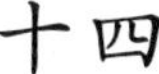

十四

首先说动物,大概淘汰的最通常原因是各种生物的幼体被其他种生物的成员消费掉了。即使粗略地估计一下淘汰的各种原因的相对重要性也是很困难的。达尔文说:“阻止各种生物自然增长趋势的原因是极其含糊不清的。”[①]但是，已经提到的这个特殊因素的确占据极为重要的地位。海产和淡水产动物的幼体几乎都是其他种动物的食物，并且它们显然遭受到攻击。陆栖动物的幼体也是一样，虽然也许没有达到这样大的程度。不论我们想到昆虫的幼虫或者想到鸟类的卵，我们发现它们在大多数情况下易于被敌人消费掉。即使在体内交配的动物中，除了哺乳类以外，成长中的胎儿极少长期保留在母体之内，一旦暴露在客观世界，它们几乎一律成为许多敌人的捕食对象。事实上，不管我们往哪里看，这一淘汰原因都起着非常重大的作用。这种原因直接产生于各种生物的相互依存关系，这是由动物弥补其原生质消耗的方式所造成的。

淘汰又大多是由于没能找到生命唯一能赖以延续的那些条件。这些条件可能与有机环境的性质相关，也可能与无机环境的性质相关。使羊受到感染并造成严重疾病的叫作肝蛭的扁虫，其幼虫会从羊体内爬到外部，它在这种自由生活的环境下只能维持一定的时间。除非在这一时间内遇到某种蜗牛并钻入蜗牛体内，否则它会死去。除了这类不能找到适当的有机环境以外，也可能有不能找到适当的无机环境的情况。像贻贝这类动物的幼体，需要适当的环境借以附着以便能够成长起来，如果没有这样的环境，它就会死亡。还有和无机环境相关的另一类因素也能导致淘汰。它们可以概括在外部条件这一项目之下。每种动物，当温度、湿度等变化超出了一定限度之外，死亡必然跟着发生。在这一项目之下，也有因偶然伤害而导致的死亡，例如，动物由于猛烈的暴风雨

① 达尔文：《物种起源》，第 49 页。

雪或任何相似的环境而死亡。看起来是很有趣的，饥饿极少是死亡的主要原因。它可能是不正常的外部条件的次要后果。严寒虽然没有直接影响一种动物的成员，但可能对于以这种动物作为食物的另一种动物是致命的。当条件正常时，根据观察得知，饥饿是罕见的。

十五

在植物中可以找到相同的三类因素，虽然它们的相对重要意义和在动物中是不相同的。例如，作为食物被其他类别生物消费掉的淘汰，是不很重要的。在很大程度上植物能够作为动物的食物并且继续生存下去。不过，幼苗特别是在种子这种形式中，是极易受到动物的伤害的。种子是许多动物的食物的主要形式之一，这一淘汰形式在植物中占很大一部分。依靠适当的有机的和无机的条件，同在动物中一样，起着相同的作用。有些种植物只能在树荫下才能茂盛，其他种植物却只能在阳光下才能茂盛。有些种植物需要一种土壤，其他种植物却需要另外的土壤。外部条件的重要意义也极其类似。

还有另一种性质多少有些不同因素，这具有很大的重要意义。达尔文说："在植物领域里种子的毁坏是巨大的，根据我所进行的一些观察，似乎幼苗因在已经稠密地长着其他植物的土地上发芽而遭受最严重的损害。"①

---

① 达尔文：《物种起源》，第 49 页。

为了使一粒种子能够发芽，它不仅必须种在适当的土壤上，还必须找到足够的未被占用的适当土壤；否则它就不会发芽，或者不能长到成熟。这同动物中发生的任何情况都不同，并且显然接近于饥饿。但是，最好认为这是一个特定面积土地不能维持超过一定数量的生命的结果。一块土地的地力可能根本不能维持任何生命，也可能维持任何数量的生命，直至超过它可以容纳的限度。在海洋里氮的数量是有限因素，氮的缺乏达到如此程度，所以不会发生无地可容的问题。[①] 但是，在地球表层的许多地方，地力是如此富饶，所以可能维持的植物比现有场地所能容纳的要多。

在这一点上我们应当注意到，土地面积有限不是淘汰的真实原因，如果我们设想土地面积扩展了，就能最清楚地看出这点来。如果在已经生长植物的一块土地之外又增加一块没被占用的土地，并且，如果新的土地一般来说和以前独自存在的那一块情况相同，那么有机生命就会扩展到新的土地上去。但只是在已被占用土地的边缘在植物生命的淘汰数量上会有一些差别。除非所占用的土地面积极小，淘汰数量不会出现什么差别。在此边缘内，如果其他情况不变，淘汰也会减轻；因为不会有相同数目的种子由于适当的土壤以前已被占用而不能长成植物，像在这一土地的比较中心部分那样。当新土地全部被占用时，存在于较小地区的情况会同样存在于整个较大地区。此外，如果可以占用的地面范围是无限的，那么淘汰的数量也不会有任何差别，

① 约翰斯顿：《海洋生物的情况》，第 235 页。

但边缘地区除外，它在这种情况下，淘汰数量持久不变。如果我们不是设想这些增加地区发生于进化业已达到现阶段之后，而是设想在广袤无垠的地区上从开头就发生了进化，则上述一切同样可以圆满适用。

十六

因此，我们对动物和植物幼体死亡的方式有了一些概念。随便我们研究任何一种动物，我们会发现它们的幼体面对着许许多多的危险。这类动物的新成员，在它们还没有发育到超出受精卵阶段之前，或者在它们发育的任何阶段中，可能被某些敌人吃掉。它们通常可能没有遇到良好的有机和无机环境，也就是在某些特殊阶段中没有遇到需要的环境。在任何时候它们都可能由于不利的外部条件而死去。植物幼苗的情况是相似的，除上述情况外，它们还可能没有找到可以生活在其中的充足的地面。

任何一种生物所遭遇的危险，在一个相当长的时期内，在种类上和在程度上都几乎保持不变。除非每一代中活下来的幼体至少和繁殖它们的那一代的成长体数目相等，否则这种生物就会衰微。由此得出的结论是，繁殖的力量必须能够保证至少这一数目的幼体会生存下来。因此，任何一种生物的繁殖力量是与这种生物的幼体所遭遇的一切危险的总和相关的。但认为生育力越大对这种生物就越好的说法是不正确的。超过上述程度的繁殖会把幼体置于不利的地位。不能带来相应利益的竞争会增加，饥饿或有害的半饥饿会随之而来。因此，超过必需的生育力强度的任何过分增长，不可能是有益的。[①]

生活条件和各种生物的幼体易于受到危险这些事实，同繁殖的强度主要决定于这些危险的总和这一观点相符合。正如我们已经看到的，把卵排到水里去的那些生物生育力强度之大，不能归因于什么不能大规模受精，但应归因于这些生物的幼体必然遭遇的许多危险。与卵保持在母体内和幼儿受到母体保护的那些情况相比，任何单一受精卵发育为成长体的机会要少得多；除非生育是大规模的，否则不会有足够的数目生存下来。植物的繁殖必须总是大规模的，因为除了需要提供极大的数目从而保证足够的数目通过一切其他危险以外，还必须保证足够数目的种子不仅落在适当的土壤上，也要落在并不拥挤得足以阻止种子发育到成熟阶段的适当土地上。被父母抛弃的卵和幼儿可能遭受各种各样的危险。使昆虫把卵藏在毁于敌人之手的危险较少的地方，并使昆虫在幼虫从卵发育出来时能供给幼虫以食物，这种昆虫所共有的本能的发展是与生育力的减退相伴随的。父母的本能进一步发展后，危险程度减轻了，生育力也随之而减退了。父母对于幼体的爱护在无脊椎动物中也是常见的。有许多幼体被保持在抱囊里的例证，例如普通的水蚤就把幼体保持在抱囊里。淡水中水蛭类的扁蛭属孵抱它的幼体。脊椎动物中大部分的鱼不照料它们的幼体。但有些鱼像棘鱼属，也就是三棘刺鱼属却做窝。在两栖类或爬虫类中

① 为了简化的理由，生育力被说得好像是每种生物的生育力各自固定在一定的强度上。事实上，它在相当广阔的限度内变动着——随着条件的改进而增长。人们常常观察到的在有利条件下各种生物的增长，由此可以得到解释——虽然当条件比较不利的时候，这些生物中也极少或根本没有饥饿的迹象。

找不到巨大的发展。但是，有一种爬虫类，即龟鳖，却表现了显著的进展。它们成对地生活着，并关心保护它们的幼体。如果婚姻被界说为“雄性和雌性之间或多或少持久的联系，其持续超过了仅是繁殖活动，直到幼体降生之后”，[①]那么婚姻的开始在这一族类里就可以看得到了。雄性和雌性之间这一或多或少持久的联系是鸟类的众所周知的特点，它们同样照料它们的幼体。“大多数的鸟类当它们找到配偶的时候就永远生活在一起，直到其中的一个死去。”[②]哺乳类和鸟类不一样，雌雄之间的联系不这么持久，父母本能也没有这么高度发展。但是，哺乳类动物把幼体保持在母体内，大大减少了幼体容易遭受的危险。这一点也是值得注意的，即攫食他种动物的那些鸟类和哺乳类，总的说来其生育力不如其他类别动物那么旺盛。这一事实是和它们的幼体遭受的危险程度较低相关的。

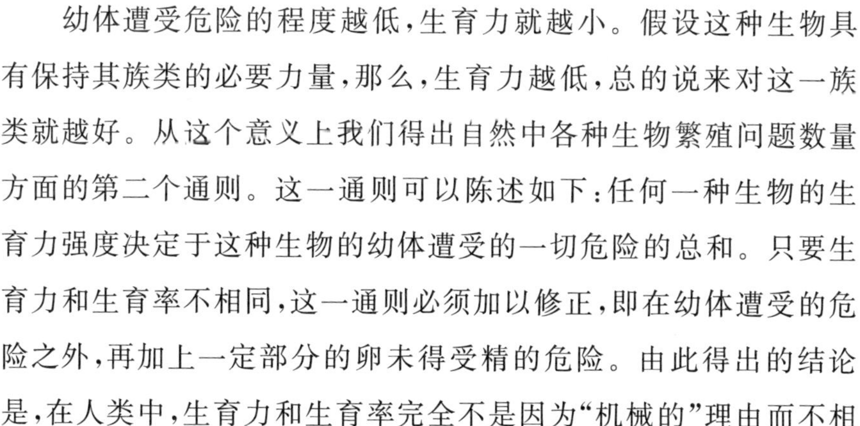

幼体遭受危险的程度越低，生育力就越小。假设这种生物具有保持其族类的必要力量，那么，生育力越低，总的说来对这一族类就越好。从这个意义上我们得出自然中各种生物繁殖问题数量方面的第二个通则。这一通则可以陈述如下：任何一种生物的生育力强度决定于这种生物的幼体遭受的一切危险的总和。只要生育力和生育率不相同，这一通则必须加以修正，即在幼体遭受的危险之外，再加上一定部分的卵未得受精的危险。由此得出的结论是，在人类中，生育力和生育率完全不是因为“机械的”理由而不相

① 韦斯特马克：《人类婚姻史》，第19页。

② 布雷姆：《鸟类生活》，第285页。

一致，生育力不是直接同幼体遭受的危险相关的。当人们像现在这样大规模地戒绝交媾，并妨碍交媾的自然结果的同时，人数却在增长，显然，其生育力的强度较之能使足够数目的新生一代逃脱不可避免的危险，要大得多了。但人类的祖先必然曾经遭遇过自然中的各种生物现在所遭遇的相同条件。在本书的第一部分里，我们将考察同以前的条件越来越背离的这一情况的原因和结果。

第三章　人口问题的基础：(2)质量方面

一

现在我们必须研究人口问题的质量方面。有两个问题需要做出解答。首先我们要问：所发生的变化的性质是什么？换句话说，如果我们可以谈到动物和植物的历史，我们需要知道哪类变化是形成这一历史的事实基础。第二个问题是：这些变化是怎样发生的？第一个问题的答案是没有疑问的，可以很简短地加以阐明。第二个问题的答案虽然有一定程度的一致意见，但在并非不重要的一些论点上出现了相当大的意见分歧。为了恰当地研究这些论点，有必要做冗长的讨论，而我们却没有这么长的篇幅。这里所能做的一切是举出最重要的事实；它们将对第一个问题提供令人满意的答案，也能对第二个问题的答案所必然遵循的路线给予一些启示。

不管我们怎样简略地研究这一问题，必须从指出遗传的物质基础开始。我们对受精过程已经进行过一些描述。我们说过，只有精子的头和中段钻进卵内，还说过在精子的这些部分里找不出细胞质,也就是找不出普通的粒状原生质。头是细胞的细胞核,中段是中心体,它是连着细胞核的一个物体,在细胞分裂时起重要作用。根据这些事实,接着就得出一个极其重要的结论。大家知道,雌雄二体对幼体是同样有贡献的。因此,由于雄性所贡献的只是细胞核和它所属的中心体,遗传特质的基础必须在细胞核中去找。

这样,我们的注意力就指向细胞核了。在活着的细胞里有时可以看到这种细胞核。但是,它的具体结构只能在保存下来并经过染色的标本中看出。从标本上我们看到细胞核是由里面含有无色液体的薄膜组成的。液体中有许多叫作染色质的带黑染色物质的有孔小珠,这些小珠悬在一种叫作染色丝的物质所构成的精致的线上。细胞的分裂总是先由细胞核的分裂开始。当细胞核分裂时,染色质便发生一定的显著变化。染色质的小珠聚合在一起变成杆状体——出现的杆状体数目在同种生物中固定不变,虽然各种生物的杆状体数目各不相同。这些杆状体叫作染色体。除了说每个杆状体分裂为二,每个派生细胞核也分裂为二,因此每个派生细胞都被供以该种生物所典型具有的染色体数目而外,就再不需要对分裂过程的细节做任何进一步的了解了。用最概括的形式来说,这就是普通细胞分裂期间所发生的事,就像一个受精卵从单一细胞发育成为多细胞的成长体所发生的情况那样。

这种类型的细胞分裂有一个显著的例外。在导致雄性和雌性配子形成的那些系列的分裂中的倒数第二系列分裂里,染色体的半数而不是全数,遗传给每一个派生细胞核。因此,如果一种生物细胞核里的染色体的典型数目为八,而另一种生物为四,则配子里染色体的数目将分别为四和二。前种生物里卵子的细胞核会有四条染色体，精子的细胞核的染色体也是四条。只有当精子的细胞核同卵子的细胞核在受精作用中融合在一起时，这种生物的染色体的典型数目才能全数恢复。

普通细胞分裂中同样数目染色体的不变的重复出现，在配子形成之前的倒数第二系列的分裂中染色体减少到这一数目的一半，以及所运用的复杂技巧和其他证据等都导向这一结论：确定遗传特质的基础的位置可以进一步缩小范围，可以在染色质中去寻找，也就是说，可以在细胞核的一个因素中去寻找。[①]

二

不能认为细胞核是独立于细胞的其余部分的。在细胞核和细胞质之间存在着经常进行的互换。实际上人们已经指出过，粒子不时地由细胞核流到细胞质里边去。细胞核是活动的中心，没有细胞核细胞就不能生活。假定是这样，那么我们怎样看待从受精卵到成长体这一发展过程呢？对这一过程可以具体地加以研究。卵分裂为两个细胞，然后再分裂为四个、八个、十六个、三十二个细胞，并这样继续分裂下去。器官的逐渐分化是能够精心观察到的，它们在早期阶段属于一定细胞的系统也是能够追溯出来的。在每一阶段中，发育中的有机体是处于周围条件所提供的某种刺激的影响之下的。环境中有很多因素起刺激作用，如光、温度、引力、食

① 遗传特质的基础完全在于染色质这种主张，不能认为是毫无疑问地建立起来了。但是，可疑的因素对于这种论证是没有影响的。

物等等。假设环境是正常的,也就是说,假设刺激的变动不超过一定的限制,这种生物的成长体成员就会形成。"正常环境"这一名词意味着什么,将于第十四章里更加充分地加以讨论,在那里,经受不正常环境的结果也将予以研究。很多刺激必须只在很小范围内变动这种主张,也将在那里说明是已经证实了的。

因此,发育过程采取的形式是:某个有机体结构经过一定刺激对胚种组织发挥作用而成长。正如我们已经看到的,胚种组织显然必须同受精卵的染色体组织相一致。染色体半数来自父体,半数来自母体。大家知道,有机组织所表现的这些性状,在某种方式上是以胚种组织为基础的。这些个别性状的数目是极大的。那么,我们对于胚种组织的性质采取什么看法呢?首先,人们在有机组织中看到的每种性状,是一定刺激对于胚种组织中某种东西发挥作用的结果。这样的某种东西只能被认为是一定刺激下一定性状发展的内因,也是在程度上和种类上与前述一定性状不同的、在其他刺激下发展的那些性状的内因。根本不谈内因存在于胚种组织里,那是完全令人误解的。但是,一旦上述这一点得到了人们的理解,那么,为了简便起见,的确可以使用其他用语。因此,当我们说到任何性状遗传的时候,我们意味着在亲体和子体的胚种组织里都有内因,在一定刺激下发展成这一性状。如果让这一性状表现于亲体和子体中,则刺激必须对于亲体和子体都起作用。

第二,如果我们不得不把胚种组织看作是无论怎样也包括许多个别的内因或者因素,就像它们常常被叫作的那样,那么,可能说出这些因素是由什么组成的吗?对于这一问题仍然不能提出确定的答案。人们曾经提出一些假设。例如,韦斯曼提出过,这些因素可以在一群群的染色质分子里找到。但是，不需要假设确定的和个别的粒子作为内因的物质基础。原生质的分子是极其复杂的结构，包括很大数目的原子。相仿的原子可以不同地集聚在分子里，不同的内因很可能是不同集团的函数。

三

为了能够对本章开始时提出的两个问题中的第一个做出回答，我们必须更具体地研究有机组织的发育是由什么组成的。[①]正如我们已经看到的，每一性状是环境对于天赋的影响的结果。如果两个个体的天赋胚种组织完全相似，并假设刺激对于其中的每一个的影响也完全相似，则两个成长体在它们的一切性状方面就会相似。但如果刺激是不相似的，例如，假设给一个比给另一个提供较多的食物，那么，虽然胚种组织是相似的，一个成长体就可能比另一个成长体大些。又如，让我们假设胚种组织不一样，例如，其中的一个比另一个具有发育为较大体积的内因，那么，即使刺激相似，成长体也会不一样。因此，上述两对中两个较大的成员，可能在外表性状上彼此极其相近。但这种密切相似并非是由于相似的胚种组织。从而必然的结论是，仅仅通过外部检查，不能对于胚种组织得出任何结论。因此，有两类影响在发生作用，其中任何一类影响的变动都会产生有机组织的变动。相似的性状可能

① 在这一节和下面的几节里，我感谢古德里奇在他的《生命组织的进化》那本书里对这些问题所做的令人敬佩的研究。

是一类内因和一类刺激的结果,也可能是另一类内因和另一类刺激的结果。同样必然的结论是,我们不能说一些性状是遗传的而另一些是后天的。现在我们假设背离正常结构的某种变更发生了。它可能是由于环境的变迁,也就是说,由于新刺激作用于未变化的胚种组织;它也可能是由于胚种组织的变更而环境没有变迁。不应当说在前一情况下新的变更是后天的,而在后一情况下它是遗传的。所发生的情况是:在前一情况下,新的刺激作用于旧的因素,产生了新的性状;在后一情况下,旧的刺激带来了新的性状,因为旧的刺激作用于不同的因素。

把一些性状说成是后天的,把另一些性状说成是遗传的,这种通俗的区别虽然令人误解,不过,确有两类变异。新的变化可能是由于胚种组织的变化,在这种情况下,新的性状将重复出现于未来各代中——假设已变化的胚种组织保持原状,组成环境的刺激综合也不变的话。这样的变异可以叫作"突变"。新的变化也可能是由新的刺激作用于没有变化的胚种组织导致的。在这一情况下,只有新的刺激不变,新的性状才能再现于未来各代中。这种变异可以叫作"后天变异"。这样,突变是遗传给胚种组织的,而后天变异不是遗传的。

四

我们已经得出了对于第一个问题的答案。有机组织的永久变化是由胚种的变化所导致的。但在我们继续前进并探索已经发生的胚种变化是怎样确立的之前,我们必须进一步研究胚种变化发生的方式这个难题。首先论述大家所称的“纯种”研究，然后谈谈孟德尔现象，就会弄明白大家所知道的现存胚种差别的性质。我们在占有一些这样的资料之后，才可能有益地探索现存的胚种差别是怎样发生的。大家最了解的“纯种”试验是约翰森用豆子进行的那些试验。豆子是自花受精的。因此，它们的后代具有近似相同的胚种组织。这种后代构成“纯种”，因为“纯种”意味着一群子孙是单一的生亲的后代。为进行研究而选择的性状是重量。据发现，如果从豆地里把豆子收上来并加以称量，在最轻的大约为 20 毫克和最重的大约为 90 毫克之间每一等级都有。当把豆子分为三组——重的、中等的和轻的——播种到地下，到了收获的时候，重的种子长出的豆棵生产出来的豆子，其平均重量比所有豆子的平均重量要大些，虽然不是按比例地大；轻的种子长出的豆棵生产出来的豆子，其平均重量比所有豆子的平均重量要小些，虽然不是按比例地小。事实上，重的组和轻的组对于平均重量具有一定的倒退现象。当用相似的方法研究其他性状的时候，可以看到对于平均情况的相似倒退趋势。例如，高双亲的后代的平均高度，比其双亲的平均高度，稍微接近于这一品种的平均高度。

人们早就知道这种向平均数倒退的趋势，但直至约翰森时代才向前迈进，因而才在我们所理解的“纯种”范围内研究遗传。在上述试验中并未注意“纯种”问题。当约翰森把自花受精的单一豆棵所生产出来的豆子分为重的、中等的和轻的三组，把它们播种到地下并称量它们的果实的时候，他发现了一件极其有趣的事情。一粒重豆子的果实的平均重量和属于同一“纯种”的一粒轻豆子的果实的平均重量是相同的。从这一结果所得出的结论是：一棵自花受精植物的果实之间重量上的差别，源于对它们起作用的刺激方面的差别。显然刺激是有差别的；光线、阴凉、数目、豆子在荚中的地位等方面的差别都会影响重量。但是，因为一棵植物的果实赋有近似相同的胚种组织，轻的豆子是由于比一般的豆子遭受较为不利的刺激而轻些，它们的果实的平均重量不会因为这一理由而比这种豆子的平均重量低；同样，重的豆子是由于比一般的豆子受到较好的刺激而重些，它们的果实的平均重量也不会因此而比这种豆子的平均重量高。

因此，关于这一特殊性状的必然结论是：在繁殖问题中有许多不同的品种。从任何一种品种中生产出来的豆子的重量都是不相同的，因为它们经受过不同的刺激。如果每一品种都是纯种，并假设刺激的差别可以去掉，那么，从豆地里收上来的豆子就不会表现出简单的重量差别，而会有许多等级，并且等级数和品种数是一样多的。事实上，后天变异产生人们所看到的等级。正如上面所说的，胚种组织的性质不能只是由检查性状来决定，通过这一试验可以得到证明。比方说，如果我们拿一粒重量为 55 毫克的豆子，它可能属于在 20—65 毫克之间变动的一种豆子，也可能属于 40—90 毫克之间变动的一种豆子。只有把这粒豆子种了，把它的果实的重量计算了，然后才能确定这粒豆子属于哪一品种。这一试验还解释了：当不把研究限于“纯种”，而把与一般豆子在某方面有所差别的豆子，比如较重的豆子选出来并加以播种，为什么会发生朝着平均数倒退的现象。这些豆子会属于几个不同的品种；但是，它们所包括的受环境有利影响的豆子比所包括的受环境不利影响的豆子要多些。因此，它们所生产出来的果实的平均重量将低于它

们本身的平均重量。在这一点上我们触及选择问题,但在我们进一步研究这一问题之前,需要再谈谈变异和变异的起源。

五

自花受精是极其例外的,在豆子这个例证上所发生的情况虽然具有启发性,但不是典型的。作为繁殖的一般原则,双亲都对后代的胚种组织有贡献。所以,纯种难以保持,因为,正如豆子的例证所示,它们会继续进行杂交。我们需要知道杂交发生时会出现什么情况。这一研究,首先由孟德尔成功地进行了,近年以来又大为发展。我们首先可以以最简单的形式说明孟德尔有何发现,然后进一步探讨从中可以推演出什么结论,这些结论对我们要解答的问题具有影响。

人们进行了许多下面这类的试验。在任何一种生物中选出两个品种,这些品种表现出不相同的性状。这些性状可以是高度和矮度、花的颜色、鸡冠的形式、种子的情况是平滑的或是皱纹的以及其他等等。我们可以把一个性状叫作 A,把另一性状叫作 a。把这两个品种进行杂交,第一代里所有的后裔都是相似的并表现出 A′性状。这一性状可以与 A 或 a 相同,是它们之间的混合物,或完全是某种新东西。不管它的组织结构可能是什么,它是通过 A 和 a 相互作用而产生的,然后使这第一代的成员相互杂交,于是第二代的四分之一表现出 A 性状,另四分之一表现出 a 性状,其余的一半表现出 A′性状。如果表现出 A 性状的四分之一再相互杂交,所有的后代都表现出 A 性状;表现出 a 性状的那四分之一也适用同一原理。但如果表现出A′性状的那一半再相互杂交，它们的后代却将按照与前一代相同的比例划分为：四分之一表现出A性状，四分之一表现出a性状，一半表现出A′性状。只要不同品种间的杂交继续进行，这一结论对多少代都是适用的。

我们无须深入研究所发生的许多极其复杂的情况。这些复杂情况都可以通过引申上述基本情况中所应用的简单解释而得到解释。人们认为上述对杂交起作用的一切性状，在胚种组织里都由起独立单位作用的各个因素代表着。这些性状叫作“单位性状”，这些因素叫作“单位因素”。人们进一步认为，每一配子相应于每一单位性状，只具有一个单位因素。如果品种是纯的，就像表现A性状和a性状的那两个品种的情况，那么所有的配子就会分别为A和a生着单位因素，因此，由于它们之间的杂交而产生的受精卵就会有两种单位因素。正如我们所看到的，表现A′性状的杂种，就会生产这样一些配子，其中一半为A生着单位因素，另一半为a生着单位因素。杂种再进行杂交时，平均的机会是，四分之一的受精卵为A生着两个因素，四分之一的受精卵为a生着两个因素，还有一半的受精卵既为A生着一个因素，也为a生着一个因素。第二代的划分就是用这种方式解释的。

在这一解释中，重要的东西是单位因素这个概念。把这一解释引申运用于更加复杂的情况并不涉及对原理做任何修正的问题。据此必然的结论是，胚种组织含有很大数目的单位因素；因此胚种组织天生就是这样一些单位因素的集合体。以一个单位因素为基础的每一单位性状，理论上是能区别开并彼此独立的。但事实上区分开是有困难的。人们曾经指出的那些复杂情况，部分原因就在于区分开各单位性状有困难。表面上似乎简单的性状可能不是单位性状，而是一些性状的结合。除非这些单位性状据为基础的所有单位因素都出现在胚种组织中，否则这一表面上简单的性状是不会出现的。

其次，我们就可以探索，杂交时是否所有单位因素都按照这种方式起作用。关于这一点目前仍然不能得出确定的答案。对于外表上矛盾的情况的成功分析和按照这种方式起作用的一些性状的继续发现，似乎指向肯定的回答。人们的意见是这样的，如果指不出这种行为方式，那是因为单位性状还没有区分开，彼此也没有独立起来。

因此，对于“纯种”研究和对于孟德尔杂交分析的这一简短论述，导致了以下的结论。如果品种像自花受精豆子那样保持纯洁，就可以看到，相对于任何性状的现存胚种其差别属于前进性质，而前进的步子往往很小——虽然在外观表现上这种差别被环境刺激的影响所掩盖了。这就是胚种差别的性质，而且这些差别仍然保持其本来面貌——新因素产生或旧因素消失，以及差别死亡率的影响除外。如通常发生的情况那样，双亲繁殖发生时，情况就更加复杂了：各个品种继续在杂交，并且由于各种因素在后代胚种组织中偶然混合的结果，同一双亲的第二代彼此之间的胚种组织是有差别的。因此，在双亲繁殖发生的任何一种生物中，新的结合经常产生；但是，在这种方式中胚种组织可能在某种意义上说是变了，不过这种变化仅仅是由于因素的混合。我们现在需要探索的是，人们所知道的所谓新因素的产生和对胚种组织加以补充的方式，旧因素的退出和从胚种组织中消失的方式；因为只是由于这种补充和这种消失，真正的胚种变化才会发生，改组才成为可能。

六

不同品种杂交结果的解释表明了哪类变化构成了某些突变出现的基础。据业已表明的，人工培养的生物的许多变种是由于一种或更多种的单位因素的显然消失而发生的。[①] 许多种家兔是一种野兔繁殖下来的，许多种芳香豌豆是一种豌豆繁殖下来的。它们和野兔与野豌豆之所以不同，不是因为对野兔与豌豆的胚种组织因素的总数目有所补充，而是因为显然的减少。我们在这里无须探求导致这一结论的论证；有个证据是：某些品种杂交时，原来品种的各种性状就重新显现出来，这是因为一个品种显然失去了一个因素而另一个品种显然失去了另一个因素，杂交导致了为原来性状的显现所需要的因素重新结合。

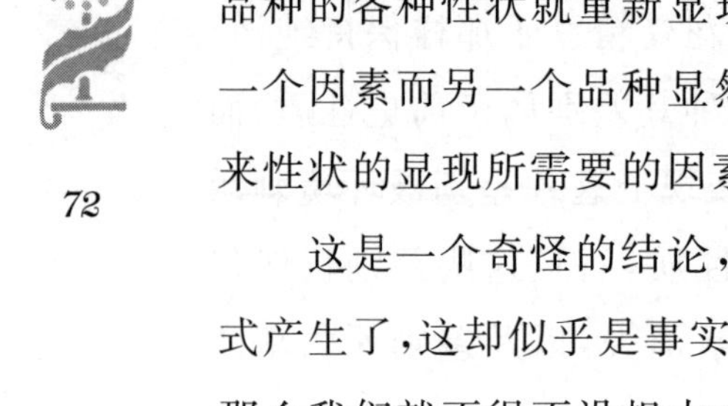

这是一个奇怪的结论，但许多种人工培养的生物按照这种方式产生了，这却似乎是事实。如果这是突变能够产生的唯一方式，那么我们就不得不设想大多数初步生命形式里含有无数的因素，而进化则只不过是对因素的显著淘汰。这一结论确曾被暂时提出过。但在确定地证明这是突变产生的唯一方式以前，我们还必须设想因素集合体的变化与补充能够发生并曾经发生过。我们还应当注意到各种家鸡和各种鸽子的一些显著性状似乎是由因素的增加而产生的。鸡的“单冠”是野种的原来性状，它是由于其他因素

① 也许没有实际损失——染色体里没有裂缝。人们可以认为，由于一个“消极变异”，一个因素停止起作用了。

的显著增加，却不是由于现存的一个或更多个因素的淘汰而改变的。我们不必深入研究导致这一结论的理由。这一结论是根据不同种的鸡之间杂交的分析所做出的论断。

七

少数的观察似乎指明，在一定条件下因素的淘汰可以发生，但就大多数情况来说，关于导致因素的显著消失和显著增加的原因，我们还是十分无知的。在这方面，我们必须讨论一下后得性状的遗传问题。虽然根据以上所说名词的内容，必然的结论是，我们应当更加正确地把这一问题说成是任何一个方向的后天变异是否都趋向于继之以同一方向的突变；但经过冗长的讨论和争论，现在一般人都认为并没有发生这类的事情。例如，大家几乎普遍同意，目前人类所招致的这类后天变异并没有导致同一方向的突变。因此，为了本书的目的，就人类而论，我们可以认定后得性状是不遗传的。但纵观整个问题，还不能认为问题已经解决了。例如，后天变异和突变具有类似归纳趋势的某种证据。但是可以提出这一问题：即使这些情况属实，是否就应该列在后得性状的遗传这个项目之下？此外，研究进化问题的一些生物学家普遍认为，除非在一定条件之下，继适应性变异之后发生了突变，否则就难以说明后天变异能够遗传。

这样，我们就剩下各种突变的发生以及它们可能是变化大也可能是变化小等问题没有研究了。表面上，性状往往会继续变异，因为环境刺激会继续变化，从而掩盖或模糊了由于突变而产生的

差别，就像上面所提到的豆子那种情况。但是，即使除去环境影响，突变本身也可以形成分等级的系列，这些等级可能是小到几乎无法计量，也可能是极大的。豆子的重量是前一类突变的例子；所谓“比率”变异——当另一成员补充到一个系列时，例如一个脊骨补充到脊椎里时——是后一类变异的一个例子。

不管什么时候发生突变，我们必须认为它是建立在胚种组织的一些变化上。这种变化是属于因素变异的性质——它可能是积极的（导致因素的显著增加），也可能是消极的（导致因素的显著消失）或修正性的。关于这种变化的性质我们所知极少，关于它们的原因我们知道得就更少了。但重要的事实是，这些变化确实在发生，而且在各个方面发生。当然，从某种意义上说，方面是决定于出发点的——决定于胚种组织中已经存在的东西。但是，出发点既定之后，突变显然发生于各个方面。知道突变是否从来就趋向于在一个方面比在另一个方面发生得多，这是一个重要问题。虽然我们以后会看到，关于动物进化的一些事实表明有沿着一定路线变化的趋势，但对这一特殊问题并没有得出任何确定的东西。人们也可以追问，是否一个性状的继续选择能以任何方式影响胚种组织变异的方向。对于这一问题也还没有确定的答案。整个说来，选择也许不会有任何这种影响。

八

因此，正如已经进行的，截至目前我们发现，永远的变化属于胚种变化的性质。我们也讨论了存在于不同个体之间的胚种差别的性质,还讨论了胚种变化的性质和原因。关于变异有许多可疑和模糊之处,但是把已经确定知道的东西的基本特点记住,我们就可以转而考虑有机世界里发生的事情。这一课题的确定性要大得多了。我们已经看到生育力是怎样地巨大。我们也知道任何一代的幼体生存下来的数目只是大约等于它们所出自的那一代的成长体数目。因为有机世界在正常情况下,在接连不断的岁月里的相应时期中,任何一种生物的成长体总数变化极小。任何一种生物数目显著增加的例证是罕见的,而且这些罕见的例证还往往可以追溯到人为的干预,这种干预的结果使幼体通常遭遇的一些危险消除了。因此,必然的结论是,例如,在正常情况下,一条鱼的数以千计的受精卵,除了两个受精卵以外,全部得死掉。即使任何时候看到发生最快的增加,绝大部分幼体也要死掉。根据对条件的研究,整个说来,具有某些性状的那些个体比不具有这些性状的其他个体,显然会有较好的生存下来的机会。

这一问题需要进一步研究,因为整个自然选择问题从它开始。这一理论所涉及的内容是:死亡率是选择性的;总的说来,最能适应某种生物所处的环境的那些个体,具有较好的生存机会。适应性决定着适宜,但适应性这一概念未必包括任何进步的观念。在任何客观复杂环境之下,就像任何一种生物所面对的那样,有机体对这一环境会有不同程度的密切适宜。这一密切适宜可能通过结构的简化取得,也可能通过结构的复杂化取得,还可能在悠久岁月中,通过对于在任何方面脱离这种生物中间类型的那些类型的淘汰,从而保持中间类型来取得。

人们常常指出这一点,在某些情况下死亡率是没有选择性的,因此，它并不意味着比较适宜的生物得以继续生存，比较不适宜的生物遭到淘汰。鲸鱼张开嘴吞入庞大数目的被它作为食物的小生命组织，这时这些生命组织中的某些类型与大量被淘汰的其他类型相伴随，显然没有逃脱的机会。但整个说来，这些情况是不寻常的；同时，这些情况也没有什么同选择相抵触的东西，它只是意味着有时候选择是不起作用的。对于淘汰因素的作用方式的研究，其一般性质已被揭示出来了，并毫无疑问地导致这种结论：在大多数情况下，任何有机组织的死亡，或者是因为这一有机组织没有占有其他有机组织所占有的能够使它们生存下来的某种性状，或者是因为它占有其他生命组织所没有占有的在严重时刻证明是对它不利的某种性状。对这一课题可以进行较为详细的研究，但在这里只要做以下说明也就够了：比较有经验的博物学家认为，而且他们对有机生命的情况所知越多就越是倾向于认为，总的说来，死亡率是有选择性的，最有适应性的类型比其他类型具有较好的生存下来的机会。

根据事实的性质，取得自然选择的统计证据必然是困难的。但是，有一些为大家所知道的极有趣的例证。例如，邦珀斯在美国的一次暴风雨之后搜集了一百三十六只麻雀，所有这些麻雀都受了伤。其中七十二只复苏了，其余的都死了。他计算了所有标本的重量和大小，并把生者的重量和大小的数字同死者的重量和大小的数字进行了比较。结果发现，后者的通常类型比前者的通常类型要大些和重些。还观察到生者的变异性幅度没有死者那么大，这表明幸运的类型比其他类型更加密切接近于这种生物的通常类型。其他观察也表明曾经发现过通常类型的这种幸运，从而可以认为,在正常情况下,任何一种生物的通常类型在性质上最适宜于这种生物所占有的特殊地位,因此,适应性将以接近这一类型的程度来计量。而当条件正在变化时,对这种通常类型的某种离差会有好处。

九

这就使得我们可以更加具体地去探索在选择过程中会发生什么情况。在进行中的选择同筛子的作用很相像,把适宜的和不适宜的区分开。但适宜性是通过表现出来的性状来计量的,而这些性状可以是突变的性质,也可以是后天变异的性质。表现出来的性状的被选择,和性状的基础性质完全没有关系;只有当突变性质的变异被选择时,才会产生生物胚种组织构成方面的变化。只要选择仅仅属于品种的后天变异的选择,后天的通常胚种组织就不会有变化。只有当选择是品种选择的时候,后代的通常胚种组织才会发生变化。如果上面提到的豆子的品种是能够区分开的,那么具有发展到最大重量的因素那个品种就能够同其他品种分开,其他品种则被淘汰,平均重量也就提高到在这一品种中所能看到的重量。如果这些品种无法区分开,那么通过对最大重量的品种的继续选择,只能得到近似上述的结果。而这是自然界中发生的情况。

上述种种把我们引向一切问题中的最重要问题。选择只能作用于客观存在的事物。选择对突变的方向产生影响是可能的但远远没有得到证实,我们可以不去管它。此外,选择除了淘汰一些品种，就再不能产生什么其他的影响了。假设在变化的条件下某种性状受到优遇，通过选择能够发生的一切是：表现出这种性状的品种将受到优待，而所有其他的品种将逐渐被淘汰。只有在突变朝进一步增加这一性状的方向发生之后，才能发生超过这一变化的变化。正如上面说过的，选择不过是一个筛子。作为一般原则，它忙于筛出一些极端类型而优待通常类型；但有时在一定的条件下，它也会优待偏离通常类型的某种类型，不过，它至多只能优待在一些特定时刻客观存在的某些类型。①

十

我们着手解答了质量方面的两个问题。我们探索了自然中各种生物的变化是什么。这一问题的答案是明确的，它是源于胚种组织的变化。如果我们可以谈自然中各种生物的历史的话，那么它们的历史是以胚种变化为唯一基础的。我们也探索了变化是怎样发生的。它更不容易简短地予以回答。尽管和这一过程相关的许多具体事实是含混的，但主要事实却具有足够程度的一致性，从而可能简短地阐述一个答案。这种答案以两个系列的事实为根据。首先，人们观察到的有机组织的性状是以胚种组织中一些内

① 由于最近生物学著作持贬低选择功用的态度，一定程度的混乱被带进整个进化问题。毫无疑问，达尔文信徒不时在夸大选择的重要性。特别是，选择甚至被说成好像引起过变异，并好像指引有机体沿着一定的路线前进。正如上面已经着重指出的，人们切要记住它只能对于客观事物起作用。但是，毫无疑问，近来有一种低估选择重要性的趋势。虽然选择过程不过是筛挑过程，它却具有基本重要意义。除非适当地看重它，否则就无从理解它。

因为基础。这些内因或因素在环境的刺激下产生出各种各样的性状。这些因素通过配子的相互融合而得自双亲，后代的因素构成又是因素偶然混合的结果。此外，不时可能有因素的补充、淘汰或者后天变异。其次，死亡率是选择性的。虽然后代变异掩盖了由于胚种组织的差别而产生的差别，选择的结果被后天变异的影响弄混乱了，但是选择的结果是具有某些因素的个体受到优待，而具有不同因素的其他个体则被淘汰。因此，如果不接近通常类型的什么类型走运，因素的一般性质就可能发生变化。

按照这种方式就可能理解变化是怎样发生的。虽然有许多困难，但这些困难都能得到令人相当满意的解释。至少没有一种困难不能被克服。有一个问题也许是有点难以解决的，除非应用特殊的假设。这个问题是和沿着一定路线的器官进化相关的，例如，脊椎动物的角和牙齿的进化。这类证据主要是给予古生物学家以深刻的印象，其中最著名的一位古生物学家说，他根据这类证据得出这样一个结论："有一些因素在一些方面引起变化。"①这就是可能必须加以应用的假设，但它不在任何方面同上面所说的相抵触。

① 奥斯本：《哺乳类动物臼齿的进化》，第228页。关于进化直演说的讨论，最有价值的著作之一是普拉特在他的《论达尔文选择原理的意义》里提供的。普拉特断定证据倾向于某种的进化直演说。

第四章　人类的繁殖问题

一

上两章说明了自然中各种生物的繁殖问题包括了什么内容。特别是关于数量方面，说明了在这些种生物中，尽管智力进化已经达到把最高级躯体结构和最低级躯体结构大大地加以区分的阶段，但还没有达到使数量问题的基本特点因而受到影响的程度。不过，人们谈到足够的资料，表明在现存的人类最原始民族中，智力进化已经达到如此程度，因而使数量问题呈现出完全不同的局面。

关于质量问题，人类智力进化在多大程度上产生影响的问题也出现了。在一个极其重要的方面，智力进化完全改变了人类繁殖问题的质量方面的情况，就像智力进化改变人类在数量方面的情况那样。在观察智力进化也曾经是其他一些变化的原因之后，就可以研究这一变化是怎样发生的。这些其他变化虽然不能变更人类在质量方面的基本情况，却还是很重要的。

我们在自然中的各种生物中看到，变化是以胚种变化为根据的。同样，人类也有胚种变化。这是就历史(在最广泛的意义上使用这一名词，包括常常被人们毫无意义地叫作“史前史”的时期在内）同胚种变化相关联而说的，是就人类的胚种变化同其他各种生物的胚种变化基本上相同而说的。但人类胚种变化的方向和强度受智力进化的影响极大。某些淘汰原因被全部或部分地消除了，其他的原因却被引进来了。这是大家所熟悉的，不需要详细讨论这一点。如果曾经发现在胚种细胞形成期间由于环境变迁而时常发生突变，那么这种发现可能对于人类的情况具有重大影响，这一点也值得加以注意。由于人类在理智指导下行动，环境在许多方面发生了深刻的变化。毫无疑问，由于这些变化，人类的胚种细胞在发育过程中就要比其他各种生物的胚种细胞受到远为繁多的各种各样的刺激。但是，这只是一种可能性。关于这一课题大家没有确切理解到什么东西。种类繁多的食物、喝酒吸烟、种种职业和风俗习惯以及其他许多因素等，最后统统可以归因于理智，其中一些可能以某种方式导致人类的突变。

理智的进化从根本上改变了人类质量问题的性质，这就导致在另一章里我们需要深入研究传统的起源与性质。为了能够了解它和变化问题的关联，这里只需要指出它的主要特点。在人类所达到的概念思维阶段里，随意思维观念的形成是突出的特点。随着概念思维的发展，语言跟着发展了。通过语言，观念可以从一个人传到另一个人，也可以从一代传到另一代。还有依次传递论证结果的其他方法，但我们无须现在就研究它们。重要的问题是，论证的结果能够并且依次传递下去了。让我们花一点时间研究技术问题。人们在渔猎方法上可能做出了一些改进。这些改进可能失传了，但也可能由发明者传给其他的人并在以后传于世世代代，而且也许往往是这样的。事实上，传统是累积的。即使在现存的最原始的民族中也有大量的传统。后世各代不必又从头开始。他们从先前民族的经验开始，只要这些经验被保存了下来。

在高级动物中，从经验中学到的事物也有一定的依次相传，也就是说，在一定程度上它们也有传统。我们以后还要谈到这一点。但是，传统在其他动物中相对来说却很不重要，我们可以暂时把传统看成是仅仅在人类中发现的某种事实。显然，传统在产生我们叫作历史的变迁中，无论如何是起了一些作用的。我们只要想一想日本在 19 世纪后半叶兴起到进入列强的地位就行了。日本的兴起在那个时期的历史中是突出的事实，而这显然主要是传统的而不是胚种的变化——如果不全部是的话。这种变化采取了迅速吸收欧洲传统的形式。这样，理智的进化在人类历史的原因问题里引进一个因素，这一因素在其他各种生物里是不存在的。同时，理智的进化也改变了选择的道路。但正如我们已经看到的，这在人类的情况和自然中的各种生物的情况之间没有造成根本的差别。

因此摆在我们面前的问题如下。由于生殖这个事实，繁殖问题的两个方面都存在于自然中的各种生物中，并且一切生物基本上都表现出相同的特点。人类的祖先曾经受到同样条件的限制，由于推理能力的发展，他们逐步脱离了这种条件。我们必须探索这一脱离——脱离于自然中各种生物现存条件的渐进变更——的原因和结果。

繁殖问题虽然有两方面，它们却密切地交织在一起。影响数量的变化也影响质量。此前的讨论采取了概论整个问题的形式，下两章也将致力于研究同样影响这个课题两方面的一些问题。这两章的主题以后在适当的地方再提出来。从第七章起将分别研究这两方面:首先研究数量方面,然后再研究质量方面。虽然如此,当我们研究数量问题的时候,会提出这样一些证据,以后研究质量问题的时候还要再考虑到它们。这样,本书分为三部分,前六章是整个问题的引论,其次六章是和数量问题相关的(虽然人们会发现这里提出的许多事实以后对于质量也有意义),再次的九章是和质量相关的,最后一章总括我们对于整个问题的结论。

二

其次,我们可以探索一下,为了能够考察人类从脱离人类以前的祖先的生活条件向现存条件发展的变化,我们需要什么资料。为了能够研究这个问题的数量方面,显然我们需要有关生育力的一些知识,并且,对于对生育率和淘汰有影响的那些因素也要尽可能做详细具体的了解。只有我们占有了这些资料,才有希望断定人口数量是如何调节的。

除了这样的资料之外,占有一些有关各种社会风俗习惯和一般生活条件的资料,也是可取的。关于这一问题质量部分的研究,显然,有关生育率和淘汰的事实是有用的,因为它们能把选择的性质和强度弄明白。为了这一问题的第二部分,我们也需要对总括为历史的主要变迁事实做到心中有数,还需要研究这些变迁的原因。此外,为了一方面对于胚种组织变化的相对重要意义,另一方面对上述性质的另一因素或诸因素变化的相对重要意义,试图做出某种估计，我们也需要对决定后者诸因素性质的条件进行一些研究。这就要涉及心理学的某些初步事实，并讨论传统的起源、形成与保持等问题。

如果我们首先探索一下需要的资料究竟有多少，然后就可以讨论怎样最好地陈述这些事实。关于社会习惯和风俗的历史，我们的资料显然是极其不完全的。历史记载最多也不能使我们回溯到六千年以前，并且有关社会风俗习惯方面的资料，除了这一时期的后一部分以外，是极其不够的。如果我们对于历史采取广义的看法，文献记载只是提到比较近代的事情。我们必须依靠如下其他两个证据来源。

从化石和人类文化遗迹的研究可以搜集到历史进程的粗略轮廓的一些迹象。化石残遗以骨骼或部分骨骼的形式出现，文物遗迹则采取工具、武器和人们遗留下来的生活方式的其他迹象等形式。看到人们能够试图断定这些遗迹的年代，这是很有趣的。这些遗迹发生在一定的地层，人们能够估计从这些地层淤积以来已经度过若干年代。虽然对这样的估计必然存在极大程度的疑问，但对关系重大的事实却有一定程度的一致意见。因此，有可能画出一张显示这些地层的表，把也许我们应当叫作对它们开始埋藏的年代的种种猜想也一起表示出来。在这张表里也能够表明在各个地层里发现了什么化石和文物遗迹。

但是，我们这样取得的资料是极其不够的。化石残遗的研究只能提供我们以与骨骼的进化相关的事实的轮廓。从文物遗迹的研究能够搜集到更多的东西，能够做出相当重要的一些推断，特别是与我们当前目的有关的技术进步的一些论断。但是，我们按照这种方式行事，对于实践这些技术方法的那些民族的社会习惯和制度的性质，当然搜集不到什么东西。我们必须面对的问题是，究竟历史事实的极其粗略轮廓能否以什么方式得到补充。

三

还有我们必须考虑的另外的证据来源。文明人的考察，发现许多民族仍然处于文化的低级阶段。文化的进化，也就是对于环境控制的进化，在一些民族中比在其他民族中发展得更快些。一些民族被抛在进化的主流之后，最后，在比较晚近的年代里，比较进步的民族达到了能够完全支配被抛在进化主流之后的那些民族的阶段。比较原始的民族对于文明的民族不能进行任何重要的抵抗。因此，冷静地和科学地观察这些原始民族是可能的。这一研究导致了对这些原始民族搜集了大量的资料。由于种种原因，这些资料往往是极其不能令人满意的；其中最主要的原因是，在正确的研究之前，和文明民族的接触往往对于这些原始民族从前的生活方式产生重大的影响。我们所需要而难于得到的资料是，这些民族同欧洲人接触之前的生活条件的资料，以后我们还要更多地谈到证据不能令人满意的事情。

极其重要的问题是，要认识到这些民族不能被看作是文明民族所经过的一定阶段的实际代表。我们知道，在控制自然的进化中，文明民族经过了一定的文化阶段。第一个阶段以使用没磨光的石头工具和只通过渔猎取得食物为标志。第二个阶段以使用已磨光的石头工具和通过农业与豢养家畜取得食物为标志。[①] 这两项概括的分类——旧石器时代和新石器时代——还可以再加分类。但是，不管是在文明民族所经过的这两项概括分类的第一类里还是第二类里都没有任何原始民族可以被认为是严格具体地代表任何确定的阶段。当文明人祖先的文化在从旧石器时代的文化进化到今天的文化时，其他民族的文化甚至还没有进展到新石器时代。但这些民族的文化并不是保持不变的，每一种文化都遵循它自己的进化路线前进。因此，这些民族要被看作是文明民族所经过的早期文化阶段的具有限定意义的代表。但是，尽管他们的文化可能具有限定意义，他们生存的一般条件，同必然构成文明民族文化进展中相应阶段的特征的一般条件，肯定是相似的。也就是说，具有在渔猎民族中发现的那些条件的概括性特征，也必然具有我们祖先在旧石器时代所处的那些条件的特点。

这里显然提出一种方法，通过这种方法，根据化石和文物遗迹得出的历史轮廓可以得到补充。根据渔猎民族研究得出的概括结论可以应用到旧石器时代的民族。但必须极其小心地使用这种方法。显然人们过多地使用了这种方法。把一些渔猎民族划分为若

---

① 除了用别的方法陈述以外，技术——也就是说，控制环境的能力——的增进被看作是“进步”的标准。因此，除了用别的方法陈述以外，“文明的”民族和“高级的”民族这些词，只是意图表达这样命名的民族，比“不文明的”民族和“低级的”民族拥有较强的控制环境的能力。这样，“高级的”和“低级的”这些词，只是按照特殊意义使用的方便符号而已。就较完整的意义而言，“高级的”和“低级的”这些词还要考虑到天赋能力、社会组织、道德传统以及技术方法的传统。就本书有关的论证来说，值得注意的是：技术方法的传统和社会组织的传统之间是互相关联的，这两种传统和天赋能力之间又是互相关联的。在本书的后一部分，还要另外讨论这一课题。

干类别，并把这些类别同旧石器时代文化的进化阶段相比，这是可能的。但按照这种方式，把具有低级、中级和高级狩猎民族特征的那些特殊社会制度，分别归之于低级、中级和高级的旧石器时代民族，究竟正确到多大程度是极为可疑的。我们不打算在这里把这种方法应用到这样的程度。首先，就这一课题得出的结果而论，在影响生育率和淘汰的各种因素同狩猎民族的文化阶段之间，并没有明显的相关。这样，正如客观发生的情况那样，更加具体地应用这种方法的任何企图并未产生什么效果，因此，我们不值得研究其结果是否正确。这里建议做的只是：检查狩猎民族中流行的一些风俗、习惯等的证据，并将以这些证据为基础的概括结论应用到以狩猎维持其生活的文明民族的祖先。只有按照这种方式才有可能把文物遗迹和化石所提供的历史轮廓充实起来，从而对人类从脱离人类以前的祖先中发现的条件到文明民族中看到的条件的运动过程得出结论。

四

关于把这种证据以最方便的办法陈述出来的问题，我们建议按照下述方式进行。在我们研究生育率和淘汰的证据以前，必须谈谈人的生育力，这将是第五章的主题。在第六章里将极其简短地讨论一下有关化石和文物遗迹的证据，讨论只达到这样的程度：首先，为质量问题的讨论形成基础提供必要的历史事实；其次，提供同我们根据原始民族的研究将得出的结论能够相适应的轮廓。在第七章里将回顾对狩猎民族的研究所得出的证据，并以有助于弄清楚生育率和淘汰为限。在第八章里将以类似的方式陈述对这些问题有意义的证据,并以有关农业民族为限。在第九章里将讨论这种证据在这些民族中对于数量问题的影响——对于质量问题的一切讨论留在后面各章里去讨论。在第十章里将以类似的方式回顾历史上各民族的证据,第十一章里也将进行类似的讨论。第十二章将致力于讨论同当前的数量问题相关的一些问题。因此,第十二章将完成这个问题的第一方面也就是数量方面的研究,在其余的各章里将研究第二方面也就是质量问题。至此,为研究第二个问题所需要的证据已提出了大部分——换句话说,同历史事实轮廓相关的证据以及同生育率与淘汰相关的证据已经提出来了。如果需要的话,还可以提出其他必要的证据。

第五章　人类的生育力

一

为分别研究繁殖问题的两方面做准备，我们有必要简括地研究一下人类生育力问题。

首先，我们可以探索一下，从广义上看人类史，究竟有没有什么理由可以认为从人类以前的祖先那个时代以来，人类的生育力曾经发生过变化，并且，如果有所变化究竟是增加了还是减少了。其次，不同时代在不同程度上推行了许多风俗习惯，例如长期哺乳、一夫多妻制等等，我们也应当探索一下，这些风俗习惯如果对生育力有影响，那么究竟发生过什么影响。

有许多与这一课题相关的事物是棘手的和含糊的。特别是往往难于确定可能发现在生育力方面存在的任何差别究竟是属于民族差别的性质还是属于环境差别的性质。但是，我们不必深入研究这些论点。我们所关心的只是在生育力方面究竟有无差别这个问题，因而可以把注意力局限于观察客观存在着什么巨大差别，以及被认为对生育力有影响而不时广泛推行的一些风俗习惯，究竟发生过还是没有发生过归因于它们的那些影响。我们可以从以上提出的第一个问题开始。为了对这一问题得出答案，我们必须依靠从各种来源得到的证据。这些证据部分来自原始民族，我们一般认为原始民族中展现出盛行于史前民族中的各种条件；部分来自对哺乳类动物的研究得出的证据，这些哺乳类动物经受的种种变化同人类在历史进程中经受的那些变化是可以相比拟的。

二

根据第二章所说繁殖的性质，我们必然要考虑雌性而不考虑雄性。雄性配子的数目大大超过雌性配子的数目，并且，一般来说，雄性总是准备着交配。当研究增强家畜生育力的可能性时，正如马歇尔在羊[①]的例证中指出的，注意力可以局限于雌性。要是对这一问题采取概括的看法，显然没有因为雄性生育力的任何变化而产生过繁殖能力的变化。

但是，在我们研究雌性之前，对雄性我们应当注意两点。首先，关于历史进程中生育力变化这个问题，我们将提出证据来表明，良好的条件有利于哺乳类雌性繁殖能力的增长。人们有理由认为良好的条件对于雄性具有类似的影响。在自然中的一些哺乳类动物中，雄性有一个特殊的“发情期”，可是人们时常发现在被捕捉的情况下，这类动物的雄性全年都可以发情。[②] 我们也将提出

① 马歇尔：《皇家学会哲学报告书》乙，1904 年，第 77 页。

② 希普：《微观科学季刊》，第 XLIV 卷，第 12 页。

证据来表明，条件的改进更加易于引起性的刺激，生殖器官的发育也会随之增进；同时我们也应当注意到，这些观察结论同样适用于雌性和雄性。但是，由于雄性繁殖能力的任何增长不可能对生育力具有普遍影响，就生育力的普遍增加或减少来说，我们可以不考虑雄性，而把我们的注意力限于雌性。

其次，关于一些因素在各个时期的影响，几乎在所有的情况下都是雌性而不是雄性受到影响。但是应当看到，不生育的婚姻一部分是由于雄性不生育。迈耶估计在人类不生育的婚姻中有1/3是由于男性不生育。[①] 凯利提出了111例研究结果，其中59%是由于男性不生育。[②] 男性不生育有的是由于先天的条件，有的是由于后天的条件。就归因于先天条件的不生育而论，似乎没有任何理由可以认为从一个时期到另一个时期有什么重要程度的变化。但是，就产生于疾病的不生育而论，则很可能有一些变化。淋病也许是导致不生育的疾病当中最重要的一种，上面提到的59%的例子当中，约有12%是由于淋病。其他的疾病也可能造成不生育，如结核病和附睾炎。与通常限定的历史时期相对来说，淋病是一种老病；但我们有理由认为自人类以前的祖先那个时期以来，大多数疾病就演化出来了，这在一定的广度上说是事实，从而必须认为由于疾病而产生的男性不生育大约是晚近的事情。把这些观点记住，我们就可以撇开男性不生育的问题，因为相对来说，它的重要性是极小的。

① 迈耶：《论不孕》，第401页。

② 凯利：《妇科科学》，第354页。同时参阅马休斯·邓肯：《妇女不孕》，第3页。

三

因此，我们必须向影响女性生育过程的那些因素寻找重要的生育力增加或减少的原因。没有理由认为一些因素在一个时间比在另一个时间更加重要，因而可以撇开不谈。这指的是阻止男性配子和女性配子相遇的任何种类的躯体结构①畸形。至于重要的因素，最好根据它们对于女性生育过程各个方面的影响做出分类。这个过程有三个主要方面，其中任何一方面的变化都会影响生育力。这些方面是卵成熟期的长度、两次分娩之间的间隔和一次分娩的数目。

以前我们对于哺乳类动物雌性的性周期曾进行过一些讨论。人们往往将月经的开始作为成熟的开始。也许值得提出，月经的开始不总是同排卵的开始相吻合。因此，通过观察月经的开始和结束所进行的成熟期长度的估计不总是确切的。这种差别在这里没有什么重大意义，但可能有差别这种事实突出表明排卵在整个过程中是最基本的。真正的成熟期是排卵发生的时期。两次分娩之间的间隔也决定于排卵，一次分娩的数目仍决定于排卵。② 事实上，我们主要是在探索什么因素影响排卵。

① 关于这一问题的总结，请参阅莫斯尼尔-克劳齐尔：《妇女不孕的几种原因》。
② “同卵”，孪生这种情况除外。

四

有关成熟期持续时间的资料是不能令人满意的。虽然关于月经的开始有大量资料，但关于月经的结束年龄却极少有什么资料。至少有三个因素影响月经开始的年龄——气候、民族和环境条件的一般性质。

一般来说，温度越高月经开始的时期越早。恩格尔曼提出了下列数字：[①]

地区	月经开始的平均年龄
热带	12.9 岁
温带	15.5 岁
寒带	16.5 岁

克里格又提出了下列数字：[②]

地区	月经开始的平均年龄
克利斯提阿尼亚*	16 岁 9 个月 25 天
柏林	15 岁 7 个月 25 天
伦敦	15 岁 1 个月 14 天
里昂	14 岁 5 个月 29 天
马赛	13 岁 11 个月 11 天
加尔各答	12 岁 6 个月 0 天
塞拉利昂	10 岁 0 个月 0 天

① 恩格尔曼：《美国妇科医学会报告》，第 26 卷，第 87 页。

② 克里格：《月经》，第 52 页。同时参阅普洛斯与巴特尔斯：《妇女》，第 I 卷，第 421 页。

* 挪威首都奥斯陆的旧名。——译者

此外，在气候炎热的地方似乎月经有早些结束的趋势，以致整个计算起来，成熟期在气候炎热的地方比在气候寒冷的地方要短些。

但是，气候和月经之间没有极其密切的或确定的关联。虽然美国的版图铺展于北纬 29°和 45°之间，其年度平均温度变化于华氏 40°和 70°之间，但在这个国家里没有发现温度对于月经的影响。不过，如果检查这个国家人口中不同民族因素的条件，就会发现不管在这个国家的哪个部分里，每一民族月经开始的平均年龄保持不变，而且往往和整个人口的平均年龄相差甚微。[①] 还有月经开始年龄同民族差别相关的其他迹象。关于匈牙利少女，克里格引证乔基姆如下：[②]

民族	月经开始平均年龄
斯拉夫人	16—17 岁
马扎尔人	15—16 岁
犹太人	14—15 岁
斯蒂里亚人	13—14 岁

其他的数字表明，犹太人月经开始时间比他们所居住的国家里的平均月经开始年龄要早些。[③]

与我们有主要关系的是，良好的条件也影响月经开始的年龄。条件越好，月经开始越早。此外，据了解在条件好的情况下，成熟

① 恩格尔曼：《美国妇科医学会报告》，第 98 页。

② 克里格：《月经》，第 17 页。

③ 真是一件值得注意的事情，爱斯基摩人月经大约开始于 13 岁，也就是说，比美国的平均月经开始时期还早些(凯利，前引书，第 83 页)。

期也趋向于延长。例如，据了解劳动阶级的成熟时期比富有阶级的成熟时期结束得早些。[①] 因此，良好的条件不仅趋于同较早开始成熟期相关，也趋于同较长的成熟期相关。迈耶曾发现上等阶级中 3,000 名妇女月经开始的平均年龄为 14.69 岁，而 3,000 名贫苦妇女月经开始的平均年龄却为 16 岁。[②] 有几位观察家曾记载了人口中不同阶级月经开始的平均年龄。下面这张表是克里格提供的：[③]

	布里恩诺·德		提尔特		克里格		拉芬	
	年	月	年	月	年	月	年	月
上等阶级	13	8	13	$5\frac{1}{2}$	14	$1\frac{1}{6}$	14	3
中等阶级	14	5	14	$3\frac{1}{2}$	15	$4\frac{2}{6}$	15	$5\frac{1}{2}$
下等阶级	14	1	—		16	$8\frac{1}{6}$	16	$5\frac{1}{4}$

五

关于两次分娩之间的间隔期间问题，我们根据对人类性周期以前的条件所能知道的知识，得出了一些有趣的间接证据。对哺乳类动物性周期的主要特点，在第二章里已提供了一个概述。这些周期可能一个跟着一个发生，中间没有什么长期的间

① 马歇尔：《繁殖生理学》，第 672 页。

② 克里格：《月经》，第 21 页。

③ 同上书，第 24 页。

隔，也可能有一个很长的休止期。猴子和人的间隔期较短，但前者不能在每次交尾都繁殖，它们在一年的特定时间里经历特殊的性季节，在这些季节里交配繁殖才能发生。排卵也许限于这一特殊季节，虽然交配可以在一年中其他季节里发生，但怀孕只随着这一特殊季节里的交配才能发生。① 据了解，文明人的排卵从来不限于一年中什么特殊季节，因此在任何季节里都可以因交配而怀孕。但我们确实发现人类以前存在过特殊的性季节的证据。这一点特别重要，因为它指出人类曾经只有在一个季节里才能因交配而怀孕，就像猴子通常只有在一个季节里才能因交配而怀孕那样。

韦斯特马克·普洛斯与巴特尔斯以及哈夫洛克·埃利斯都评论过这种证据。为了表明这种观点是以什么为基础的，可以引证这种证据的一些例子。“根据约翰斯顿先生的意见，加利福尼亚的印第安人‘就像鹿、麋、羚羊或任何其他动物那样，定期地出现发情季节’。”鲍尔斯先生证实了这一说明的正确性，至少是关于其中一些印第安人。他说，春天“对他们来说，就像对自然界的鸟和森林中的野兽一样，实在是一个圣瓦伦丁节*”。关于吕宋岛的高丹人，福尔曼先生告诉我们说：“快要结婚的年轻男人们的习惯是，彼此争着向他们的未来新娘的父兄们呈献他们从敌人头上剥下来的一块头皮，作为他们的大丈夫气和勇敢的证明。一年中当树木——

① 马歇尔：《繁殖生理学》，第 63 页。猴类的情况也有很大出入，以上所述仅在一般情况下才是确实的。

* 圣瓦伦丁节即 2 月 14 日情人节。——译者

西班牙人通俗称之为'情火树'——开花的季节流行这种习惯。"[①]谈到澳大利亚西部的瓦齐安代人,奥尔德费尔德先生说:"像荒野里的野兽一样,野人在一年里只有一次交配的时间。大约在仲春的时候,瓦齐安代人开始考虑举行他们的盛大的半宗教性加罗节,准备执行重要的生育任务。根据邦威克的说法,塔斯马尼亚人在一年中的同一时间也举行类似的节日。"[②]其他许多原始民族也有类似的证据。注意到下述一点是很有趣的,在文明民族中也有迹象表明从前存在过性的放纵季节的风俗习惯。这些就是中世纪的愚人节和布鲁马利亚与罗沙利亚的典型节日。[③]"在很晚的年代里,俄国在某种广度上和印度在某些地方还举行同古代人所沉醉的爱情节类似的节日。像'午内伊德布拉果德'这种习惯,以及可能像我们自己的'村庄宴会',也许是这些古代风俗习惯在我们国家里的现代代表。"[④]

这类证据都指出了以前的一种情况,即当时一年里只有一个季节能够怀孕。我们必须认为,任何时期都能因交配而怀孕是逐渐发展成为可能的;因此,生育力增长了。[⑤]谈谈其他动物的一些事实能够把构成这些变化的基础原因弄明白些。但在我们转向这一问题之前,可以先提一下"两次月经之间的痛苦"这种现象。这

① 韦斯特马克:《人类婚姻史》,第 25 页;普洛斯与巴特尔斯,前引书,第Ⅰ卷,第 21 章;哈夫洛克·埃利斯:《性的心理学研究》,第Ⅰ卷,第 85 页。

② 韦斯特马克:《人类婚姻史》,第 28 页。

③ 参看弗雷泽:《金黄的树枝》,第Ⅲ卷,第 230 页及以后详细地讨论了这一主题。

④ 希普:《微观科学季刊》,第 XLIV 卷,第 34 页。

⑤ 应当注意到,在一些原始民族中,据说月经有着较长的间隔期(希普:《微观科学季刊》,第 XLIV 卷,第 30 页)。据说爱斯基摩妇女冬季没有月经(同前书,第 29 页)。

是常见的现象。对这种现象的解释是可疑的。但是,有一个解释与我们是有些关系的。有人提出这可能代表另一种性周期确立的初步阶段,在这种周期里发情期每两周而不是每个月发生一次。如果这种解释是正确的话,这将意味着性周期是朝着更大的生育力方向进化的。[①]

六

人们常常看到,一些野兽被捕获时,它们的性季节发生了变化。这种变化可能趋于增加,也可能趋于减少生育力。如果被捕获牵涉到打乱生殖过程的条件变更,就可能产生生育力的减退。例如,常常发生这样的情况,肉食动物被捕获时是不爱生育的。这特别可能是由于鲜肉的缺乏。[②] 但是,一般说来,如果被捕获而不打乱生殖过程,就会产生生育力的增长。并且,由于我们没有理由认为人类的条件变化始终属于产生混乱的性质,因此,同其他哺乳类所发生的情况相类比,我们必须认为,如果条件改进有什么影响的话,它趋于增进生育力。

这种情况意味着什么,可以提出少数例子加以说明。南美野狗、狼和狐在自然条件下每年只生育一次,在被捕获的情况下,它

① 关于更具体的情况参见克鲁姆:《爱丁堡产科学会报告》,第XXI卷,1896年;哈夫洛克·埃利斯:《性的心理学研究》,第Ⅰ卷,第90页;马歇尔:《繁殖生理学》,第65页;以及凯利:《妇科科学》,第Ⅴ章。

② 希普:《微观科学季刊》,第XLIV卷,第15页。

们和狗一样，每年经历两次交尾期。[①] 野生水獭每年只繁殖一次，在被捕获的情况下，全年中每个月定期出现发情期。[②] 熊在荒野中只出现一次发情期，在动物园里两三个月就经历一次发情期。[③] 有蹄类动物也有许多性质相同的事实。红鹿提供了最好的例证，在自然状态下有延续三个星期的两次生活习惯的周期循环，在被捕获的情况下，性的季节延及全年。[④] 家畜和马类也有某些类似事实。野兔从 2 月份繁殖到 5 月份，在被捕获的情况下，性的季节几乎延至全年。此外还应当注意到，在低级动物中，正如众所周知的那样，好的条件显然有利于生育力的增长。

在我们接下去考察生育力这种增长的原因之前，应当注意到，家畜一次分娩生产的幼畜数平均说来比它们的野生祖先生产的多。人们会看到，这一证据指出对生育力增长有影响的第三个因素。野兔据说一次最多生六只小兔，家兔却一胎生四至八只，据了解，有过一胎生十八只全都成活的例子。[⑤] 野猪一胎生四至八只小猪，有时生十二只，家猪要是不能一胎至少生八只，就要被认为没有价值了。在哺乳类动物之外也能找到同样显著的例子："伽鲁斯爪哇种矮母鸡每年生六到十个蛋，家鸡一年却生八十到一百个蛋。"

① 马歇尔：《繁殖生理学》，第 57 页。

② 同上书，第 59 页。

③ 希普：《微观科学季刊》，第 XLIV 卷，第 15 页。

④ 同上。

⑤ 这个例子及以下的一些例子取自达尔文的《人工培养动物和植物的变异》，第 II 卷，第 90 页。

七

显然,同自然中的生物相比,人工培养的生物和文明人的环境条件的共同特点是,在食物供应的丰富与规则性方面都有所增进,环境也有一般的改进。事实上,正如富足环境的增进可以延长成熟期的持续时间一样,它也可以增加每胎生产的胎儿数和减少两次分娩之间的间隔时间。改进环境对羊所产生的结果,已为马歇尔所表明。例如,他发现"苏格兰黑蹄、切维奥特和其他苏格兰绵羊任何一次发情期排卵的正常比率,不太超过产羔季节里的通常的产羔比率"①。应当注意到,这是第二章里所说的一个例子:第一是关于通过生产出来的成熟卵数来计算生育力;第二是关于通常来说一切或几乎一切成熟卵都能受精。马歇尔还发现,"我们有一切理由认为,成长过程和成熟过程可能一方面由于食物供应不足,另一方面由于人工刺激,而受到极大影响"②。显然发生的情况是,食物不足延缓卵的发育并可以使其中一些卵蜕变。因此,如果食物供应良好,性季节里就会有更多的成熟卵、较少的不孕雌性和更大数目的双胞胎。希普说:"我们有压倒一切的证据,羊在好的条件下交配之后,比在不好的条件下交配之后,生育率能有较高的发展。"③所谓"好的"条件并不意味着动物长得"肥"而是意味着

---

① 马歇尔:《繁殖生理学》,第596页。

② 同上书,第597页。

③ 希普:《皇家农业学会杂志》,第Ⅹ卷,第236页。

动物粗壮、健康而又精力旺盛。

我们可以探索一下,关于每胎产儿数的增长,究竟在妇女中有没有什么证据。在文明民族中,平均来说大约八十胎到九十胎中有一胎是双胞胎。我们对原始民族的了解不够准确,不能使我们对它们的双胞胎的数量进行任何估计。但是,关于这些民族的记载中有许多地方涉及对双胞胎的迷信。这些迷信的性质和一般对双胞胎感到的神秘,极其有力地暗示了双胞胎的现象是罕见的。我们只能说,也许在原始民族中比在文明民族中,双胞胎更为罕见些。

因此,截至目前,我们的研究表明,证据都指向这一结论:决定生育力的三个因素中两个因素朝着增进生育力这个方向变化,可能第三个因素也朝着同一方向变化。我们也看到经受较好条件的动物也发生了类似的变化。人类的条件肯定是改善了,这种事实使人联想到相同的原因可能在人类中已经起了作用。但是,毫无疑问,人类情况的变化不能完全用这种方式来解释。人类生育力的差别部分是由于民族的差别,我们不能把民族差别造成的生育力差别归因于环境的直接影响。

八

生育力随着文明进步而增长的观点,也得到了某些其他类型证据的进一步支持。首先,下述情况似乎是事实,即原始民族的生殖器官比文明民族的生殖器官要小些,并且在各方面发育都不那么完善。[①] 这不意味着生殖器官在质量上有什么差别。它们比文明民族的生殖器官,只是与其他器官相对来说要小些而已。我们应怎样解释这些事实是说不准的,但认为生殖器官发育较差与生育力程度较低之间有关联,似乎是合理的。

其次,关于这些民族的性欲强度,我们占有大量证据。[②] 许多观察家这样记载了他们的意见:这些比较原始民族的成员,不像比较文明民族的成员那样感到相同程度的性刺激。还有另一些观察记载了他们在达到性的兴奋方面所经受的困难。把这些观察同较低的生育力程度——比在文明民族中见到的生育力程度为低——联系起来,似乎是合理的。

这一点同性刺激的缺乏使受精作用比较不易实现这一事实是有关系的。可是受精作用在女性处于麻醉状态中曾实现过,[③]所以,性刺激显然是不必要的。尽管如此,如果性刺激问题对于高等民族和低等民族之间生育力的程度有所影响,它必然趋于使低等民族受孕较少。

我们应当注意到,近来提出的证据暗示女性对于性周期内什么时候发生交配漠不关心,这是言过其实了,或者不如说有些忽视

① 普洛斯和巴特尔斯总结了这一证据,《妇女》,第Ⅰ卷,第6章。

② 参看普洛斯与巴特尔斯:《妇女》,第Ⅰ卷,第19章,和哈夫洛克·埃利斯:《性的心理学研究》,第209页。拉澈尔也提到过这一事实,见《人类史》,第Ⅱ卷,第17页。作为个别民族的证据的例子,关于马来人,参看史蒂文斯的《人种学杂志》,第XXⅦ,1896年,第180页;关于费韦果人,参看海德斯与德尼克的《合恩角科学考察团》,第Ⅶ卷,第187页;关于安达曼人,参看波特曼,见《人类学会杂志》,第XXV卷,第369页。

③ 迈耶:《论不孕》,第409页。

情欲期的存在。[①] 不管事实如何，我们这里所关心的是，女性在性周期里任何时候都接受男性这一特殊事实。可能在性周期里某一时刻交配，比在其他时刻交配易于导致受孕，虽然对这种事实还不很清楚。但不管事实是否如此，同我们的目的是没有多大关系的。因为没有任何理由可以断定，在一个时代与另一时代之间或在一个民族和另一民族之间有什么能够显著影响生育力的交配习惯的变化，即使交配限定在性周期的一个时期里进行是明显重要的事情。

九

最后，我们必须讨论所谓统计证据。对于原始民族儿童数这种证据的解释是极为困难的，不能认为单是它对于弄清楚生育力问题有多大帮助。但是，证据倾向于肯定支持原始民族的生育力比文明民族差些。关于原始民族的儿童数，一些旅行者记载了他们的大量观察结果。大部分的观察只提到看见活着的儿童数，因此，连生育率的计量都算不上——更谈不到生育力的计算了。

实际上，所有这些观察都着重指出家庭规模很小。在另一处研究狩猎民族和农业民族时，我们将有理由稍微具体地讨论这一证据。在这里我们可以提出这一证据的几个典型的例子；但要记住这一证据的大部分是看到的儿童数的证据，而不是出生的儿童数的证据；虽然在选择下列引证例子时，曾力求采用这样一些例

① 斯托普斯：《夫妇的爱》，第 68 页。

子，其作者试图忽略杀婴和其他淘汰因素的影响。

关于澳大利亚人，柯尔说："我的意见是：澳大利亚妇女平均生产六个小孩，或者说在白人来到之前并生活在自然状态下时，她们平均生产六个小孩。"[①]斯潘塞与吉伦说，妇女不孕在澳大利亚人中是常事，[②]每一妇女的小孩数极少超过四个或五个，通常是两个或三个。[③] 关于爱斯基摩人我们看到这样的记载："妇女不多产。虽然所有的成年人都结婚了，但其中许多人没有小孩，极少人有两个以上的小孩。有一位妇女由于至少有四个小孩而出了名。辛普森医师听到一个'罕见例子'，即一位妇女生了七个小孩。"[④]一般来说，纯血统的格陵兰人也不多产。一般的规律是一对夫妇有两个、三个或四个小孩，虽然也有六个、八个或更多小孩的家庭的例子。[⑤] 关于美国印第安人，有大量的证据。把医学知识同特殊的观察机缘结合在一起的霍尔德医师说："在印第安人中大家庭是例外的。克劳部落的人口少于2,500人，却分为630家，每家少于四口人，而这包括父母在内，常常还包括祖父母以及血统的与继嗣的亲属在内，这样，每个生孩子的妇女，平均子女数肯定要比白人社会低。"[⑥]谈到温哥华岛的印第安人，斯普罗特说："通常他们的孩

① 柯尔：《澳大利亚民族》，第70页。

② 斯潘塞与吉伦：《中澳大利亚的土著部落》，第52页。

③ 同上书，第264页。

④ 默多克：《巴罗港探险的人类学结果》，见《史密森学会人种学编辑部第九届年度报告》，第38页。

⑤ 南森：《爱斯基摩人的生活》，第150页。

⑥ 霍尔德：《美国产科学杂志》，第XXV卷，1891年，第44页。

子极少。”[1]关于努特卡部落，班克罗夫特报道说：“妇女很少有两个或三个以上的孩子。”[2]关于支努克人，“不生育是常事，双胞胎是罕见的，通常的家庭不超过两个孩子”。[3] 卡特林说：“一位印第安妇女一辈子受到四个或五个以上孩子的‘赐福’是极为罕见的，通常她们满足于两个或三个孩子。”[4]

在这里我们只是指出，在以下各章里将大加充实的这一类证据，可能不得不被认为是意图指明这些低等民族的生育力比文明民族为低。根据马修斯·邓肯的估计，文明民族的正常妇女在整个成熟期都在有利条件下过着婚姻生活，就会生产十到十二个孩子。[5]如果人们记住这一点，那么，这一证据的趋势至少是有启发性的。

如果上面提出的观点是正确的，我们就有希望在印度等国里看到比原始民族高而比欧洲民族低的生育力。从一些迹象可以看出，情况正是这样的。乍看起来，似乎这些民族的众所周知的生育率显得比欧洲的生育率还高。但是，就印度的情况来说，如果不是计算粗略的生育率，而是计算针对处于生育年龄的结婚妇女的经过校正的生育率，就会发现印度的生育率比欧洲低。每一个妇女的生育数字在印度和英国分别为 160 和 196。[6] 当然，必须记住这两个国家里都有一些影响生育率的因素——印度的早婚和英国的戒绝交媾与避孕方法。但人们很难认为在减弱生育力方面前者比

① 斯普罗特：《原始人生活实况与研究》，第 94 页。

② 班克罗夫特：《太平洋国家的土著民族》，第Ⅰ卷，第 197 页。

③ 同上书，第 242 页。

④ 卡特林：《北美印第安人》，第Ⅱ卷，第 228 页。

⑤ 马修斯·邓肯：《生育力、生育率与不孕》，第 112 页。

⑥ 瓦塔尔：《印度人口问题》，第 7 页。

后者更为有效，也许我们在这里得到了印度的较低生育力的迹象。

十

因此，一切证据都指向同一结论。如果在人类史过程中，人类生育力强度——最广义地运用这一用语——曾经有什么变迁的话，它是趋向增长的。为了我们当前的目的，不必奢求更加确切。正如我们以下将表明的，这一观点是一些最有权威人士的观点。应当注意到，非专业生物学家作者常常表示不同的意见。[①] 在大多数情况下这类意见措辞十分含混，其确切含义为何极不清楚。在许多情况下，这显然是意在暗示在文明增进和生育力减退之间存在着某种联系。只要这就是其意之所在，那么，这种观点是毫无根据的。根本没有任何迹象表明递增的智慧活动与递减的生育力相伴随。相反，只要智慧活动与条件的改善发生了关联，那么，智慧活动和生育力增长之间就存在着同样程度的关联。上述不同意见之所以出现，显然是由于人们注意到出生率下降了。人们不总是认识到出生率下降可能是由于生育率下降，而完全与生育力下

① 例如参看尤肯：《现代思潮》，第264页。赫伯特·斯潘塞说(《生物学原理》，第Ⅱ卷，第431页)“进步的进化必然与下降的生育率相伴随”时，他显然是把生育率这个词和生育力等同使用了，因此，错误地表达了他的主张。这位圣保罗学院院长毫无疑问知道这个问题的真实情况；但是，他对于这一课题的议论是容易令人误解的。在提到动物因对幼崽爱护的增长而生育力(他把它叫作生育率)减退这一事实之后，他进一步说“人类对于这些规律也不例外”(《直言不讳的论文》，第60页)。事实上，人类对这一“规律”是显著的例外；如果有所差别的话，人类的生育力增长了。人类的情况同动物的情况已经逐渐相似，因为人类的生育率下降了——但这完全是另一个问题。

降没有关联。

达尔文的观点是生育力增长了。他说："人们有理由怀疑野蛮民族的繁殖力实际上比文明民族小……野蛮人常常遭受很多困难，并不能像文明人那样取得丰富的有营养的食物，很可能他们生育的子女实际上是较少的。"[①]根据希普的观点，"下述这些情况似乎是很可能的：人类的繁殖力量随着文明的进步而增长了，正像低等动物经人培养之后繁殖力量增长了一样；良好食物正规供应的影响，连同现代文明社会所有的并发挥作用的一切其他刺激因素，导致了生殖器官的活动和繁殖要素供应的巨大增长，以致健康妇女的怀孕可以说在生育时期的任何时候几乎都是可能的"[②]。

注意到这一点很是有趣的，即在现代各文明民族之间观察不到生育力方面的任何差别。[③] 我们所得出的结论只是：概括地说，生育力增长了；在很大程度上这可以解释为条件改善的结果；并且，没有什么事情使我们认为在现代欧洲各民族之间因此而会存在什么差别。

十一

我们现在可以进一步简单地讨论一下某些习惯、风俗和其他因素，它们时时在起作用，对于或者广泛地被认为对于生育力，并

① 达尔文：《人类起源》，第 132 页。

② 希普：《微观科学季刊》，第 XLⅣ 卷，第 39 页。这也是哈夫洛克·埃利斯的意见，参看《性的心理学研究》，第 220 页。

③ 纽斯霍尔姆与史蒂文森：《皇家统计学会杂志》，第LⅨ卷，第 64 页。

在一些情况下对于生育率产生影响。虽然确切地说在这章里不讨论生育率,但在这里讨论某些问题还是方便的。

人们常常把一个妇女生育的子女数量的减少归因于一夫多妻制。究竟人们是否认为一夫多妻制在某方面减弱生育力或者对于生育率有影响,这一点是不清楚的。但无论如何,毫无证据能够说明一夫多妻制对于生育力或生育率有什么影响。人们没有理由认为,影响生育力的任何结构性或生理性变化会伴随着一夫多妻制发生。不论实行一夫一妻制还是一夫多妻制,统计证据并未表明在所生子女平均数方面有什么差别。西阿尔研究了班图妇女婚姻的问题。他搜集了许多统计表并把这些统计表总括如下。"这些统计表总共包括一夫一妻制者的妻子或寡妇 393 位妇女,其中大多数自称是基督教信徒;还包括一夫多妻制者的妻子或寡妇 591 位妇女。人们看到其中少数妇女可能没有超过生儿养女的年岁。一夫一妻制者的妻子这 393 位妇女共生育了 2,223 个儿童,也就是每位妇女平均生育了 5.56 个儿童。一夫多妻制者的妻子这 591 位妇女共生育了 3,298 个儿童,也就是平均每位妇女生育了 5.58 个儿童。这样,一夫一妻制在出生率方面并没有造成显著的差别。"①

哺乳对于生育力的影响问题是相当重要的,但不巧得很,根据已知的事实还不能得出很确切的结论。大量证据大致表明,继续哺乳在某种程度上阻止了母兽的性欲发动和妇女的月经来潮。虽

① 西阿尔:《非洲的黄皮肤和黑皮肤民族》,第 348 页。

然继续哺乳的影响是属于这方面的，但不能说出它的任何很确切的强度。据说母马喂奶是易于丢失一个性季节的。[①] 毫无疑问，就母猪来说，早期断奶会促进更加经常出现的发情期和腹仔数的增长。[②] “近来海尔与丁沃尔·福代斯研究了妇女哺乳期间月经再来问题。海尔曾研究200位在哺乳的母亲的情况，他表示相信，月经的再来而不是月经的闭塞是哺乳期间的正常状态，但月经的再来在后几次哺乳期中不像在前几次哺乳期中发生得那样经常。福代斯得出相似的结论，他发现月经发生于正在哺乳的40%的例子中，而92%的月经再来的例子发生于分娩后九个月之内，并且哺乳期间来月经在较早的哺乳期中比在较晚的哺乳期中较为普通，表明年岁是重要因素。”[③]

还有另一个重要问题。我们可以探索一下结婚年龄对于生育力的影响。就丈夫的年龄来说，几乎完全没有什么影响。因为不管丈夫的年龄多么大，任何特定年龄的妻子的生育力几乎是一样的。但是，妻子的年龄就重要了，除了晚婚减少有限成熟期的使用以外，还有其他影响。因为一个妇女在整个成熟期中生育力不是相同的。早年是最能生育的年代，因此，如果其他情况不变，晚婚所减少的生育力比独身生活所度过的那部分成熟期为大。根据邓洛普对苏格兰婚姻的观察，“晚婚一年能使一般家庭足足减少1/3

① 希普：《微观科学季刊》，第XLIV卷，第43页。

② 马歇尔：《繁殖生理学》，第400页。

③ 同上书，第74页。同时参看希普的《微观科学季刊》，第XLIV卷，第43页，以及马修斯·邓肯的《妇女不孕》，第85页。

个孩子，也就是晚婚三年可以被认为会使这个家庭减少一个孩子。这一结论一般可能是相当正确的，但不能严格加以应用，因为粗略的观察表明，晚婚一年的影响在妻子一生能够生育的整个时期并不是一成不变的，而是在年轻时代影响较大，在年长时期影响较小。这样，妇女在20—25岁这段时间，晚婚一年平均耽误0.45个孩子；在25—30岁，0.37个孩子；在30—35岁，0.32个孩子；在35—40岁，0.29个孩子；在40—45岁，0.19个孩子"[①]。应当注意，丈夫大约需要晚婚40年才能把子女的数量减少一个。[②]

另一个问题是，在身体发育成熟期以前性交对于生育力的影响。过早性交对于各种生殖器官以及它们的功用的影响还不清楚。但是，大家都知道过早性交对于一般健康是有害的，如果这是事实的话，那么就不难一般地理解到繁殖功用受到不良的影响。在遮普人口普查报告书里"业已表明，广泛实行早婚的那些邦，一般来说，12—15岁的妇女的比例是比较小的。大量例证的研究表明，青年人早婚，在完婚后十年之内，相当大数目的妻子死于肺结核或其他呼吸器官疾病或卵巢并发症"[③]。同时大家也知道，当两个民族在类似的条件下过着类似的生活，一个民族有早婚的习惯，而另一个没有时，例如印度的印度教人和伊斯兰教人，后者比前者的生育率就要高些。[④]

① 邓洛普：《从皇家统计学会杂志》，第LXXVI卷，第266页。

② 同上书，第267页。

③ 瓦塔尔：《印度人口问题》，第23页。

④ 同上书，第15页。同时参看马修斯·邓肯：《生育力、生育率与不孕》，第277页及以后。

最后，应当注意到发胖会导致不孕。饲养员都熟知，肥会伴随以不孕。为农业展览而喂肥的动物往往是不能繁殖的。毫无疑问，发胖对于妇女可能有同样的影响。为什么发胖会不利于生育力还不太清楚，从前人们设想结构障碍的存在会阻止精子接近卵细胞。虽然有时这可能是原因，但似乎过量脂肪的存在可能对有机组织的新陈代谢产生有害影响，从而卵的成熟必然在某方面受到影响。马歇尔在肥母牛和尚未生育的小肥母牛的卵巢空隙组织中发现了卵巢不正常新陈代谢迹象。① 应当指出，不孕不应当看作是弄得太"好了"的"好的"条件的最后结果。"好的"条件不仅是由丰富的食物组成的，也是由充足的运动等组成的。发胖到以致不孕这种程度是由于摄入过量的食物——丰富的食物只是形成"好的"条件的诸多因素之一——而排斥了其他因素。

十二

最后，我们可以顺便补充一些计算材料来说明人类的生育力强度。正如我们将看到的，人们常常低估这种强度。让我们假设在同一年中出生 100 万人口，其中一半是男性，另一半是女性。让我们再假设他们全都结婚，每对夫妇在 20 岁以前生育两个孩子，其中一半是男孩，另一半是女孩。为了简化的缘故，我们可以设想每二十年期末，父母在生育其后代之后同时死亡。那么，如果子女

① 马歇尔：《繁殖生理学》，第 595 页。黄体顽固地存在于肥动物的卵巢中，弗伦克尔（《妇科医学病案》，第LXⅧ卷，1903 年）还把常常伴随肥胖的不育归因于这一事实。

也像他们的父母那样结婚和生育，我们就有 100 万标准人口，只要上述这些条件能够实现，这个数字就既不会增长也不会减少。但是，如果一对夫妇平均生育的儿童数为 2.5 个，一百年以后人口将为 305 万人；如为 3 个，将为 795.4 万人；如果为 4 个，将为 3,200 万人；如为 5 个，将为 9,754 万人。

第六章　人类史

一

为对人口问题两个部分的分别研究进一步做准备工作，我们不得不极其简略地概述人类史的主要轮廓。我们在本书第二部分讨论质量问题时，这些事实本身就会形成主题的一种重要因素。正如在第三章里解释过的，它们也形成一种体制，我们所有关于原始民族之类的知识，连同一切必要的限制与保证条件，都可以适用到这一体制中去。进行的程序首先是要看一看冲积层的主要分类，并探索它们的年代能够断定到什么程度。只有用这种方式我们才能得到人类进化的一些编年基础。然后我们必须讨论人类所属哺乳类灵长科的进化，继而讨论人体构造的进化。证据所依据的化石是和一定的地质层相关的，因此，我们能够得到关于化石的年代的某种笼统启示，或者至少是它们出现的先后，无论如何对晚期结构的情况有所了解是可能的。然后我们就可以讨论人类文化遗迹，并把它同来自化石遗迹的证据联系起来。按照这种方式我们就能得到关于文化进化和三四

千年前人类身体结构的一些迹象。最后一个时期，人们已有成文历史，可以从文化遗迹中得到补充证据。最后，我们必须讨论我们能使用得自原始民族的证据的方式，来充实我们知识的不足之处。

二

冲积层的沉积物往往划分为四个主要时代，每个时代又划分为若干较小的时期。下表表明最通常采用的分类。

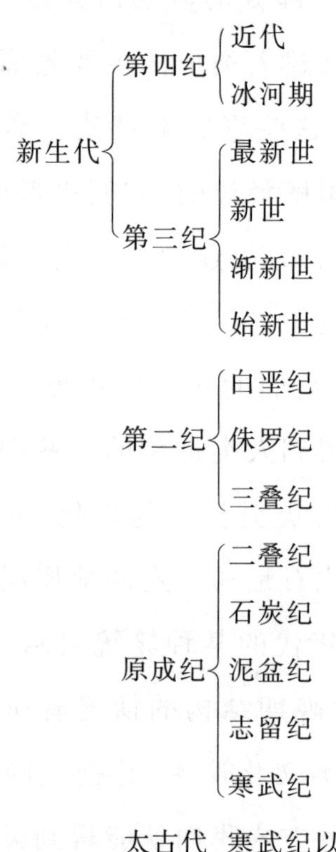

只是新生代与我们有关系，并且主要是这一时期的冰河期和近代这两部分与我们有关系。在我们研究第四纪之前，应当谈谈关于其他时期断定年代问题的一两件事情。不管人们设想冲积层的沉积物的时间有多长，通常认为太古代至少占有全部时间的一半。在寒武纪里已经发现高度复杂的有机体组织，使这一假设成为必然。在这一纪里，甲壳类动物、鳃脚甲壳类动物和虫类是普通的，棘皮动物、腔肠动物和海绵也出现了。在志留纪里，动物界的大部分种类都出现了，例外的是两栖类、爬行类、鸟类和哺乳类。鱼类的出现表明，这时脊椎动物已经进化出来了。两栖类首次出现于石炭纪，爬行类首次出现于二叠纪。鸟类最初见于上侏罗纪，哺乳类最初见于三叠纪的末期。对这些地层的沉积物总共占有的时间，有种种估计，出入极大——虽然应当指出有人曾经提出十亿年这样长的一个时期，但平均数大约为一亿年。[①] 关于新生代较晚各分期占有多长时间，可以注意彭克的估计，他认为新世和最新世这两个时期的长度分别约为 200 万年和 300 万年。

对我们有关系的是断定冰河期各分期的年代。这个时期也叫作冰河年代。在这一时期里，南半球和北半球的大部分地区为冰川的形成或以前就存在的冰川的上涨所覆盖。现在人们几乎普遍承认，在欧洲至少有四次冰河上涨。每次上涨达到最大限度的扩

① 乔利：《科学进展》，1914 年，第 33 期，第 41 页。他说有四种估计整个时期长度的方法，即研究(1)冲积物的厚度，(2)冲积物的状态，(3)海水里包括的钠以及(4)放射性变质。第(1)种方法提出的估计数大约为 1 亿—1.34 亿年，第(2)种大约为 8,700 万年，第(3)种大约为 8,000 万—9,000 万年，而第(4)种提出的估计数，时期更是长得多。

张点之后，冰就退落了，这样，就有三个冰川之间的或温和的时期，从第四次冰川期以来的时期叫作近代。冰的扩张限度在每次冰河上涨中互不相同，在第二次冰河上涨中达到最大限度。各次冰河上涨和交织于其间的温和时期有助于冰河期各个时期的划分，当发现化石和文化遗迹时，就可以试图确定它们发生于这些分期中的哪一分期里。

关于整个冰河期和其中各个分期的时间长度只能提出一些猜测，这些猜测出入极大。奥斯本提供了以下估计数字表：①

1863 年 C. 莱尔 …………………………… 800,000 年
1874 年 G. D. 达纳 ……………………… 720,000 年
1893 年 C. D. 沃尔科特…………………… 400,000 年
1893 年 W. 厄珀海姆 …………………… 100,000 年
1894 年 A. 海姆…………………………… 100,000 年
1900 年 W. J. 索拉斯 …………………… 400,000 年
1909 年 A. 彭克 ……………… 520,000—800,000 年
1914 年 J. 盖基 ……………… 620,000(最小限度)年

奥斯本采取了彭克对于整个时期的比较稳健的估计，并提出这个时期各分期的划分如下：②

① 奥斯本：《旧石器时代》，第 22 页。

② 同上书，第 23 页。着重指出下面这一事实是好的：所有这些数字是以对于冰河冲积的沉积率的各种观察为根据的，只不过是猜测而已。无论是根据整个时间的假设长度还是根据各个分期的假设长度，对于进化都不能得出任何结论来。但是，人们所估计的各个分期的相应长度极可能有些接近事实。这样，不管这个时期的真正长度可能是什么，在冰河期的开始和第三温和期中期之间所经过的时间，都比从后一时期开始到今天所经过的时间至少长两倍，也许要长三倍。

	时期	相应期间	累计总长
	近代	25,000 年	25,000 年
冰河期	第四冰河期	25,000 年	50,000 年
	第三温和期	100,000 年	150,000 年
	第三冰河期	25,000 年	175,000 年
	第二温和期	200,000 年	375,000 年
	第二冰河期	25,000 年	400,000 年
	第一温和期	75,000 年	475,000 年
	第一冰河期	25,000 年	500,000 年

在哺乳类动物中，有五种动物或多或少是和人类密切相关的——类人猿、阔鼻人或旧大陆猿类、狭鼻人或新大陆猿类、狐猿和跗猴。显然所有这些类别都是从一个共同的血统派生出来的。然而，第一次派生必定不晚于始新世。为了确定这些类别之间的关系和它们的派生次序，我们不得不主要依靠化石所提供的证据。这种证据是极其不完全的，就确定的人类以前的祖先而论，在我们接触到爪哇的或归类于晚期最新世的或归类于早期冰河时代的冲积层里所发现的叫作猿人的骨骼结构之前，这种证据是完全阙如的。关于灵长类血统的进化，人们往往认为狐猿[①]和跗猴很早就从主要系统派生出来了，在始新世里阔鼻人也跟在狭鼻人之后派

① 应当注意到，已经绝种的下始新世狐猿是极其一般化的类型，并极难同食虫类动物区分开。这时，各种哺乳类动物目前的主要特征还没有出现。

生出来了。因此，人们往往设想，在渐新世时期存在过一种灵长类血统，它是类人猿和人类的共同祖先。可能来自法尤姆的最新世前猿人是这一共同血统的代表，在新世里一方面长臂猿从这一血统中派生出来了，另一方面猩猩、黑猩猩、大猩猩和人类也派生出来了。据设想，在早期新世里人类从这后一血统中派生出来了，不久之后猩猩也派生出来了，黑猩猩与大猩猩的划分发生于稍晚一些时候。人类祖先的各种长臂猿（最新世猩猩、最新世猿猴）和各种猿人（赤裸猿人、新猿人、旧猿人）从新世和最新世以来就是已知的了，但在这些时期里明显的人类以前的血统还没有出现。

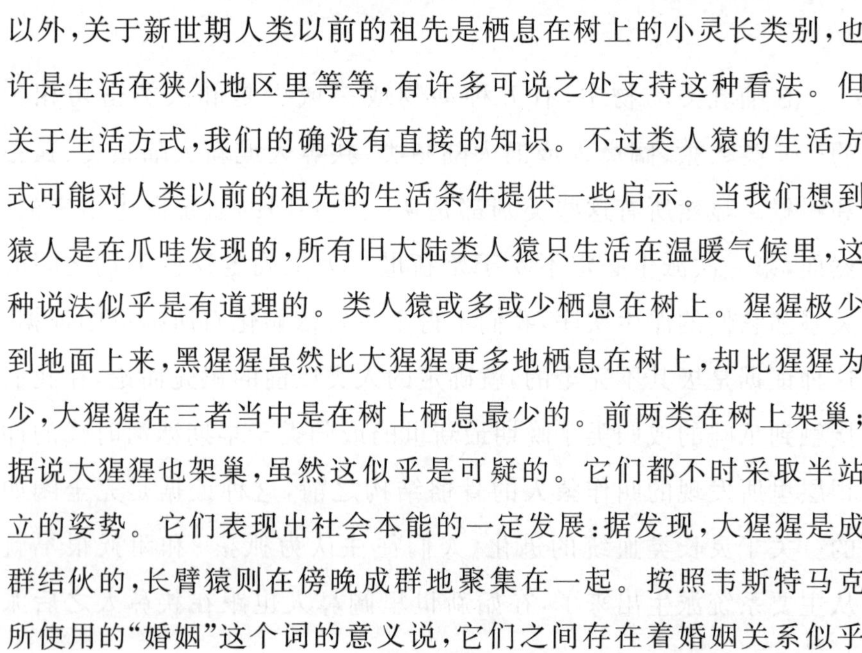

除了明显的人类血统如何同其余的灵长类血统相关这一问题以外，关于新世期人类以前的祖先是栖息在树上的小灵长类别，也许是生活在狭小地区里等等，有许多可说之处支持这种看法。但关于生活方式，我们的确没有直接的知识。不过类人猿的生活方式可能对人类以前的祖先的生活条件提供一些启示。当我们想到猿人是在爪哇发现的，所有旧大陆类人猿只生活在温暖气候里，这种说法似乎是有道理的。类人猿或多或少栖息在树上。猩猩极少到地面上来，黑猩猩虽然比大猩猩更多地栖息在树上，却比猩猩为少，大猩猩在三者当中是在树上栖息最少的。前两类在树上架巢；据说大猩猩也架巢，虽然这似乎是可疑的。它们都不时采取半站立的姿势。它们表现出社会本能的一定发展：据发现，大猩猩是成群结伙的，长臂猿则在傍晚成群地聚集在一起。按照韦斯特马克所使用的“婚姻”这个词的意义说，它们之间存在着婚姻关系似乎是可以肯定的，据说它们都是一雄多雌的，虽然黑猩猩可能是一雄一雌。无论如何，在性关系方面它们不是混乱的。

如果我们对于人类以前的祖先的生活方式一定要进行猜测的话，那么，假设其生活方式在某种程度上和类人猿相同，是最合理的了。但类人猿是强壮的和特化了的动物，而人类以前的祖先必定是较弱的和较一般化的灵长类，只是在脑力增长方面有所特化。毫无疑问，这一性状使他们能够保护自己，弥补了其他保卫手段的相对缺乏。而类人猿能够很好地照料自己。“正如赛伦卡告诉我们的，大猩猩不仅能匹敌它不得不与之战斗的危险的食肉动物，它还是森林之王。”①

当通盘概观整个第三纪时，我们就看到在始新世和渐新世里哺乳类血统有一个迅速而多样的进化，这一进化在新世里达到极点。一切种类的哺乳动物都在迅速进化过程中。在这一进化、特化和适应的时期之后，就由某种动物领先开辟了在智慧方面而不是在身体方面比其他动物优越的道路。我们必须认为，人类以前的祖先在特化、适应这一竞争中是有点落后的，当时在哺乳类动物中不能占据显要的地位。但是，不管怎样他们设法维持住自己，并且正如我们以后将指出的，最终保持住一般化的身体结构就成为极其明显的优点，使人类能够最好地利用其逐渐增长的智慧。

四

冰河期遗留下来的人类化石遗迹极少，而且是不完整的。观察这些化石发生在冰河期的哪个分期里，那就是说观察它们是在

① 索拉斯：《地质学会主席致辞》，1900 年，第 48 页（《地质学会季刊》，第LXVI卷）。

哪个冰河期或温和期里被发现的，是一个极其重要的问题。因为按照这种方式，即使不能得出它们同现代的绝对时间距离，也能得出相对时间距离的一些迹象。正如已经指出的，在冰河期里也发现了人类文物遗迹的丰富证据，这些遗迹同样可以同这一时期的分期联系起来。对这些文化时期人们曾经给予各种各样的名称，以后我们将大致谈谈这些时期所依据的证据。但现在提出一张表来，以表明这些文化时期同冰河期的各分期如何互相关联，这是会有帮助的，因为这样就会清楚地看到，化石遗迹不仅处于同冰河期与温和期相关的地位，也处于同文化时期相关的地位。①

除冰河期以后的晚近各时期外，这张表的各时期仅仅旨在提供一个相对时间距离的概念。② 对新石器、铜器和铁器等时代，能够得出某种近似的准确程度。在后两个时期里，对于东方和欧洲时期的起点提出了不同的年代。其余的年代是仅就欧洲而言的。根据证据可以推断出，许多文化发源于东方，因此东方这种文化时期的开始年代，无疑是要断在这些文化在欧洲出现很久之前。应当指出，这些文化时期的名称，或因这种文化的标本首次被发现的地方而定，或因这种文化最发达的地方而定。例如，舍勒文化期来自舍勒——巴黎附近旧石器发现的地方，阿求尔文化期来自索姆流域的圣·阿求尔，莫斯特文化期来自维泽勒河右岸的勒·穆斯捷，等等。

---

① 这张表是以奥斯本所提供的那些表为根据的(《旧石器时代》，第 18 页和第 41 页)。

② 为了表明各种估计数相差是多么地悬殊，我们可以指出，索拉斯(《上古狩猎者》，第 14 章)承认从舍勒文化期结束以来只有 27,000 年。

时期	年代	文化		民族
	公元前 1000		欧洲	
		铁器时代		
	公元前 1800		东方	
	公元前 2000		欧洲	
		青铜器时代		
	公元前 4000		东方	
	公元前 5000		铜器	
	公元前 7000	新石器时代	瑞士湖	现代民族
	公元前 10000		早期	
	公元前 12000		阿兹尔	布律恩和其他民族
冰河期以后	公元前 16000		马格达伦	
	公元前 20000	上旧石器时代	索卢特利	
	公元前 25000		奥利格纳西	克罗马尼翁人与格利马尔迪人
第四冰河期	公元前 50000	中旧石器	莫斯特	H. 尼安德特
第三温和期	公元前 150000		阿求尔	
		下旧石器	舍勒	
第三冰河期	公元前 175000		舍勒以前	原始人
第二温和期	公元前 375000			H. 海德堡原始人
第二冰河期	公元前 400000			
第一温和期	公元前 475000			
第一冰河期	公元前 500000			
冰河期开始	公元前 525000			猿人

五

转到人类化石遗迹问题，我们不得不首先研究猿人。1891年9月阿姆斯特丹的尤金·杜波依斯博士在爪哇的特里尼尔地方发现某种化石遗迹，他继续发掘了两年左右，并成功地找到其余的遗迹。他认为所有这些化石遗迹都属于同一个人。他给这个人取名为站立猿人。[①] 杜波依斯认为发现猿人的那个地层属于最新世。人们很自然地对这一问题予以了极大的关注。杜波依斯的观点遭到了挑战。后来到特里尼尔去访问的人极其仔细地研究了这一问题。科学界现在倾向于把这一地层归属于早期的冰河期。[②]

化石遗迹残缺不全，使这个人的再造成为困难和可疑的问题。但是，经过二十年左右的讨论，人们极其普遍地同意，猿人在许多方面是介于现代人和假想的人类以前的祖先之间的中间类型。猿人的头盖骨联合在一起，眉脊大，眼眶后面显著狭窄——具有类人

① 杜波依斯:《站立猿人:出自爪哇的一个类人的转变中的躯体结构》。杜波依斯还发表了其他几篇论文。这种文献的数量极大。克拉奇(《动物学的中心部分》,第Ⅵ卷,1899年,第217页)和施瓦布(《形态学和人类学杂志》,第Ⅰ卷,1899年,第16页)总述了早期的文献。关于简括的叙述,参看达克沃斯:《形态学与人类学》,第510页及以后。这一化石遗迹由脑壳的上部、左股骨、左第二上臼齿、右第三上臼齿和左第二下前臼齿所组成。最后那颗牙齿杜波依斯没有找到,但由后来的发掘者找到了。脑壳和股骨不是在一起找到的,而是在相隔50英尺左右的两个地方分别找到的。但是,把所有这些化石遗迹统统归之于一个人也许是有道理的。

② 埃尔伯特(《采矿学、地质学和古化石学的中心部分》,第ⅩⅦ卷,1909年,第513页)主张该地层处于最新世和冰河期之间。沃尔茨:(《采矿学、地质学和古化石学新年鉴;一百周年纪念册》,1907年,第256页)把该地层置于中期冰河年代。赛伦卡和布兰肯霍恩讨论了整个问题。参看《爪哇猿人地层》。

猿的一切特征。此外，头盖有点平扁，像类人猿，但没有平扁得那么厉害，其高度指数是34.2，而一般欧洲人为52，尼安德特人为40.4。脑容量约为855毫升，也就是比已知的任何锡米达人的最大脑容量要大250毫升，而现存的最低级民族澳大利亚人的平均脑容量则为1,190毫升。确定属于人类的狐猿，躯体只略微弯曲，表明他的高度约为1,650—1,700毫米，也许是站着走路的。猿人的牙齿与其说是属于人类的，不如说是属于类人猿的，牙根分叉，牙的顶部大，但表现出一定的人类牙齿的特点。

如果我们试图重新塑造出猿人的形象，我们必须描绘出一半像类人猿另一半像人的形象，他大概是陆栖的和站立的。他的体重必定是70公斤左右。如果这一事实是正确的话，那就提供了一方面估计猿人同类人猿的关系，另一方面估计猿人同人的关系的极其有用的方法。我们大致知道脑和体重之间的比例。如果猿人是人的话——假定根据头骨容量推算出他的脑重——体重应当是19公斤。如果猿人是类人猿的话，体重应当是230公斤。事实上我们有理由认为他的体重为70公斤左右，这就显示出杜波依斯的著名发现——猿人的中间地位。

此外，猿人也许曾自由地使用双臂，两腿已特化成为走路之用了。他很可能使用过木器或石器，尽管这种看法还没有得到证实。还可能使用过一些初步的语言。人们在叫作布罗卡区域的脑子的一个特殊区域里找到了语言的发动中心。在猿人的脑子构造里可以指出这一区域，据说有类人猿的这种区域的两倍大，但只有人的一半大。“猿人的不太发达的前额和脑子的小型前部区域表明特里尼尔这个民族运用经验和积累习惯的能力是有限的，因为在脑的这一前额前区域里设置着注意的能力和管理脑的一切其他部分活动的能力。在类人猿的脑子里，触觉、味觉和视觉等感觉区域占统治地位，这些部分在猿人的脑子里发育得很好。脑子的中心区域，即行动的记忆以及与之相关联的感情等仓库也发育得很好，但运用经验或回忆从前对经验所做反应后果的这种能力所在地的前额前区域，却只发育到极其有限的程度”①。

因此，猿人是人类史上最为重要的一种结构。暂时我们可以认为他出自冰河期伊始。我们就要提到的下一个人类化石残遗的情况，也有许多不确定的地方，这个残遗是出自海德堡附近的茅尔沙滩的一块下颚。② 人们普遍同意这些沙子是在一个温和时期里淤积起来的，现在大多数意见趋向于将其同第二温和期联系起来。下颚本身很像类人猿的，极少表明对于人类性状的任何接近。但牙齿显然像人的，据说在一些方面现存原始民族的牙齿比海德堡民族的牙齿更接近类人猿的情况。这种结构同猿人的关系以及同后来发现的结构的关系，可以等到我们完成人类化石类别概述时再研究。

其余要提到第三个早期躯体结构——出自刘易斯附近的皮尔特当的原始人道索尼③。找到原始人那个地方的沙砾肯定是在一个温暖时期里淤积起来的。其大概年代要么是第二温和期要么是第三温和期，但这些沙砾同冰河期的阶段的关联是极难确定的。

① 奥斯本：《旧石器时代》，第 83 页。

② 舍登萨克：《海德堡人的下颚》。

③ 道森与伍德沃德：《地质学会季刊》，第LXIX卷，1913 年，第 117 页。

在骨骼附近找到的一些用具被认为属于舍勒前文化时期，这一文化期可以表明属于第三温和期。哺乳类动物区系似乎也偏向于表明这些地层属于同一时期。

原始人的化石残余是由头骨的大部分和第一、第二臼齿仍留原处的右颚的一部分所组成的。犬齿是后来找到的。头盖是从几个碎片重新塑造起来的。关于进行这种再造的正确方法有许多争论。对于脑的容量第一次估计是1,100毫升左右。伍德沃德以后修正了自己的估计，得出近于1,300毫升的数字。基思提出了更高的数字。头盖骨很厚，几乎没有眉脊，前额极陡。另一方面，原始人的颚骨甚至比海德堡人的颚骨更像类人猿，它倾斜得很厉害，下巴几乎一点也看不出来；小臼齿的系列是平行的，臼齿后边的体积并不减小。由于这个颚骨的属于类人猿的特点，作者们认为有理由为这些化石残余塑造出一个新的种别。虽然眉脊的消失和垂直前额的出现标志着高级的人类特征，但这种性状在一切未成长的类人猿中也是可以看到的。这样，原始人在头骨的一般结构方面可能比猿人更为接近于已经绝种的新世和最新世的祖先。脑子虽然很不发达，但显然是属于人类的，与语言相关的那些区域适当发达。

六

截至现在所提到的这些类型应当归于冰河期的哪一分期，并且，如果它们和文化有什么联系的话，应当和哪一种文化有联系还是一个有疑问的问题。现在我们进入稍为确定的领域。同莫斯特工具并同第四冰河期的冲积层相关联，我们发现了肯定无误的人类类型，可以把他叫作莫斯特人或尼安德特人；因为这一民族的第一个标本是1856年在杜塞尔多夫附近的尼安德特[①]发现的。从那时以来，这一类型的其他几个例证也找到了。一些标本几乎是完整地保存着，使布尔教授能够对得自圣教堂那个地方的骨骼进行具体的研究。[②] 在他的研究论文里，他在尼安德特人的这一例证和其他例证之间做了比较，表明在具有重要意义的一些特点上他们都是相同的。尼安德特人长得小而结实。面部与头盖相对来说发达得多了，头短而窄，前额往后，枕骨突出，眼眶大，眉脊重。下颚发达，但下巴不发达，后臼齿也不发达。脊椎骨表明不如现代人站立得那么直。有一点，人们关于它的看法差别很大，那就是脑容量。直布罗陀人的脑容量只有1,296毫升，圣教堂人标本的容量为1,620毫升。但是根据布尔的意见，这一差数并不比在现代欧洲人中所看到的差数大。他得出的尼安德特人的脑容量平均为1,400毫升，这一估计比通常提出的估计低得多，人们常说的平均容量接近1,600毫升。

尼安德特民族形成一个很特殊的类型。它只发现于中旧石器时代。[③] 对于它的起源以后还要谈到；似乎这一民族在上旧石器

① 直布罗陀的头骨可能在尼安德特人标本之前就被发现了，但直至后者被发现后，前者才引起人们的注意。

② 布尔：《古生物学史》，第Ⅵ卷，1911年；第Ⅶ卷，1912年；第Ⅷ卷，1913年。

③ 人们没能清楚地指出一些躯体结构的起源（例如，直布罗陀人的头骨）。据说尼安德特人的化石残遗有时被发现是和阿舍勒工具相关联的（例如，在克拉皮纳化石残遗这一例证上）。参看布尔，同上书，第Ⅵ卷，第120页，第Ⅶ卷，第227页，以及安东尼：《人类学会公报与会议记录》，1913年，第189页。

时代开始之前就绝种了，因为正如我们将看到的，以后所发现的那些类型中没有一个类型是这一民族的后裔。

七

上旧石器时代文化是同第四冰河期的末期相关联的。在尼安德特人化石残遗的地方，我们发现了好几种化石残余，其中没有一种类型表明同尼安德特人在血统上有什么亲近。相反，他们都或多或少接近于现代人。当我们观察欧洲这一时代的化石残遗时，就人类的身体结构而论，似乎一跃而进入现代了。正如我们以后会看到的，也许各种类型的民族是由东方进入欧洲的，而且也许发源于西亚某地。这些民族当中最重要的，大家叫作克罗马尼翁人。在整个旧石器时代后期都发现过这种人。第一个标本发现于维泽勒流域的克罗马尼翁。其他一些标本则发现于格罗特·得·格里马尔迪，并被指定属于奥利格纳西文化的开始，也就是上旧石器时代的第一分期的开始。另一些标本又在奥波卡塞尔被发现了，并被指定属于马格达伦文化，也就是上旧石器时代的最末分期。在现代法国佩里格这个地方，还存在着一个在许多方面同克罗马尼翁人相似的民族，可能是从上旧石器时代生存下来的。

我们可以简括地指出上旧石器时代主要民族相貌的一般特征。克罗马尼翁人头骨狭窄，脸短而宽，眉脊有点突出，眼眶低并成方形，鼻长而窄但根部宽。克罗马尼翁人身材高，平均高度接近

6 英尺，脑容量大，约为 1,600 毫升。[①]

在格罗特·德·格里马尔迪也发现了叫作格里马尔迪民族的两具骨骼。在欧洲从未发现这一类的其他骨骼。关于这一类有两点要注意：第一，相对而言，这不是低等民族，例如脑容量为 1,580 毫升；第二，他无疑表现出同黑种人相似。头骨狭窄，脸短而大，凸颚显著。眼眶大而较低，鼻平宽。

第三种类型是和索卢特利文化（上旧石器时代中期）相关联的，发现于布律恩，其后又发现于布鲁克斯。头盖很长，一般说同克罗马尼翁人的头盖相比属于较低的类型。在一些方面同尼安德特类型有些相似。最后，从奥夫奈特地区的晚期旧石器时代末尾的冲积层中又发掘出另外两种类型。其中一种是长头的民族，像现今的地中海类型的欧洲人。另一种是宽头类型，像阿尔卑斯类型的现代欧洲人。

在一般的概述里，不需要再补充具体的材料了。新石器时代存在的躯体类型同现代人的躯体类型之间没有基本的差别。关于这些类型之间的彼此关系以及它们的起源，等我们谈到文化的进化之后再加以讨论。截至现在，我们发现，在冰河期伊始和在早期旧石器时代，人们知道了三种原始类型的人，在旧石器时代中期有一个具有许多原始特点的特殊类型，而在上旧石器时代出现在我们面前的各种类型，则大部分同现代民族相差极少，在特殊例证上

① 特斯杜所描述的（《里昂人类学会公报》，第Ⅷ卷，1889 年），在桑舍拉得的雷蒙地区发现的化石残遗，现在一般归类于克罗马尼翁人。正如特斯杜所说，桑舍拉得人拥有"优等民族所应有的一切特征"。脑容量是 1,700 毫升。但有某些特征和普通的克罗马尼翁人不同，而和现代的爱斯基摩人相似——特别是头盖的形状，它的两边倾斜上去并相交成角。关于这一点的可能重要意义以后会讨论到。

甚至表现出同一些现代民族极相类似。[①]

八

现在我们必须叙述一下原始人类留下来的器具和其他遗物所表明的文化进展。布歇·德·珀思第一次识别石器的故事是众所周知的。一系列的时期逐渐被承认了，人们给予它们的名字在前面的叙述里已经介绍了。在两个主要时期——旧石器时代和新石器时代——中，第一个时期是根据石器没有磨光、没有从事农业、没有制作陶器[②]和没有豢养家畜而划定的。旧石器时代可以区分为几个连续的文化类型，但在我们研究它们之前，必须谈谈所谓原始石器时代。

在许多地方发现一些石头，据认为表现出极其原始形式的人类手艺。人们给它们起的名字叫原始石器。据说它们是从渐新世、新世和最新世遗留下来的。许多考古学家认为它们是旧石器文化形式之前的原始文化形式的遗物。这一问题仍在争论中。

我们应当注意到原始石器表现出的变化极少。从渐新世起就出现一些相同的类型，如果有一个原始石器文化的话，它必然延续了几百万年之久，并伴随以在工具形成方面微乎其微的进展或毫

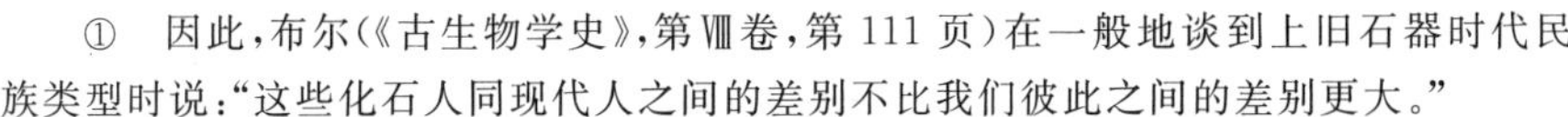

① 因此，布尔(《古生物学史》，第Ⅷ卷，第111页)在一般地谈到上旧石器时代民族类型时说："这些化石人同现代人之间的差别不比我们彼此之间的差别更大。"

② 在比利时曾发现据说属于旧石器时代的陶器。如果这是事实，也没有什么可感到奇怪的。就旧石器时代人的能力而论，他们能够拥有这种技术。但是，一般来说，游牧民族(旧石器时代的民族当然是游牧民族)极少使用陶器。参看德希勒特：《考古学手册》，第Ⅰ卷，第169页及以后。

无进展。里德·莫伊尔先生所描述的并归类于最新世后期的所谓“船骨嘴形”工具必须被看作是例外。[①] 这些石头属于特殊的类型，而且显然并未发生在渐新世与新世。[②] 有几个理由使人难以接受原始石器作为早期文化的真正遗物；其中一些理由不适用于船骨嘴这种类型，另一些理由也不大适用。（甲）布罗伊尔指出原始石器同样发生于始新世和后来的地层中。[③] 除此之外，连同在漫长时期里技术丝毫没有进步这一点一并加以考虑，原始石器之发生于渐新世，同我们必须承认的人类进化路程几乎是不相容的。在这一时代各种哺乳类动物都在迅速进化中，很难理解为什么在哺乳类扩张的这一时期之前，仅仅人类能够进化到同早期冰河时代类型相类似的某种类型，其后很长时间就根本没有进展了。[④] 如果最新世前猿人或渐新世中任何相似的躯体结构，的确是来自或接近人类上升路线中的类型，那么我们就不能承认渐新世原始

① 里德·莫伊尔：《旧石器时代以前的人类》，船骨嘴是在最新世构成的红巉崖中发现的。里德·莫伊尔先生主张它们是从原始石器进展出来的(第 66 页)。

② 索拉斯：《上古狩猎者》，第 3 章。

③ 布罗伊尔：《人类学》，第 XX 卷，1910 年。

④ 伍德·琼斯教授根据比较解剖，最近得出他关于人类进化进程的看法，同上述轮廓有些不同。他总结他的看法说：并不是人从类人猿遗传下来，而类人猿之前又有由旧大陆猴、新大陆猴和狐猿所代表的一系列的灵长类结构。因为我们看到人的解剖性状偏向于要求我们承认这种发现：人的血统从灵长类的老根上就分化出来了。人完全是由脑力的全面发展而进化来的，他所保持的身体简易性只是在跗猴血统这样一些遥远的祖先身上才能看到。类人猿保存了属于人体的一定的和不同程度的基本简易性，但旧大陆猴却由于分化而远离了这种简易性。按照这种方式来看问题，我们可以说人类血统是从灵长类血统(非狐猿类)的老根上发生出来的，而不是从它的系统的顶尖上发生出来的(《人类的起源》，第 126 页，载于《动物生活和人类进展》，编者登第)。因此，按照这种看法，人类血统从第三纪的早期以来，就同其余的灵长类血统分化开了。如果这一结论是很有根据的话，那么上面概述的、根据进化进程得出的论证，它的力量一定会被削弱。

石器是真的人工制品。如果我们不承认渐新世的原始石器,我们也就没有理由认为新世或最新世的原始石器是真的。(乙)已经作过的许多观察表明,同原始石器相似的石头是在压力、波浪活动等自然条件下形成的。看起来特别有趣的是,就连船骨嘴类型也可以这样形成。[①] (丙)总的说来,原始石器只能在结构相同的其他石头发现的地方被发现,而旧石器却可以在任何地方被发现——由此得出的推论当然是,原始石器因为是在自然因素之下形成的,所以它们总是和其他结构相同的石头联系在一起,而旧石器却被使用它们的人广泛地扩散在各处。原始石器问题离最后解决还差得极远。为避免人们认为在接受原始石器作为真的人工制品的种种困难是由于某种偏见而被夸大了,应当指出,如果能够把原始石器看作是真的人工制品的话,我们从人类整个历史得出的主要推论就会相应得到加强。如果我们不能承认原始石器毫无疑问是真的而加以接受,这并不意味着旧石器时代以前的人没有制造和使用过石器。毫无疑问,当时的人是制造和使用石器了,但可能由于客观情况而不可能认识这些工具。[②]

---

① 索拉斯:《上古狩猎者》,第 72 页。

② 在讨论这一课题时,布罗伊尔极为强调说:"如果自然界毫无疑问是在例外的情况下才能创造出这样的物体,即像工业品那样完全具有定型并经过事前规划、在正常情况下不发生任何差错,那我们就更有理由对于人类原始活动表现的看法采取慎重态度。同时,由于是根据如此可疑的证据建立理论,而这种理论又大大超出通过确定方式与充分证据所取得的理论,因此,我们在建立理论之前,就必须保持严肃精神。"(《人类学》,第 XXI 卷,第 407 页)要想知道人们所表示的相似看法,请参看奥伯迈耶的《古代的人类》,第 412 页和德希勒特的《考古学手册》,第 I 卷,第 22 页。专家的意见偏重于反对将原始石器看作真的人工制品。认为原始石器是真正人工制品这一理论的比较杰出的支持者,我们可以提到比利时的律托,英国的雷·兰克斯特和里德·莫伊尔,德国的弗沃恩和法国的莫蒂耶。这一理论的怀疑者是法国的布尔、布罗伊尔和德希勒特,德国的施米特和奥伯迈耶,以及英国的索拉斯。

九

在冰河期的一个温暖时期里，也就是现在几乎普遍认为的第三温和期里，出现了毫无疑问属于人工制造的最初工具。这一早期旧石器时代分为三个文化阶段，即舍勒以前文化、舍勒文化和阿求尔文化。应该看到，律托是原始石器理论的极力支持者，他在对舍勒以前时期的证据进行一般回顾时说，能够看到“新的物件的忽然出现”。[①] 许多权威认为这些“新的物件”正是最初的真正人工作品，而不仅是比较原始类型工具的改进。

舍勒时期的典型工具是手斧——造型适合手使、用以打击的石头。[②] 刀同刮刀也是常见的。在阿求尔也就是旧石器时代的最末期里出现了手艺的普遍改进。手斧较轻些，做工也比较细致。有多种多样的小工具，往往表明相当程度的细致与技术。在阿求尔时代里第一次出现人类用火的迹象。骨头似乎还没有被用来制造工具。

在舍勒后期气候逐渐变冷。随之而来的阶段，也就是旧石器时代中期，几乎完全进入了第四冰河期。人类开始穴居，我们都很熟悉上面描述的叫作尼安德特人的身体类型，他们就是属于这一时期，这时也有用火的迹象。某种埋葬仪式也采用了。在圣教堂

① 律托：《布鲁塞尔大学评论》，1911年，第258页。

② 舍勒工业的遗物广泛地分散在各处并且在欧洲以外发现了——例如，在非洲从好望角到撒哈拉角。参看德希勒特：《考古学手册》，第Ⅰ卷，第88页。

发现的一具骨骼表明，为埋葬而把尸体仔细地加以处理，工具放在接近尸体的地方，一件精美的工具放在左手能够取到的位置。在这一时期和以前时期的石器之间存在着显著的差别。人类使用一种不同的方法来制造工具。人们有把莫斯特石器工业看作是比以前达到的阶段低的某种倾向。就这一阶段的一般情况而言，我们应当注意到，这一阶段是我们关于躯体类型占有具体知识的第一阶段，并且我们也知道了由于埋葬仪式的采用所表明的心理发展阶段的某种迹象。

这一阶段是同随后的阶段明显划分开的。就所知的情况来说，尼安德特人在中旧石器时代就消失了，莫斯特工业被奥里格纳西工业所代替了，后者是个全新的文化类型，大概是由某种新的民族引入的。正如我们已经看到的，在上旧石器时代有几个民族类型，发生于这一时期伊始的克罗马尼翁类型，可能把新的文化带进了欧洲。石器制造的艺术在奥里格纳西时代达到了从来没有达到的高峰，刀与刮刀造得特别精致。在索卢特利也就是上旧石器时代的中期，石器制造达到了它在旧石器时代里所取得的最高点。在众所周知的柳木制的和桂树叶制的枪头方面表现出极好的手艺。骨头工具第一次发现于上旧石器时代。从骨骼的处理可以清楚地看出来葬礼也采用了，并且，即使不是表明我们所理解的对未来生活的信念，至少表明了关于死者仪式方面习惯体制的存在。在这一阶段，人类是否有弓箭，还不能确定。关于不耐久物品的制造到什么程度，当然还不能确知，我们只能说大概人们用皮毛做衣服了，知道编篮子了，也织网了。从这个时期保留下来的最卓越的

遗物是洞窟壁画。在整个上旧石器时代都发现了这种壁画，它们表现出高度的技艺与鉴赏力。[①]

从石器制造这个角度来看，索卢特利时期表现出比奥里格纳西时期有所改进。骨器的制造也表现了相仿的进步，例如，带针眼的骨针第一次出现了。在绘画方面也有显著的进步。在上旧石器时代里的下一期也就是马格达伦时期，就石器而论，发生了技术的减退；但是，并不是一般的衰微，因为骨器、角器和象牙器具的制造表现出了相当的进展。此外，绘画达到了最高的发展。这一时期的遗物是极其丰富和众所周知的，并且表现出极多类型的工具，就当时还没有农业来说，给人以物质财富很丰富的一般印象。

就在上旧石器时代的末期，马格达伦文化被比较黑暗的阶段阿兹尔-塔德诺伊文化所接替了。在文化的进展中又发生了一次忽然而极其明显的中断。几乎在各方面都没能达到从前的技术水平。燧石制品和骨制品的手艺都是比较低劣的。艺术精神消失了。关于这一文化人们所知极少，可能这一时期的人并不像乍看起来那样技术不熟练，因为他们显然已经豢养狗了。[②]

① 这些艺术作品当然充分引起欣赏，但毫无疑问导致人们夸大了上旧石器时代人所达到的社会与智慧发展水平，有时认为那时候好像是某种黄金时代。

② 阿兹尔遗物限于欧洲南部，塔德诺伊遗物广泛分散于全欧洲。西兰的马格尔莫斯文化也属于这一时期。在阿兹尔家的洞窟中发现的一些五谷被解释为他们从事农业了。但是，大概这些五谷是后来搬到洞里去的——也许是老鼠搬去的。从阿兹尔时代起就有一些有标志的小鹅卵石，并被一些作者认为是使用字母的证据。这种解释不能被接受，虽然这些标志可能是意在帮助记忆的记号，如像在秘鲁所使用的记号。

十

新石器时代文化是从经营农业、豢养家畜[①]、石器磨光和陶器[②]的制造为标志的。虽然它和以前的文化显然不同，但存在着过渡时期性质的相当多的证据。不过，这种证据一般解释为来自东方的新文化的渗入，而不是欧洲新文化的进展。即使在历史上这一相对晚近的冰期，它的年代仍然是模糊不清的。瑞士湖住处（罗贝豪斯时代）代表着典型充分发展的欧洲新石器时代文化，它的年代断定为公元前8000—前7000年。更东边的地方存在着远为古老的证据。蒙特柳斯根据德·摩根在苏萨的考察计算出，新石器时代在那里开始于20,000年左右以前。[③] 亚瑟·伊凡斯爵士估计，自从新石器时代在克诺苏斯开始以来，至少经过14,000年了[④]。我们能够说的一切是，新石器时代文化在欧洲许多地方兴盛于公元前8000年，它是由更远的东方输入的，在东方它在远为更早的时候就发生了。事实证明，极难把新石器时代再分为连续的分期。在旧石器时代里常常发现包藏各种文化遗物的层叠冲

① 旧石器时代人可能饲养过他们心爱的牲畜。许多原始民族有豢养爱畜的感情，虽然这样做他们得不到什么经济利益。

② 农业只是后来人们才学会的一种技艺，这种说法还没有得到一些科学家的赞同。例如，A. D. 霍尔爵士在1919年出版的一本书里说："农业必然是和人类民族几乎同时期的东西。"（《粪肥与化肥》，第2页）

③ 蒙特柳斯：《国际人类学大会》，1906年，第Ⅱ卷，第32页。

④ 在克诺苏斯，最早期的新石器时代陶器就做得很好，因此，这一文化必然出现于14,000年以前很久。

积，这就使连续的文化时期得以划分出来。在新石器时代里这类证据大多是缺乏的。在这里我们除了说明法国考古学家所承认的三个阶段，即刚比尼阶段、夏休-罗本豪斯阶段和卡纳深阶段以外，不打算深入研究这一课题。这些阶段中的第一阶段显然比以后的阶段更加原始。第二阶段就是瑞士湖住处阶段，第三阶段是巨石纪念物——墓标、巨石、大石台、有盖小巷、石圈等等[①]——阶段。

上面关于一般文化时期——就是说，它们不是整个人类史上的确定时期，而是这样一些时期，在这些时期里不同的民族在不同的时候消失了——的陈述，在新石器时代得到了很好的证明。新石器时代文化传入欧洲之前，在西亚已经存在几千年。并且，当金属已经在别处使用了几千年之后，欧洲的一些地方还是新石器时代文化，例如，英国直到公元前2000年或更晚些。一般说，必须把新石器时代看作是物质财富巨大发展的时代。对比旧石器时代的人，新石器时代的人是富足的，他们往往居住在颇具规模的村子里。几种动物成为家畜了，几种谷物耕种了，麻布纺织了，葡萄树和很多水果树也为人所知。看来，众所周知的青铜器时代的贸易路线，至少有许多是在新石器时代开辟的。这些路线当中的一些路线使波罗的海同地中海之间可以交通。有一个路线起自威尼斯，越过勃伦纳山口，通过因河到达多瑙河；从那里横穿波希米亚森林到莫尔道河，从而到达易北河，顺流到河口。另一条路线起自的里雅斯特，经过卢布尔雅纳与格雷茨由莱塔河到达多瑙河，从那

① 关于这一课题参看德希勒特：《考古学手册》，第Ⅰ卷，第336页。

里沿马奇河航行，横穿摩拉维亚，沿奥得河经过西里西亚，穿过波森到达维斯杜拉河，主要终点是但泽。[①]

十一

最初使用金属的地点和年代迄今还不清楚。[②] 黄金也许是人类所知道的第一种金属，在许多国家里它在纯金情况下被发现，因为它的光泽必然引起人们的注意。但是，直到很晚它才具有经济上的重要意义。大概人类之所以学会提炼金属的技术，是由围绕篝火的石头圈当中的一块矿石偶然锻炼出来的。铜可能在纯铜出现于地表的地方首先被使用。人们把它捶制成工具，就像苏必利尔湖附近的印第安人所做的那样。但是，在应用热力之前，这种金属的使用只被看作是石器制造技术的变化，而不能构成冶金技术的第一步，因为这种技术需要应用热力进行提炼的知识。人们常常说，在青铜器时代之前有一个铜器时代，并且在许多地方铜器都先于青铜器被使用。也许在某一地方铜器时代的出现，决定于那里所发现的矿石的性质。在自然状态下，铜往往和锡与其他金属联结在一起。我们可以设想，最初的金属工作者只是设法取得金属——他们知道对一些种类的石头加热就可以得到金属，从而在一些地方他们得到了铜，在其他地方得到了青铜。后来他们学会

① 玉石发现于西莎利克的第一个城市，它必然来自昆仑山（高兰：《人类学会杂志》，第XLII卷，1912年，第260页）。

② 关于这一课题参看高兰，同上书，第236页。

了加入一定比例的锡或其他金属，就能生产出来一定结构的合金。因此，真正的青铜器时代是在铜器时代或偶然的青铜器时代之后。炼铁比炼铜需要较小的热力——700—800 摄氏度对 1,100 摄氏度，可是铁没有更早些被使用，这是有点令人感到奇怪的。

在旧大陆，任何金属的使用究竟是否不止一个发源地，还是不清楚的。新大陆未受外来影响也使用了铜，铜的使用还可能独自发生于南美和北美。[①] 在秘鲁，人们知道铜了。在锤炼铜的时候一定使用过热力，也可能使用过铸造方法。在北美，有时用铁制造装饰品。至于旧大陆，对许多国家来说，可以称为金属铸造的老家。赖斯纳在埃及王朝以前时代中期的坟墓中发现了铜匕首、矛头、鱼叉、扣针、针和项链等；第一王朝时，埃及人就“拥有全副铜制武装”[②]。在王朝以前时代的早期，使用了包括铜在内的金属颜料，可能铜的提炼最初是由于这种物质的某次偶然熔化而受到启发的。人们还进一步宣称：有铜器在各地分别进展的证据，因为最早形式的铜器是仿自石器的，后来的形式只是从前存在类型的改进。[③] 赖斯纳总结说，没有理由认为铜器的发明来自埃及的领域之外。[④] 另一方面，我们所知道的极早年代的萨默人，他们必然已经使用铜器很久了。总之，可以肯定地说，金属的使用发源于东方，也许在公元前 4000 年以前——可能还早两三千年。应当注意

① 《美洲印第安人手册》，关于铜和铁的文章。

② 赖斯纳：《纳加埃德的早期王朝墓地》，载于《加利福尼亚大学校刊》，1908 年，第 117 页。

③ 同上书，第 127 页。

④ 同上书，第 134 页。

到，铜出现于亚美尼亚、底格里斯河上游和西奈等地。青铜的使用逐渐传播到欧洲。青铜大约在公元前3000年发现于克里特岛，大约在公元前2500年发现于南塞萨利，似乎在公元前2000年左右或者更晚一些时候传到了英国。一般来说，我们可以把金属的开始使用同各种早期文明的兴起联系起来。在使用铁之前，这些文明已经极为发达。整个米诺文明，米诺文明在大陆上[①]的米克涅残遗，一直到甚至包括第二帝国的大部分在内的埃及历史的最光荣时期，萨默帝国巴比伦与亚述的早期等，都在青铜器时代范围之内。

虽然巨大的进展发生于青铜器时代是显然的，但这一进展究竟多少应归因于金属的使用，多少应归因于大约在相同时间的其他发现，还是不明显的。例如，轮与犁的最初使用就是从这一时期开始的，毫无问题犁具有极其重要的意义。应当说文字具有更重要的意义，而且大约是在这个时候最初被使用的。在远为更早的时期，毫无疑问，人们使用过在棍子上做标志的各种方法来辅助记忆，正如澳大利亚人现在还在使用的那样，还可能沿着秘鲁人使用的结绳记事制度取得一些发展。但真正的文字发明为时却晚得多。到第四王朝的时候，埃及人的文字达到了它的最后形式。我们最初知道的萨默人，他们当时正在使用楔形文字。这一极其重要的发明，不管它是否独自地发生于埃及、美索不达米亚和中国，显然是和金属的最初使用同时发生的。

对美索不达米亚地区最初使用铁的年代，估计差别相当大，从

① 铁制武器发现于晚期的米克涅坟墓中（李奇微：《古代希腊》，第294页）。

公元前 1500 年到公元前 1300 年是最常提到的年代。在埃及,人们所知道的最早的铁制武器是从公元前 1200 年开始的。到了公元前 900 年,铁的使用传到欧洲的大部分地区。大约在公元前 500 年,铁的使用传到斯堪的纳维亚。斯莱斯普罗特入侵把铁带进希腊,从而结束了米克涅时期,并开始了荷马时期。埃特鲁斯人在公元前 11 世纪时到达意大利,可能他们把关于铁的知识传入了意大利。整个说来,人们的意见偏向于铁的使用起源于西亚。也有人主张欧洲[①](哈尔城附近)、埃及和埃及以南的非洲[②]是发源地。关于埃及是发源地的主张,应当注意到在公元前 1200 年之后铁器才是常见的。但在埃及,从这一年代以前的一些时期中——其中一些时期属于极早的时候——发现了四个关于铁的例子。这些铁片的发现提出了相当困难的问题,这一问题的解答是,在公元前 1200 年以前很久铁在埃及似乎被极其偶然地使用了,也许只是用于装饰目的;但在这样早的年代,铁并没有用于一般用途。

我们不需要进一步阐述这一文化发展的概况。青铜器时代标志着历史的转折点。至少以后的事物发展过程的轮廓是充分相似的。有一点应当注意到,我们有理由认为发展的中心是在东方的某个地方。在金属使用之后,发展中心开始向西方转移。例如,金属一经传入克里特岛之后,米诺文化无论如何基本上是土生土长的。霍尔在讨论克里特岛的时候说:“我们没有任何东西表明任何其他文化体系的任何入侵,而入侵文化能以任何方式忽然修正或

① 李奇微:《铁的开始》,第 644 页。

② 封·鲁山支持这一看法(《人种学杂志》,第 XLI 卷,1909 年,第 52 页)。

改变固有文化的发展途径。这一途径是单一民族的文明发展途径，是从新石器时代的野蛮状态下，根据自己的路线独自成长起来的。这一文明从新石器阶段已经存在许多世纪的静态情况中摆脱出来，其最初的发展是突然的。金属的取得所给予的动态影响，迅速地把它带到我们所看到的伟大文化高峰。”[①]截至这个时候，就是说，在开始使用金属之前，人们已经开始到中亚去寻找发展中心。[②] 在欧洲，在这些文化时期里也有一些发展，但大踏步的发展却发生在东方。

十二

现在让我们回顾一下这章里叙述的内容。证据提供的这些迹象指出人类起源于旧大陆的东部，也许在温和的气候里。有利于这种看法的主要事实是类人猿的分布、猿人发现于爪哇，以及在新大陆没能找到人类的古代遗物的任何证据。除非猿人被归类于最新世，否则关于冰河期以前的人类我们什么也不知道。似乎新世和最新世的人类以前的祖先，也许是保持一般化特点的灵长类血统中一个比较不引人注目的成员。尽管没有特化，人类总算设法自行保存下来了——可能在一个极其有限的地区里。当哺乳类动物躯体结构的迅速进展缓慢下来的时候，人类以前的祖先专心致

① 霍尔：《近东古代史》，第 254 页。

② 关于这一点参看布罗伊尔：“上旧石器时代分期”，见《国际人类学大会》，1912 年。关于新石器时代德希勒特说：“不妨把西方文明历次发展的传播中心放在东方。”（前引书，第Ⅰ卷，第 313 页）

力于独一无二的特化，使他们开始处于有利地位。这种特化使人类发展到支配一切生物的地步。这种情形之所以可能发生，是由于人类的躯体结构虽然没有特化，但它能够转变为智力的工具。证据似乎指出，最新世晚期或冰河时代早期是人类开始沿着这一道路发展的时代。

正如东方也许是人类的发祥地那样，它保持住了躯体和文化发展的中心。在金属开始使用之前，欧洲没有人类躯体结构发展的任何迹象，也没有文化发展的主要阶段的任何证据，虽然在这些时期里也有发展与衰退的证据。证据指向这一结论：历次的移民潮流从东方带来了新的文化。有的民族可能由非洲进入欧洲，就像克罗马尼翁人也许是由非洲进入欧洲的，带来了奥里格纳西文化那样。但是，这些移民潮流不能与有史时期的移民——例如，阿拉伯的伊斯兰移民——相比。这些早期的移动不如说是一些民族的缓慢的无定向的移动。这些移动可能同天气的变化相关，并经历了相当长的岁月。当我们看到一种文化消灭和另一种文化骤然取而代之的时候，很可能实际上发生的事情是，由于气候的变化，实践早期文化的那些人在新来的人占据这个地区之前就转移到别的地方去了。

谈到人的躯体发展，我们所拥有的最早的具体知识是关于尼安德特民族的。我们知道尼安德特人生活在第四冰河期。在这一时期之前，我们除了从三具不完整的标本得到一些人体发展的知识之外，就毫无所知了。我们除了把这三具标本放在中旧石器时代之前，便不能确定地指出它们属于冰河期中的那个分期。至于这三具躯体结构彼此之间的关系以及它们同随后的结构之间的关系，我们得不出确切的结论。

猿人可能是，也可能不是导致一切高级民族的直接血统。海德堡人有可能是尼安德特人的祖先，而原始人似乎一方面是同假设的最新世祖先相关联的，另一方面是同晚期的而不是同中期的旧石器时代民族相关联的。因为欧洲不是人类进化的舞台，很可能皮尔特登人和海德堡人代表已经绝种的某些民族，而不代表人类进化干线上的某些阶段。尼安德特族的情况确是这样的。在上旧石器时代，我们看到一些民族的躯体类型同今天的各种躯体类型同样高，但关于他们的直系祖先我们却一无所知。

在很大程度上整个过程的最显著特点是文化进展的进展率的加速。如果我们能够接受原始石器是真的，也就是说，接受它表明在旧石器时代文化之前，就存在一个延续极长时期的原始石器文化，这一加速就会明显很多。事实上，进展率的加速是够明显的了。整个旧石器时代也许至少延续十万年。就整个这一时代说，在最后一部分里我们能看到进展的显著加速。仅仅几千年就把上旧石器时代的早期同晚期划分开了，并且表现出的进展是极其重大的，而在下旧石器时代必然占据的极长时间里，相对来说很少看得出什么进展。但是，直到青铜器时代开始的整个进展，和青铜器时代以来的进展比较起来，是不重要的。虽然如此，在有史时期之内，进展也不是均匀的——曾经有停滞的时期，甚至有衰退的时期。

从埃及文明晚期到中世纪晚期之间，同最近几百年获得的进展比较起来，在征服自然方面基本上没有取得什么进展。13世纪技术进展加速了，18世纪的加速变得极为明显。在根据征服自然的力量以外的标准来鉴定文化，它的进展也存在着相似的缺乏均匀性。

十三

我们能把关于原始民族的知识应用到什么程度来充实我们提出的体制呢？第四章简略谈到了这些民族所占据的地位。我们曾经指出，它们代表文明民族所经过的文化阶段的“未亡人”，自它们从进化的主流分开以来，在自己的特化方面曾有某种程度的发展，这一点也给予适当的承认了。在极少的几种情况下，就像赛利印第安人的例子那样，可能有所衰退。

大体说来，这些民族可划分为两类。有渔猎的民族，也有从事原始方式农业的民族。人们臆断，在旧石器时代结束之前，前者即使没有同文化进展主流完全割断联系，至少在任何主要方式上不再受主流的影响了。后者直到新石器时代的晚期可能或多或少同进化主流保持联系，或者在更早的时候就同主流失去接触而独自取得了农业技术，正如所设想的那些经营农业的美洲印第安人那样。主要的渔猎民族是塔斯马尼亚人、澳大利亚人、布什门人、爱斯基摩人和一些美洲印第安人。索拉斯教授将这些民族中一些民族的文化同旧石器时代一些分期的文化进行比较。他表明，塔斯马尼亚文化和澳大利亚文化可以同中旧石器时代的早期和晚期分别进行比较。一方面在奥里格纳西文化和布什门文化之间，另一方面在马格达伦文化和爱斯基摩文化之间，的确有极其相似之点。但是，当我们考察骨学上的证据时，在尼安德特人、澳大利亚人和塔斯马尼亚人之间却看不到任何明显的相似之处。格利马尔第的黑人骨骼是有启发性的，不过它同布什门类型之间的相似之点并不密切。但是，在桑舍拉德发现的头盖，一般被认为是克罗马尼翁人的变体类型，它表现出同爱斯基摩人的头盖令人惊异的相似性。这样，虽然我们不能认为塔斯马尼亚人和澳大利亚人是我们所知道的欧洲的尼安德特民族类型的实际上的未亡人，我们却可以认为澳大利亚文化在大致的一般特点方面可以作为中旧石器时代的代表。①

正如第四章里所简单陈述的，我们并不想过分应用这种方法，以致把原始渔猎民族的一些特点算作各个旧石器时代文化的各族人民的特点。我们想做的只是考察渔猎民族所达到的一般条件，目的在于弄清楚整个旧石器时代的条件。同样，通过研究原始农业民族所达到的条件来弄清楚新石器时代。这种方法显然是恰当的。但是人们可以马上说，事实上，就最重要的结论来说，我们将找不到任何理由认为渔猎民族与农业民族不同。因此，这种方法的恰当性并非十分确切，从而把资料分散开，分别去研究渔猎民族与农业民族，实质上只是为了方便而已。

十四

在试图弄清楚与我们的特定目的有关的史前民族的一般特点

① 看一看这些民族的脑容量并把它们同前面提出的史前民族的数字比较一下是很有趣的：塔斯马尼亚人，1,225 毫升；澳大利亚人，1,320 毫升；布什门人，1,244 毫升；韦达人，1,201—1,366 毫升；美洲印第安人，1,300—1,450 毫升。参看赫尔内斯：《自然界与人类上古史》，第Ⅰ卷，第 60 页。

之前，还有另一点要加以研究。那就是关于早期人类生活方式有一种假设：他们按照一夫多妻制家庭群居。鉴于现存的一些最低等原始民族中出现一夫一妻制的情况，早期人类也可能是一夫一妻制。无论如何，似乎早期人类在性关系方面不是乱七八糟的。不管他们的原始生活方式是怎样的，人类逐渐开始承认共同约束，并共同遵守一些规则和限制。原始社会组织事实上逐渐产生了，这一步骤的达到毫无疑问是逐渐的和艰难的，它是人类历来达到的最重要步骤之一。于是，人类开始第一次认识到合作的好处。显然，我们必须设想在旧石器时代晚期，一种初步的社会组织已经存在了；否则，这样相对高程度的技术与成就的取得是无法理解的。旧石器晚期人类的成就表明一定的风俗习惯体制已经存在，而任何一定数量风俗习惯的存在又象征社会组织的存在。对早期和中期旧石器时代难以得出任何结论。尼安德特人的生活方式也许易于被认为比实际情况更加原始，因为他们的躯体特征被认为是有点兽类的结构。应当记住，他们实行埋葬仪式并熟悉火的使用——根据这些极其重要的事实，可以说从整体上看，也许某种社会组织存在了。我们不得不设想，可能在下旧石器时代人类已经有社会组织了。他们也使用了火，说他们的生活方式同塔斯马尼亚人的生活方式没有很大差别可能是恰当的。

在一切原始民族中我们都发现了某种社会组织。除非这种组织不止一次地出现，否则这些原始民族就都是人类以家庭为单位成群漫游那个时候以后的各时期的“未亡人”。因此，首先，原始民族只能同已经实现这一巨大前进步骤的史前民族相比。它们极少或根本无助于弄清楚实现这一步骤之前的情况。而且，当我们考察这些民族的生活的时候，我们发现社会组织的形式是死板的。

人们的手脚被风俗习惯束缚住了。[1] 有人说，这些民族的社会组织的特殊死板性质——它们浸沉在风俗习惯中——是由于它们从进化的主流掉队了。事实上人们是说，当其他民族前进的时候，它们或多或少停滞了，而且——这是重要的内容——这种相对的停滞是组织的死板性的原因。从而这些人认为必然的结论是，如果这是事实，原始民族不能恰当地同史前民族相比。但人们可以怀疑事实是否完全像有时所推断的那样。毫无疑问，最早的社会组织远不会像后来变得那么死板，我们必须慎重，不能随便认为原始民族的典型特征就是最初形成社会组织的早期民族的特征。但我们必须把社会组织的起源时间大致断定为接近于十万年以前，而不是接近于五万年以前。换句话说，在晚期旧石器民族之前的几千年社会组织必然已经存在。那么，原始民族的社会组织的特殊死板性可以完全看作是在一万五千、二万、三万年过程中取得的吗？或者，不管是什么时期，是从它们脱离进化主流之后才取得的吗？几乎不可能是这样。制度的更加死板可能发生了，但还不至于使原始民族和史前民族之间无法进行比较，以致在原始民族中发现的一般生活条件被认为是史前民族的一般生活条件，也成为不可能接受的。后者是我们所关心的，它将构成下两章的主题。

① J. J. 阿特金森："最初的法律"（载于《社会起源》，著者是兰与阿特金森）。

第七章　渔猎民族

一

现在我们研究人口的数量问题。这一章里我们将研究渔猎民族。我们首先需要的资料，是阻止生育力量充分实现的那些因素，其次是形成淘汰的那些因素。在我们获得这些资料之后，才有希望断定这些民族的人数是如何调节的。这个研究用意不在求全，我们的目的只是，对发生作用的比较重要因素的性质得到一个概念。当我们解释证据的时候，将更多地谈到关于本章所提证据的不完全性，并弄清欧洲影响起作用之前的情况的固有困难。

二

我们可以首先研究成熟之前的性交。断定这一风俗习惯的盛行情况，比断定这一章里将考察的任何其他风俗习惯，也许更为困难。这是由于所讨论的问题性质所致。首先，显然不容易弄清这些事实，并且，极少作者占有能做出肯定的陈述所必需的直接知识。其次，作者时常使用含蓄和留有分寸的语言，从而使得事实的真相不明确。我们将看到，青年男女在青春期以后很快就结婚，或者至少很快就同居，是这些民族中的普遍规律。因此，在没有更加确切的资料之前，“极早”结婚这种说法必然只是意味着结婚马上跟着青春期发生。关于塔斯马尼亚人没有确切的资料。关于澳大利亚人存在着大意是说有时在青春期之前就完婚的说法，[①]但这些说法极不明确，也不是很有根据的。比较可靠的记载肯定地说，不管订婚发生在什么年龄，在女方成熟之前，丈夫不向他的妻子提出要求。[②] 早期订婚的存在，毫无疑问使一些作者发生错误。[③] 在这一方面，像在其他大多数方面一样，我们关于布什门人的风俗习惯所知极少。但是，人们提出了大意如下的说法：在这样早的年岁结婚，女孩们是不可能已经成熟的。[④]

谈到爱斯基摩人，青春期以前的交配似乎不是不常见的。关于格陵兰的爱斯基摩人，我们看到了下面的叙述：“他们的确常常在没有任何生育可能之前就结婚了。”[⑤]默多克谈到巴罗港的爱斯基摩人时说：“在结婚的人或者在未结婚的人之间，甚至在儿童之间的乱七八糟的性交，似乎只被看作是取乐而已。”[⑥]同样，特纳谈

① 卢姆霍尔茨：《野蛮人》，第164页。

② 可参看帕克：《尤阿雷伊部落》，第56页；关于西维多利亚部落，参看布朗：《人类学会杂志》，第XLIII卷，第158页。

③ 早期订婚在渔猎民族的其他民族中也是常见的。但是，我们不能认为这意味着在青春期之前就马上同居，除非有相反的说法。比较仔细的记载往往说明不是这样，例如，关于汤普森印第安人，参看泰特：《杰塞普北太平洋探险》，第Ⅰ卷，第321页。

④ 哈特兰：《原始父系》，第Ⅰ卷，第269页。这个作者以相当长的篇幅论述了这种风俗习惯的盛行。

⑤ 南森：《格陵兰的早期杂交》，第320页。

⑥ 默多克：《史密森学会人种学编辑部第九届年度报告》，第419页。

到昂加瓦地区的爱斯基摩人时说："许多妇女在这一时期之前（即指在成熟之前）就出嫁了。"[①]一些迹象表明，同样的风俗习惯发生在大北方和太平洋沿岸的印第安部落中。罗斯关于东廷奈的报道说："他们有时在10岁的时候就结婚，虽说不经常如此，而妇女13岁才来月经。"[②]如果我们把美洲印第安人月经开始的平均年岁记住，则吉布斯在谈到西华盛顿和西北俄勒冈部落时所做的下述说明，就指向相同的结论。"如果不生出小孩的话，未结婚的妇女同他们自己人当中的男人同居不算不光彩，这种同居开始在很早的年岁，也许是10岁或12岁。"[③]关于加利福尼亚人似乎没有任何确定的说法，但是，12岁左右结婚这种普遍记载，连同结婚以前的随便性交这些说法，是有启发性的。鲍尔斯这样谈论加利福尼亚人："他们往往在12岁或14岁结婚。""在结婚之前，不论男人或女人，几乎都无所谓美德或贞操。"另一观察家以这样的方式谈论科曼彻人的早婚，暗示在青春期之前就完婚了。[④] 最后，还有属于这一类别的其他民族的一些资料。有人告诉我们说，弗韦果人的性关系大约发生于10—12岁，[⑤]而月经却大约开始于14岁或15岁。[⑥]关于韦达人我们看到这样的记载："很小的年岁就结婚了，据说有

① 特纳：《史密森学会人种学编辑部第十一届年度报告》，第188页。关于白令海峡的爱斯基摩人，参看纳尔逊：《史密森学会人种学编辑部第十八届年度报告》，第292页。

② 罗斯：《史密森学会年度报告》，1860年，第305页。

③ 吉布斯：《美国地理和地质勘测》，第Ⅰ卷，第199页。

④ 坦凯特：《人种志评论》，第Ⅳ卷，第129页。

⑤ 海德斯与德尼克：《合恩角科学考察团》，第188页。

⑥ 海厄茨与德尼克：《科学考察团》，第187页。

时发生在青春期之前，并且，我们听说过在赫雷贝达、巴尔达拉杜瓦和奥姆尼等地方也有这种情况，从而看不出有任何理由怀疑这种说法的真实性。”[①]

三

我们有大量大致如下的证据：这些民族的哺乳期总是拖得很长的。谈到塔斯马尼亚人，林·罗思说哺乳期长达两年，[②]邦威克又说长达三四年。[③] 关于中澳大利亚人，埃尔说：“直到两三岁之间才给婴儿断奶。”[④]关于西澳大利亚人，格雷说：“本地妇女直到婴儿过了两三岁的时候，才不再喂奶。”[⑤]艾尔曼说，南澳大利亚人的哺乳期是四年。[⑥] 塔普林说，那林野里人的哺乳期是两年。[⑦] 关于恩康特湾的土人，迈耶说，哺乳期是“相当长的，有时长到婴儿四五岁”。[⑧] 柯尔说，维多利亚土人的哺乳期是三年。[⑨] 布朗说，乔治王湾的土人的哺乳期是四到五年。[⑩]

① 塞利格曼：《韦达人》，第 95 页。

② 林·罗思：《塔斯马尼亚土人》，第 168 页注。

③ 邦威克：《塔斯马尼亚人的起源和日常生活》，第 85 页。

④ 埃尔：《日记》，第Ⅱ卷，第 250 页。同时参看斯潘塞与吉伦：《中澳大利亚的土著部落》，第 51 页。

⑤ 格雷：《日记》，第Ⅱ卷，第 250 页。

⑥ 艾尔曼：《南澳大利亚殖民地的土著》，第 261 页。

⑦ 塔普林：《南澳大利亚的土著部落》，第 15 页。

⑧ 迈耶：《恩康特湾土著部落》，第 187 页。

⑨ 柯尔：《回忆录》，第 263 页。同时参看史密斯：《维多利亚土著》，第Ⅰ卷，第 48 页。

⑩ R. 布朗：《地理杂志》，第Ⅰ卷，第 39 页。

来自美洲的证据是相似的。巴罗港爱斯基摩人的儿童吃奶一直吃到三四岁。[①] 南森说:“格陵兰母亲们给孩子断奶很晚。她们往往给孩子们喂奶到三四岁。我听说过,有些十岁或更大的孩子还继续吃奶。”[②]克兰茨说到同一地方的时候证实了这一证据。[③]贝塞尔斯提到史密斯湾的一个例子,有一个小孩吃奶吃到七岁。[④]赫里奥特在谈论北美印第安部落时提到“妇女喂育婴儿使用的时间长度,她们给小孩喂奶三年或四年”。[⑤] 而J.朗提出的喂养时期是四五年,有时甚至是六年。[⑥] 关于因加里克人,达尔提出了三年的喂奶期。[⑦] 关于东廷奈,罗斯提出了三四年。[⑧] 关于特林克特,克劳斯提出了四年。[⑨] 关于普季特湾的印第安人,罗德提出了两三年。[⑩] 谈到温哥华岛的阿特人,斯普罗特说他曾经看见“一个四岁男孩跟母亲要奶吃”。[⑪] 关于加利福尼亚部落,斯库克拉夫特说“有时小孩直到五岁才断奶”。[⑫] 同样,努特卡人到小孩三四岁时

① 默多克:《史密森学会人种学编辑部第九届年度报告》,第415页。

② 南森:《爱斯基摩人的生活》,第151页。

③ 克兰茨:《格陵兰史》,第Ⅰ卷,第162页。

④ 贝塞尔斯:《人类学档案》,第Ⅷ卷,第113页。

⑤ 赫里奥特:《旅行记》,第339页。同时参阅韦尔德:《旅行记》,第373页。

⑥ J.朗:《航海记》,第60页。

⑦ 达尔:《阿拉斯加》,第196页。

⑧ 罗斯:《史密森学会年度报告》,第305页。

⑨ 克劳斯:《特林克特印第安人》,第216页。同时参阅班克罗夫特:《土著民族》,第Ⅰ卷,第111页。

⑩ 洛德:《博物学家在温哥华岛》,第Ⅱ卷,第233页。

⑪ 斯普罗特:《原始人生活实况与研究》,第94页。

⑫ 斯库克拉夫特:《印第安部落》,第Ⅲ卷,第212页。

才不喂奶。[1] 奇努克人“到小孩长到三四岁也许是五岁”才不喂奶。[2] 内陆的萨利斯人和苏什瓦普人[3]以及俄勒冈部落、华盛顿部落[4]和切佩威人[5]的情况是相似的。南美的普厄尔切人[6]和阿比蓬人[7]也给小孩喂奶三年。关于弗韦果人[8]和安达曼岛人也有同样的报道，后者“当她们只要能够喂奶的时候，就不给小孩断奶”[9]。吉利阿克人的喂奶期一直延续到小孩长到三岁。[10]

四

成熟期到了就举行开始仪式，这在原始民族中是常事。这些仪式有时伴随以对生殖器官的斫伤，但除了对澳大利亚人可能有影响以外，[11]显然没有理由认为这种斫伤对生育力有什么影响。我们没有必要描述澳大利亚人对男孩子们和女孩子们实施的这种手术的确切性质。但应该说这是个大手术，乍看起来似乎很可能影响生育力。权威们的意见在这一点上有分歧。斯潘塞和吉伦认

① 班克罗夫特：《土著民族》，第Ⅰ卷，第197页。

② 同上书，第242页。

③ 同上。

④ 吉布斯：《美国地理和地质勘测》，第209页。

⑤ J.朗：《航海记》，第60页。

⑥ 金纳德：《被巴塔哥尼亚人奴役三年》，第146页。

⑦ 多布里兹霍佛：《阿比蓬人》，第Ⅱ卷，第195页。

⑧ 海德斯与德尼克：《合恩角科学考察团》，第Ⅶ卷，第195页。

⑨ 曼：《人类学会杂志》，第Ⅻ卷，第81页。

⑩ 德尼克：《人种志评论》，第Ⅶ卷，第303页。

⑪ 关于东北非洲的民族参看金：《孟买人类学会杂志》，第Ⅱ卷，1890年。

为这种手术可能造成损伤，[1]其他的人，像罗斯[2]和马修斯[3]，却抱有相反的看法。总的说来，人们的意见倾向于后一方面。

人们有时主张，这些仪式的实施目的在于造成不孕，或者至少是相对地造成不孕。[4] 关于这一点疑问较少：这种主张没有很可靠的根据，最高权威明确主张事实并非如此。[5] 人们还提出了根据更少的另一主张。例如，据说，在"一些部落里我们发现这样一种风俗，即在生过第二个或第三个小孩之后，每个男人都要实施这种手术"[6]。实际上这种手术似乎是在青春期实施的，而不在其他时候实施。

五

我们要考虑的另外三个可能对生育力有影响的因素都是和婚姻相关的。韦斯特马克表述过，婚姻作为一个制度存在于一切民族中，不管某个民族如何不开化。[7] 我们必须探索究竟有没有什么晚婚，那就是说，究竟有没有什么暂时的或永久的独身生活；并且，就生育力而言，只同妇女的结婚年岁有关。证据指向这样的事

① 斯潘塞与吉伦：《中澳大利亚的土著部落》，第 52 页。

② W. E. 罗斯：《人种学研究》，第 179 页。

③ R. H. 马修斯：《人种学短评》，第 177 页。

④ 柯尔：《澳大利亚民族》，第Ⅱ卷，第 19 页。

⑤ W. E. 罗斯：《人种学研究》，第 179 页；斯潘塞与吉伦：《中澳大利亚的土著部落》，第 264 页。

⑥ 西蒙：《澳大利亚处女地》，第 234 页。

⑦ 韦斯特马克：《人类婚姻史》，第 134 页。

实，即这些民族的妇女，不是在青春期之前，就是在青春期或其后不久，几乎普遍结婚了。这是韦斯特马克在广泛考察渔猎民族和农业民族之后所得出的结论。我们提供这种证据的一些例子，然后再考察一下报道的少数晚婚的情况，也就够了。

马林诺夫斯基在总结有关澳大利亚人的证据的时候说，虽然存在着未婚妇女的某种证据，但下述情况一般来说是确切的，即没有超过16岁的没结婚的姑娘，也没有不到45岁的寡妇；[①]史密斯在讨论维多利亚的土著时，记载过姑娘们在10—12岁就结婚了。[②]塔普林关于南澳大利亚土著提供了相似的证据。[③]在澳大利亚，关于暂时的或永久的独身生活，没有值得提出的任何证据。除了下面提出的例证以外，有关渔猎民族中其他民族的证据，同上面提出的关于澳大利亚人的证据是极其相似的。温哥华岛姑娘的平均结婚年龄是16岁，[④]加利福尼亚土著姑娘一般在12—14岁结婚，斯特锡利和斯考利特部落的姑娘15岁结婚，[⑤]韦达姑娘在12—14岁结婚。[⑥]

虽然据报道偶尔也有结婚稍晚的情况，就像下面提出的例证那样。但一般来说，毫无疑问晚婚是罕见的。但应当指出，这些民族男人的结婚年龄往往是很晚的，这一点我们以后还会谈到。至

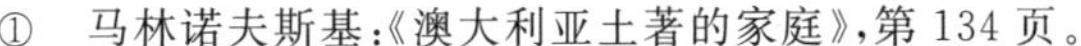

① 马林诺夫斯基：《澳大利亚土著的家庭》，第134页。

② 史密斯：《维多利亚土著》，第Ⅱ卷，第77页。

③ 塔普林：《南澳大利亚的土著部落》，第10页。

④ 斯普罗特：《原始人生活实况与研究》，第94页。

⑤ 希尔·陶特：《人类学会杂志》，第XXXIV卷，第319页。

⑥ 萨拉辛夫妇：《锡兰调查》，第Ⅲ卷，第469页。

于妇女，克兰茨说爱斯基摩姑娘有时直到20岁才结婚。[1] 希尔·陶特在讨论到萨利斯人和听奈人时说："除了卡利尔部落以外，到处流行早婚的风俗习惯。"[2]同一作者指出，汤普森部落的姑娘直到17岁或18岁才结婚，[3]泰特证实了这一点。[4] 后一作者关于苏什瓦普人提出了有些相似的证据，[5]还说利卢埃特的印第安人姑娘在青春期之后被隔离两年，只是在16—20岁的时候才结婚。[6] 关于南美，马斯特斯告诉我们说，特韦尔切姑娘在青春期之后，"往往继续做几年处女"[7]；多布里兹霍佛告诉我们说，阿比蓬姑娘在20岁以前不结婚。[8]

在这里还可以提到另一个问题。原始民族中丈夫和妻子的结婚年龄往往极其悬殊。习惯往往是这样的，步入青春期的姑娘被年龄较大的男人娶为妻子，而年轻的男人却同岁数比他们大一倍的妇女结婚。[9] 但是，正如第四章里指出的，丈夫的年龄对于生育力极少或根本没有影响，因此，从我们现在的观点来看，这一习惯没有任何重要意义。根据证据得出的重要事实是，这些民族的妇

---

① 克兰茨：《格陵兰史》，第Ⅰ卷，第58页。

② 希尔·陶特：《英属北美洲》，第182页。

③ 同上书，第190页。

④ 泰特：《杰塞普北太平洋探险》，第Ⅰ卷，第190页。

⑤ 同上书，第Ⅱ卷，第59页。

⑥ 同上书，第Ⅱ卷，第255页。

⑦ 马斯特斯：《巴塔哥尼亚人》，第186页。

⑧ 多布里兹霍佛：《阿比蓬人》，第Ⅱ卷，第42页。

⑨ 例如，关于澳大利亚人，参看马林诺夫斯基：《澳大利亚土著的家庭》，第Ⅱ卷，第42页；关于塔斯马尼亚人，参看邦威克：《塔斯马尼亚人的起源和日常生活》，第85页；关于布什门人参看西阿尔：《非洲的黄皮肤和黑皮肤民族》，第46页；以及关于奇努克人参看班克罗夫特：《土著民族》，第Ⅰ卷，第241页。

女在青春期或其后不久几乎普遍结了婚，并在整个成熟期里始终过着婚姻生活。

六

几乎每一个不文明的民族都有许多禁忌性交的情况。我们不值得逐一列举这些情况，因为除了一个例外，禁忌性交整个考虑起来，对于人口出生率并没有显著的影响。[①] 所指的例外是，生过小孩之后一定期间之内禁止性交。我们将在第八章里研究的一些民族中这种禁忌是极端重要的。就渔猎民族而论，关于塔斯马尼亚人与澳大利亚人，关于布什门人、爱斯基摩人或任何其他重要的民族，都没有禁忌性交的记载，只有美洲印第安人是例外。有关禁忌性交的证据是稀少的，研究起来有一定的困难，这一问题最好留给下一章当我们研究旧大陆农业民族时再加以讨论。在这里提到下述情况就够了：一些早期观察家在谈论美洲印第安人时提到过这一风俗；两位早期观察家特别谈到两个狩猎部落——一个在北美，另一个在南美——创立了这种风俗。卡贝萨·达·瓦卡说，伊瓜札人在小孩出生以后两年之内戒绝性交。[②] 多布里兹霍佛关于阿比蓬人的记载说："母亲们给小孩喂奶到三岁，这一期间她们同丈

① 为了这样的理由而禁忌性交，时期极少长到一年。一年这么长的时期有时是特林克特印第安人奉命遵守的禁欲时期（斯旺顿：《史密森学会人种学编辑部第二十六届年度报告》，第 449 页）。关于这一课题，参看克劳利：《神秘的罗斯岛》，第 187 页、第 215 页和第 342 页；休伯特与莫斯：《宗教史》；弗雷泽：《黄金处女地》，第Ⅰ卷，第 29 页；韦斯特马克：《人类婚姻史》，第 150 页及以后。

② 卡贝萨·达·瓦卡：《记事》，第 62 页。

夫没有交配关系。”[①]

七

现在我们可以指出，在这些民族中观察到的关于儿童数量证据的显著充分和一致。这些证据大致表明，儿童数量总是小的。[②]邦威克说，“塔斯马尼亚人的家庭从来是不大的”[③]，而且，“土著妇女通常所生儿童极少，允许活着的……就更少了”[④]。他把这一现象归因于妇女直到结婚几年之后才开始生小孩，[⑤]而且在 55 岁或其后不久就停止生育。[⑥] 大量的证据来自澳大利亚。道森说：“土著居民中子女众多的家庭是少见的，不管生育多少小孩，极少让四个以上的儿童长大成人。”[⑦]卢姆霍尔茨指出，各个家庭所有的儿童极少超出三个或四个。[⑧] 马修提到了昆士兰的两个部落的记载：“每个家庭的儿童数平均说来是较小的。六个是罕见的。我不知道任何土著家庭有五个以上的小孩度过幼儿期。”[⑨]关于度过生

① 多布里兹霍佛：《阿比蓬人》，第Ⅱ卷，第 97 页。

② 当然，人们常常指出这一点。可参看达尔文：《人类起源》，第Ⅰ卷，第132 页。

③ 邦威克：《塔斯马尼亚人的起源和日常生活》，第 79 页。

④ 同上书，第 85 页。

⑤ 同上书，第 76 页。

⑥ 同上书，第 85 页。同时参看史密斯：《维多利亚土著》，第Ⅱ卷，第 387 页。

⑦ 道森：《澳大利亚土著》，第 39 页。在第 99 页里提供了科尔的有趣估计。在另一个地方，他说：“我估计班格朗妇女平均生育的儿童数为六个或八个。”（《回忆录》，第 252 页）

⑧ 卢姆霍尔茨：《野蛮人》，第 134 页。

⑨ J. 马修：《老鹰与乌鸦》，第 165 页。

育年龄的妇女所生儿童的平均数，格雷在西澳大利亚得到一些统计资料。“对41个妇女的家庭，我根据能信赖的确切性得出她们家庭的儿童清单。她们共有188个儿童，即每人约有4.6个儿童。”[①]中澳大利亚土著部落每个家庭的儿童数极少超过四五个，一般是两三个，[②]同时，不孕是常见的情况。最大的生育率发现于身体强壮的人中间，瘦弱的人几乎没有小孩。[③] 埃尔引证了穆尔豪斯也是在中澳大利亚所进行的一些观察，并说：“他的研究导致了这样的结论，即每个妇女平均生育五个小孩（九个是所知的最大数字）。”[④]埃尔还补充说，他同意这一估计。舒尔曼写道：“每个家庭抚养的儿童数是不一样的，但一般说来数目是很有限的，极少超过四个。”他还补充了这样一个有趣的情况，虽然她们早婚，但他没有看到她们在比欧洲人通常生小孩的年龄还小的年龄生育儿童，并且说，一个母亲“一个接一个很快地”生小孩是罕见的。[⑤] 威廉米的证据是相似的。谈到林肯港地区的土著时，他说：“每个家庭所有的儿童数大不一样，但整个说来，数目是有限的——极少超过四个。”他还补充说，“各个家庭的儿童一个接着一个很快地生出来”是极少发生的事情。[⑥]

① 格雷，《日记》，第Ⅱ卷，第250页。他还指出，虽然姑娘们在12岁时成熟，“但在16岁之前往往没开始生育儿童”（该书第323页）。

② 斯潘塞与吉伦：《中澳大利亚的土著部落》，第264页。

③ 同上书，第52页。

④ 埃尔：《日记》，第Ⅱ卷，第376页。

⑤ 舒尔曼：《土著部落》，第223页。

⑥ 威廉米：《维多利亚皇家学会议事录》，第Ⅴ卷，第180页。

斯托指出："布什门人极少有多子女的大家庭。"[①]但另一方面西阿尔却说："最早期的荷兰殖民者看到他们是显著多育的。"[②]这是认为渔猎民族中一些民族具有高生育率的极少数说明之一。谈到新大陆，我们发现了指向相同结论的丰富证据。"格陵兰人的子女是不太多的。一个妇女普遍有三四个小孩，最多不超过六个；她们每两三年一般只生育一个小孩。"[③]南森在克兰茨一百多年以后著述时，提出了和我们引证过的[④]默多克关于巴罗港爱斯基摩人的论证极其相似的证据。[⑤] 后者补充说："她们在20岁之前一般不生育小孩。"[⑥]根据贝塞尔斯的说法，史密斯湾附近爱斯基摩家庭的小孩数平均是两个，他还进一步说，这一低数字是由于杀婴造成的。[⑦] 在昂加瓦地区，"每个家庭生育的儿童数相差极大，因为，虽然这些爱斯基摩人不是多子女的民族，但一对夫妇偶尔可以多至十个小孩。两三个是通常的数目"。[⑧] 阿姆斯特朗评论爱斯基摩人说："根据我所能了解的一切，她们不是多子女的民族。"[⑨]关于阿留特人，里特说，每个家庭的儿童平均数是两三个。[⑩]

① 斯托：《土著民族》，第50页。

② 西阿尔：《非洲的黄皮肤和黑皮肤民族》，第44页。

③ 克兰茨：《格陵兰史》，第Ⅰ卷，第161页。

④ 但赫顿提出了出生率的一个高数字（《拉布拉多的爱斯基摩人》，第80页）。

⑤ 默多克：《史密森学会人种学编辑部第九届年度报告》，第99页。

⑥ 同上书，第39页。这个作者进一步说："描述非混血爱斯基摩人的所有作者，对她们的子女数一般较少这一点，都表示了一致的意见。"（该书第419页）

⑦ 贝塞尔斯：《人类学档案》，第112页。

⑧ 特纳：《史密森学会人种学编辑部第十一届年度报告》，第189页。

⑨ 阿姆斯特朗：《私人记事》，第195页。

⑩ 里特：《普通地理学杂志》，第XIII卷，第265页。

关于哈得孙湾附近的民族，赫恩写道："上天太仁慈了，使这些人的子女比文明国家居民的子女少些。一个妇女有五个或六个以上子女是极少见的；并且这些子女彼此之间总是按照这样的间隔出生，即一般说较小的孩子长到两三岁的时候，次一个孩子才出生。"[①]在东听奈人中，每三年生一个孩子是"高平均数"。[②] 提出这一说明的作者进一步说："妇女从 14 岁到 45 岁——她们生命当中很长的一个时期——能够生育儿童，但在这一期间她们生育的小孩极少。每家平均有三个小孩，我所看到的最大数是一家有十个小孩。"在阿拉斯加，"沿岸部落妇女生育的子女是不多的，一个母亲有四个小孩是极少见的事情，每个家庭所有的儿童的普遍数字是一两个"。[③] 斯普罗特关于阿特人提出的证据，班克罗夫特关于努特卡人与奇努克人提出的证据，已经引证过了。[④] 在奥马哈人中，"每个家庭所有儿童的通常数字可以说是四至六个"。[⑤] 关于海湾印第安人，班克罗夫特说："妇女生育子女不多，她们的子女数一般限于三四个。"[⑥]太平洋沿岸的内地妇女"生育子女不多"，[⑦]每个切佩威家庭所有的儿童数平均是四个。[⑧] 在加利福尼亚，"妇女不育是常见的，双胞胎却极不寻常，一般家庭的儿童平均数不超过

① 赫恩：《旅行记》，第 312 页。

② 罗斯：《人种学研究》，第 305 页。

③ 彼得罗夫：《第十次美国人口普查》中的《阿拉斯加人口报告》，第 127 页。

④ 同上书，第 99 页。

⑤ J. 朗：《航海记》，第 19 页。同时参看多尔西：《史密森学会人种学编辑部第二届年度报告》，第 264 页。

⑥ 班克罗夫特：《土著民族》，第 I 卷，第 218 页。

⑦ 同上书，第 156 页。

⑧ 凯廷：《记事》，第 156 页。

两个”。[1] 贝格特就同一民族说：“他们的许多妇女不生育，大多数只生一个小孩。”[2]关于克曼彻我们看到的材料说：“他们不是多子女的民族，一个妇女有三四个以上小孩的确是罕见的。”[3]南美的普韦尔切人的“儿童数并不接近于人们可能想象的那么多”，但根据作者的意见，这部分地是由于杀婴所致。[4] 根据布里奇斯的意见，在火地岛，“由于几次生育间隔时间很长，极少妇女有六个以上小孩”。[5] 关于同一民族，海德斯与德尼克记载他们的意见说，一个已婚妇女所有的儿童数平均是四个。[6] 他们还补充说，虽然不孕是罕见的，但尽管早婚，极少有 18—20 岁的年轻夫妇生育小孩。[7]

渔猎民族中其他民族的证据指向类似的结论。[8] 曼认为，安达曼人家庭的儿童平均数是三四个，他所遇到的最多数是六个。[9] 波特曼指出平均数是三个。[10] 萨拉辛夫妇的意见是，韦达妇女是相当会生孩子的，一般家庭子女之所以少是由于幼儿死亡。[11] 关

---

① 斯库克拉夫特：《印第安部落》，第Ⅲ卷，第 211 页。

② 贝格特：《史密森学会人种学编辑部 1863 年年度报告》，第 368 页。

③ 班克罗夫特：《土著民族》，第Ⅰ卷，第 513 页。

④ 金纳德：《被巴塔哥尼亚人奴役三年》，第 143 页。

⑤ 布里奇斯：《南美之音》，第 XIII 卷，第 202 页。

⑥ 海德斯与德尼克：《合恩角科学考察团》，第Ⅶ卷，第 189 页。

⑦ 同上书，第 188 页。

⑧ 应当注意到，根据基恩的意见，波托卡多是个例外，他说：“据说他们的家庭是比较大的，一般家庭有四五个小孩普遍得很。”(《人类学会杂志》，第 XIII 卷)。但这同封·储迪的论证相矛盾，见《南美旅行记》，第Ⅱ卷，第 284 页。

⑨ 曼：《人类学会杂志》，第Ⅻ卷，第 81 页。

⑩ 波特曼：《人种学会杂志》，第 XXV 卷，第 369 页。

⑪ 萨拉辛夫妇：《锡兰调查》，第Ⅲ卷，第 169 页。

于特斯基部落，达尔说："她们不是多育的。"[1]根据德尼克的意见，"吉利阿克妇女没有许多小孩，一个家庭多于两三个以上小孩是罕见的。"[2]

八

现在我们来研究淘汰因素。第一种习惯是堕胎，我们必须研究这种习惯的范围。我们不必对每种情况使用的方法都详细加以说明。剧烈物质手段的使用也许是最普通的，尤其是常常提到的各种汤药的饮用。人们对于其中一些手段的效果表示怀疑——特别是关于最后提到的那种手段的效果。可能在一些情况下，这种方法属于魔术仪式性质，没有任何实际效果；但通常所使用的方法毫无疑问是有效果的。

塔斯马尼亚人"常常堕胎"。[3] 有时一些陈述似乎意味着，在澳大利亚人中堕胎不是不常见的。[4] 概观文献并不支持后一看法；偶尔的确也提到这种习惯，但同普遍存在的杀婴比较起来它显然就无足轻重了。柯尔说在澳大利亚人中偶尔使用这种方法。[5] 柯林斯在关于杰克逊港附近土著的叙述里指出了"努力造成流产的可怕与残忍习惯"。[6] 帕尔默记载过这种习惯发生于米突加地

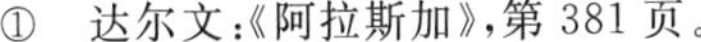

① 达尔文：《阿拉斯加》，第381页。

② 德尼克：《人种志评论》，第Ⅶ卷，第302页。

③ 邦威克：《塔斯马尼亚人的起源和日常生活》，第76页。

④ 例如，参看克莱姆：《人类文化通史》，第Ⅰ卷，第291页。

⑤ 柯尔：《澳大利亚民族》，第Ⅰ卷，第76页。

⑥ 《爱丁堡评论》上一位评论者所引证的，第Ⅱ卷，1803年，第34页。

部落，[①]罗思说这种做法在西北部与中部昆士兰的一些地区里是常见的。[②] 人们在爱斯基摩人中也看到了堕胎，但它从来不是普遍的做法。[③] 我们发现，对于北方和太平洋沿岸的印第安部落，人们提到这种风俗习惯的次数最多。[④] 谈到哈得孙湾附近部落时，埃利斯指出："在他们中间盛行一种极为奇怪的方针准则，那就是使用那个地方的一种普通草药时常造成堕胎，这种准则与其说是施惠于妇女，不如说是使她们受罪。"[⑤]关于克尼斯特诺人，记载着类似的事实。[⑥] 堕胎在"海达人中不是不常见的"。[⑦] 努特卡人也"常常用堕胎来阻止他们家庭人口的增加"。[⑧] 洛德说，"造成堕胎"在普季特湾的土人中"不是不常见的"。[⑨] 同时，我们发现人们说这种做法在温哥华岛也是"常事"。[⑩] 泰特指出，汤普森印第安人"极少实行"堕胎，[⑪]在苏什瓦普人中堕胎也是"罕见的"。[⑫] 吉布斯说堕胎在西华盛顿和西北俄勒冈的部落中"几乎是普遍的"。[⑬]

① 帕尔默：《人种学会杂志》，第XIII卷，第280页。

② 罗思：《塔斯马尼亚土人》，第183页。

③ 韦尔斯与凯利：《美国教育局》，1890年，第19页；贝塞尔斯：《人类学档案》，第112页。

④ 参看韦尔德：《旅行记》，第373页，以及罗伯逊：《美国史》，第Ⅰ卷，第297页。

⑤ H.埃利斯：《航海记》，第198页。

⑥ 麦肯齐：《航海记》，第Ⅰ卷，第148页。

⑦ 班克罗夫特：《土著民族》，第Ⅰ卷，第169页。

⑧ 同上书，第197页。

⑨ 洛德：《博物学家在温哥华岛》，第Ⅱ卷，第231页。

⑩ 斯普罗特：《原始人生活实况与研究》，第94页。

⑪ 泰特：《杰塞普北太平洋探险》，第Ⅰ卷，第305页。

⑫ 同上书，第Ⅱ卷，第584页。

⑬ 吉布斯：《美国地理和地质勘测》，第199页。

根据班克罗夫特的观点，在奇努克人中堕胎是“常常发生的”，在内地的部落中也“不是不常见的”。[①] 鲍尔斯关于加利福尼亚的卡比纳派克人，卡斯特尔诺关于瓜伊库鲁人，[②]伦格尔关于帕亚瓜人，[③]也都记载了这种风俗习惯。库珀检查了有关弗韦果人的论据，他说：“有意堕胎是常事。”[④]

九

有一种普通杀婴形式——杀害残疾儿童——就数量说没有任何重要意义。但我们应注意这种习惯，因为它对质量有影响。我们也应当特别注意，据说所杀害的是女孩。[⑤]

邦威克说，杀婴在塔斯马尼亚相当普遍。[⑥] 林·罗思总结了几位作者的论据，发现其中有些互相抵触；但杀婴看来毫无疑问是发生过的，虽然不能确切地知道是否大规模地进行。[⑦] 在澳大利

① 班克罗夫特：《土著民族》，第Ⅰ卷，第242页。这种习惯也发生于奥马哈人中，但不常见（多尔西：《史密森学会人种学编辑部第三届年度报告》，第263页，以及朗：《航海记》，第20页）。

② 卡斯特尔诺：《探险》，第Ⅱ卷，第450页。同时参看阿札拉：《航海记》，第146页。

③ 伦格尔：《旅行记》，第329页。

④ 库珀：《史密森学会人种学编辑部第63号公报》，1917年，第171页。

⑤ 麦克伦南把杀害女婴放在极其突出的地位。虽然他断言杀害女婴是“各处野人的常事”（《古代史研究》，第111页），但他没有提出大量的证据。

⑥ 邦威克：《塔斯马尼亚人的起源和日常生活》，第79页与第85页。再参看史密斯：《维多利亚土著》，第Ⅱ卷，第386页。

⑦ 罗思：《塔斯马尼亚土人》，第167页。这个作者提出，杀婴事件可能由于欧洲人的来临所造成的扰乱而增加了。但没有任何迹象表明事实是如此的。根据以后提出的理由来看，杀婴从来就最不可能是欧洲影响的结果。

亚，大规模杀婴时有发生。帕克说杀婴是极常有的事，残疾儿童都被杀害。[①] 卢姆霍尔茨的证词是类似的。[②] 同时，根据道森的看法，不管生出来多少小孩，“极少准许四个以上小孩长大成人”——残疾儿童显然总是被消灭。[③] 根据柯尔关于维多利亚的情况所进行的估计，“几乎(任何一个已婚妇女生育的儿童的)半数沦为杀婴的牺牲品”[④]，并且被消灭的女孩比男孩多。[⑤] 按照威廉米的说法，如果罕见的情况发生了，即林肯港地区土人的小孩一个接着一个很快地生出来了，“最年幼的小孩一般是被消灭的”[⑥]。贝弗里奇说，维多利亚与果弗来纳的“极大部分”流行这种习惯。[⑦] 最后一个说明得到马修斯的大意如下说明的支持：在新南威尔士与维多利亚，“杀婴是常事”。[⑧] 在达令河流域的居民中，“似乎习惯是这样的，许多小孩一生下来就被杀害”。[⑨] 在南澳大利亚杀婴是很流行的。[⑩] 根据豪伊特的观点，麦宁部落“在某种范围内”实行杀婴。[⑪] 在汤格兰卡部落里，杀婴是“常见的”。在穆克加拉文特部

① 帕克：《尤阿雷伊部落》，第 23 页。

② 卢姆霍尔茨：《野蛮人》，第 134 页。

③ 道森：《澳大利亚土著》，第 39 页。

④ 柯尔：《回忆录》，第 252 页。

⑤ 同上书，第 263 页。

⑥ 威廉米：《维多利亚皇家学会议事录》，第 180 页。

⑦ P. 贝弗里奇：《维多利亚土著》，第 26 页。

⑧ R. G. 马修斯：《人种学随笔》，第 17 页。

⑨ 邦尼：《人种学会杂志》，第 XIII 卷，第 125 页。

⑩ 帕尔默：《人种学会杂志》，第 XIII 卷，第 280 页；法森与豪伊特：《卡米拉罗伊人与库尔奈人》，第 190 页；艾尔曼：《南澳大利亚殖民地的土著》，第 261 页；以及史密斯：《维多利亚土著》，第 I 卷，第 52 页。

⑪ 豪伊特：《土著部落》，第 748 页。

落里，“祖父母要决定究竟让不让一个小孩继续活着”。[①] 在沃特周斯民族的一切部落，以及默里河川的塔图西部落与其他部落里，一个小孩体弱有病时，家人往往把他的更幼小的弟弟或妹妹杀死，用他们的肉喂他，以便使他强壮。[②] 瓦德陶龙部落里杀婴显然不是不常见的。[③] 那林叶利部落里杀婴似乎是很流行的，以致“一半的小孩沦为这一残忍风俗的牺牲品”。[④] 至于残疾儿童，他们在这一部落[⑤]里和在恩康特湾的土人[⑥]中似乎总是被杀害的。在林肯湾的部落（女孩比男孩幸免的机会更少），[⑦]在迪耶里部落中（残疾儿童从来不能幸免），[⑧]在昆士兰的两个部落中，[⑨]在达尔文港附近，[⑩]在中澳大利亚[⑪]以及在中澳大利亚的北方部落中，[⑫]杀婴都是常见的。在西澳大利亚，残疾儿童总是被杀害。[⑬]

布什门人的资料说明，虽然不限于新生的儿童，但杀婴是普遍现象。“布什门人在下述各种情况下毫不宽恕地杀死他们的子女：

① 豪伊特：《土著部落》，第 748 页。

② 同上书，第 750 页。

③ 同上。

④ 塔普林：《南澳大利亚的土著部落》，第 13 页。

⑤ 同上书，第 14 页。

⑥ 迈耶：《恩康特湾土著部落》，第 186 页。

⑦ 舒尔曼：《土著部落》，第 223 页。

⑧ 加森：《礼仪与习惯》，第 258 页。

⑨ 马修：《两个代表性部落》，第 165 页。

⑩ 福尔希：《人种学会杂志》，第 XXIV 卷，第 192 页。

⑪ 埃尔：《日记》，第 II 卷，第 376 页。再参看斯潘塞与吉伦：《土著部落》，第 264 页。

⑫ 斯潘塞与吉伦：《北方部落》，第 608 页。

⑬ 格雷：《日记》，第 II 卷，第 251 页。

例如，子女畸形时，子女缺乏食物时，或小孩的父亲抛弃他的母亲时。"[1]在爱斯基摩人中杀婴比堕胎更为常见。[2] 纳尔逊说，在白令海峡附近，就连四至六岁的姑娘有时也会被杀死。[3] 在中爱斯基摩人里"杀婴到了一定程度"，虽说显然只是女孩和鳏夫与寡妇的子女才被消灭。[4] 默多克从来没听说巴罗港地区有杀婴事件，[5]但他说，据报道，"史密斯湾的爱斯基摩人常常杀婴，并且不管是男孩还是女孩"，而杀害女婴发生于威廉王地的民族中。[6] 关于史密斯湾的居民贝塞尔斯也写道，生过两个小孩之后，出生的任何其他小孩，被杀死的机会比不被杀死的机会更多。[7] 在格陵兰，"残忍的爱斯基摩人杀死残疾儿童、似乎过于病弱而难以活下去的儿童以及出生时失去母亲并找不到别人来照管的儿童"[8]。史密斯也报道了残废儿童的被杀害事件，[9]林克也报道了失去双亲的儿童被杀害的情况。[10] 据说在阿留特人中杀婴是罕见的，[11]但在马莱穆特人中，杀婴不是不常见的，特别是杀害女婴。[12]

① 莫法特：《传教工作》，第 58 页。再参看斯托：《土著民族》，第 51 页。

② 莱克拉斯：《原始民族》，第 34 页。

③ 纳尔逊：《史密森学会人种学编辑部第十八届年度报告》，第 289 页。

④ 博阿斯：《史密森学会人种学编辑部第六届年度报告》，第 580 页。

⑤ 默多克：《史密森学会人种学编辑部第九届年度报告》，第 416 页。

⑥ 同上书，第 417 页。

⑦ 贝塞尔斯：《人类学档案》，第 112 页。

⑧ 南森：《格陵兰》，第 330 页。再参看南森：《爱斯基摩人生活》，第 151 页。

⑨ C. E. 史密斯：《爱丁堡医学杂志》，第 XIII 卷，第 859 页。

⑩ 林克：《土著》，第 35 页。

⑪ 达尔：《阿拉斯加》，第 399 页。

⑫ 班克罗夫特：《土著民族》，第 II 卷，第 81 页。

库奇人常常杀婴。[①] 雅各布森的旅行记里特别提到科珀河地区居民杀害残疾儿童的事情。[②] 洛德说，在奇努克人中杀婴是“常事”。[③] 班克罗夫特说，那是“常常发生”的事情。[④] 汤普森印第安人极少杀害他们的子女，杀害子女的妇女要受到谴责。[⑤] 另一方面，据报道在海达人中杀婴“不是不常见的”。[⑥] 在弗雷泽河与哥伦比亚河之间的部落中，从前杀婴是常事。[⑦] 从关于切佩威人的记载中，人们得出相同的印象。[⑧] 科尼亚加人“珍视男婴儿，但往往杀死女孩”。[⑨] 鲍尔斯在提及加利福尼亚人时，谈到了“杀婴罪恶的流行”。他特别记述了，在加里诺麦罗人中杀婴是常事，他们一向不宽恕残疾儿童。在卡比纳派克人和尼西南人中，失去母亲的儿童会被杀死。沃鲁克人消灭残疾儿童。在伊瓜泽人中杀婴是很通常的事情。[⑩] 南美的阿比蓬人“没有一家把两个以上的孩子

① 柯克比：《教会的传教情报员》，第XIV卷，第115页；哈迪斯蒂：《史密森学会年度报告》，1866年，第312页；麦肯齐：《航海记》，第Ⅰ卷，第148页。

② 沃尔德特：《杰克布森船长的旅行》，第393页。

③ 洛德：《博物学家在温哥华岛》，第Ⅱ卷，第231页。

④ 班克罗夫特：《博物学家在温哥华岛》，第Ⅰ卷，第242页。

⑤ 泰特：《杰塞普北太平洋探险》，第Ⅰ卷，第305页。

⑥ 吉布斯：《美国地理和地质勘测》，第198页；班克罗夫特：《土著民族》，第Ⅰ卷，第169页。

⑦ 班克罗夫特：《土著民族》，第Ⅰ卷，第169页。

⑧ 凯廷：《记事》，第160页。

⑨ 班克罗夫特：《土著民族》，第Ⅰ卷，第81页。

⑩ 卡贝萨·达·瓦卡：《记事》，第62页。根据坦·凯特的说法（《人种学评论》，第Ⅳ卷），克曼彻人杀死双胞胎当中的一个。这不是一个不普遍的风俗；但是，它本身对于人口的数量只能产生极小的影响。关于加利福尼亚人，参看班克罗夫特：《土著民族》，第Ⅰ卷，第390与413页。

养大成人的。为了免得麻烦，其余的孩子都会被杀死”。[①] 根据另一观察家的看法，“直到最大的孩子强壮到能够单独走路之前，他们除了抚养一个男孩和一个女孩以外，不再多抚养小孩，其余的小孩一出世就被杀害了”[②]。另一方面，据说在博托卡多人中，这种风俗习惯是“极为罕见的”。[③] 杀婴发生于瓜伊库鲁人中。[④] 在普韦尔切人中杀婴是常事，残疾儿童总是被杀死。[⑤] 不管有时人们怎么说，杀婴在弗韦果人中“只是偶然发生”。[⑥] 在萨拉辛夫妇所评阅的关于韦达人的文献中，只有一位作者提到杀婴。[⑦]

十

在塔斯马尼亚各部落之间发生战争[⑧]显然是常事，但关于这些战争的性质我们没有可以置信的资料。[⑨] 关于澳大利亚的情况我们有充分的证据，惠勒最近研究了这方面的文献。[⑩] 他把战争

① 夏尔瓦：《历史》，第Ⅰ卷，第405页。

② 多布里兹霍佛：《阿比蓬人》，第Ⅱ卷，第97页。

③ 基恩：《人种学会杂志》，第XIII卷，第206页。

④ 邱奇：《南美洲》，第248页。

⑤ 金纳德：《被巴塔哥尼亚人奴役三年》，第143页。

⑥ 韦斯特马克：《人类婚姻史》，第313页，他引证布里奇斯先生的一封信，后者在另一个地方（《南美之音》，第XIII卷，第181页）说，残废儿童特别易被杀害。

⑦ 萨拉辛夫妇：《锡兰调查》，第Ⅲ卷，第469页。

⑧ 应该记住，战争淘汰对男人比对女人更有影响。在霍布豪斯教授和他的合作者所研究的具有相关资料的66个例证中，单是男人被杀害的有22个例证（霍布豪斯、惠勒与金斯伯格：《比较原始的民族》，第232页）。

⑨ 罗思：《塔斯马尼亚土人》，第83页。

⑩ 惠勒：《澳大利亚的部落》。

区分为有控制的战争和无控制的战争，其中后者是罕见的。[①] 有控制的战争意味着不仅使用使者与通报员，并承认预备谈判，而且战斗本身也按照能够限制流血的方式加以控制。在通常情况下，如果战斗发生了，交战双方对垒并互掷飞镖，直到一两个人被打倒。接着，在造成进一步的伤亡之前，战斗就停止了，和平恢复了——也许没有人丧生。[②] 无控制的战争是更加严重的问题。战斗的一方可以攻击并摧毁其他部落的局部一群人，而不必遵守上面描述的任何形式。[③] 在后一情况下妇女有时被杀害，而这种事情从来不会发生在有控制的战争中。[④] 总的看来，在澳大利亚，战争造成的生命损失必然是极小的。

布什门人获得了对殖民主义者战争中勇敢战士的荣誉，他们设法在非洲的大部分地方造成恐怖。但是，对他们在受到极其粗暴的干扰并受到极其野蛮的对待之前的风俗习惯，我们所获的资料极少。斯托说："看来，他们从来不曾进行相互敌对的大战。敌对猎人间突然的口角会导致令人可怕的小规模的战斗。由于他们的机警与头脑灵活，这种小规模战斗极少造成生命的损失，就连四肢都极少受到损害。从这种情况可以看出他们个人之间与部落之间分歧的程度。"[⑤]关于白令海峡附近的爱斯基摩人，纳尔逊说，从

① 惠勒：《澳大利亚的部落》，第116页及以后。

② 柯尔（《回忆录》，第309页）说，他从来没听说任何一个人在有控制的战争中被杀死。

③ 惠勒：《澳大利亚的部落》，第151页。

④ 同上书，第154页。

⑤ 斯托：《土著民族》，第38页。但勒突尔诺说战争是常见的（《战争》，第54页）。

前发生过“几乎连续不断的部落之间的战争”。[①] 这种情况现在显然已不常见。例如，据说在格陵兰，战争是罕见的；[②]至于在中央爱斯基摩人当中，真正的战争就从来没有发生过。[③] 但是，在爱斯基摩人与听奈人之间似乎常常发生战争，前者憎恨并害怕后者。纳尔逊说：“沿着同内地各听奈部落相接触的一带，总是存在着严重的不和。”[④]他的这种说法得到了班克罗夫特[⑤]、霍尔[⑥]与埃利斯[⑦]的证实。关于马勒穆特人，据说“几个岛的居民几乎不断进行战争”。[⑧]

我们发现，战争在南美和北美的印第安人中，比在任何其他地方更加时常发生并且伤亡惨重。诚然，有些部落比其他部落要爱好和平一些，但战争只在少数部落的生活中占据不重要的地位。除了实际战争的证据以外，对这一问题具有启发性的许多记载是，军事训练在这些民族的教育中占据重要地位。斯库克拉夫特说：“在我们的印第安人社会里，公共舆论的整个力量集中于一点上，即跳舞、宗教仪式、卓越演员在公共集会前的大段道白。实际上，这一切都有助于唤醒和激发这些野人的雄心壮志，都集中于将来在战争中树立功勋这种观念上。”[⑨]一位18世纪旅行家说：“他们早

① 纳尔逊：《史密森学会人种学编辑部第十八届年度报告》，第327页。

② 南森：《爱斯基摩人生活》，第162页。

③ 博阿斯：《史密森学会人种学编辑部第六届年度报告》，第465页。

④ 纳尔逊：《史密森学会人种学编辑部第十八届年度报告》，第237页。

⑤ 班克罗夫特：《土著民族》，第Ⅰ卷，第120页。

⑥ 霍尔：《近东古代史》，第598页。

⑦ 埃利斯：《性的心理学研究》，第182页。

⑧ 班克罗夫特：《土著民族》，第Ⅰ卷，第91页。

⑨ 斯库克拉夫特：《印第安部落》，第Ⅱ卷，第57页。

就具有这种观念，即战争应当是他们生活的主要事务。"[①]实际上战争的确在他们的生活中占据了很大一部分。哈蒙说："一切印第安部落彼此之间时常在打仗。"[②]特林克特人时常在打仗，[③]太平洋沿岸的所有部落也是一样，包括海达人[④]、阿特人[⑤]和克瓦秋特尔人[⑥]在内。但是，其中一些部落，例如，像奇努克人，[⑦]尽管常常打仗，可是伤亡却不很大。我们看到内地的北方部落与爱斯基摩人时常在打仗，并且据说他们自己之间的战争实际上不断在进行。[⑧]内地部落在好战方面也许稍差一些，[⑨]虽然关于苏什瓦普、[⑩]利卢埃特[⑪]和汤普森[⑫]印第安人的记载给人以这样的印象，即在这些部落中，战争——并且是剧烈的战争——不是不常见的。例如，克里人与布莱克非特人进行"不停的战争"[⑬]，而切佩威人的好战本能

① 卡弗：《旅行记》，第 229 页。关于早期军事训练的记载，参看多梅尼奇：《七年居住期间》，第Ⅱ卷，第 229 页，以及道奇：《大西方的狩猎地带》，第 256 页。

② 哈蒙：《日记》，第 306 页，他特别谈到卡利尔部落。该书对于战争的方法提供了一个很好的记载。

③ 克劳斯：《特林克特印第安人》，第 248 页；斯旺顿：《史密森学会人种学编辑部第二十六届年度报告》，第 449 页。

④ 尼布拉克：《史密森学会年度报告》，1888 年，第 340 页；泰特：《杰塞普北太平洋探险》，第Ⅴ卷，第 55 页及以后。

⑤ 斯普罗特：《原始人生活实况与研究》，第 59 页。

⑥ 博阿斯：《史密森学会人种学编辑部第六届年度报告》，1895 年，第 425 页。

⑦ 麦肯齐：《航海记》，第Ⅱ卷，第 123—130 页。

⑧ 班克罗夫特：《土著民族》，第Ⅰ卷，第 236 页。

⑨ 同上书，第Ⅰ卷，第 268 页。

⑩ 泰特：《杰塞普北太平洋探险》，第Ⅱ卷，第 540 页及以后。

⑪ 同上书，第 234 页。

⑫ 同上书，第Ⅰ卷，第 263 页。

⑬ 卡特林：《北美印第安人》，第Ⅰ卷，第 53 页。

是众所周知的。[①] 西华盛顿部落与北俄勒冈部落进行不断的战争，虽然实际接触并未导致很大的生命损失。[②] 在中央加利福尼亚，“战斗虽然常常发生，但没带来多大生命损失”。[③] 在南加利福尼亚，我们从一位作者那里听到“时常发生殊死的战争”，[④]从另一位作者那里还听到“不断的战争”，[⑤]后者着重指出战争是人口问题的一个重要因素。蒂布隆岛的塞里印第安人实际上不断进行战争，[⑥]克曼彻人则“给予战场上勇敢的人以高度荣誉”。从很年轻的时候起，他们就学习战争的艺术。[⑦] “由于不断的敌对行动”，伊瓜扎人“不能在国内旅行，也不能进行许多交易”。[⑧] 在普韦尔切人中间，战争是常常发生的，而且伤亡惨重。[⑨] 瓜伊库鲁人[⑩]和查卢阿人[⑪]的情况也是一样。弗韦果人“几乎总是同邻近的部落打仗，他们相遇的结果极少不是敌对的遭遇战”。[⑫]

① 麦肯齐:《航海记》,第Ⅰ卷,第171页。

② 吉布斯:《美国地理和地质勘测》,第190页。

③ 班克罗夫特:《土著民族》,第Ⅰ卷,第379页。

④ 同上书,第Ⅰ卷,第562页。

⑤ 贝格特:《史密森学会人种学编辑部1863年年度报告》,第359页。

⑥ 麦吉:《史密森学会人种学编辑部第十七届年度报告》,第157页和273页。他谈到“很多战士常常死去”(第273页)。

⑦ 班克罗夫特:《土著民族》,第Ⅰ卷,第499页。

⑧ 卡贝萨·达·瓦卡:《记事》,第54页。

⑨ 金纳德:《被巴塔哥尼亚人奴役三年》,第125页。

⑩ 阿札拉:《航海记》,第Ⅱ卷,第146页。

⑪ 同上书,第7页。

⑫ 金与菲茨罗伊:《记事》,第Ⅱ卷,第183页。再参看费瑟曼:《社会史》,第Ⅲ卷,第508页。

十一

现在让我们转到对争执的研究。据认为，争执大多起因于流血报复的动机。“流血报复”一词系指对实际谋杀的报复，但在原始民族中流血报复更多地是由部落中某一成员的自然死亡所引起的。因为这些民族几乎普遍相信，从来没有我们所了解的自然死亡，从而一个亲属或同部落人的死亡就被归因于巫术影响；他们还会通过巫术占卜过程把造成死亡的罪过加于某个人身上。看来，妇女被认为和男人同样能够造成死亡，因此，来自这种原因的淘汰同样落在男人和女人身上。

“（澳大利亚的）土人不承认自然死亡；一个人之所以死亡，必然是被另一个男人也许甚至是被另一个女人所杀害了。”[①]“如果一个阿比蓬人因被刺许多创伤，或因骨折，或因年岁过大精力衰竭而死亡，所有他的同乡都会否认是创伤或衰弱造成了他的死亡，并会急于寻找他为什么和被哪个咒术师所杀害。”[②]持有这种信念，在不同民族中产生了不同的结果。关于澳大利亚人，斯潘塞与吉伦在上面所引证的那一段里继续写道：“迟早男人或女人将受到攻

① 斯潘塞与吉伦：《土著部落》，第 45 页。为了表明人们抱持这一信念到什么程度，可以引证下面这个故事：“一个女人在清扫水源的时候被一条黑蛇咬了大拇指。大拇指马上就肿了，在短短的 24 小时之后这个女人就死了。即使这样，人们还说这不是偶然事件，病人指出了某个土人是谋杀她的人。”（威廉米：《维多利亚皇家学会议事录》，第 191 页）在这种情况下，实际上并没跟着发生杀害事件，虽然几乎要发生了。

② 多布里兹霍弗：《阿比蓬人》，第Ⅱ卷，第 84 页。

击。在这个民族的正常情况下，每死一个人就意味着要杀害另一个人"——由咒术师指出有罪的人。[①] 报复队伍有时只凭咒术师的指引，就朝着某一方向前进，经过一段并且可能是经过相当长的一段进军之后，发现另一地方的一群人，就把他们全部干掉。[②] 有时指出附近一个人为有罪的人，并立即予以处决。显然，如果部落中每个人的死亡常常跟着发生这样的结果，那么人口就会迅速减少。可是，事实上，尽管这一信念的后果是严重的，但许多迹象表明，流血报复没有执行得像上述那段话所表明的那样极端严酷。大概大多数的死亡都未进行报复。[③] 可是，虽说如此，在澳大利亚流血报复必然被认为是一项重要因素，[④]特别是因为它既影响男人也影响女人。[⑤]

在原始农业民族中，我们也将碰到某些类似的情况。然而，尽管这一信念是广泛流传的，但它在渔猎民族的其他民族中，看来并没有激起大规模的流血冲突。我们听到过爱斯基摩人的流血争执和处决巫术者的事情。据报道，谋杀也发生于爱斯基摩人中。"受到别人攻击的人把攻击者杀死以资报复的事情并不是罕见的"，跟

---

① 斯潘塞与吉伦：《土著部落》，第Ⅱ卷，第 45 页。

② 柯尔：《澳大利亚民族》，第Ⅰ卷，第 86 页。

③ 斯潘塞与吉伦：同前书，第 477 页。惠勒（《澳大利亚的部落》，第 149 页）说："战争只是作为流血争执的结果才发生，这种世仇是因为一个地方集团的成员被另一个地方集团的成员所杀害，而且几乎总是用巫术手段杀害所引起的。但即使出于这样的攻击理由，在大多数情况下恩怨也是通过前面描述的正规程序的方法之一来解决的。"正如我们所看到的，因为正规过程极少导致流血，从而许多死亡事件没经报复就了结了。

④ 托马斯：《澳大利亚土人》，第 47 页；埃尔：《日记》，第Ⅱ卷，第 379 页。

⑤ 柯尔：《回忆录》，第 317 页。

着就发生流血争执，可能继续若干世代。[①] 许多印第安部落也记载过起因于实际谋杀的流血争执；[②]但看来由于相信巫术的流血，据说在南美或北美都没有大规模地发生。关于海达人，据说“死亡归因于敌人的恶意与有害影响，被疑为造成显要人物死亡的人必须等候处决”。[③] 尼布拉克在谈到从阿拉斯加南方到英属哥伦比亚，从而包括海达人在内的沿岸部落时说：“一切严重的疾病或不舒服都归因于敌人的恶意影响。当重要人物死亡时，往往要找一个假定摄去死者生命的牺牲者。”[④]当然，这就意味着，只是在例外的情况下，比如在显要人物死亡的情况下，才寻找牺牲者。

十二

杀害老人和病人，这种风俗极为重要，值得我们提一提。在渔猎民族中这种风俗很普遍，这和他们的流浪生活有关系。[⑤] 塔斯马尼亚人似乎有抛弃病弱的习惯。[⑥] 澳大利亚也有这种风俗的某

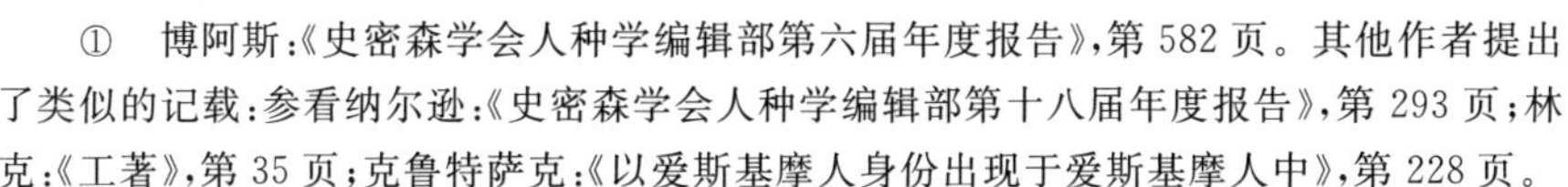

① 博阿斯：《史密森学会人种学编辑部第六届年度报告》，第 582 页。其他作者提出了类似的记载：参看纳尔逊：《史密森学会人种学编辑部第十八届年度报告》，第 293 页；林克：《工著》，第 35 页；克鲁特萨克：《以爱斯基摩人身份出现于爱斯基摩人中》，第 228 页。

② 例如，利卢埃特人与沙斯蒂卡人。

③ 班克罗夫特：《土著民族》，第Ⅰ卷，第 348 页。

④ 尼布拉克：《史密森学会年度报告》，第 348 页。关于札波罗人，有人提出某种类似的记载（西蒙：《人种学会杂志》，第Ⅱ卷，第 506 页）。

⑤ 不仅在这些民族中老年人被认为碍事。邦纳德在《费加罗报》上记述博韦公爵在加拿大旅行的一篇文章里，提到公爵看到了公报介绍的一个勤俭城市，在这个城市里没有“年老居民阻碍进展”（《费加罗报》，1919 年 3 月 28 日）。韦斯特马克分析了这种风俗存在的证据，《道德观念》，第Ⅱ卷，第 386 页及以后。

⑥ 罗思：《塔斯马尼亚土人》，第 73 页。

种迹象，[①]但总的说来，这个地方对老人和病人是照看得很好的。[②]"布什门人为了狩猎，从一个地方向另一个地方迁徙时，往往抛弃他们上了年纪的亲属。在这种情况下，他们给老人留下一块肉和满满一鸵鸟蛋壳的水；一旦这小小的储备用光了，可怜的被遗弃者必然饿死或成为野兽的肉食。"[③]爱斯基摩人对待上年纪人的也是不好的。在昂加瓦地区老人被处死；[④]在中央爱斯基摩人中，一个人可以把上年纪的双亲杀死。[⑤] "在（格陵兰的）东海岸，有时发生这样的事情，即溺死看来濒于死亡的老人，或者老人自行溺死。"[⑥]大部分印第安人对待病人和老人是好的，但也有一些相反的例证。奎卡印第安人会抛弃他们的病人和老人。[⑦] 阿特人、[⑧]华盛顿部落[⑨]和切佩威人[⑩]也一样。中央加利福尼亚人会杀死老人。[⑪] 根据麦吉的说法，塞利印第安人"往往把不能跟随他们经常来去流浪的病人或上年纪的人抛弃"。[⑫] 关于弗韦果人的一些记载，表明他们

---

① 萨托利：《地球》，第LXⅦ卷，第 108 页。

② 可参看斯潘塞与吉伦：《北方部落》，第 32 页，以及《土著部落》，第 51 页。

③ 西阿尔：《非洲的黄皮肤和黑皮肤民族》，第 19 页。

④ 特纳：《史密森学会人种学编辑部第十一届年度报告》，第 168 页。

⑤ 博阿斯：《史密森学会人种学编辑部第六届年度报告》，第 165 页。

⑥ 南森：《爱斯基摩人生活》，第 151 页。

⑦ 沃尔德特：《杰克布森船长的旅行》，第 57 页。

⑧ 班克罗夫特：《土著民族》，第Ⅰ卷，第 205 页。

⑨ 威洛比：《史密森学会年度报告》，1886 年，第 274 页。

⑩ 朗：《航海记》，第 74 页。

⑪ 班克罗夫特：《土著民族》，第Ⅰ卷，第 390 页。

⑫ 麦吉：《史密森学会人种学编辑部第十七届年度报告》，第 157 页。伊瓜杋人的情况是相似的：参看卡贝萨·达·瓦卡：《记事》，第 80 页。

也有相似的风俗；但是，我们有一些理由怀疑这种记载的正确性。[①] 这些风俗肯定发生于札波罗人中。

十三

现在我们必须指出一些其他淘汰方式。我们看到了幼体因被别种动物吃掉而大规模灭亡。这种淘汰方式对自然中的各种动物极为重要，但对已经达到我们所知道的最低民族阶段的人类却极少具有重要意义。[②]

疾病淘汰这一课题可以从各方面加以研究。我们可以探索一下，当欧洲人最初观察原始民族时，有什么证据是涉及原始民族中流行的疾病的。这种证据的价值有些可疑。探索一下这些民族对于欧洲流行的疾病究竟免疫到什么程度，也是有帮助的；因为人们一般推论说，易于得病显然是对于从前不存在的疾病没有进化出免疫力的象征。我们还可以进一步研究一般疾病的进化问题，并探索能提出些什么结论。现在让我们首先探讨这一问题的后一方面。

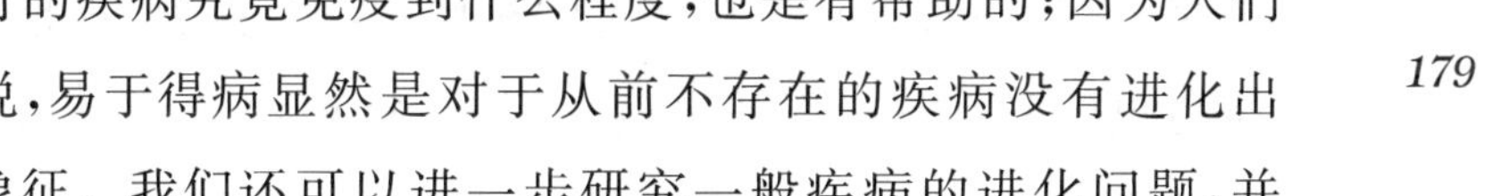

① 费瑟曼：《社会史》，第Ⅲ卷，第503页。

② 估计这一根源的淘汰数量是不可能的。这种淘汰数量通常毫无疑问是很小的。可是，印度虽然达到高级技术水平，却由于毒蛇太多，来自这一根源的淘汰，数量是相当大的。1910年，55人死于大象，25人死于鬣狗，109人死于熊，319人死于狼，853人死于虎，688人死于包括野猪在内的其他动物。被毒蛇咬死的绝不少于22,478人。死亡总数为24,878人（卢尔：《有机体进化》，第105页）。淘汰的数量将根据动物分布区系、地理环境、风俗习惯和其他因素而有所不同。例如，爱斯基摩人因为使用"独木舟"而死了相当数目的人。参看克兰茨：《格陵兰史》，第Ⅰ卷，第166页；南森，前引书，第55页；博阿斯：《史密森学会人种学编辑部第六届年度报告》，第433页。

造成疾病的有机组织并不都属于一类。有些是植物,有些是动物,比如细菌。而且,造成疾病的那些生物是同其他完全无毒的生物密切关联的。所发生的情况是,属于动物界和植物界中不同类别的一些种生物,采取了寄生的生活方式。人们不难想象这是怎样发生的。人们设想现在寄生的有机组织曾经一度过着自由的和就腐的生活。有一种杆菌生活在草上,它同结核菌密切关联,但它是无害的。这样一种有机组织可能常常被吞下去;如果有被毁灭的倾向,它就可能发生抵抗。[①] 它的存在可能是无害的,也可能是有害的,于是一种新的疾病跟着就产生了。寄生虫入侵寄主之后,看来往往跟着发生一场斗争(在寄主方面是摆脱寄生虫,在寄生虫方面则是将自己仍然留在寄主体内),在斗争的过程中寄生虫可能开展对寄主有害的活动。这一斗争可能有不同的解决办法。但是,当我们看到斗争在进行的时候,我们可以合理地假定寄主和寄生虫的联系是晚近的事情。因此,疾病本身就暗示它的起源是比较晚近的。

与此相关联的还有另外两件事情。首先,在处于自然状态下的生物中,疾病是极其罕见的。像我们所知道的动物和植物,疾病大部分发生于经人培养之后。其次,还有一些条件有利于疾病的发展;这些条件发现于经人培养的生物,也发现于文明的人类。能传播疾病的方法很多——昆虫、空气中的流动粒子、饮水、沐浴用水,以及吸入身体组织的水分等等都能传播疾病。所有这些传播方法,除了昆虫传播有一部分是例外,显然都由于寄主生物成员的

① 科恩:《生理疗法》,第Ⅴ卷,第158页。

集中而极大地受到促进。事实上，只有当这种集中发生时，我们才能理解疾病如何能够大规模地发展。人类集中于村庄和城镇——就像在第三时期里所发生的那样——会促成细菌在人类附近能够繁荣的一些条件，在这些条件下细菌和其他微小有机组织比以往从事寄生的机会更大。因此，客观的启示是，大多数疾病在比较晚近的时期进化出来。这一时期，由于技术的发展，人们在安定的条件下开始过着聚集在一起的生活。

这一启示得到其他两方面证据的支持。在发现澳大利亚和美洲时，似乎并没有欧洲所有的大多数疾病。关于前者戴维森说："澳大利亚给我们提供了一个充满奇观的大陆。根据病理学所知，盛行于地球上其他部分的全部各种疾病，在比较晚近的时间以前，在这里是完全没有的。例如，全部发疹性热病——天花、猩红热与麻疹——在其他地方是极其致命的，在这里却没有听说过。流行性霍乱、回归热、黄热病、百日咳与白喉也同样没见过，梅毒也没有……在大陆的南部没有麻风病。"[①]美洲的情况也极其相似。据说在哥伦布发现美洲之前，美洲存在的唯一致命的重要疾病是疟疾，而且我们应当注意到疟疾是由昆虫传染的疾病。赫德利卡研究了在美洲发现之前美洲有没有结核病这个问题，他总结说，虽然人们不能肯定这种病没有存在过，但以往存在这种病是极不可能的。[②] 此外，原始民族显然易于染患一般的欧洲疾病，强烈地表明对于这些疾病没有进化出来任何免疫力，因为这些病以前是不存

① 戴维森:《区域病理学》,第Ⅱ卷,第 365 页。

② 赫德利卡:《史密森学会人种学编辑部公报》,第 42 页。

在的。自从同欧洲人建立联系以来，流行病就席卷这些民族，例如，1875年的麻疹流行病消灭了斐济的大部分人口。

我们的结论，不是就"晚近"这个词的普通意义说大多数疾病是晚近才发生的，只是当我们对人类史采取广义的看法时，才可以说大多数疾病是晚近发生的。例如，人们都知道结核病、鼠疫、麻风病、血吸虫病存在于古代埃及。我们说不出疾病起源于什么地方和什么时候，但一些广泛传播的疾病可以追溯到以前只在有限的地方发生（例如，霍乱以前局限于恒河流域）暗示这些疾病在比较晚近的时候起源于这些地方并从这些地方传播开来。虽然有这样的迹象，但大多数疾病的起源地是模糊不清的。人们时常说梅毒是从美洲传进来的，但梅毒显然于1495年就存在于德国这种论据却与这一看法相抵触。[①] 看一看有些疾病可能在极为晚近的时候才进化出来，关系就更为重大了。白喉可能从19世纪初才问世，而战壕热可能是个新病。

尽管我们对任何一种疾病所知道的事实可能极少，可是得出的一般结论是没有疑问的。直到第三时期之前，疾病没有成为头等重要的淘汰因素，只是在第三类别的民族中疾病才成为一等重要的淘汰因素。有些疾病可能由埃及传到非洲民族；因此，这些疾病不是这三个时期中的前两个时期的典型代表。[②]

---

① 赫德利卡：《史密森学会人种学编辑部公报》，第34页。再参看阿达米：《医学上的贡献》，第15—22页。

② 在这一类别的许多民族中——特别是在热带地区里——一些非致命的疾病是流行的，从另一角度看，这些疾病也是很重要的。在第15章里我们将再次提到它们。

十四

为了进一步支持这一结论，我们可以引证几段关于渔猎民族极少同欧洲人接触而尚未受影响时的记载。这几段也许不如以前无疾病时证据的分量那么大，但也值得引起人们的注意，因为它们对于另一课题也有意义，这个另一课题我们将在第九章里加以讨论。据邦威克说，“人们很有理由相信，在同白人发生联系之前，土著居民（塔斯马尼亚人）是一个健康、幸福的民族”[①]。柯尔关于澳大利亚人说道：“黑人的健康在荒野情况下通常是极好的。”[②]长寿可以被认为是健康状况良好的证据，而许多观察家说到在澳大利亚有许多上年纪的人。“根据许多例证看来，上几代人是相当长寿的。几乎每个村落里都有两三个70岁以上的男人或女人，并且到处会碰到些百岁以上的人。”[③]伯切尔也记载过在布什门人中看到了许多老年人。[④] 史密斯在一个医学杂志里论述爱斯基摩人时说他们“非常健康”。[⑤] 这就是人们从其他记载中得出的观点，[⑥]其中有些记载把长寿作为典型特点特别予以指出。[⑦] “北美人一般来

① 邦威克：《塔斯马尼亚人的起源和日常生活》，第87页。

② 柯尔：《回忆录》，第282页。

③ 马修，前引书，第92页。再参看埃尔：《日记》，第Ⅱ卷，第377页，以及柯尔：《回忆录》，第297页。

④ 伯切尔：《旅行记》，第Ⅱ卷，第57页。

⑤ 史密斯：《维多利亚土著》，第859页。

⑥ 默多克：《史密森学会人种学编辑部第九届年度报告》，第39页。

⑦ 克兰茨：《格陵兰史》，第Ⅰ卷，第166页。

说是强壮的和气质健康的，估计寿命都很长。”[①]另一位作者说，落基山以东的印第安人“一般极少生病”。[②] 克劳斯引证了1836年在特林克特人中生活过的一个医生的观点，大意是说，他们是强壮和健康的民族。[③] 苏什瓦普人据说从前是健康的，能活到很大年纪。[④] 希耳·陶特总结萨利斯人的情况如下：“男人和女人从前活到那么大年纪，表明了这个民族的精力旺盛和生活的一般美满情况。”[⑤]“努特卡人一般说来是长寿民族，从成年开始到衰老，外表上看起来极少发生变化。乔伊特说当他在努特卡湾被俘的三年期间，只有五人自然死亡，除了肝胆病之外，人民极少遭受什么疾病痛苦。”[⑥]鲍尔斯在议论整个加利福尼亚人时，把他们叫作“健康长寿的民族”，贝格特把他们说成是“强壮、结实，比千千万万（在文明国家里）过着优裕生活的人还健康”。[⑦] 在阿比蓬人中，“使欧洲每家都有病人和坟墓中充满尸体的弊病，在这里是为人们所不知道的……你很少听到每三年中有一次他们中间的任何人死于热病、肋膜炎或肺病”。[⑧] 哈德特提到了波多卡多人的良好健康情况，[⑨]而金与菲茨罗伊认为巴塔哥尼亚人是极其健康的。[⑩]

① 赫里奥特：《旅行记》，第350页。

② 哈蒙：《日记》，第271页。

③ 克劳斯：《特林克特印第安人》，第148页。

④ 泰特：《杰塞普北太平洋探险》，第Ⅱ卷，第618页。

⑤ 希尔·陶特：《英属北美洲》，第252页。

⑥ 班克罗夫特：《土著民族》，第Ⅰ卷，第284页。

⑦ 贝格特：《史密森学会人种学编辑部1863年年度报告》，第385页。

⑧ 多布里兹霍弗：《阿比蓬人》，第Ⅱ卷，第219页。

⑨ 哈特：《巴西地理》，第598页。

⑩ 金与菲茨罗伊：《记事》，第Ⅱ卷，第155页。

十五

还剩下另一个问题要提到。有充分的证据表明，这些民族中儿童死亡率极高。造成死亡的原因是多种多样的：疾病极少提到，死亡往往是由于照管不当或某些风俗习惯，或者由于缺乏适当的食物。在塔斯马尼亚，由于没有适当的食物而难以大量抚养儿童。[①] 特纳谈到昂加瓦地区的爱斯基摩人时说："许多儿童在早期儿童时代就死去。"[②]这一点对这一民族一般说来是事实。人们通常提出的理由是没有适当的食物；[③]我们不难理解，特殊的爱斯基摩人的饮食，对于儿童是不会合适的。在印第安人中儿童的死亡率很高，"只有一小部分长大成人"。[④] 人们对这种情况提出的理由一般是，印第安人不仅对儿童的最简单的需要缺乏知识，也对儿童缺乏任何合理的照管。[⑤] 除此之外，我们还可以加上——因为证据表明——特殊风俗习惯的做法：除了身体最强壮的儿童以外，都通过这些习俗予以淘汰。"尽管做母亲的很钟爱儿女，但爱斯基摩妇女对诸如饮食、衣着与普通卫生规则几乎全然无知，因此每一

① 邦威克：《塔斯马尼亚人的起源和日常生活》，第 78 和第 85 页。

② 特纳：《史密森学会人种学编辑部第十一届年度报告》，第 189 页。再参看阿姆斯特朗：《私人记事》，第 197 页和赫顿：《拉布拉多的爱斯基摩人》，第 80 页。

③ 克兰茨：《格陵兰史》，第Ⅰ卷，第 162 页；默多克：《史密森学会人种学编辑部第九届年度报告》，第 415 页。

④ 《美洲印第安人手册》的文章：《儿童生活》。

⑤ 格兰德强调了缺乏照管及其导致的死亡（《原始民族的绝种》，第 24—30 页）。

部落的儿童死亡率达到某种可怕的程度。”[1]赫里奥特说：“过度的令人难以置信的疲劳造成许多儿童在成熟期之前就死去。”[2]多梅尼奇说：“许多印第安人在儿童时代就死了；他们的母亲锻炼他们能够吃苦，使他们的身体强壮，但不给予他们一切必要的照管……直到10岁或12岁的时候他们还完全光着身子，只在冬天穿件外衣，这种衣服即使在最热的夏天我们也几乎不能把它叫作外衣。”[3]在整个美洲，一年四季中即使是新生儿童也要在冷水里洗澡，这是一种普通习惯，克劳斯把他所记载的特林克特人中儿童死亡率高归因于这一点。[4] 据一位作者说，“（东听奈的）许多儿童年龄很小就死了”。[5] 从另外一位作者那里我们听说，“婴儿直到降生四天之后才准许吃东西，为的是使婴儿习惯在另外一个世界里斋戒”[6]。“努特卡人的母亲们为了使子女身体结实竟在雪里滚动他们。”[7]汤普森印第安人不大照管他们的儿童，让他们乱跑而不给予任何看护。[8] 在加利福尼亚人几乎没有受到欧洲文化的影响时，杰瑞特传教士贝格特在他们中间长期居住过。关于加利福尼亚人，他说：“在他们中间许多婴儿死亡是不足为奇的；与此相反，

① 《美洲印第安人手册》的文章：《儿童生活》。应当注意到，在老的作家中，罗伯逊（前引书，第Ⅰ卷，第297页）关于这一课题具有与此极其相似的观点。

② 赫里奥特：《旅行记》，第344页。

③ 多梅尼奇：《七年居住期间》，第Ⅱ卷，第295页。

④ 克劳斯：《特林克特印第安人》，第217页。关于这个民族，班克罗夫特说：“当婴儿能够离开摇篮的时候，不管什么季节大人每天在海里给他洗澡。”

⑤ 罗斯：《人种学研究》，第305页。

⑥ 班克罗夫特：《土著民族》，第Ⅰ卷，第121页。

⑦ 同上书，第201页。

⑧ 泰特：《杰塞普北太平洋探险》，第Ⅰ卷，第178页。

如果很多婴儿仍然活着倒是件大奇事。因为当婴儿呱呱落地的时候，给他准备的没有别的，只是梆硬的泥土地，或者是更硬的龟壳。母亲把他放在龟壳里，没有很多盖的；母亲走到哪里就把他拖到哪里。而且，母亲为了免除障碍和使自己在荒野里奔跑的时候能够更自由地使用四肢，有时要把他留给某个老年妇人照看，从而使可怜的小东西在十个钟头或者更长的时间里吃不到奶。一旦婴儿长到几个月，母亲就让他完全光着身子骑在她的肩膀上，两腿悬在她胸前的两侧，从而他在能够站立之前就得学会骑着。就这样母亲整天流浪，把她的无能为力的荷负暴露在炎日之下和横扫荒野的寒风之中。”[①]南美的情况似乎很相同。多布里兹霍弗告诉我们说，阿比蓬人把新生的婴儿放在寒冷的溪水里。[②] 金纳德说，虽然婴儿死亡率高，但极少的疾病发生于普韦尔切人的儿童中间。[③]“极少(弗韦果人)妇女能保全她们所有的儿童。大多数儿童在早期婴儿时代就死去。”[④]同样，安达曼人的儿童死亡率据说也很高，[⑤]并被归咎于双亲照管得不恰当。[⑥] 根据萨拉辛夫妇的看法，高死亡率是他们所观察的韦达家庭规模之所以小的原因。[⑦] 新生的吉利阿克婴儿“常常在零下四十摄氏度”洗澡。能够通过这种考

① 贝格特:《史密森学会人种学编辑部1863年年度报告》，第368页。

② 多布里兹霍弗:《阿比蓬人》，第Ⅱ卷，第43页。

③ 金纳德:《被巴塔哥尼亚人奴役三年》，第147页。

④ 布里奇斯:《南美之音》，第XⅢ，第202页。

⑤ 曼:《人类学会杂志》，第Ⅻ卷，第79页。

⑥ 同上书，第81页。

⑦ 萨拉辛夫妇:《锡兰调查》，第Ⅲ卷，第469页。

验而生存下来的儿童必然是很强壮的。[①]“根据施伦克的说法，吉利阿克妇女从来不敢‘在家里生小孩’；即使面对季节严寒或暴风雨天气，为了生小孩她们也必须走出茅屋。在深秋或在冬季，他们为妇女修建一个特殊茅屋，但那是一间极其不舒适的茅屋，从而母子必然饱受风寒之苦。”[②]

现在结束我们对渔猎民族的概述。在我们考虑从这些事实要得出什么结论之前，我们要以同样方式研究原始农业民族。这将构成下一章的主题。

① 德尼克：《人种志译论》，第Ⅶ卷，第303页。

② 查普利卡：《土著的西伯利亚》，第137页。关于父母看待儿童的一般概述，参看施坦迈茨：《惩罚的演进》，第Ⅰ卷，第179页及以后。

第八章　原始农业民族

一

首先需要说明我们将研究什么民族。这些民族的下限已经说清楚了。至于上限，我们对新石器时代文化阶段已经做了一些描述，这里要研究的民族是一般可以同新石器时代民族相比拟的那些民族。当然，这样比拟只能是粗略的。正如我们看到的，随后的文化进展是迅速的；人们使用了金属，并且，一般来说，大致在最初使用金属时就产生了最早的一批伟大帝国。在这一点上，我们显然进入了新的时期，时间上的上限已为欧亚文明的兴起所规定。我们在这里要研究一下在这个文化进展阶段之前的情况。碰巧欧亚文化对非洲、大洋洲和亚洲许多民族业已产生不同程度的影响。这里要研究的民族的上限是为它们所受欧亚文化的影响程度而得到最恰当的规定。美洲是个例外，因为欧亚文化对那个大陆上的民族显然没有影响。但应当记住，美洲的一些地方所达到的文化程度，也许比任何新石器时代民族还要高些。[①] 虽然如此，凡是没

① 第五章提到美洲的金属使用情况，但乔埃斯先生说，尽管在这方面有所进展，中美洲民族“在美洲被发现时实际上是生活在石器时代里”（《墨西哥考古学》，第 304 页）。

有被研究过的美洲民族都可以在这里加以研究。许多非洲民族熟悉铁的使用。曾经有人说铁的使用知识发源于非洲;但这种说法是可疑的,因为这种实践的存在大概应当被看作是欧亚文化某种因素的传播所致。犁的使用也是这一文化某种因素传播的一个例子。[①] 大致上说,在乍得湖这个纬度以南,犁的使用没有朝西传播;朝东,它的使用传播到更远的南方,因此,盖拉人、索马里人和阿比西尼亚人几乎不能认为是第二类别民族[②*]的代表。大洋洲地区的特点是,现在那里发现的许多民族毫无疑问是在欧亚文化高度发展之后,从亚洲海岸或其附近的一些地方迁移去的。不过,这些民族对金属和犁的使用大都是无知的。[③] 戴亚克人是金属使用者,而在婆罗洲的一些地方则使用了犁。但我们不能因为这一理由而在这里不研究戴亚克人。另一方面,我们将不研究真正的马来人;他们是穆罕默德人,原来居住于苏门答腊,12 世纪时才散布于这一地区的大部分。在亚洲的边缘有许多民族,虽然它们在概述中没有多大重要意义,但在这里也应当被注意到。这些民族就是奥斯舍克人、雅库特人、楚克齐人、撒摩耶人等等。[④] 参看第十

① 许多作者强调指出犁在农业中的重要意义。可参看汉:《犁文化的形成》。

② 我们必须记住欧亚文化的不同阶段对于非洲民族的影响。早期的埃及文明产生了重大影响,其后闪族的文明也产生了重大影响——特别是对于东部沿海;自从穆罕默德那时候以来,欧亚文化的影响在比较北方的黑人民族中是显著的。例如,博尔诺的居民在 11 世纪时转变为伊斯兰教徒。

* 指原始农业民族。——译者

③ 他们在迁徙之前可能对铁已有了知识(参看汤姆森:《斐济人》,第 11 页)。

④ 撒摩耶人从前制造铁器,但现在这种技术失传了,他们从俄国人那里取得所需要的铁器。

章和第十一章将研究的那些民族，可以把这里研究的民族是些什么民族弄得更清楚些。在那两章里我们将研究各古代帝国、各正统民族、中世纪与近代欧洲及其派生的民族，以及亚洲的各主要民族，而不管他们是游牧的，像阿拉伯人那样，或是存在着比这里要考察的已发展为更高级形式的农业文化的民族。按照这种方式，我们对欧亚文明兴起前后的情况将得到一个概括的看法。

显然在我们面前存在着极大数量的资料——事实上数量太大了，要是没有进一步的分类就难以进行研究。看来唯一可循的道路是把农业发展区分为各种等级，然后依次研究属于各个等级的民族。霍布豪斯和他的合作者进行了这种划分，他们认为有三个农业等级，两个游牧等级。正如已经指出的，我们没有发现经济阶段和影响生育率与淘汰的因素之间存在着任何关联。我们发现的是这些因素同广大的地理区域之间的某种关联。以下我们将根据这些民族所在的区域，而不根据他们所达到的经济发展阶段来研究第二类别的民族。我们所选择的区域如下：首先是美洲，其次是非洲，第三是大洋洲。前两个区域，总的来说，是相当一致的；第三个区域虽然不那么一致，但农业技术水平是相当一致的——几乎所有这些民族都属于霍布豪斯的第二级。最后是欧亚文化尚未侵入的那些亚洲民族，其中许多是这个大陆北方边缘的居民。人们会看到游牧民族主要属于最后这一类别。所谓美洲游牧民族（例如，纳瓦霍人），是同欧洲人接触以来才开始豢养家畜。非洲的游牧民族难以同它们的邻居区分开，他们既饲养牲畜同时又从事一

些农业。这样将看到这个分类方式同根据已达到的经济发展阶段的分类方式事实上是大致相符的。

美 洲

二

现在我们必须依次分析这四个区域的民族。我们将遵循的道路仍旧是研究渔猎民族时所遵循的道路。像从前一样，我们从成熟期前性交的例子开始，这可能采取青春期前婚姻的形式，也可能采取比较不正规的关系。正如哈特兰先生所说，“在地球上各个地方的许多民族中，似乎青春期前性交或是得到正式婚姻的承认，或是被默认为天赋本能的满足”[①]。我们在这里观察一下这种风俗的少数例证也就够了。班克罗夫特谈及危地马拉的各部落时说：“很年轻就结婚，往往在青春期之前。”[②]纳瓦霍人的情况似乎是相同的。[③] 有人对一些北美部落随随便便的态度和早期性交提供了记载，例如夏尔瓦关于赫龙人与伊里诺斯人的记载。[④] 关于巴西各部落也常常报道相同的情况，这些报道使人们难以怀疑他们在青春期前性交是常事。[⑤]

① 哈特兰：《原始父系》，第Ⅰ卷，第272页。

② 班克罗夫特：《土著民族》，第Ⅰ卷，第702页。

③ 斯蒂芬：《美国人类学家》，第Ⅵ卷，第356页。

④ 夏尔瓦：《历史》，第Ⅴ卷，第5页和第38页。关于克雷克人参看斯库克拉夫特：《印第安部落》，第Ⅴ卷，第272页。

⑤ 波皮格：《智利旅行记》，第Ⅱ卷，第128页；封·马歇斯：《美洲人种志》，第Ⅱ卷，第112页；阿札拉：《航海记》，第Ⅱ卷，第104页。

三

一般说，整个美洲的哺乳期会延续两年或者更长的时间。[①]的确，哺乳期有时延续到好几年。苏人的哺乳期可能一直持续到小儿五岁的时候；[②]关于巴拉圭查科的伦瓜印第安人，霍特里说，“习惯上给小孩喂奶到五六岁”；[③]班克罗夫特报道说，在齐奇米克人中，小孩可以吃奶到八岁。[④] 看来两年大致是最低年限；在墨西哥[⑤]和圭亚那[⑥]，哺乳期是三年或者更长些。关于艾马拉的印第安人的哺乳期，多尔比尼提出了三年，[⑦]福布斯提出了一年或更长的时间，往往是两年。[⑧]

四

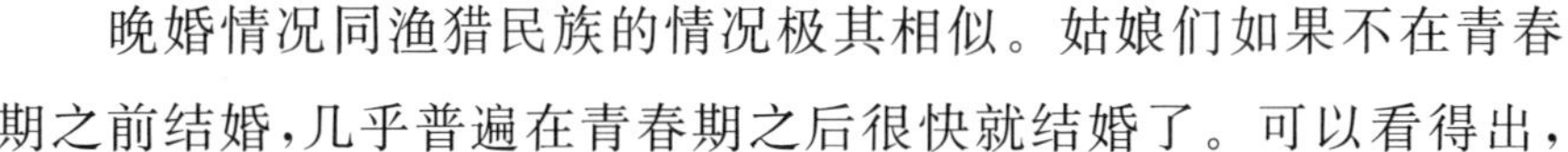

晚婚情况同渔猎民族的情况极其相似。姑娘们如果不在青春期之前结婚，几乎普遍在青春期之后很快就结婚了。可以看得出，

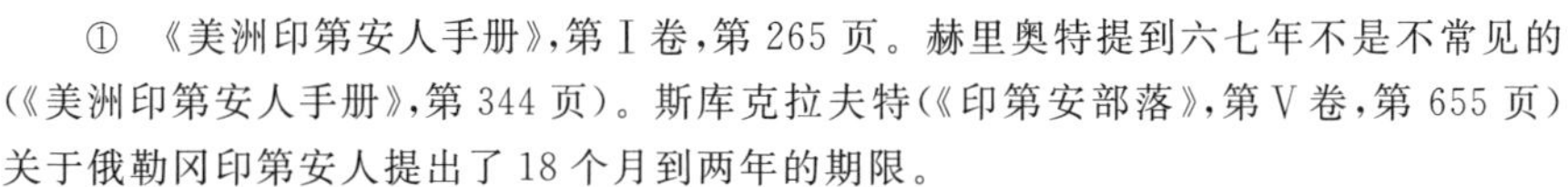

① 《美洲印第安人手册》，第Ⅰ卷，第 265 页。赫里奥特提到六七年不是不常见的（《美洲印第安人手册》，第 344 页）。斯库克拉夫特（《印第安部落》，第Ⅴ卷，第 655 页）关于俄勒冈印第安人提出了 18 个月到两年的期限。

② 凯廷：《记事》，第 417 页。

③ 霍特里：《人种学会杂志》，第ⅩⅪ卷，第 295 页。葛拉布提出了三四年（《人们所不知道的民族》，第 142 页）。

④ 班克罗夫特：《土著民族》，第Ⅰ卷，第 633 页。

⑤ 同上书，第Ⅱ卷，第 281 页。

⑥ 见于特恩：《圭亚那原始人》，第 219 页；乔斯特：《人种志国际档案》，第Ⅴ卷，第 94 页。

⑦ 多尔比尼：《美洲人》，第Ⅰ卷，第 47 页。

⑧ 福布斯：《人种学会杂志》，第Ⅱ卷（新编号），第 224 页。

任何影响生育率的晚婚情况是没有的。男人有时存在一定的晚婚，偶尔还有终身独居的某种证据。但男性晚婚对生育率没有影响；它对另一个问题有关系，因此，我们以后会再谈到。

五

正如在上一章里看到的，几乎一切原始民族都有许多禁止性交的情况。作为影响生育率的一个因素，在这些禁欲中，只有在生过小孩之后的一些时期之内反对性交是具有重要意义的。我们将看到这种禁欲在非洲极其重要。在美洲这种禁欲存在的有关证据有些使人迷惑不解。上一章曾提出两个狩猎民族禁止在哺乳期间性交的两个例证。这些例证是由这样一些作者报道的，他们在许多年以前进行了观察，那时候美洲印第安人的风俗习惯由于同白种人接触而发生的变化还少，而我们不得不依赖的大多数观察所根据的情况则变化较多。我们还看到另外两位观察家，他们在一百年以前从事著述，也记载了这种风俗习惯的存在，这些评述所指的是什么部落不太清楚——究竟是指狩猎民族，还是指农业民族，抑或是两者都指。韦尔德说："她们给她们所有的少数小孩喂奶好几年，在此期间，至少在许多部落中，她们避免同丈夫性交。"[①]赫里奥特提到"妇女抚养儿童使用的时间长度，她们给小孩喂奶三四年，这一期间她们不同丈夫同居"[②]。关于各个农业民族存在这种

① 韦尔德：《旅行记》，第 373 页。

② 赫里奥特：《旅行记》，第 339 页。

风俗习惯，除了这一证据之外，我们还有下列记载。两位18世纪的作者——勒·鲍谈到伊罗夸伊人，[①]夏尔瓦谈到伊里诺斯人[②]——说哺乳期间禁止性交。霍尔德谈到克劳部落时指出，人们遵守哺乳期间的戒绝性交。[③]根据班克罗夫特的说法，在墨西哥，喂奶期延续三四年，这一期间往往不性交。[④]多尔比尼提到莫克索人和齐基托人时说，母亲们“一律给小孩喂奶三年或三年以上，这一期间她们不同丈夫发生任何关系”。[⑤]除了以下这个例证以外，似乎没有任何否认这种风俗习惯存在的情况，大多数个别情况是不提这种风俗习惯。所指出的例外是弗韦果人的情况。海厄茨和德尼克在讨论上面提到的多尔比尼的说明时指出，弗韦果人在生过小孩后两个月之内恢复性关系。[⑥]在印第安人的习惯由于同白种人接触而发生重大变化之前，情况究竟怎样，人们不可能得出任何结论。但是，各种各样的作者肯定地记载了这种风俗习惯的存在；他们绝大部分是在这些民族的习俗变化极少的时候进行观察的，而后来的详细记载是在这些民族已为大家所熟悉，他们的习俗已经改变很大的时候进行的，这就强烈暗示了这种习俗从前是广泛流行的。

人们没有发现使用任何有效方法阻止受精的任何证据。据说

① 勒·鲍：《新奇的探险或航海》，第Ⅱ卷，第200页。

② 夏尔瓦：《历史》，第Ⅵ卷，第5页。阿斯（《旅行记》，第276页）说，肖尼人生过小孩之后九个星期之内戒绝性交。

③ 霍尔德：《美国产科学杂志》，第XXV卷，第44页。

④ 班克罗夫特：《土著民族》，第Ⅱ卷，第281页。

⑤ 多尔比尼：《美洲人》，第Ⅰ卷，第47页。

⑥ 海德斯与德尼克：《合恩角科学考察团》，第Ⅶ卷，第195页。

在肖尼人中“姑娘们饮用某种草汁来避孕，这往往使她们终身不育”。但在经过仔细研究的那些例证中，这些方法似乎实际上是无效的。例如，赫德利卡在讨论许多部落——其中包括阿帕切人、纳瓦霍人、普布罗人、皮马人、纳华人、阿兹特克人和乌蒂人——时说：“在访问过的印第安人中存在着极其普遍的信念，认为可以导致人为不孕。”[①]但经过研究之后发现，所使用的药物是十分无效的。

六

农业民族像渔猎民族一样，我们看到了各个家庭儿童平均数很小的许多记述。在一般讨论北方印第安人时，韦尔德说儿童数量很少，[②]勒·鲍说降生的儿童数比欧洲少。[③] 夏尔瓦评论了伊罗夸伊人家庭规模小的问题，把它归因于早期性交、哺乳期间戒绝性交和过长的哺乳期。[④] 卡特林提供了第四章里引证过的估计，他的经验主要是在曼丹人中取得的；霍尔德关于克劳部落的估计也引证过了。关于苏人，据说“妇女不孕并不是不常见的”；[⑤]关于西南得克萨斯部落，据说“她们不是多子女的——一个妇女极少有三个以上的小孩”。[⑥] 南美的情况是类似的。诺登斯基尔德考察了

① 赫德利卡：《史密森学会人种学编辑部公报》，第 34 期，第 163 页。

② 韦尔德：《旅行记》，第 373 页。

③ 勒·鲍：《新奇的探险或航海》，第Ⅱ卷，第 199 页。

④ 夏尔瓦：《历史》，第Ⅵ卷，第 5 页。

⑤ 凯廷：《记事》，第 415 页。

⑥ 斯库克拉夫特：《印第安部落》，第Ⅴ卷，第 684 页。

秘鲁和玻利维亚之间的部落。他说："家庭不大，他们过着一夫一妻的生活，在每个家庭里可以看到一至三个小孩；在我所看到的最大家庭里(那是在阿察华卡印第安人中)有四个小孩。"[①]关于同一区域的艾马拉印第安人，据说，"似乎很少有大家庭——极少超过四个小孩，往往少于这一数目"。[②] 斯皮克斯与马歇斯在巴西旅行时，"极少看到一个家庭有四个以上的小孩"。[③] 阿札拉在南美看到的儿童数之小，给他的印象极深。他特别经心地在瓜拉尼人中研究了这一问题，发现每个家庭儿童的平均数是四个。[④] 考虑到各种因素之后，他得出了这样的结论，即他们生育的儿童数比西班牙人所生为少。[⑤] 伦格尔也考察了瓜拉尼人，他的意见一般是相同的，虽然他所估计的每个家庭儿童数比阿札拉的估计数要小些。[⑥] 关于瓜纳家庭的儿童数，他估计只有两个或最多三个小孩。[⑦] 根据封・马歇斯的意见，马库西人的婚姻"所生子女不多"。[⑧] 道尔比尼仔细研究了莫克绍人和齐基托人每个家庭的儿童平均数，他发现大体前者是两个，后者是三个。他把这种小数目归因于早期性交以及一些时期的戒绝性交。[⑨] 上华拉加部落各个

① 诺登斯基尔德：《人种学杂志》，第XXXⅧ卷，第98页。

② 福贝斯：《人种学会杂志》，第Ⅱ卷，第224页。

③ 斯皮克斯与马歇斯：《旅行记》，第Ⅱ卷，第246页。

④ 阿札拉：《航海记》，第Ⅱ卷，第59页。

⑤ 同上书，第179页。

⑥ 伦格尔：《旅行记》，第133页。

⑦ 同上书，第335页。

⑧ 封・马歇斯：《美洲人种志》，第Ⅰ卷，第642页。

⑨ 多尔比尼：《美洲人》，第Ⅰ卷，第46与47页。

家庭的儿童平均数是两个，并且常常有根本不生育的婚姻。[1]

七

现在我们要考察堕胎和杀婴这些风俗习惯的流行范围。关于前者我们可以复述上面所说的内容，即我们有各种理由认为所使用的方法往往是有效的。基廷说，在苏人中“已婚妇女在丈夫的了解和同意下常常会堕胎”。[2] 这种事实得到斯库克拉夫特的证实。[3] 堕胎在克劳部落里是极其常见的。[4] 赫德利卡在关于美国西南方和墨西哥北方各部落的一个报告里说：“所考察的各个部落都从事人工堕胎。”[5]所考察的部落具体包括阿帕切人、纳瓦霍人、普布罗人、皮马人、纳华人、奥托米人和阿兹特克人在内。如果在前一个小孩断奶之前怀了孕，皮马印第安人就会选择堕胎；这些人的哺乳期会延续到小孩六七岁的时候。[6] 关于梅诺米尼部落和祖尼人也记载了这种习惯，虽然在后者中这种习惯是罕见的。[7] 在夏延人中“妇女在第一个小孩长到十岁以前不应当有第二个小孩，这是很久以来的风俗了”。[8] 在这个例证上没提到堕胎，但鉴于这

① 波皮格：《智利旅行记》，第Ⅱ卷，第 323 页。
② 凯廷：《记事》，第 394 页。
③ 斯库克拉夫特：《印第安部落》，第Ⅲ卷，第 243 页。
④ 霍尔德：《美国产科学杂志》，第ⅩⅩⅤ卷，第 44 页。
⑤ 赫德利卡：《史密森学会人种学编辑部》公报，第 163 页。
⑥ 腊塞尔：《史密森学会人种学编辑部第二十六届年度报告》，第 186 页。
⑦ 史蒂文森：《史密森学会人种学编辑部第二十三届年度报告》，第 296 页。
⑧ 格林尼尔：《美国人类学家》，第Ⅳ卷，第 15 页。

种风俗的广泛流行，堕胎想当然是产生这种后果所使用的方法。在墨西哥[1]和整个南美，人们常常使用堕胎这种手法。卡尔·封·登·斯坦因谈到巴凯人时说："堕胎这种手段的使用是常见的，这说明了儿童数目之所以小的原因。"[2]在巴西和在查科印第安人中，堕胎是特别常见的。[3]

八

同堕胎的流行情况相比，在大陆北半部的农业民族中杀婴不是极其普遍的。苏人偶尔杀婴，被杀的女孩比男孩多。[4] 克里人据说"杀掉一个新生婴儿是很常见的"。[5] 杀婴在皮马人中是常事。[6] 杀婴往往限于杀害残疾儿童。关于阿帕切人、莫哈夫人、纳瓦霍人、祖尼人和泰佩加诺人都记载了这种形式的杀婴。[7] 杀婴在南美洲更加常见。杀婴发现于巴西的瓜纳人[8]和姆巴亚人[9]中。前者据说杀害女孩比男孩多。杀婴在查科人中也很普遍。"在伦瓜人中杀婴十分寻常，人们总可以看到同一家庭中各个儿童之间

---

① 班克罗夫特:《土著民族》,第Ⅱ卷,第 183 与 269 页。

② 封·登·斯坦因:《全部中巴西人》,第 123 页。

③ 埃伦赖西:《柏林皇家博物馆》,第Ⅰ卷,第 2 分册,第 27 页。阿札拉:《航海记》,第Ⅱ卷,第 116 页。

④ 斯库克拉夫特:《印第安部落》,第Ⅲ卷,第 243 页。

⑤ 同上书,第Ⅱ卷,第 272 页。

⑥ 亚罗:《史密森学会人种学编辑部年度报告》,第Ⅰ卷,第 99 页。

⑦ 赫德利卡:《史密森学会人种学编辑部》公报,第 165 页。

⑧ 阿札拉:《航海记》,第Ⅱ卷,第 93 页。

⑨ 同上书,第 116 页。

的年龄差距是七八岁。"[①]格拉布说，第一个小孩如果是女孩总是会被杀死。各地都有杀害残疾婴儿的报道，包括荷属圭亚那[②]与秘鲁在内。[③]

九

战争在美洲农业部落生活中占据的地位并不比在狩猎部落中占据的地位低。除了巴西这个可能的例外，战争在大西洋沿岸和广大平原的著名部落中，比在其他任何地方也许更加残忍。卡特林说："为了调整古老而从无休止的争执，也为了在印第安人生活中几乎只有通过战争这条道路才能取得的光荣的钟爱，所有处于自然状态下的印第安部族，同它们附近的部落不断进行战争，以致他们的战士伤亡极其严重——在许多情况下，一个部落里女对男的比例是二比一，有时是三比一。"[④]另外一位作者本人就是奥杰布威部落的成员，描述年轻的奥杰布威印第安人如何被教育把战争看成是生活的主要目的。"当他们年轻的时候，尚武精神就被灌输到胸怀里；为了激励他们的勇敢与雄心，父母和明智的长者为他们详细讲述昔日勇敢的人的惊奇探险，如孤胆战士奇袭一个村庄，杀了许多敌人，剥掉他们的头皮，并在其余的敌人得知这一屠杀事

① 霍特里：《人种学会杂志》，第XXI卷，第295页。
② 波纳帕特：《苏里南》，第48页。
③ 斯迈斯与洛：《旅行记》，第240页。
④ 卡特林：《北美印第安人》，第Ⅱ卷，第119页。

件之前就逃掉了。”[①]同样，“达克塔儿童所听到的最早歌曲中有些就是战争歌曲。一旦他开始蹒跚学步，就拿着小型弓箭作为玩具。他受到教育的第一件事就是把剥取头皮看作是伟大而真正高尚的行为，因而他要完成一个极其豪迈的行动。往往在16岁的时候他就走上征途”[②]。

邻近部落坚持长期争执必然是经常使相当数量的人口淘汰的原因。克劳人与布莱克非特人战争，[③]苏人与奥杰布威人[④]战争，明尼坦人与肖尚人[⑤]战争。据说苏人杀害妇女。[⑥] 更南方的尤齐人和克里人同盟的其他成员极其好战。[⑦] 普布罗印第安人比较爱好和平，虽然他们遭受阿帕切人和其他邻人的凶猛而频繁的攻击。[⑧] 墨西哥和秘鲁两帝国所进行的战争属于完全不同的性质。这两个国家对于它们附近比较后进的民族采取经常的侵略政策。这些战争更多地属于为了掠夺目的而袭击较弱民族的性质，而不属于盛大的体育竞技性质，整个说来，就像北方部落的战争那样。在整个南美，战争似乎是部落间关系的经常现象。战争往往极其残酷。根据华莱士的意见，曼得卢科人每年都要同他们的邻居打

① 琼斯：《奥杰布威印第安人》，第64页。

② 尼尔：《明尼苏达史》，第68页。

③ 卡特林：《北美印第安人》，第Ⅱ卷，第42页。

④ 尼尔：《明尼苏达史》，第70页。

⑤ 马修斯：《美国落基山区地理与地质勘探》的零星出版物，第7号，第61页。关于伊罗夸伊人的战争参看佩罗特：《回忆录》，第9页及以后，第78页及以后。

⑥ 朗：《航海记》，第29页。

⑦ 斯佩克：《宾夕法尼亚大学出版物》，第Ⅰ卷，第1号，第84页。

⑧ 腊塞尔：《史密森学会人种学编辑部第二十六届年度报告》，第200页。

仗。[①] 邱奇关于阿札拉人、莫戈人、马萨人以及亚马孙河流域[②]的其他部落报道了极其相同的情况，怀特关于这个大陆南半部的西北各地区也报道了极其相同的情况。[③] 查科各民族从前不断同瓜拉尼人打仗。

十

关于这些民族的记载里常常提到流血争执。流血争执是难以同战争区分开的，个人之间与家庭之间的争执发展为部落之间的争执之后，就叫作战争。我们在这里注意到这样一种特殊流血争执形式也就够了：在一些部落里，相当数量的人口淘汰，必然产生于因认为自然死亡是由某某敌人造成的这种信念而形成的流血报复。在圭亚那，"一个人死了，人们会认为这是由于某个敌人起了恶魔作用从而造成他的死亡。死者的朋友会为了这件事雇用一个巫士，这个巫士声称他的咒文能发现有罪的个人或家庭，无论如何也能指出他们居住的地区。然后死者的一个近亲被指定担负报复工作……如果假想的犯罪者杀不死，他的家庭中某个无辜的成员——男人、女人或小孩——就必须替死"。[④] 里奥内格罗上游的包佩斯人"似乎极少认为死亡能够自然而然地发生，总是归罪于某

① 华莱士：《亚马孙旅行记》，第516页。再参看邱奇：《南美洲》，第77页。

② 邱奇：《南美洲》，第78、79和137页。再参看封·马歇斯：《美洲人种志》，第Ⅰ卷，第129页。

③ 怀特：《人种学会杂志》第XIII卷，第244页。

④ 布雷特：《印第安部落》，第357页。

某敌人的直接毒害或符咒，并在这种假定之下要进行报复。他们往往是通过毒害进行报复的”。[①] 我们难以确定这些信念起作用到什么程度，但似乎在一些部落中相当数量人口的淘汰显然必须归因于这一来源。

十一

我们无须在这里重述上一章里关于疾病所说的内容。我们的结论是，大致上说，大多数疾病直到或大约在第三时期开始时还没有进化出来。因此，我们认为在这一类别的民族中，不论是在美洲还是在其他地方，这一淘汰来源的重要性是比较小的。我们可以注意一下少数例证，其大意是说，这些民族总的说来，从前显然是健康和长寿的，卡特林说，与大多数文明民族相比，曼丹人“毫无疑问是较为长寿和较为健康的民族”。[②] 根据勒·鲍的看法，伊罗夸伊人“实际上从来不生病”。虽然他认为天气是不能忍受的，但他说，“他们几乎都是健壮和结实的”，并极少生病。[③] “总的说来，尤齐的男人、女人或小孩是一些显著健康的人。”[④]肖尼人“极其健康，连病都不生”。斯皮克斯与马歇斯有着关于巴西印第安人的丰富知识，大体上说，“印第安人极少生病，并

① 华莱士：《亚马孙旅行记》，第500页。

② 卡特林：《北美印第安人》，第Ⅱ卷，第228页。

③ 勒·鲍：《新奇的探险或航海》，第Ⅱ卷，第93与98页。

④ 斯佩克：《宾夕法尼亚大学出版物》，第Ⅰ卷，第1号，第14页。

一般活到高龄”。①

十二

美洲农业民族像狩猎民族一样,并且正如我们将要看到的,像在所有原始民族中一样,儿童的死亡率极高。和以前一样,我们看到的主要原因是缺乏知识、缺乏照管、缺乏适当的食物与环境以及某些特殊的风俗习惯。② 我们不需要详细地再次考察这些证据。关于苏人,据说“许多人因风吹日曝,在婴儿时代就死掉了”。③ 另一位观察家使用了同样的词语,并补充说:“他们的母亲锻炼他们能够吃苦,使他们的身体强壮,但不给它们一切必需的照应。”④卢姆霍尔茨把死亡率部分地归因于吃了不适当的食物。⑤ 不仅在北美,而且在巴西,新生儿童照例要浸在冷水里。⑥

① 斯皮克斯与马歇斯:《旅行记》,第Ⅱ卷,第 249 页。

② 关于北美印第安人参看《美洲印第安人手册》,第 238 页。

③ 斯库克拉夫特:《印第安部落》,第Ⅲ卷,第 238 页。

④ 多梅尼奇:《七年居住期间》第Ⅱ卷,第 295 页。

⑤ 卢姆霍尔茨:《无名的墨西哥》,第Ⅱ卷,第 90 页。

⑥ 赫里奥特:《旅行记》,第 343 页。杜马莱斯特谈到科奇蒂人时说:“在冬季,有时小孩的父亲要把孩子抱到野外,并在破冰之后把它浸在河流中,从前,当孩子们冬天从河里洗澡回来,在他们头发上的冰融化以前,是不允许烤火的。”(《美国人类学与人种学学会纪要》,第Ⅵ卷,第 3 号,第 144 页)科克葛伦堡说,亚马孙部落的儿童死亡率很高,儿童被浸在冷水里(《两年》,第Ⅱ卷,第 59 与 150 页)。

非　洲

十三

青春期前性交在整个非洲是常见的，有公认的早婚形式，也有不正规的但被容忍的早期性关系的形式。在克罗斯河流域土人中，“一个姑娘在达到青春期之前，她的双亲和未婚夫允许她随便跑动，喜欢交多少情人就交多少情人”。[①] 尼日利亚的依波语民族中，相当一部分婚姻在青春期之前举行。[②] 在刚果地区，这种风俗习惯特别常见。[③] 布桑果人的性关系开始得很早；在达到青春期年龄以后，“一个姑娘在结婚之前不应该发生性关系”。[④] 万·奥弗堡关于芒毕图人，[⑤]德尔海斯关于瓦勒果人，[⑥]罗希布鲁诺关于奥诺洛夫族[⑦]也记载了这种情况。谈到班加拉人时，威克斯说：“不可能找到五岁以上还是处女的姑娘。”[⑧]“巴华纳人由于没有性道德而引起人们的注意；未婚的人从极年轻

① 帕特里奇：《克罗斯河流域土人》，第 254 页。

② 托马斯：《依波语各民族》，第 62 页。

③ 特罗：《比属刚果博物馆年鉴》，第 3 辑，第Ⅰ卷，第 4 页；柯罗：《原始社会》，第 109 页。

④ 陶德与乔埃斯：《比属刚果博物馆年鉴》，第 3 辑，第Ⅱ卷，第 110 页。

⑤ 万·奥弗堡：《人种志专论集》，第 4 期，第 309 页。

⑥ 德尔海斯：《人种志专论集》，第 5 期，第 157 页。但他认为这种风俗是由阿拉伯人传入的。

⑦ 罗希布鲁诺：《人种学评论》，第Ⅳ卷，第 2 辑，第 281 页。

⑧ 威克斯：《人种学会杂志》，第 XXXIX 卷，第 442 页。

的时候起就可以随意沉迷于色情，姑娘们在青春期之前可以恣意放荡。”[①]提出这一说明的陶德与乔埃斯关于巴姆巴拉人说到极其相似的情况，[②]杜·瑟律关于姆彭威人也谈到极其相仿的情况。[③] 东非的梅赛人与南迪人在青春期之前有一种规定的性交制度。[④] 这种情况也发生于居住在巴凌果地区的部落[⑤]和斯瓦希利人[⑥]中。过去德属东非洲的瓦波哥罗人，孩子们大约在七岁的时候，父母便把他们集合在一起，当月经开始的时候又把他们分开一个时期。[⑦] 青春期前的婚姻，在同一地区的马康德人[⑧]与万贾姆希人[⑨]中，从前极为盛行。“关于几乎整个英属中非洲的小姑娘们，青春期前的贞操情况是不详的。在一个姑娘成为妇女之前，不管她干什么都绝对没有关系，而大约在五岁以后极少有姑娘们仍然是处女。”[⑩]斯坦纳斯[⑪]与莫姆[⑫]关于同一地区，也提出了类似的证词。

---

① 陶德与乔埃斯：《人类学会杂志》，第XXXⅥ卷，第288页。

② 同上书，第XXXⅤ卷，第420页。

③ 杜·瑟律：《勘探与冒险》，第162页。

④ 约翰斯顿：《乌干达保护国》，第Ⅱ卷，第824与878页。

⑤ K. R. 邓达斯：《人种学会杂志》，第XLⅢ卷，第60页。

⑥ 费尔顿：《斯瓦希利的风俗习惯》，第28页。

⑦ 法布里：《地球》，第XCI卷，第221页。

⑧ 沃勒：《东非洲》，第305页。

⑨ 赖卡德：《地理学会杂志》，第XXⅣ卷，第253页。

⑩ 约翰斯顿：《英属中非洲》，第409页注。

⑪ 斯坦纳斯：《人种学会杂志》，第XL卷，第309页。

⑫ 莫姆：《赞比亚》，第333页。

十四

哺乳期的延续，看来平均接近于三年而不是两年。我们可以提出少数例证。埃维民族（克瓦语）是两三年。[①] 约鲁巴语民族是三年。[②] 坦达人是两年半到三年。[③] 在利比里亚是三四年。[④] 卡格罗人是两年到三年，有时是五年。[⑤] 豪萨人是两年。[⑥] 布桑果人是两年。[⑦] 在刚果盆地平均至少是两年。[⑧] 芒毕图人是一年半或者长些。[⑨] 在西非，平均是两到三年。[⑩] 马永贝人是两年或更长一些。[⑪] 在乌干达，至少是两年。[⑫] 南迪人是两年。[⑬] 库库人是三年。[⑭] 瓦马康德人、瓦考阿人和瓦穆拉人是三年。[⑮] 巴干达人是三

① 艾利斯：《埃维语各民族》，第 206 页。
② 艾利斯：《约鲁巴语各民族》，第 185 页。
③ 德拉库：《人种学评论》，1912 年，第 45 页。
④ 巴蒂科弗：《人种志国际档案》，第 Ⅰ 卷，第 82 页。
⑤ 特里梅因：《人种学会杂志》，第 XLII 卷，第 174 页。
⑥ 特里梅因《豪萨人的迷信与风俗习惯》，第 93 页。
⑦ 陶得与乔埃斯：《比属刚果博物馆年鉴》，第 3 辑，第 Ⅱ 卷，第 112 页。
⑧ 柯罗：《原始社会》，第 180 页。
⑨ 奥弗堡：《人种志专论集》，第 3 期，第 296 页。
⑩ 哈里斯：《人种学会纪要》，第 Ⅱ 卷，第 68 页。
⑪ 奥弗堡与琼夫：《人种志专论集》，第 2 期，第 217 页。
⑫ 威尔逊与费尔金：《乌干达》，第 Ⅰ 卷，第 187 页。
⑬ 霍利斯：《南迪人》，第 65 页。
⑭ 普拉斯：《人种志专论集》，第 6 期，第 205 页。
⑮ 菲勒博恩：《尼亚萨区域与罗乌马区域》，第 61 页。

年。[①] 瓦得夏加人是两年。[②] 万贾查姆希人是两到三年。[③] 瓦札拉莫人是两到三年。[④] 巴隆加人是三年。[⑤] 在中非的马迪地区是三年。[⑥] 在南非，根据利奇顿斯坦的意见是两年，[⑦]而据基德的说法往往要到三年。[⑧]

十五

姑娘们极少或者根本没有任何晚婚的迹象。关于男人的情况，我们将在以后提出。根据德纳姆和克拉珀顿的意见，博尔诺那个地方的姑娘"14 岁或 15 岁以前极少结婚，往往不这么年轻就结婚"。[⑨] 班加拉的姑娘 16—18 岁时结婚。[⑩] "在原始的班图部落中每个姑娘都结婚，虽然有些姑娘比别人早些。"[⑪]尼亚萨湖以南姑娘们的平均结婚年龄是 15 岁。[⑫] "林波波以南整个班图各部落（姑娘们结婚年龄）的平均数大概是在 15 岁与 16 岁之间。"[⑬]

① 罗斯科：《巴干达》，第 55 页。
② 古特曼：《地球》，第 92 卷。
③ 赖卡德：《地理学会杂志》，第 257 页。
④ 伯顿：《中非洲》，第Ⅰ卷，第 117 页。
⑤ 朱诺德：《巴隆加人》，第 19 页。
⑥ 费尔金：《爱丁堡产科学会报告书》，第Ⅸ卷，第 19 页。
⑦ 利奇斯坦：《旅行记》，第Ⅰ卷，第 260 页。
⑧ 基德：《主要的卡菲尔人》，第 19 页。
⑨ 德纳姆与克拉珀顿：《记事》，第 319 页。
⑩ 威克斯：《人种学会杂志》，第ⅩⅩⅩⅨ卷，第 417 页。
⑪ 朱诺德：《南非部落》，第 183 页。
⑫ 斯坦纳斯：《人种学会杂志》，第 310 页。
⑬ 西阿尔：《非洲的黄皮肤和黑皮肤民族》，第 347 页。

十六

非洲的整个黑种人和班图民族，在生过小孩之后的一些时间之内几乎一律禁止性交。通常只要继续喂奶就禁止性交，可以看出这意味着禁止期比较接近三年而不是接近两年；在一些情况下禁止期短些，有禁止期只延续几个月的例证。但也有完全相反的极其罕见的例子，即禁止中断性交的例子。正如下面提供的证据表明，我们必须认为一定期间内禁止性交这种习俗具有极大的重要意义。

一个埃维妇女"在喂奶期间……不可以接纳男性"。[1] 在约鲁巴语民族中，"哺乳期间妻子必须不和丈夫同居"。[2] 卡格罗人[3]、豪萨人[4]以及贝宁[5]这个地方禁止在哺乳期性交。在尼日尔保护国的瓦里地区，"习惯上一个妇女在怀孕之后将近三年的时间，避免与丈夫同居"。[6] 孟果·帕克在这个地区旅行过，他看到"三年的哺乳期是常见的，这期间丈夫集中全部注意力于他的其他妻子"。[7] 其他作者关于西非民族也记载了类似的事实。莫伊奥人

① 艾利斯：《埃维语各民族》，第 206 页。

② 艾利斯：《约鲁巴语各民族》，第 185 页。

③ 特里梅因：《人种学会杂志》，第 XXXXII 卷，第 174 页。

④ 同上书，第 XXXVI 卷，第 93 页。

⑤ 罗思：《大贝宁》，第 39 页。

⑥ 格朗维尔：《人种学会杂志》，第 XXVII 卷，第 106 页。

⑦ 孟果·帕克：《旅行记》，第 402 页。

戒绝性交四年。[①] 加利纳斯人在小孩会说话、能走路[②]之前戒绝性交。霍贝人在喂奶期间[③]戒绝性交。纳索谈到喀麦隆地区时，指出三年为戒绝期。[④] 里德谈论亚山蒂时，提出了哺乳期为戒绝期。[⑤] 关于刚果地区，柯罗[⑥]、约翰斯顿[⑦]和沃德[⑧]提出了哺乳期间禁绝性交。在班加拉人当中，"哺乳期间丈夫同妻子不发生性关系，不然小孩就会瘦弱，也许会死亡"。[⑨] 关于同一民族的另一记载，提出这一时期是两年。[⑩] 关于马永贝人[⑪]、阿巴布瓦人[⑫]和巴亚卡人[⑬]也记载了哺乳期间戒绝性交。曼贾人[⑭]和瓦勒加人[⑮]当小孩会走路的时候才恢复性交。上刚果地区的阿地奥人成为奇特的例外，在小孩出生之后不久就性交，如果不性交，小孩就会死亡，因为不性交父亲对母亲就会没有爱情了。库库人只间断性交三四个

① 特里梅因:《尼日利亚的斩取人头者》,第 22 页。
② 哈里斯:《人种学会纪要》,第Ⅱ卷,第 36 页。
③ 德斯普拉诺:《高原中尼日利亚人》,第 227 页。
④ 纳索:《西非洲的拜物教》,第 11 页。
⑤ 里得:《南非洲》,第 45 页。
⑥ 柯罗:《原始社会》,第 378 页。
⑦ 约翰斯顿:《乔治格伦费尔与刚果》,第 671 页。
⑧ 沃得:《人种学会杂志》,第 XXIV 卷,第 289 页。
⑨ 威克斯:《人种学会杂志》,第 XXXIX 卷,第 418 页。
⑩ 奥弗堡与琼夫:《人种志专论集》,第 1 期,第 199 页。
⑪ 同上书,第 2 期,第 219 页。
⑫ 哈尔金:《人种志专论集》,第 7 期,第 260 页。
⑬ 陶德与乔埃斯:《人类学杂志》,第 XXXVI 卷,第 51 页。
⑭ 高德:《人种志专论集》,第 8 期,第 154 页。
⑮ 德尔海斯:《人种志专论集》,第 5 期,第 154 页。

月，[①]虽然喂奶持续三年之久。[②] 南迪人的禁戒只持续三个月，[③]而哺乳则持续三年。[④] 同样，“许多人相信阿瓦万加人在小孩出生五六天之内父母必然同居，不然小孩就会死亡”。[⑤]

最后提到的一些例证是极其罕见的例外。我们在西非看到的暂时禁戒性交这种通常风俗，在非洲的其他地方也是常见的。在乌干达，“一个妇女必须同丈夫分居两年，直到小孩断奶时为止”。[⑥] 巴干达妇女“喂奶期间同丈夫分居三年”。[⑦] 罗乌马河流域的妇女“生了小孩，在小孩会说话以前她同丈夫完全分居，因为人们相信如果不这样的话，即使婴儿不死，也会对他有害”。[⑧] 据说斯瓦希利的禁戒期是一年，[⑨]巴凌果地区的部落[⑩]和万贾姆希人[⑪]的禁戒期就是哺乳期。另一方面，在从前德属东非洲的一些部落中，禁戒期是短的，在康德兰是两个月，[⑫]瓦波哥罗人的禁戒期是三个月，[⑬]瓦果果人的禁戒期是“几个月”。[⑭] 在英属中非洲，妻子

① 普拉斯：《人种志专论集》，第 6 期，第 203 页。
② 同上书，第 205 页。
③ 霍利斯：《南迪人》，第 66 页。
④ 同上书，第 65 页。
⑤ 霍布利：《人类学会杂志》，第 XXXIII 卷，第 358 页。
⑥ 威尔逊与费尔金，前引书，第 I 卷，第 187 页。
⑦ 罗斯科：《巴干达人》，第 55 页。拉澈尔（《人类史》，第 III 卷，第 16 页）提出了三年。
⑧ 汤姆森：《地理杂志》，第 IV 卷，第 73 页。
⑨ 费尔顿：《斯瓦希利的风俗习惯》，第 73 页。
⑩ 邓达斯：《人种学会杂志》，第 XL 卷，第 60 页。
⑪ 赖卡德：《地理学会杂志》，第 257 页。
⑫ 菲勒博恩：《尼亚萨区域与罗乌马区域》，第 352 页。
⑬ 法布里：《地球》，第 223 页。
⑭ 柯尔：《人种学会杂志》，第 XXXII 卷，第 312 页。

两年间不同丈夫恢复性关系，除非她是唯一的妻子，在这种情况下为六个月到一年。[①] 在米利地区禁戒期是六个月，虽然喂奶持续两年；[②]关于阿汤加人也有相同的记载。[③] 谈到巴隆加人，朱诺德说，在小孩断奶之前没有同居关系，并说，在南非所有的班图部落中也是这样的。[④] 基德证实朱诺德的说明，他说大多数卡菲尔妇女在给小孩喂奶期间严格同丈夫分居，喂奶期往往持续三年。[⑤] 在卢安戈，喂奶期即为禁戒期。[⑥]

十七

迄今为止在考察过的各民族中，不存在什么证据能表明任何做法可使性交不受孕。许多巫术手段被认为具有这种效果，但我们没有理由认为其中任何一种是有效的。在非洲我们又遇到类似的巫术做法，我们必须同样认为它们没有效果。但在这一区域，我们也第一次遇到性质完全不同的做法。非洲大陆不同地区的许多民族熟悉阻止受精的手段。我们不需要描述这一结果是如何达到的。[⑦] 对于这一课题有兴趣的人可以去看朱诺德的记载。非洲其他部分所使用的方法，同那里描述的方法显然是类似的。整个南

① 斯坦纳斯：《人种学会杂志》，第 311 页。
② 费尔金：《爱丁堡产科学会报告书》，第 IX，第 31 页。
③ 约翰斯顿：《英属中非洲》，第 415 页。
④ 朱诺德：《巴隆加人》，第 490 页。
⑤ 基德：《主要的卡菲尔人》，第 19 页。
⑥ 帕丘-罗歇：《卢安戈探险》，第 31 页。
⑦ 朱诺德：《南非洲部落》，第 I 卷，第 488 页。

非洲[1]、刚果[2]、过去的德属东非洲[3]，也许还有其他地方，都有使用这种方法的知识。一般来说，这种方法是在两种不同条件下使用的。现在没有结婚并在一个时期之内不愿意结婚的人可能采取措施防止怀孕。结婚的人在一定条件下也可能使用这些措施，例如，在通加部落，做父母的就使用这些方法，他们当小孩开始爬的时候就可以性交，但在小孩断奶之前必须避免怀孕。[4] 还有，赫拉尔德港附近的年轻夫妇们，只要他们不能为自己修建一所房屋，就要住在一所特殊的房屋里，这一期间必须不怀孩子。[5]

十八

几乎毫无例外，各处记载的儿童平均数都很小。孟果·帕克显然是指曼丁哥人说："极少妇女有五六个以上的孩子。"[6]在北方尼日利亚，人们提出四五个是最大的数字。[7] 塔尔博特关于埃夸伊民族搜集了一些统计资料，61个已婚妇女平均生育的儿童数是4.3。[8] 伯顿谈到埃格巴人时说："婚姻不是多育的。"[9]根据蒙迪埃尔的说法，阿西尼妇女有六个以上的孩子是极其例外的。[10] 在利

① 朱诺德：《南非洲部落》，参看麦克唐纳：《人种学会杂志》，第XIX卷，第117页。
② 柯罗：《原始社会》，第189页。
③ 菲勒博恩：《尼亚萨区域与罗乌马区域》，第552页注。
④ 朱诺德《巴隆加人》，第55页。
⑤ 菲勒博恩：《尼亚萨区域与罗乌马区域》，第550页。
⑥ 孟果·帕克：《旅行记》，第403页。
⑦ 特里梅因：《人种学会杂志》，第XLII卷，第174页。
⑧ 塔尔博特：《未开垦地的不速之客》，第12页。
⑨ 伯顿：《阿贝奥库塔》，第I卷，第207页。
⑩ 蒙迪埃尔：《人种学评论》，第IV卷，第75页。

比里亚，据说家庭是小的。[①] 在班加拉人中，“一个妇女有两三个以上孩子是罕见的”；[②]另一观察家说到同一民族时指出，“有很多妇女不孕”。[③] 柯罗在讨论刚果盆地的部落时说，家庭是小的。[④] 库库妇女平均生三个孩子。[⑤] 人们提到巴霍罗霍罗妇女生育的小孩数是三至五个，[⑥]巴姆巴拉妇女是三至四个，[⑦]瓦勒加妇女也是三四个。[⑧] 芒毕图人的家庭不大。[⑨] “一个巴亚卡妇女平均生育三个孩子，四个小孩以上的家庭是罕见的。”[⑩]谈到非洲大陆东边的民族，我们发现人们提到斯瓦希利家庭平均有两个小孩。[⑪] 有人搜集到49个阿基库尤家庭的数字，根据这些数字来看，儿童的平均数为三至五个。[⑫] 贝肯妇女“通常强壮、健康、能生小孩，但她们中间从来很少有六个小孩，三个是每个妻子的平均数”。[⑬] 万札姆基人的母亲生两三个小孩——最多生五个小孩。[⑭] 在尼亚萨湖以

① 巴蒂科弗:《人种志国际档案》,第82页。

② 奥弗堡与琼夫:《人种志专论集》,第1期,第201页。

③ 威克斯:《人类学会杂志》,第XXXIX卷,第420页。

④ 柯罗:《原始社会》,第138页。

⑤ 普拉斯:《人种志专论集》,第6期,第208页。

⑥ 施米茨:《人种志专论集》,第9期,第595页。

⑦ 陶德与乔埃斯:《人类学会杂志》,第XXXV卷,第51页。

⑧ 德尔海斯:《人种志专论集》,第5期,第157页。

⑨ 奥弗堡:《人种志专论集》,第4期,第297页。

⑩ 陶德与乔埃斯:《人类学会杂志》,第XXXVI卷,第51页。

⑪ 费尔顿:《斯瓦希利的风俗习惯》,第28页。

⑫ 鲁特勒奇:《史前民族》,第136页。由于家庭的数字不全,这些数字,从某种程度上说是不确定的。

⑬ 罗斯科:《人类》,第IX卷,第118页。再参看同一作者的《北方班图人》,第151页。

⑭ 赖卡德:《地理学会杂志》,第255页。

南的部落中，“每个家庭的平均儿童数是三至五个”。[①] 马卡拉卡民族“不多育，妇女……生育的小孩数极少超过三个这一平均数”。[②] 最后，霍坦托特人“极少有两三个以上的小孩”，并且“许多妇女是不生育的”。[③] 同样，马达加斯加的土人“通常没有很大的家庭，而且相当一部分家庭根本没有小孩”。[④]

十九

非洲各个地区的许多民族实行堕胎。坦达人的已婚妇女极少堕胎，未婚妇女堕胎比较普遍。[⑤] 谈到尼日利亚的一些部落时特里梅因曾提到堕胎。[⑥] 看来在刚果地区比在非洲其他地方，总的说来，堕胎是更加常见的。“在整个刚果土地上堕胎极为寻常（虽然巴亚卡人不知道堕胎），北部和中部最为盛行。”[⑦]至于这一地区的各民族，我们发现人们指出在班加拉人[⑧]、巴华纳人[⑨]、瓦勒加

① 斯坦纳斯：《人种学会杂志》，第 310 页。

② 埃尔顿：《日记》，第 6 页。

③ 巴罗：《旅行记》，第Ⅰ卷，第 97 页。再参看西阿尔：《非洲的黄皮肤和黑皮肤民族》，第 86 页。

④ 利特尔：《马达加斯加》，第 64 页。

⑤ 德拉库：《人种学评论》，第 45 页。

⑥ 特里梅因：《人类学会杂志》，第 XLII 卷，第 171 页。

⑦ 约翰斯顿：《乔治格伦费尔与刚果》，第 671 页。

⑧ 威克斯：《人类学会杂志》，第 XXXIX 卷，第 449 页；奥弗堡与琼夫：《人种志专论集》，第 1 期，第 201 页。

⑨ 陶德与乔埃斯：《人类学会杂志》，第 XXXVI 卷，第 228 页。

人[1]、阿巴布瓦人[2]和奥诺洛夫族人[3]中堕胎是常见的;堕胎也存在于芒毕图人[4]和布桑果人[5]中,但不那么常见。从前的德属西南非洲堕胎也极常见。[6] 堕胎在非洲大陆的东半部似乎不那么常见。在阿卡姆巴人[7]和斯瓦希利人[8]中有堕胎的事。在从前的德属尼亚萨地区[9]和英属中非洲据说堕胎是常见的,[10]在赞比西河流域据说也是相同的。[11] “卡菲尔社会各个阶级的妇女几乎普遍实行”堕胎。[12] 谈及马达加斯加时,人们也会提到堕胎。[13]

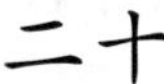

二十

整个非洲几乎每一部落都在它们认为不祥的一些条件下杀害儿童。这些条件的例子是,出生过程的异常、双生或上牙比下牙先生出来。失去母亲的孩子有时也会被杀害。这些习惯累积起来的

① 德尔海斯:《人种志专论集》,第5期,第147页。

② 哈尔金:《人种志专论集》,第7期,第259页。

③ 罗希布鲁诺:《人种学评论》,第283页

④ 奥弗堡:《人种志专论集》,第4期,第298页。

⑤ 陶德与乔埃斯:《人类学会杂志》,第XXXVI卷,第111页。

⑥ 吕伯特:《探险家的汇报》,第XIV卷,第88页。

⑦ 霍布莱:《阿卡姆巴人》,第58页。

⑧ 费尔顿:《斯瓦希利的风俗习惯》,第29页。

⑨ 菲勒博恩:《尼亚萨区域与罗乌马区域》,第352页。

⑩ 约翰斯顿:《英属中非洲》,第417页;安古斯,《阿基姆巴与齐皮塔兰》,第324页。

⑪ 莫姆:《赞比亚》,第339页。

⑫ 马克莱恩:《卡菲尔的法律与风俗》,第62页。

⑬ 艾利斯:《马达加斯加史》,第Ⅰ卷,第55页。

影响不可能是重大的，我们可以不去管它们。就我们讨论澳大利亚人时使用“杀婴”这一名词的意义来说，在非洲还没有发现杀婴，这几乎是普遍的情况。唯一的例外可以在霍坦托特人中和在马达加斯加看到——在这两个例证上，实行杀婴的民族不属于黑种人或班图人血统。前者据说经常杀害他们的女孩，[①]而在马达加斯加杀婴是极常见的。[②] 在上面提到的各种不祥条件里，有一个条件在非洲得到广泛的承认，这个条件对我们有关系。畸形或残疾儿童几乎总是被杀害。尤其是豪萨人[③]、卡吉罗人[④]、一般的刚果部落（方族人在这方面特别被提到[⑤]）、曼得加人[⑥]、巴桑格人[⑦]、阿巴布瓦人[⑧]、布桑果人[⑨]、瓦尼卡人[⑩]、瓦卡姆巴人[⑪]、伦达地区[⑫]、林

① 科尔本：《好望角》，第Ⅰ卷，第144页。

② 艾利斯：《马达加斯加史》，第Ⅰ卷，第155页；利特尔：《马达加斯加》，第60页。

③ 特里梅因：《豪萨迷信》，第93页。

④ 特里梅因，《尼日利亚的斩取人头者》，第239页。

⑤ 柯罗：《原始社会》，第177页；沃德：《人类学会杂志》，第XXIV卷，第291页。陶德（《露营与徒步旅行》）在讨论巴亚卡人时，指出他们是刚果各部落杀害畸形儿童这个一般通则的例外。

⑥ 高德：《人种志专论集》，第257页。

⑦ 奥弗堡：《人种志专论集》，第3期，第241页。

⑧ 哈尔金：《人种志专论集》，第7期，第260页。

⑨ 陶德与乔埃斯：《比属刚果博物馆年鉴》，第3辑，第Ⅱ卷，第113页。

⑩ 克拉普：《旅行记》，第193页。

⑪ 希尔德布兰特：《法律与风俗》，第293页。

⑫ 利文斯顿：《劳动与旅行记》，第577页。

德内地[①]、英属中非洲[②]、葡属东非洲[③]、卡菲尔人[④]和霍坦托特人[⑤]记载了这种风俗习惯。

二一

非洲大陆各个地方战争的性质与次数相差极大。虽然在一些部落和一些地区里战争像在美洲一样残酷，但总的说来，作为一个淘汰因素，它在非洲的效果比在美洲要小得多。由于北方的黑人民族长期以来同哈姆部落与闪族部落接触，因此情况有些复杂；后者对前者发动了战争，从而大为影响黑种人的历史。战争活动开始了，并像波浪似地传播到整个非洲大陆。

战争在塞拉利昂的加里纳人[⑥]中或在多哥兰的埃维民族[⑦]中不是极其严重的问题，而在达荷美[⑧]和贝宁[⑨]就很不相同，人们常常描述这一地区的女英雄们。[⑩] 特里梅因关于尼日利亚的猎取人头者提供了一篇记载，他们的习惯必然成为大量淘汰的原因。[⑪]

① 菲勒博恩：《尼亚萨区域与罗乌马区域》，第 62 页。

② 约翰斯顿：《英属中非洲》，第 417 页。

③ 莫姆：《葡属东非洲》，第 270 页。

④ 巴罗：《旅行记》，第Ⅰ卷，第 157 页；基特：《主要的卡菲尔人》，第 202 页；苏特：《纳塔尔的卡菲尔人》，第 88 页。

⑤ 西阿尔：《历史与人种志》，第Ⅰ卷，第 48 页。

⑥ 哈里斯：《人种学会纪要》，第Ⅱ卷，第 27 页。

⑦ 艾利斯：《埃维语各民族》，第 190 页；麦克莱恩：《概要》，第 62 页。

⑧ F. E. 福贝斯：《达荷美》，第 15 页。

⑨ 罗思：《大贝宁》，第 125 页。

⑩ 参看福贝斯：《达荷美》，第 23 页。

⑪ 特里梅因：《尼日利亚的猎取人头者》，随处。

整个这一地区，特别在亚山蒂[①]与贝宁，人们进行大规模屠杀，导致了重大的生命损失。[②] 再往南到刚果地区，我们看到战争是淘汰的一般重要因素。[③] 威克斯描述了家庭、城镇和地区战斗——后两者是从前者发展出来的，看来接着就会发生大量的生命与物资损失。[④] 杜·瑟律描述了舍加尼部落里他所谓的“流血争执”：“往往卷入十多个村落，……若干月甚至若干年地进行杀害与掠夺。”[⑤]“当战争在这个地方（巴卡莱人的）极少发生时，仍然没有平静与安全。不管是白天或是夜里，任何村庄里都没有一个男人或女人可以向任何方向挪动一步而不担心死亡。……最后，整个地区的人口消失了；没被杀害的人逃离了他们的村庄。”[⑥]伯罗斯描述上威里地区的部落时说，他们都生活在“永远交织着的战争状态中”。[⑦] 战争与伤亡对于班亚拉人数具有看得出的影响；[⑧]战争在巴姆巴拉人中是常事，但并不很残酷。[⑨] 关于巴华纳人我们听说，“战争是常事，并且有些战争持续若干年”；[⑩]关于巴亚卡人我们听

① 比彻姆：《亚山蒂人》，第 207 页。

② 参看艾利斯：《埃维语各民族》，第 117 页及以后。

③ 柯罗：《原始社会》，第 348 页。

④ 威克斯：《刚果的野蛮人》，第 222 页。

⑤ 杜·瑟律：《勘探与冒险》，第 161 页。

⑥ 同上书，第 386 页。

⑦ 伯罗斯：《非洲部落》，第 38 页。

⑧ 柯奎尔哈：《上刚果》，第 287 页；奥弗堡与琼夫：《人种志专论集》，第 1 期，第 413 页。

⑨ 陶德：《露营与徒步旅行》，第 97 页及以后；陶德与乔埃斯：《人种学会杂志》，第 XXXV 卷，第 416 页。

⑩ 陶德与乔埃斯：《人种学会杂志》，第 XXXVI 卷，第 289 页。

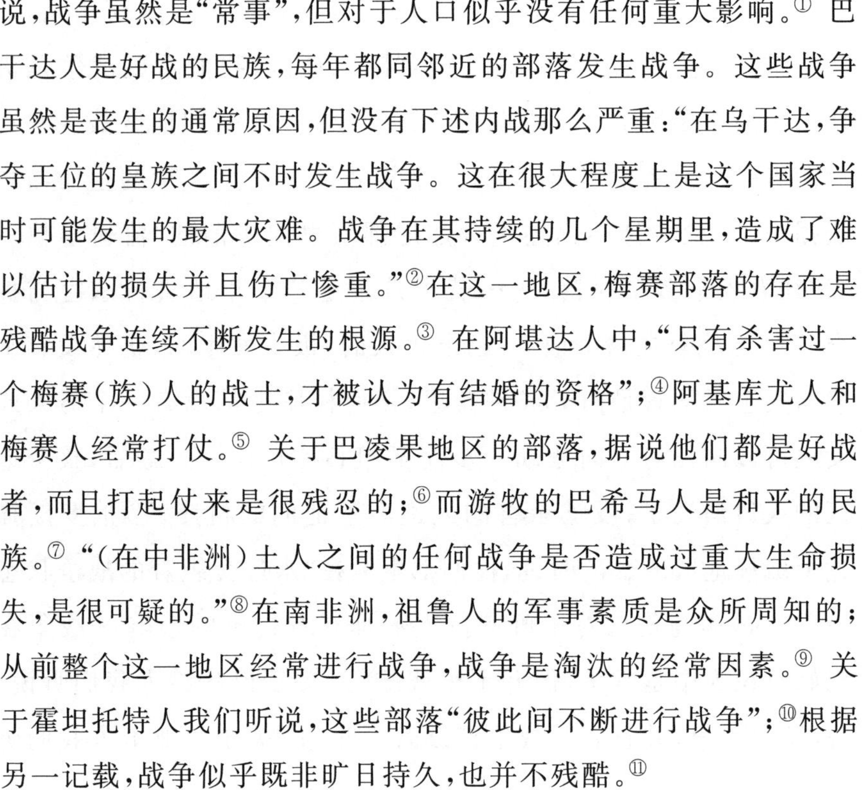

说，战争虽然是“常事”，但对于人口似乎没有任何重大影响。[①] 巴干达人是好战的民族，每年都同邻近的部落发生战争。这些战争虽然是丧生的通常原因，但没有下述内战那么严重：“在乌干达，争夺王位的皇族之间不时发生战争。这在很大程度上是这个国家当时可能发生的最大灾难。战争在其持续的几个星期里，造成了难以估计的损失并且伤亡惨重。”[②]在这一地区，梅赛部落的存在是残酷战争连续不断发生的根源。[③] 在阿堪达人中，“只有杀害过一个梅赛（族）人的战士，才被认为有结婚的资格”；[④]阿基库尤人和梅赛人经常打仗。[⑤] 关于巴凌果地区的部落，据说他们都是好战者，而且打起仗来是很残忍的；[⑥]而游牧的巴希马人是和平的民族。[⑦] “（在中非洲）土人之间的任何战争是否造成过重大生命损失，是很可疑的。”[⑧]在南非洲，祖鲁人的军事素质是众所周知的；从前整个这一地区经常进行战争，战争是淘汰的经常因素。[⑨] 关于霍坦托特人我们听说，这些部落“彼此间不断进行战争”；[⑩]根据另一记载，战争似乎既非旷日持久，也并不残酷。[⑪]

---

① 陶德与乔埃斯：《人种学会杂志》，第XXXV卷，第49页。

② 罗斯科：《巴干达》，第346页。

③ 霍利斯：《梅赛人》，随处。

④ 霍布莱：《阿卡姆巴人》，第45页。再参看邓达斯：《人种学会杂志》，第XLⅢ卷，第505页。

⑤ 鲁特勒奇：《史前民族》，第13页。

⑥ 邓达斯：《人种学会杂志》，第XL卷。第51页。

⑦ 罗斯科：《人种学会杂志》，第XXXⅦ卷，第108页。

⑧ 约翰斯顿：《英属中非洲》，第470页。

⑨ 西阿尔：《非洲的黄皮肤和黑皮肤民族》，第344页。

⑩ 西阿尔：《历史》，第Ⅰ卷，第38页。

⑪ 科尔本，前引书，第Ⅰ卷，第282页。

二二

在整个非洲，相信妖术为死亡的原因，那是常事。而且，作为这一信念的恶果，设想的犯罪者往往被处死。似乎毫无疑问，在许多部落中这一淘汰因素具有某种重要意义。谈到卡拉巴人时，哈钦森说："他们不能相信，或者至少他们不会试图理解自然原因如何产生疾病，而把疾病与随之而来的死亡归因于'伊符得'或妖术，从而计划如何找出加害者。其方法是指定一些人，强迫他们作为埃格博斩头法律的选择对象，让他们吃一定数量有毒的干果。这种干果被认为，如果被指控的人是无辜的，它就无害，如果被指控的人是有罪的，它就要致命。"[①]即使在相对进步的巴干达人中，"自然原因造成的死亡极少在土人的心目中成为结束生命的说得通的解释；疾病似乎更像是妖术寻找恶意出路的结果"。[②] 陶德指出，巴亚卡人是这个一般原则的例外，因为他们接受疾病是死亡的一个原因，当然，"审判妖术者的情况也是有的"。[③] 虽然死亡的原因要在妖术方面去追究这种信念是广泛流传的，但各个地方的淘汰数量相差很大。从前在英属中非洲"这种淘汰极其普通，由于它而造成的死亡，在大的村落里是每天都要发生的事情"。[④] 在南非

① 哈钦森：《西非洲》，第 150 页。再参看同一作者的《十年游荡》，第 54 页。

② 罗斯科：《巴干达》，第 98 页。

③ 陶德：《露营与徒步旅行》，第 137 页。

④ 莫姆：《英属中非洲》，第 276 页。

部落里，“由于被指控玩弄妖术而死亡的人数极大”。[①] 在西非洲，这种淘汰毫无疑问是常见的。[②] 伯罗斯[③]与杜·瑟律[④]关于刚果地区，魏尔纳[⑤]与麦克唐纳[⑥]关于中非洲，朱诺德[⑦]关于南非洲以及帕克[⑧]关于马达加斯加，都提出了类似的证据。谈到刚果地区，威克斯说，人们承认三种死亡形式：(1)由于上帝的行为；(2)由于别人的妖术；(3)由于一个人自己的妖术。由于独木舟覆没而死亡是第一种形式的例证，由于鳄鱼覆没独木舟并葬身鱼腹而死亡是第二种形式的例子，理由是“如果不被妖术所驱使，任何鳄鱼都不会覆没独木舟”。第二种原因造成的死亡和接着处以死刑看来是时常发生的。[⑨]

二三

关于疾病，非洲各民族与这一类别的其他民族情况有些不同。它们从来没有完全断绝同欧亚文明的联系。有些疾病侵害了它们；这些疾病，比方说，在美洲农业民族中是没有的，因为美洲农业民族远在第三时期开始之前就同其余的人类隔绝了。要判断哪些

① 西阿尔：《非洲的黄皮肤和黑皮肤民族》，第205页。
② 威尔逊：《西非洲》，第115与179页；毕卡姆，前引书，第227页。
③ 伯罗斯：《非洲部落》，第43页。
④ 杜·瑟律：《勘探与冒险》，第271页。
⑤ 魏尔纳：《土著种族》，第168页。
⑥ 麦克唐纳：《人种学会杂志》，第XIX卷，第106页。
⑦ 朱诺德：《南非洲部落》，第Ⅰ卷，第417页。
⑧ 帕克：《人种学会杂志》，第Ⅻ卷，第478页。
⑨ 威克斯：《刚果的野蛮人》，第341页。

疾病起源于非洲，哪些疾病是由北方传入的，是一件很难的事情。可能睡病和黑水热发源于非洲。但完全可以肯定，目前在非洲民族中造成大量淘汰的大多数疾病，是从亚洲传入的。这些传入的疾病包括登革热、天花、腺鼠疫、霍乱、亚洲回归热、痢疾、斑疹伤寒和梅毒。[①] 然而，尽管疾病在非洲比在美洲重要，但我们有相当数量的证据大体可以证明，总的说来，在白种人来到之前非洲民族是健康的和长寿的。因此，西阿尔说，非洲的班图民族从前“极少生什么病”；[②]罗斯说，巴干达人“在欧洲文明传入之前是幸福和健康的”。[③] 早年，巴苏托科人以健康著称，[④]他们活到很大的年岁。另外，据说霍坦托特人极少遭受疾病的痛苦。[⑤]

二四

我们看到了儿童高死亡率的许多记载。毫无疑问，今天这主要是由于近几百年之内传入非洲的疾病所造成的。但证据似乎表明，当我们排除这个因素之后，儿童死亡率仍然很高。其所以如此是由于母亲的无知和缺乏照管。哈里斯[⑥]与塔尔博特[⑦]谈到西非

① 关于这一课题参看戴维森：《地理病理学》；克莱莫：《疾病地理学》；赫希：《地理的与历史的病理学》；以及约翰斯顿：《新世界的黑人》，第 15 页及以后。

② 西阿尔：《非洲的黄皮肤和黑皮肤民族》，第 174 页。

③ 罗斯科：《巴干达》，第 174 页。

④ 埃伦伯格：《巴苏托》，第 295 页。

⑤ 巴罗：《旅行记》，第Ⅰ卷，第 109 页。

⑥ 哈里斯：《人种学会纪要》，第Ⅱ卷，第 68 页。

⑦ 塔尔博特：《未开垦地的不速之客》，第 12 页。

洲时，指出了婴儿的高死亡率，并把它同缺乏照管联系起来。孟果·帕克说："婴儿一旦会走路，就可以极自由地跑来跑去。"[①]根据杜·瑟律的意见，"关于照管孩子，她们几乎一无所知；由于错误地看护孩子，她们失去了很大一部分小孩"[②]。在刚果地区，"根据洗礼会传教士持续二十多年的记录，很大一部分儿童死亡——一旦他们出生——是显然的。这主要是由于不适宜的、不消化的或不充分的食物所造成的。格伦费尔有关于用木薯粉饭团喂几个星期大的小孩这种荒谬尝试的记载"。[③] 芒毕图人的许多小孩死了，"因为大约两三岁的时候，它们就得自己照看自己"。[④] 威克斯[⑤]与奥弗堡[⑥]也记载了这一地区其他部落的婴儿高死亡率。看一看下述情况是有趣的：德尔海斯谈到瓦勒加人——一个与世隔绝的原始民族——时说，虽然死亡率高，疾病在儿童中却很罕见。[⑦] 根据古特曼的说法，在瓦德夏加人中，由于极其不适当的喂养方法，许多儿童在婴儿时代就死亡了。母亲从自己嘴里把嚼烂的食物取出来，然后塞进小孩的嘴里。[⑧] 同样，关于祖鲁人、[⑨]巴苏托人[⑩]和卡

① 孟果·帕克：《旅行记》，第403页。

② 杜·瑟律：《勘探与冒险》，第163页。

③ 约翰斯顿：《乔治格伦费尔与刚果》，第Ⅱ卷，第672页。

④ 奥弗堡：《人种志专论集》，第4期，第297页。

⑤ 威克斯：《人类学会杂志》，第XXXIX卷，第418页。

⑥ 奥弗堡：《人种志专论集》，第3期，第244页。

⑦ 德尔海斯：《人种志专论集》，第5期，第157页。

⑧ 古特曼：《地球》，第3页。

⑨ 莱斯利：《祖卢人与阿马通加人》，第198页。

⑩ 萨里斯：《巴苏托人》，第193页。

菲尔各族，[①]一般也记载了婴儿的高死亡率和缺乏照管。

大洋洲

二五

青春期前的性交在大洋洲民族中不是很普遍的。但在新西兰却是常事。“姑娘达到青春期之前就同小伙子性交是常常发生的事情。有时在这么年轻的岁数就结了婚并发生了性行为。”[②]其他几位作者证实了这种情况。[③] 杜马说这种情况从前发生于夏威夷，[④]根据库巴里提出的一项记载，这种风俗流行于帛琉群岛。[⑤]布雷恩虽然实际上没这样说，但他的记载显然指出，在新喀里多尼亚[⑥]性交发生在青春期之前；根据科德林顿关于班克斯岛的记载[⑦]和丹克斯关于新不列颠群岛婚姻习惯的描述，[⑧]也能得出相同推论。克里格提到了英属新几内亚的青春期前性交；[⑨]默里则说，在巴鲁和其他部落中，姑娘们在7—10岁结婚，他还补充说，婚礼之

① 霍尔敦：《非洲部落》，第172页。

② 贝斯特：《人类》，第XIV卷，第32页。

③ 迪芬巴赫：《旅行记》，第Ⅱ卷，第16页；安加斯：《澳大利亚与新西兰》，第Ⅰ卷，第314页；图克：《爱丁堡医学杂志》，第Ⅸ卷，第一部分，第224页；特里吉尔：《人类学会杂志》，第XIX卷，第101页。

④ 杜马：《论文集》，第18页。

⑤ 库巴里：《哥德夫罗伊博物馆杂志》，第Ⅰ卷，第53页。再参看同一作者：《人种志论著》，第148页。

⑥ 布雷恩：《新喀里多尼亚》，第250页。

⑦ 科德林顿：《美拉尼西亚人》，第235页。

⑧ 丹克斯：《人种学会杂志》，第XVIII卷，第288页。

⑨ 克里格；《新几内亚》，第297页。

后立刻发生性行为。[①] 根据塞利格曼的说法，在辛讷果罗人中"性交往往发生于尚未成熟到来月经之前"。[②] 据报道，在爪哇人中有相同的情况，[③]这种情况也极其偶然地发生于西里伯斯的托皮巴托人中。[④]

二六

喂奶期的平均长度似乎至少是两年，也许长些。我们可以提出少数事实。在萨摩亚群岛喂奶期持续两年，[⑤]在所罗门群岛两年或多些，[⑥]在新喀里多尼亚三年以上，[⑦]在斐济群岛两三年，[⑧]在俾斯麦群岛长达三年，[⑨]在过去的德属新几内亚大约三年，[⑩]在沙捞越三至五年，[⑪]在邦都略少于两年，[⑫]在阿伊努人中四五年。[⑬]

① 默里：《巴布亚》，第 195 页。（巴布亚是新几内亚岛的旧名。——译者）

② 塞利格曼，《人类学会杂志》，第 XXXII 卷，第 302 页。

③ 埃普：《荷属东印度群岛》，第 393 页。

④ 克鲁茨：《社会科学杂志》，第 II 卷，第 201 页。

⑤ 普里查德：《波利尼西亚回忆录》，第 141 页。

⑥ 里伯：《两年》，第 144 页。

⑦ 伯纳德：《新喀里多尼亚》，第 288 页。再参看格劳蒙：《人种志评论》，第 VII 卷，第 80 页；洛特希：《地球》，1885 年，第 107 页；以及蒙西龙：《人类学会公报》，第 IX 卷，第 361 页。

⑧ 汤姆森：《斐济人》，第 176 页。

⑨ 瑟姆瓦尔德：《探险》，第 123 页。

⑩ 哈根：《巴布亚人》，第 233 页。

⑪ 罗思：《沙捞越》，第 100 页。

⑫ 詹克斯：《人种观察丛刊》，第 I 卷，第 61 页。

⑬ 希契科克：《史密森学会人种学编辑部年度报告》，1890 年，第 465 页。

二七

关于姑娘们晚婚问题在大洋洲实际上也没有任何迹象。在社会群岛，姑娘们在12—16岁结婚。[①] 在托列斯海峡的西部群岛，姑娘们比男人们年轻几岁就结婚，据说男人们的结婚年龄是20—25岁。[②] 在以上这些地方，极其偶然似乎也有一些不重要的晚婚。但一般说来，显然所有妇女从成熟期开始并在整个成熟期中实际上都结婚了。

二八

生过小孩之后一个时期内重要的戒绝性交是普遍的。毛利人"从小孩出生之后直到小孩断奶之前"停止同居。（托列斯海峡的）整个西部群岛在妇女怀孕的早期就停止同居，并在一定时间之内不恢复同居，小孩睡在丈夫与妻子的中间。在马布拉格，当小孩能自行活动以前，这种限制是生效的。事实上，"在前一个小孩大约三四岁之前，很少生另一个小孩"[③]。在萨维奇岛，"小孩往往吃奶到十二个月，在此期间，其双亲之间性关系的戒绝是严格的"。[④]

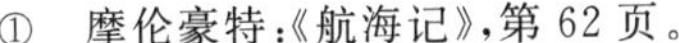

① 摩伦豪特：《航海记》，第62页。

② 《剑桥人类学探险队》，第V卷，第247页。

③ 《剑桥人类学探险队》，第V卷，第199页。

④ 汤姆森：《萨维奇岛》，第141页。

根据库巴里的说法，在帛琉群岛禁戒期持续十个月；[①]根据克雷默的说法，在萨摩亚是六个月。[②] 辛讷果罗的已婚妇女，“在喂奶期间被认为要放弃同居”。[③] 在新几内亚的芬夏芬附近，在小孩会走路能说话之前不恢复性交。[④] 关于所罗门群岛，里伯说有一个“长时期”的禁戒；[⑤]关于新喀里多尼亚，格劳蒙说有几个月，[⑥]在这一点上，另一位观察家说有相当长的时间。[⑦] 在俾斯麦群岛，“在小孩出生之后，直到小孩会走路之前，丈夫不能与妻子同居”。[⑧] “在这整个期间(两三年)，一个斐济人除非有一个以上的妻子，否则他就要过独身生活。”[⑨]同一作者说：“在汤加与吉尔伯特群岛，分居是严格执行的。”[⑩]另一记载把斐济地方的分居期间写成三年，也许“甚至四年”。[⑪]

二九

在这里像在别处一样，我们看到许多论证，提出了目的在于杜

① 库巴里：《哥德夫罗伊博物馆杂志》，第Ⅰ卷，第 54 页。

② 克雷默：《萨摩亚群岛》，第Ⅴ卷，第 38 页。

③ 塞利格曼：《人类学会杂志》，第ⅩⅩⅫ卷，第 302 页。再参看塞利格曼：《美拉尼西亚人》，第 86 页。

④ 谢隆：《人种学杂志》，第ⅩⅩⅧ卷，第 19 页。

⑤ 里伯：《两年》，第 144 页。

⑥ 格劳蒙：《人种志评论》，第Ⅶ卷，第 80 页。

⑦ 兰伯特：《新喀里多尼亚人》，第 104 页。

⑧ 布朗：《美拉尼西亚人》，第 37 页。

⑨ 汤姆森：《斐济人》，第 176 页。

⑩ 同上书，第 178 页。

⑪ 西曼：《维蒂》，第 191 页。

绝怀孕的各种做法。从塞利格曼关于辛讷果罗的记载中我们看到一个好例子。“一般在村庄里有一个妇女，被认为赋有从她的母亲遗传下来的一种力量，能使妇女们成为‘哈加巴尼’，意即不能有更多的孩子。假设一个妇女认为她的孩子够多了，她就会秘密地找个机会求教于这样的妇女，并要支付她的劳务。赋有这种力量的妇女坐在她的病人后边并尽可能地靠近，在病人的小腹上按摩，一面喃喃念着不可理解的咒语，同时焚烧草本或树根，让病人把烟吸进去。”[①]这类做法显然纯粹是妖术，是完全无效的。有许多确切的陈述表明个别民族根本不知道任何有效的避孕方法。有少数例子据说能够并且的确防止了怀孕。例如，克里格说，在从前的德属新几内亚人们知道避孕的方法。[②] 法伊尔提出了据说使用于新爱尔兰的一种方法，这是根据情况推测的记载。[③] 但是，避孕在这一地区只能具有较小的重要意义，这似乎是明显的。

三〇

关于家庭的平均小规模的迹象，在大洋洲和在别处一样，具有相同的显著一致性。在新西兰，“家庭的人数往往很少”。[④] 根据迪芬巴赫的说法，“家庭不大，极少有两三个以上的孩子”。[⑤] 与此

① 塞利格曼：《人类学会杂志》，第XXXII卷，第303页。

② 克里格：《新几内亚》，第165页。

③ 法伊尔：《调查研究》，第31页。

④ 安加斯：《澳大利亚与新西兰》，第Ⅰ卷，第314页。

⑤ 迪芬巴赫：《旅行记》，第33页。

同时布朗说:“他们的孩子极少。在他们中间从来没有看见过大的家庭;同婚姻数比较起来,也许两个孩子就是高平均数。”[①]在托列斯海峡的西部群岛,每家极少有三个以上的孩子;[②]在东部群岛,孩子数在二到六个之间,根本不生孩子的婚姻还不算在内。[③] 在桑威奇群岛,平均数据说是三个。[④] 在萨摩亚群岛,“极少有大家庭的例子”,“四五个就是平均数”。[⑤] 在亚鲁岛民中,平均数据说是三个,[⑥]在帛琉群岛还时常有婚后无小孩的报道。[⑦] 关于马克萨斯群岛,梅尔维尔说:“我从来不知道有两个以上的孩子共同生活在同一家里,甚至这个数都极少见。”[⑧]陶坦搜集了一些关于这些海岛的数字,他发现出生率很低。[⑨] 在金斯密尔群岛,“一个妇女很少有两个以上的孩子,从来没有三个以上的孩子”。[⑩] 塞利格曼博士的印象是,在新几内亚的科伊图人和莫图人中,“婚后无小孩是极其普通的现象”;[⑪]关于这一点,斯通说:“通常他们的孩子是不多的。”[⑫]克里格指出新几内亚的小家庭,并把这种事实归因于

① 布朗:《新西兰》,第 40 页。

② 哈顿:《人类学会杂志》,第 XIX 卷,第 359 页。

③ 《剑桥人类学探险队》,第 Ⅲ 卷,第 108 页。

④ 克雷默:《萨摩亚群岛》,第 335 页。

⑤ 特纳:《萨摩亚群岛》,第 83 页。

⑥ 里伯:《两年》,第 194 页。

⑦ 库巴里:《哥德夫罗伊博物馆杂志》,第 Ⅰ 卷,第 54 页。

⑧ 梅尔维尔:《记事》,第 213 页。

⑨ 陶坦:《人类学》,第 Ⅸ 卷,第 418 页。

⑩ 詹金斯:《航海记》,第 404 页。

⑪ 塞利格曼:《美拉尼西亚人》,第 80 页。

⑫ 斯通:《新几内亚》,第 93 页。

堕胎与杀婴。[①] 在俾斯麦群岛,“家庭照例不很大……许多妇女没有小孩”。[②] 在新爱尔兰,平均数是三个,有四五个的就被认为是大家庭了。[③] 在新喀里多尼亚,每个家庭很少有三个以上的小孩。[④] 斐济妇女不多育。[⑤] 林·罗思看了关于沙捞越人的文献,发现人们往往指出家庭的小规模,并引证了霍顿与怀特黑德的论述。[⑥] 根据霍顿的说法,“一般说每个家庭有两个以上的小孩;平均是三四个,只有一个的很少。”怀特黑德说:“土人的家庭很小;我知道一两个例子,一个母亲有八个或更多的孩子,但许多妇女只有三四个小孩,大多数妇女只有一两个小孩;至于发现她们根本没有孩子,也是常见的。”布鲁克估计,“每个已婚妇女生育四五次”。[⑦] 华莱士从同样事实得到深刻的印象,他尽力研究了这一问题。“根据我对几乎每个戴亚克部落进行访问所做的研究,我确定妇女很少有三四个以上的小孩,并且一个老酋长向我保证说,他从来没听说一个妇女有七个以上的孩子。”[⑧]据博克说也是这样:“一个戴亚克人家庭极少有三四个以上的孩子。”[⑨]哈根估计,每个能生育的

① 克里格:《新几内亚》,第 165 页、293 页与 390 页。诺伊豪斯证实了这一点(《德属新几内亚》,第Ⅰ卷,第 150 页)。

② 布朗:《美拉尼西亚人》,第 37 页。

③ 法伊尔:《调查研究》,第 32 页。再参看史蒂凡与格雷布纳:《新麦克伦堡》,第 16 页。

④ 洛特希:《地球》,第 107 页;得·沃克斯:《加纳克人》,载于《人种志评论》,第Ⅱ卷,第 330 页。

⑤ 布莱斯:《格拉斯哥医学杂志》,第 XXⅧ 卷,第 178 页。

⑥ 罗思:《沙捞越人》,第Ⅰ卷,第 106 页。

⑦ 布鲁克:《沙捞越人》,第Ⅱ卷,第 335 页。

⑧ 华莱士:《马来群岛》,第Ⅰ卷,第 141 页。

⑨ 博克:《斩取人头者》,第 211 页。

已婚妇女生四个孩子，是苏门答腊的奥朗库布人的平均数；[①]马斯登在18世纪写道，他对于低平均生育率感到惊奇；他的意见是，在苏门答腊，“妇女天生不能多生孩子”。[②] 在尼亚斯，平均数是两三个；[③]“爪哇每个家庭的平均人数，如果不比别处多些，大概和别处同样多，据估计只是四个或四个半。”[④]克兰茨对西里伯斯人搜集了一些资料。他算定在托拉格人中每个已婚妇女的平均数是两个半小孩；在托皮巴托人中是四个。[⑤] 阿伊努族人“根本不多生育子女”；[⑥]又据另一作者说，“不会生育许多孩子，往往只有三四个”。[⑦]

三一

堕胎与杀婴是常事，许多地方两种方法都使用。在毛利人中常常说到堕胎，看来是相当普遍的。[⑧] 在托列斯海峡的默里群岛，“堕胎极其普遍”；[⑨]根据哈顿的说法，堕胎在西部群岛极其寻常。[⑩] 关于东部群岛人们也记载了相似的事实。[⑪] 在夏威夷，人们也知

① 哈根：《巴布亚人》，第27页。

② 马斯登：《苏门答腊史》，第219页。

③ 莫迪格里阿尼：《航海记》，第554页。

④ 比克曼：《旅行记》，第278页。

⑤ 克兰茨：《格陵兰史》，第40页。

⑥ 巴切勒：《阿伊努》，第19页。

⑦ 希契科克：《史密森学会人种学编辑部年度报告》，第465页。

⑧ 迪芬巴赫：《旅行记》，第Ⅱ卷，第12页；戈尔迪：《新西兰学会报告书与会议纪要》，第XXXⅦ卷，第110页；图克：《爱丁堡医学杂志》，第Ⅸ卷，第一部分，第735页。

⑨ 亨特：《人类学会杂志》，第XXⅧ卷，第9页。

⑩ 哈顿：《人类学会杂志》，第XIX卷，第359页。

⑪ 《剑桥人类学探险队》，第Ⅵ卷，第197页。

道堕胎;[①]在金斯密尔也就是吉尔伯特群岛堕胎极其流行,[②]在萨摩亚也极为流行。[③] 在罗马[④]与萨维奇岛[⑤]有时实行堕胎。在斐济堕胎似乎相当普遍。[⑥] 据说,在新赫布里底群岛,堕胎是“相当常见的”;[⑦]根据詹米逊的说法,“一部分妇女在堕胎时死去了”[⑧]。新喀里多尼亚[⑨]和所罗门群岛也有极其类似的迹象;大概在后者比在前者更为流行,特别是在这一群岛的东南各岛中。[⑩] 据报道,在俾斯麦群岛常常有堕胎行为发生,[⑪]在亚鲁群岛[⑫]和弗洛勒斯岛[⑬]也是如此。来自新几内亚各部分的证据是相似的。[⑭] 关于吉林克

① 杜马:《论文集》,第 18 页。

② 詹金斯:《航海记》,第 404 页;克雷默:《萨摩亚群岛》,第 335 页,汤姆森:《斐济人》,第 211 页。

③ 克雷默:《萨摩亚群岛》,第Ⅱ卷,第 53 页;特纳:《萨摩亚》,第 79 页。

④ 加迪纳:《人类学会杂志》,第ⅩⅩⅦ卷,第 480 页。

⑤ 汤姆森:《萨维奇岛》,第 141 页。

⑥ 普里查德:《波利尼西亚回忆录》,第 423 页;沃特豪斯:《斐济的皇帝与人民》,第 327 页;汤姆森(《斐济人》,第 180 页)认为堕胎习惯是后来传入的。而布莱斯说,堕胎从前比现在更为流行(前引书,第 181 页)。

⑦ 哈根与皮诺:《人种志评论》,第Ⅶ卷,第 332 页。

⑧ 詹米逊:《澳大利亚医学杂志》,新编号,第Ⅶ卷,第 53 页。

⑨ 伯纳德:《新喀里多尼亚》,第 388 页;罗夏:《新咯里多尼亚》,第 200 页。

⑩ 柯德林顿:《美拉尼西亚人》,第 229 页;里伯:《两年》,第 144 页;帕金森:《人种志国际档案》,第ⅩⅢ卷,第 8 页;埃尔顿:《人类学会杂志》,第ⅩⅦ卷,第 93 页。

⑪ 布朗:《美拉尼西亚人》,第 33 页;丹克斯:《人类学会杂志》,第ⅩⅧ卷,第 291 页;法伊尔:《调查研究》,第 313 页,史蒂凡与格雷布纳:《新麦克伦堡》,第 18 页。

⑫ 里伯:《两年》,第 194 页。

⑬ 里德尔:《世界殖民地评论》,第Ⅱ卷,第 71 页。

⑭ 克里格:《新几内亚》,第 165 页(德属新几内亚),第 292 页(英属新几内亚),以及第 390 页(荷属新几内亚)。

海湾[①]、巴鲁部落[②]、多勒杰附近[③]、马福卢民族[④]、科伊图人与莫图人[⑤]以及南部马西姆[⑥]，堕胎行为被特别提及。在尼亚斯[⑦]、在中央西里伯斯[⑧]、在邦都伊哥罗人[⑨]中以及在米切尔群岛[⑩]，也流行堕胎。

三二

杀婴在新西兰非常流行——比堕胎更为流行。"在新西兰人中杀婴是常事"[⑪]；据另一观察家说，"从前杀婴是很普通的"[⑫]；还有人说，"从前杀婴非常流行"[⑬]。我们听说，"通过杀婴大规模地毁灭人类生命"[⑭]。证据表明，女孩比男孩被杀害的多。[⑮] 杀婴发

① 里德尔：《世界殖民地评论》，第Ⅱ卷，第 392 页。

② 默里：《巴布亚》，第 194 页。

③ 罗森堡：《马来群岛》，第 454 页。

④ 威廉逊：《马福卢族》，第 176 页。

⑤ 塞利格曼：《美拉尼西亚人》，第 135 页。

⑥ 同上书，第 568 页。

⑦ 莫迪格里阿尼，前引书，第 554 页。

⑧ 克兰茨：《格陵兰史》，第 201 页。

⑨ 詹克斯：《人种观察丛刊》，第Ⅰ卷，第 60 页。

⑩ 特纳：《萨摩亚》，第 280 页。

⑪ 安加斯：《澳大利亚与新西兰》，第Ⅰ卷，第 312 页。

⑫ 泰勒：《从毛伊到伊卡》，第 338 页。

⑬ 图克：《爱丁堡医学杂志》，第Ⅸ卷，第一部分，第 221 页。

⑭ 波拉克：《礼仪与风俗》，第Ⅱ卷，第 92 页。再参看米德：《骑马旅行》，第 163 页，和迪芬巴赫：《旅行记》，第Ⅱ卷，第 16 页。

⑮ 布朗：《新西兰》，第 41 页；厄尔：《在新西兰居住九个月记》，第 243 页。

生于托列斯海峡的西部群岛；[①]东部群岛的居民中“在一定数目的孩子出生之后，一切随后陆续出生的孩子都被杀死”。[②] 在吉尔伯特群岛，杀婴是极其流行的；[③]而在萨摩亚和汤加，[④]或者不存在杀婴的事实，[⑤]或者极为罕见。[⑥] 在萨维奇岛，[⑦]在提科皮亚（巴尔威尔群岛）[⑧]和尼索，[⑨]杀婴是相当普通的。在拉罗通加[⑩]和富纳富提[⑪]，“杀婴大规模地进行”；而在塔希提，杀婴大概达到了最大限度。大家知道的亚勒奥伊这个著名秘密会社，据说命令其成员杀害他们所有的孩子。无论如何，杀婴在这个岛上非常流行，不限于亚勒奥伊。[⑫] “最早的传教士发表他们的意见说，不止 2/3 的儿童被他们自己的父母谋杀了。”[⑬]在加罗林群岛[⑭]（除了帛琉岛这个例外），人们不知道杀婴的事。在桑威奇群岛，杀婴显然像在塔希提

① 哈顿：《人类学会杂志》，第 XIX 卷，第 359 页；《剑桥人类学探险队》，第 Ⅵ 卷，第 107 页。

② 《剑桥人类学探险队》，第 Ⅵ 卷，第 107 页。

③ 图伊图伊拉：《波利尼西亚学会杂志》，第 Ⅰ 卷，第 267 页。

④ 韦斯特：《十年》，第 270 页。

⑤ 特纳：《萨摩亚》，第 79 页；布朗：《美拉尼西亚人》，第 47 页。

⑥ 克雷默：《萨摩亚群岛》，第 Ⅱ 卷，第 53 页。

⑦ 汤姆森：《斐济人》，第 141 页。

⑧ 里弗斯：《美拉尼西亚社会》，第 Ⅰ 卷，第 313 页。

⑨ 瑟姆瓦尔德：《人种学杂志》，第 XLII 卷，第 111 页。

⑩ 吉尔：《珊瑚岛》，第 Ⅱ 卷，第 13 页。

⑪ 大卫·埃杰沃斯：《富纳富提》，第 195 页。

⑫ 卢特罗斯：《塔希提岛》，第 12 页。

⑬ 埃利斯：《波利尼西亚研究》，第 Ⅰ 卷，第 249 页及以后；同一作者：《周游夏威夷》，第 325 页。

⑭ 科茨布：《航海记》，第 211 页。

一样普遍。[①] 在斐济岛也杀婴，但女孩比男孩首先被杀掉。[②] 格劳蒙说，在新喀里多尼亚杀婴是“极其普遍”的。[③] 这一点得到伯纳德[④]与孟西林[⑤]的证实，后者指出女孩比男孩先被杀害。在新赫布里底杀婴情况也很普遍，还是女孩比男孩被杀的多；[⑥]据迈内克说，杀婴在塔拉不像在法特那么常见。[⑦] 在班克斯岛[⑧]、拉达克[⑨]、瓦伊塔普[⑩]和马克萨斯群岛[⑪]，杀婴是“极其普遍的”。在所罗门群岛，杀婴似乎不很流行。除了在乌吉，据埃尔顿[⑫]与顾佩[⑬]报道，那里杀婴是常见的；而在这一群岛的其余地方，杀婴似乎是罕见的；[⑭]在圣克斯托瓦尔则是根本没有。[⑮] 杀婴从前在俾斯麦群岛是

① 埃利斯：《夏威夷旅行记》，第 324 页及以后；安加斯：《波利尼西亚》，第 144 页；杜马：《论文集》，第 19 页。最后一位作者说，毫无疑问，杀婴在欧洲人到来之前比以后更加流行。

② 沃特豪斯：《斐济的皇帝与人民》，第 328 页。

③ 格劳蒙：《人种志评论》，第 79 页。

④ 伯纳德：《新喀里多尼亚》，第 288 页。

⑤ 孟西林：《土著》，第 357 页。

⑥ 萨默维尔：《人类学会杂志》，第 XXIII 卷，第 4 页。据巴顿说，“惯常实行杀婴”（《新赫布里底》，第 452 页）。

⑦ 迈内克：《普通地理学杂志》，第 IX 卷，第 340 页。

⑧ 柯德林顿：《美拉尼西亚人》，第 229 页。

⑨ 科茨布：《航海记》，第 173 页。

⑩ 特纳：《萨摩亚》，第 284 页。

⑪ 黑尔：《美国探险队》，第 VI 卷，第 15 页。

⑫ 埃尔顿：《人类学会杂志》，第 XVII 卷，第 93 页。

⑬ 顾佩：《所罗门群岛》，第 42 页。

⑭ 埃尔顿：《人类学会杂志》，第 XVII 卷，第 93 页，萨默维尔：《人类学会杂志》，第 XXVI 卷，第 393 页；帕金森：《人种志国际档案》，第 XIII 卷，第 8 页；里伯：《两件》，第 144 页。

⑮ 维戈特：《人种志评论》，第 IV 卷，第 206 页。

常见的。[①] 据塞利格曼说，在南马西姆人中杀婴是“常见的”；[②]在北马西姆人中，如果有一个大家庭女孩很多，就实行杀婴。[③] 关于马福卢族，人们谈到相同的情况。[④] 而一般说来，杀婴在新几内亚似乎有些罕见。默里不相信杀婴存在于巴鲁部落中，[⑤]厄尔威格不相信杀婴存在于图姆辽的居民中，[⑥]牛顿说他只知道新几内亚有一个地方常常杀婴。[⑦] 同样，在戴亚克人中杀婴也确实不普遍。[⑧] 最后，我们应当注意到，“在所罗门群岛和新赫布里底群岛的一些地方‘存在着’一种最惊人的状况，所有的儿童都被杀害了，看来主要是通过杀婴，而替换的孩子是买来的”[⑨]。

三三

战争发生于大洋洲的各个地方；显然，确切记载战争不存在的例子连一个也没有。在一些岛屿上战争像在美洲的任何地方一样残酷，虽然总的说来不能认为战争像在美洲大陆那样是极重要的淘汰原因。毛利人特别熟谙战争艺术，战争“夺去了许多他们最强

① 布朗：《美拉尼西亚人》，第 36 页；法伊尔：《调查研究》，第 18 页。

② 塞利格曼：《美拉尼西亚人》，第 568 页。

③ 同上书，第 705 页。

④ 威廉森：《马福卢族》，第 176 页。

⑤ 默里：《巴布亚》，第 194 页。

⑥ 厄尔威格：《维也纳人类学会报告》，第 XXXII 卷，第 281 页。

⑦ 牛顿：《新几内亚》，第 189 页。

⑧ 圣·约翰：《远东森林》，第 I 卷，第 48 页；布鲁克：《沙捞越人》，第 II 卷，第 337 页。

⑨ 拉澈尔：《人类史》，第 I 卷，第 268 页；罗米利：《西太平洋》，第 68 页。

壮的男人，往往证明对于一个部落极具摧毁性，以致这个部落完全瓦解，直至消灭”。[①] 在默里群岛常常有战斗和袭击邻近岛屿与海岸的行为发生；[②]托列斯海峡所有岛屿的情况是相同的，虽然在东部群岛比在西部群岛战争更加常见些。[③] 据说，“一条命换一条命”在这些民族中是构成战争基础的原则；[④]在桑威奇群岛，这一原因造成的淘汰必然是很大的；例如，我们听说，“他们常常发生残酷的战争”[⑤]。战争在塔希提情况极其相似，“他们的战争是残忍的和破坏性很大的”，[⑥]“敌对的情况有时也是非常平常的事情，虽然其结果并非如此”。[⑦] 战争在萨摩亚似乎同样常常发生，虽然可能不那么残酷。[⑧] 布朗认为，“萨摩亚人的战争长时间有阻止人口自然增长的趋势”[⑨]。“如果愿意打仗的话（在罗图马），找个理由是从来没有什么困难的，因为可以抓住任何口实。”[⑩]这种战斗有时继之以相当大规模的屠杀。[⑪] “（在拉罗通加）战争，不管是进攻性的还是防御性的，是他们的长期嗜好。和平状态极少听说长期

① 迪芬巴赫：《旅行记》，第Ⅱ卷，第16页；特里吉尔：《人类学会杂志》，第XIX卷，第110页。

② 亨特：《人类学会杂志》，XXⅧ卷，第10页。

③ 《剑桥人类学探险队》，第Ⅳ卷，第6页，第Ⅴ卷，第229页；和第Ⅵ卷，第189页。

④ 同上书，第Ⅴ卷，第298页。

⑤ 埃利斯：《夏威夷旅行记》，第4页；杜马：《论文集》，第19页。

⑥ 埃利斯：《波利尼西亚研究》，第293页；卢特罗斯：《塔希提岛》，第17页。

⑦ 埃利斯：《波利尼西亚研究》，第294页。

⑧ 特纳：《萨摩亚》，第189页；普里查德：《波利尼西亚回忆录》，第55页；安加斯：《波利尼西亚》，第270页。

⑨ 布朗：《美拉尼西亚人》，第173页。

⑩ 加迪纳：《人类学会杂志》，第XXⅦ卷，第470页。

⑪ 同上书，第474页。

存在于各部落之间……口角一概导致战争。在战争中,各部落的战士极其拼命地和残忍地进行战斗。”[①]战争是金斯密尔岛民爱好的职业,[②]战争在帛琉群岛是他们的“每天从事的事情”。[③] 战争在马绍尔群岛据说特别猖獗。[④] 据威廉斯说,“斐济极少摆脱战争及其附带产生的罪恶”[⑤];“由于战争和风俗所要求的各种谋杀制度的盛行,在野蛮的斐济人中,自然死亡减少到很小的数字”。[⑥] 另一方面,注意到这一点是很有趣的,即汤姆森认为在斐济像在大洋洲的其他地方一样,战争的破坏性被夸大了。他提出了自己在另一个岛的经验的下列记载,作为他所看到的战争实际上意味着什么的一个例子。“当我们沿着海岸旅行的时候,我们看到每个村落都有它的边界;一个河口,或一棵小树直立在沙滩上,没有一个人敢冒险越过它们。土人尽力劝阻我们不要越过这些边界,说他们的邻人渴望生人的血。但在边境的那一边,我们却看到了温顺的人们,他们对我们通过我们旅行的最后阶段而没有受到伤害感到迷惑不解,因为他们也认为他们邻境的居民是很残忍和凶恶的。每个人生活在对于他的邻人的恐怖之中,带着武器去种地,但这并不妨碍他成为最熟练和勤劳的农民,也不妨碍他活到高龄。恐惧

① 吉尔:《珊瑚群岛》,第Ⅱ卷,第12页。

② 詹金斯:《航海记》,第407页。

③ 库巴里:《哥德夫罗伊博物馆杂志》,第Ⅰ卷,第62页,威尔逊:《帛琉群岛》,第334页。

④ 塞利格曼:《美拉尼西亚人》,第671页。

⑤ 威廉斯:《斐济》,第43页。

⑥ 同上书,第203页。他计算每年的生命损失是1,500—2,000人,并补充说,为了把因为丈夫死亡而被勒死的寡妇包括在内,这一数字还应当加大(第53页)。

是相互的，可极少发生什么战争；对一个妇女或一个没拿武器男人的偶然攻击会使争执世代相传。”[①]战争的残酷性质往往被夸大是极其可能的，实际上事物的真相往往更接近于这位作者所提供的情况。

在新赫布里底，据说时常发生战争；[②]在新喀里多尼亚，战争肯定是常见的，虽然也许不很严重。[③] 同样，在所罗门群岛存在着“不断的战争”。[④] 据罗米利说，“在一次战斗中，当胜利一方能够大为出乎敌人意料之外得以进行大规模的屠杀时，他们不仅杀死男人，还要杀死所有的妇女与儿童”[⑤]。我们从关于新几内亚的描述中得到极其相似的一般印象。科伊图的西部，特别是阿劳瓦与罗库罗库纳，从前与卡巴迪纠缠在几乎不断的战争里；除了这种长期不断的战斗以外，科伊图人似乎极少进行部落之间的战争……相当数量的人死于这些战斗中。[⑥] 关于新几内亚的其他记载提供了这样的印象：虽然常常发生战争，生命的损失却不大。[⑦] 而在戴亚克人中，战争不仅常常发生而且是残酷的，[⑧]有时还杀死妇女与

① 汤姆森：《斐济人》，第 86 页。

② 哈根与皮诺：《人种志评论》，第Ⅶ卷，第 336 页。

③ 兰伯特：《新喀里多尼亚人》，第 173 页及以后；蒙西龙：《人类学会公报》，第Ⅸ卷，第 358 页；罗夏：《新喀里多尼亚》第 304 页；布雷恩：《新喀里多尼亚人》，第 244 页及以后。

④ 顾佩：《所罗门群岛》，第 33 页；维戈特：《人种志评论》，第Ⅳ卷，第 215 页。

⑤ 罗米利：《西太平洋》，第 69 页。

⑥ 塞利格曼：《美拉尼西亚人》，第 121 页。

⑦ 艾贝尔：《新几内亚》，第 129 页及以后；威廉森：《马福卢族》，第 180 页；雷彻：《南太平洋探险》，1908—1910，第 289 页。

⑧ 罗思：《沙捞越人》，第Ⅱ卷，第 117 页；霍斯与麦克杜加尔：《巴干部落》，第 158 页及以后。

小孩。[1] 战争发生于各阿伊努部族之间是造成大量生命死亡的原因。[2]

三四

我们不需要讨论一般争执的普遍情况，因为这些争执是同战争分不开的。但除了继自然死亡而发生的谋杀这种特殊情况之外，还有一种杀人形式值得提出，因为它在这一地区是相当重要的，虽然在别处也不是不常见，特别是在尼日利亚。猎取人头通常是和婆罗洲相联系的，但它也实行于新几内亚和附近各岛屿。猎取人头被看作是勇敢的证明；在基威岛与弗来河，它使年轻小伙子更加容易娶到妻子。[3] 汤姆森在诺曼比岛的一个内地村落里看到一家大门上方悬挂着十三具头颅。[4] 伍德福德看到，由于这种风俗习惯的盛行，整个村落一个个地被摧毁了。[5] 谈到新赫布里底，希克森说："古时候，一个刚砍下的人头是任何婚事商谈不可缺乏的前提条件。"[6]在海上戴亚克人（伊班人）中，猎取人头确实是一种游戏方式；其他的婆罗洲居民，据说只是把它作为战争的一部分

① 罗思：《沙捞越人》，第Ⅱ卷，第120页。

② 巴切勒：《阿伊努》，第15页。

③ 查默斯：《人类学会杂志》，第XXXⅢ卷，第123页。

④ 汤姆森：《英属新几内亚》，第23页。

⑤ 伍德福德：《猎取人头者》，第154页；顾佩：《所罗门群岛》，第16页；罗米利：《西太平洋》，第73页。

⑥ 希克森：《新赫布里底》，第275页。

而加以实行。[①] 虽然猎取人头显然能带来相当的威望，[②]但要说在婆罗洲它是愿意结婚的青年男人不可缺少的条件，那就不是事实。[③] 毫无疑问，这种风俗习惯导致了大量死亡，[④]而且女人或小孩的头和男人的头具有同样的价值。[⑤] 这种风俗习惯在邦都伊哥洛人中也极其盛行。“不知有多少世代了，这些人从来就是凶残的猎取人头者。在邦都和萨摩基的村落中男人十个有九个胸前悬挂难忘的塔图符号，以表明他们是猎取人头者。”[⑥]人们还杀害妇女和五岁以上的儿童。[⑦]

认识不到自然死亡的性质，在这一地区和在我们观察的其他地区，同样是普通的事。谈到新几内亚，罗米利说：“按照土人的观点，无所谓‘自然死亡’。如果一个人逃过了暴力死亡，而死于热病或肺炎，据说他这是被迷住了，是一个魔鬼杀害了他。”[⑧]同样，封·得·桑德在他关于亨博尔特海湾的描述中写道，“一般的意见是，死亡总是由于别人的恶意所造成”[⑨]，结果接着就发生许多谋杀。

---

① 霍斯与麦克杜加尔：《巴干部落》，第187页。

② 戈梅斯：《海上戴亚克人》，第5页。

③ 霍斯与麦克杜加尔：《巴干部落》，第187页。

④ 布鲁克：《沙捞越人》，第Ⅰ卷，第121页；凌·罗特：《沙拉瓦克》，第Ⅱ卷，第143页。

⑤ 布鲁克：《沙捞越人》，第Ⅰ卷，第121页；圣·约翰：《远东森林》，第Ⅰ卷，第68页。

⑥ 詹克斯：《人种观察丛刊》，第Ⅰ卷，第172页。

⑦ 同上书，第182页。

⑧ 罗米利：《来自我的游廊》，第52页。

⑨ 封·得·桑德：《新几内亚》，第Ⅲ卷，第270页。诺伊豪斯：《德属新几内亚》，第Ⅰ卷，第131页，认为这一因素具有相当重要意义。

三五

关于疾病的流行，我们说明疾病在大洋洲比在非洲确实更少见就足够了。疾病作为一个淘汰因素，像在美洲一样其重要意义很小，这大概是事实。[①]

婴儿死亡的证据表明，大洋洲的婴儿死亡率也很高，这是由于无知和缺乏照管。谈到新几内亚，牛顿说："婴儿的死亡率高，但我们猜想这往往是由于以下这种绝对信念：如果一个小孩要发胖的话，他必须吃一些芋头——芋头在那里是主要食物。……人们给不到 24 小时大的婴儿喂芋头。"[②]克鲁茨看到小孩出生后第二年比第一年死的更多，他认为这是由于在第一年里他们得到比较好的照管，在第二年他们开始爬来爬去时，往往由于缺乏护理而死亡。[③] 特纳说，在萨摩亚，不止 2/3 的小孩在儿童时代由于疏忽大意和看管不当而死亡；[④]而邦都伊哥洛人据说毫无照看儿童的卫生知识，儿童就是在这种情况下被抚养大的。[⑤]

① 人们又可以看出来，老的观察家的记载中指出了这些民族通常的良好健康状况。例如，参看科茨布：《航海记》，第 129 页（关于桑威奇群岛）和 170 页（关于拉达克）；切恩：《西太平洋》，第 9 页（关于松树岛）。

② 牛顿：《新几内亚》，第 189 页。关于新爱尔兰，参看史蒂凡与格雷布纳：《新麦克伦堡》，第 18 页，在那里高儿童死亡率被认为是由于遗弃。

③ 克鲁茨：《社会科学杂志》，第Ⅱ卷，第 202 页。

④ 特纳：《萨摩亚》，第 135 页。

⑤ 詹克斯：《人种观察丛刊》，第Ⅰ卷，第 61 页。关于原始民族儿童死亡率的整个问题，可参看格兰德：《论原始民族的绝种》，第 24—39 页。

亚　洲

三六

我们不需要对划分到这一类的其余民族做详尽的研究。他们大部分是驯鹿牧人；比较靠西边的民族长期以来就同欧亚文明接触，尤卡吉斯人在两百年前就转变为基督徒了；[①]即使丘基人也在17世纪前半叶就被发现了。[②] 但这一点是有趣的，即一般来说，他们的情况同我们在别处看到的情况相类似。

科里亚克人[③]与通古斯人[④]的喂奶期持续三年，雅库特的母亲们直到小孩五岁的时候还给他们喂奶。[⑤] 没有晚婚的迹象；有人指出大多数这些民族的人年纪很轻的时候就结婚了。[⑥] 至于儿童数，克拉舍尼尼可夫关于卡姆恰特卡的居民说："一般说来，这些人生育的子女是不多的。"[⑦]索格拉夫提到萨摩耶的儿童数很少。[⑧]

① 博格拉斯：《杰塞普北太平洋探险》，第690页。

② 约克尔森：《亚洲土著》，第Ⅸ卷，第110页。

③ 同上书，第Ⅵ卷，第413页。

④ 同上书，第Ⅸ卷，第104页。

⑤ 萨姆纳：《人类学会杂志》，第ⅩⅩⅪ卷，第79页。

⑥ 例如，关于雅库特人，见萨姆纳：《人类学会杂志》，第ⅩⅩⅪ卷，第79页；关于萨摩耶人，见杰克逊：《大冻地》，第82页；关于通古斯人，见乔治：《随笔》，第Ⅰ卷，第265页。

⑦ 克拉舍尼尼可夫：《卡姆恰特卡史》，第216页。得·莱塞普(《旅行记》，第Ⅰ卷，第133页)。断定平均数是4—5个小孩。人们应当注意到，根据巴拉斯(《旅行记》，第Ⅲ卷，第77页)的意见，萨摩耶人在小孩出生后两个月之内夫妇不同居。

⑧ 索格拉夫：《人类学档案》，第ⅪⅤ卷，第293页。

约克尔森发现，40 岁以上已婚妇女的儿童平均数是五个以上。[①] 在卡姆恰特卡，堕胎与杀婴是常见的；[②]斯特勒斯特别提到堕胎的流行，他说人们常常堕胎。[③] 萨摩耶人会消灭畸形儿童。[④] 人们往往提到这些人的一般健康是良好的。奥斯特雅克人和萨摩耶人都"享受最好的健康并活到很大年纪"。[⑤] 儿童死亡率高。[⑥]

---

① 约克尔森：《亚洲土著》，第Ⅵ卷，第 414 页。

② 克拉舍尼尼可夫：《卡姆恰特卡史》，第 217 页。

③ 斯特勒斯：《卡姆恰特卡》，第 349 页。

④ 萨里切夫：《航海搜集品》，第Ⅵ卷，第 50 页。

⑤ 芬施：《旅行记》，第 538 页。关于通古斯人，参看乔治：《随笔》，第 263 页。

⑥ 关于奥斯特雅克人与萨摩耶人，参看芬施：《旅行记》，第 538 页；关于科里亚克人，参看约克尔森：《亚洲土著》，第Ⅵ卷，第 423 页；关于雅库特人，参看萨姆纳：《人类学会杂志》，第ⅩⅩⅪ卷，第 79 页。

第九章　原始民族的人数调节

一

现在我们必须探索，这些事实对于弄清楚人口问题的数量方面起到什么作用。同我们提供的事实相关的一切民族都存在原始的社会组织形式，其性质我们业已提及，记住这一点，我们就可以首先简短地检查一下人口理论如何应用于存在合作的社会，因为这种原始形式社会组织的存在意味着合作。然后我们就可以进一步把从对人口理论的回顾中弄清楚的道理应用到第一类和第二类民族。再次，我们就可以探索，得自原始民族的情况能在多大程度上应用于第三期开始以前的史前民族。

马尔萨斯是第一个具体提出一种理论的作家，并用证据支持其理论。[①] 在第一章里我们已经讲到关于他的书的起源。根据马尔萨斯自己的说明，在这本书里他试图论述三件事情：人口受到生活资料的限制；当生活资料增加时，人口几乎总是增加的；阻止人

---

① 关于这一课题，参看坎南：《生产与分配理论》，第五卷。在这一节后面的两节里，我们引用了坎南教授的著作。

口增加的障碍有三——恶习、贫困与道义限制。所谓“恶习”与“贫困”，他的意思是疾病、战争、贫穷等等。所谓道义限制，他的意思是戒绝性交。在《人口论》的第一版里没有提到最后一个障碍，在第二版里初次谈到它。

看看马尔萨斯所提论证的性质是很重要的。他的整个理论是关于人口增加和食物增加速度相对比的一种理论。他说，如果没有障碍的话，人口按几何比例增加，食物按算术比例增加。因此必然总有一些障碍在限制人口的增加。他概括地观察了各个国家的社会条件，并指出存在各种各样的恶习与贫困的迹象。在没有实行道义上的限制的地方，恶习与贫困极为猖獗；在实行道义上的限制的地方，恶习与贫困则不那么严重。而且，合起来看，各种障碍必然始终在起作用。根据马尔萨斯的意见，问题只是哪些障碍应当起作用。按照他的看法，增加“道义限制”从而减少“恶习”与“贫困”，这是可取的。而且，必然的结论是，如果障碍总是在起作用，那就不可能产生人口过剩。确切地说，人口过剩概念在他的人口论中根本不存在。人口过剩概念属于较晚的理论，它是以工业生产力为基础的——这个概念在他的书里并没有地位。

在以后各版中，马尔萨斯对于生活资料不可能比按照算术比例增加得更快些这个论点做了保留。美洲人口增加和他的理论不符的事实已经显现得很清楚了，因而他承认在新的地区在一定的条件下生活资料按几何比例增加的可能性。但是，他坚持，在一般情况下生活资料不可能比按照算术比例增加得更快些，因此，他认为他的理论在主要方面仍然是正确的。比例构成他的理论的基础，并总结了他的论证的全部精髓。但是，人们往往说，马尔萨斯没有给予这些比例以很大的重要意义。例如，尼科尔森教授说，他“不是按照精确的意义”使用这些比例，而只是把它们“用作直喻的基础”。[①] 可是坎南教授证明了这种看法无论如何也是没有根据的，他从马尔萨斯的书里引证了一段，以表明马尔萨斯重视人口理论的这一部分。[②]

生活资料只能按照算术比例增加，或者换句话说，平均年度产量的不时增加是不可能的这种主张，很久以来就被统计证明为不正确了。使马尔萨斯关于新的地区做出保留的这类数字，在老的地区里也在出现。在他自己活着的时候，人口普查证明算术比例对于像英国这样“老”的地方也是错误的。我们不必深入研究这些事实，因为这是众所周知的，并且是毫无疑问的。我们所关心的只是人口理论的算术比例部分所包含的错误得以证实所产生的后果。这种后果是，整个论证垮台了，因为它是建立在人口增加和食物增加速度对比的基础上的。坎南教授所说：“作为一个理论，《人口论》垮台了，剩下的只是一堆乱七八糟的事实凑集在一起，表明根本不存在的一些法则的影响。除了算术比例理论以外，在《人口论》里没有任何东西表明，为什么人类的生活资料不能像‘没有受到阻碍的人口’增加得那样快。‘伴随着每张嘴，上帝送来一双手’，那么，为什么较多的人口不能像以前一样供养自己呢？”[③]

① 尼科尔森：《政治经济学》，第Ⅰ卷，第182页，附注。

② 坎南：《生产与分配理论》，第五卷，第143页。

③ 同上书，第144页。

二

马尔萨斯在世时，对上述问题的答案已在发现过程中。在这个世纪的初叶，人们的注意力已被谷物的高价、农业的地位，特别是较为贫瘠的土地被耕种等事实所吸引。在接着发生的讨论中出现了农业报酬递减观念。马尔萨斯对这种讨论做出了贡献。人们业已指出，在实践中必然总得承认，在任何一块土地上使用一定数量以上的劳动是“不划算的”。但在这些年里才第一次弄清楚支持和承认这一事实的理论。主要是由威斯特与李嘉图把问题弄清楚了。我们不需要花费时间与精力来探讨这一理论的发展。只是把这一理论简括地阐述如下就行了。“不管我们是考察一英亩土地抑或整个国家，在达到某一点之后，一定数量的劳动与资本的报酬将减少。但是，只是在广义上的农业技艺维持静止状态的假定之下，才是如此的。”[①]这一法则并不限于农业。它可应用于整个工业。不管什么时候，某一工业所绝对依靠的某种生产因素极其有限，在一定时间之后资本与劳动的等量增加就不能产生等量的报酬。换句话说，相等数量的资本与劳动的报酬将减少。但是，这只有在像上面所说的，当某一生产因素的供应是有限的情况下才会发生。否则，当一种工业扩充时，通常是会发生报酬递增的。除了在报酬递减的情况下，使用的劳动越多越好。

① 尼科尔森：《政治经济学》，第Ⅰ卷，第163页。

谈到农业，据说只在农业技艺没有改进时，报酬递减才会发生。一般来说，所有其他工业也是如此。生产技艺的任何增进通常会使更多的劳动与资本的有利运用成为可能；如果没有进一步的改进，则在一定时间之后将达到一点——报酬递减又跟着发生。彻底研究这些法则的具体运用需要进行漫长而又错综复杂的讨论。因为我们只接触到数量问题的最粗轮廓，所以这样一种讨论在这里是没有必要的。所发生的同我们唯一相关的显著事实是：因为这些法则通常可以应用于一切工业，如果一方面考虑到已知的生产技艺，另一方面考虑到某个时候和某个地区的某个民族的习惯等等，那么，从平均每个人的报酬的角度看，就会有一个最可取的人口密度。事实上，在任何特定条件之下，总会有一个最适宜的人数；如果人口没能达到这一数字或者超过这一数字，则平均每个人的报酬将不如人口正好达到这一数字时的报酬那么大。这一概念很重要，我们可以引证一位近代经济学家用另外的话来阐述同一概念。"在任何特定的时候，或者在结果是同一件事的知识与条件仍然相同的情况下，都有所谓最大报酬点，这时劳动的数量是这样的，即增加或减少它都会减少按比例取得的报酬数量……如果我们假设对全部工业的总报酬在计量上所有的困难都已设法克服，我们就能够看出，在任何特定时候，或在知识与条件仍然相同的情况下，正如每一种工业有一个最大报酬点一样，就所有工业总计，也必然有一个最大报酬点。如果人口的数量没有大到足以使一切报酬达到这一点，则报酬将少于它们可能达到的数量，补救的方法是增加人口；反之，如果人口的数量大到超过这一点，报酬也

将少于它们可能达到的数量，补救的方法就是减少人口。”①

最适宜人数这个概念是可以大为具体发挥的一个概念。但这里只需要注意到，如果一方面生产的技艺在改变而另一方面一个民族的习惯等也在不断变化，像在高级经济阶段发生的情况那样，结果就会使最可取的人口密度常常发生变动。在低级阶段，技艺进展缓慢，社会条件稳定一些，最适宜的人数可能在长时间维持不变。此外，就技艺的进展来说，只要生产技艺的每次进展使劳动生产率得到提高，平均每个人的报酬就会照例增加。这样，这类进展照例会促成较多的人口，并且每个人将有较高的收入。

这种观念的最适宜的人口密度与马尔萨斯提出的观念完全不同。对他来说，那是一个人口与食物相对增加的问题；对我们来说，这是一个人口密度与工业生产力的问题。对马尔萨斯来说，各个时代的情况是极其相同的。按照他的看法，除了在特殊的条件下，任何国家和任何时候的人口总是增加到受生活资料的限制为止，并且处于受到阻碍的过程中——主要是受到恶习与贫困的阻碍。按照近来的看法，技艺的增进给递增的稠密人口带来较大的人均收入。最大可能的收入不是在一切情况下都达到了，这主要是因为人口密度常常增加到超过特定条件下的最适宜人数，即使在别的时候，人口并未能达到可取的水平，也可能产生相同的结果。

① 坎南：《财富》，第68页。这一点往往被误解。比如我们看到以下的说法：“偶然由于意外的条件，英国曾经在短期间人口不足，而这些时期都是……劳动者富裕的时候。”（英奇，前引书，第90页）但已经提出的证据似乎趋于表明从前存在过人口过剩的情况。无论如何，就一个民族的整体来说，人口不足不是发生在经济情况较好的时候。

《人口论》以后各版问世时，虽然也讨论了报酬递减问题，但马尔萨斯没有把这一观念应用到人口问题上去。这是后来的作家进行的。我们不必在现代理论的发展上耽误时间。但看到下面这一点是很重要的：J. S. 穆勒对当代思潮影响极大，可他从来没有摆脱掉马尔萨斯理论在他的青年时代所给予他的深刻印象。他表现出明显地害怕人口过剩，在他的《政治经济学原理》中似乎认为报酬递减是常常发生的，只有在罕见的情况下人口增长才是有利的。他实际上好像认为，在一定阶段之后一切进一步的人口增长都是有害的，并且认为，"工业上最大限度生产力所要求的工业程度好像是某种一成不变的东西"[①]。因此，穆勒的看法虽然以工业生产力为基础，但和取而代之的现代观点不同。从那时起已经明确地建立起这种看法：从生产力的角度来看，不存在什么可取的最大限度人口密度；只要技艺增进而其他情况不变，可取的人口密度就会增加。穆勒的著作起到这样的影响：使马尔萨斯学说原来引起的对人口问题的悲观看法，在英国比在其他地方保持得更久。[②] 穆勒的意见如此激烈，把受道义的约束以限制家庭规模看作是最可取的社会改革之一。这就导致他在下面一段话里发表了这样的意见，同许多人慨叹今天上层社会阶级中出生率下降的意见强烈相反。他说："在人们以对待酗酒或任何其他体力上过度疲劳的同样心情来对待大家庭的出现之前，不可能指望在道义方面有什么改进。但当贵族和牧师站在最前列提供这类不能自制的范例时，我

① 坎南：《生产与分配理论》，第181页。

② 勒鲁瓦-博利厄：《人口问题》，第Ⅲ章。

们还能寄什么希望于穷苦的人呢?"[①]

三

这种关于最适宜人数的概念适用于生活在一定区域的各个集团的人们之间存在社会合作的地方。我们已经看到,所有这些民族都存在一种原始形式的社会组织。这件事本身就意味着一定程度的合作。它还证明这些民族都毫无例外地划分为集团,而这些集团又都严格地局限于一定的地区——同它们随意到任何地方流浪那种更普遍的观念完全相反。我们还可以进一步注意到,这些地区的居民在寻找食物方面或多或少地进行着合作,每个人都有完成他的份额的社会责任。我们可以从第一点开始,回顾一下这种证据。这是很重要的,我们可用较长的篇幅加以研究。

把含有现代法律概念的名词应用于这些民族是容易产生误解而且是危险的;很不巧,可以使用的任何名词都有某种程度的倾向性。但是,我们必须设法描述关于这种民族的风俗习惯的研究结果。人们发现,在所有这些民族中,各个集团的人都毫无例外地被认为当时在极其明确地规定的一定面积土地上,如果没有所有权,就享有用益权。据林·罗思说,塔斯马尼亚部落究竟有没有什么规定的猎场还不清楚。[②] 邦威克肯定地说塔斯马尼亚部落有规定

① 尼科尔森:《政治经济学》,第Ⅰ卷,第180页。
② 罗思:《塔斯马尼亚土人》,第116页。

的猎场。[①] 惠勒认为塔斯马尼亚的情况和澳大利亚相同。[②] 从澳大利亚我们搜集到充分的证据。可是从这个大陆各个地方记录下来的事实却迥不相同。我们要么认为各地的风俗习惯不同,这是完全可能的;要么认为许多观察家错了,可是考虑到他们的陈述的肯定性,这是不大可能的。惠勒评论了这些证据并概括他的结论如下:"我们的资料表明,无论如何在澳大利亚的一些区域存在着土地私有权,但不能从而得出结论说整个部落土地都是这样分配的。分配一般似乎以家庭为单位,但有少数迹象表明,所有权甚至可以授给家长以外的家庭里的一些个人。关于个人或家庭所有权的最清楚陈述似乎来自澳大利亚的东南各地区,那里的自然条件极其悬殊,从而那里打鱼的权利变得重要了。但是,家庭的权利或个人的权利,像地区集团的权利一样,一般都受制于部落的压倒一切的权力。这种情况似乎各处都相仿,虽然关于这一点我们没有明确的资料。"[③]

首先,毫无疑问各地的部落都局限于明确规定的领地之内。[④] 只是对较小的集团有疑问。通常的生活方式是按照一至三家组成的小集团活动,这些小集团往往形成地区集团的一部分,但在例外情况下它们也可以就是实际上的地区集团。只是在比较肥沃的地

① 邦威克:《塔斯马尼亚人的起源和日常生活》,第 83 页。

② 惠勒:《澳大利亚的部落》,第 35 页。

③ 同上书,第 45 页。马林诺夫斯基(《澳大利亚土著的家庭》,第 152 页)评论了这种部落的压倒一切的权力,他说,这一权力是模糊不清的。

④ 例如,关于西澳大利亚参看布朗:《人类学会杂志》,第 XLIII 卷,第 144 页;关于中澳大利亚,参看斯潘塞与吉伦:《土著部落》,第 7 页;关于维多利亚,参看斯坦布里奇:《人种学会报告书》,新刊号,第 I 卷,第 286 页。

区里生活上有联系的家庭，其数字才大一些。[①] 按部落划分的这些地区集团，似乎通常在部落领地里都有它们的明确规定区域。因此在谈到西澳大利亚的卡里拉部落，布朗说："地区集团的领地，以及它所有的产出、动物、蔬菜和矿产，都属集团的成员共同所有。这个集团的任何成员在任何时候都有权利在他的集团的领地上打猎。但是在没有得到其他地区集团领地所有主允许的情况下，他不得在任何其他领地上打猎。"[②]

在一些地区里看不出土地的进一步划分。布朗谈到西澳大利亚时说："我未能发现对土地的任何部分以及它的任何产品的个人所有权的任何迹象。集团的整个领地和领地上的一切东西似乎同样属于集团的所有成员。"[③]在别的地方我们听说家庭所有权；斯坦布里奇谈到维多利亚时说，部落的土地"从远古时起就分配给它的各个家庭，并通过直接继承留传到现在这一代"。[④] 而且，还有一些记载提到个人所有权。乔治王湾的土人"生活在一起，对于在附近的土地上打鱼和狩猎有垄断的权利，这些土地事实上划分为个人财产，每个人占有土地的数量相当大"。[⑤] 埃尔谈到在部落的各个成员中分配土地的情况。"每个男人都有一块土地，他总是能够指出它确切的边界。这些财产又由父亲在世时分配给儿子，并

① 马林诺夫斯基：《澳大利亚土著的家庭》，第 156 页。

② 布朗：《人类学会杂志》，第 XLIII 卷，第 145 页。斯潘塞与吉伦描述了地区集团对于石矿的所有权，在这些石矿里发现了适于做工具的石头（《土著部落》，第 590 页）。

③ 布朗：《人类学会杂志》，第 XLIII 卷，第 146 页。还可参看斯潘塞与吉伦：《北方部落》，第 27 页。

④ 斯坦布里奇：《人种学会报告书》，第 286 页。再参看帕克：《土著》，第 12 页。

⑤ 布朗：《地理杂志》，第 I 卷，第 12 页。

且几乎世代相传下去。”[①]作为澳大利亚人关于财产这一主题所采取的看法的进一步例子，人们还应当注意到史密斯所描述的通过继承转手的个人占有的树产。[②] 同时卢姆霍尔茨说：“如果一个土人在树上发现一个蜜蜂之巢，但是没有机会把它马上取下来，他可以有把握地留到另一天来取；如果发现者说明这件事或者在树上做个记号，他对于这个蜂巢就有所有权，其他任何都不会去碰它，就像西昆士兰一些地方的习俗那样。”[③]

我们到处可以发现，承认集团对于界限清楚的地域具有或多或少的垄断权利的类似证据。[④] 的确，每个部落都有它自己的明确规定的领地。看来，下述情况是极可能发生的，即在大多数地方，部落的领地又分配给各个地区集团，如果确是不再进一步分配下去的话。布什门人从前划分为各个部落，这些部落“占有确定的一块一块的土地，它们把这些土地看作是祖传的狩猎场”。[⑤] 他们对于财产的尊重可以通过这一事实体现出来，即当一个人发现一个蜂巢，他在巢上做个记号，于是蜂巢就成为“发现者的神圣财产”。[⑥] 克鲁特萨克描述了爱斯基摩部落的界线清楚的领地，他们把季节性迁徙限制在规定的区域之内。[⑦] 土地的进一步分配似乎不超过在各村落之间分配，一个村落的居民有权利拒绝同意任何

① 埃尔：《日记》，第Ⅱ卷，第297页。

② 史密斯：《维多利亚土著》，第Ⅱ卷，第145页。

③ 卢姆霍尔茨：《野蛮人》，第147页。

④ 参看格罗斯：《家庭的形式》，第35页。

⑤ 斯托：《土著民族》，第35页。

⑥ 同上书，第86页。

⑦ 克鲁特萨克：《以爱斯基摩人身份出现于爱斯基摩人中》，第227页。

陌生人在邻近地区永久定居。“如果一个新的家庭打算在一个定居点安家，新来的人必须等待已经在那里安家的人的同意，这种同意是通过某种殷勤或欢迎的示意动作来表示的。陌生人可以把他们的船拢岸，但不能把他们的东西搬上岸去。如果已安家者没有发出欢迎的示意动作，陌生人就得把船划开，再去找别的地方。”[①]众所周知，美洲印第安人承认清楚规定的部落边界，我们不必试图通过引证的方法来说明这种事实。[②] 也许不像以上这样为众人所知，还有许多迹象暗示了家庭甚至个人的地产。首先，我们常常听到一个村落里的居民对于一块块土地的权利。“每个部落都有它的一些村落基地和相连的渔场与猎场；只要这些人继续住在这些基地上并经常在他们的猎场里打猎，他们就可以向一切侵入者宣称村落和渔猎场是属于他们的。”[③]哈蒙谈到加利尔部落时说：“每个村落的人都有一定面积的土地，他们认为这块土地是属于他们的，在这块土地上他们可以打鱼和狩猎；但在没有从别的土地所有者那里把所有权买来的情况下，他们就不能越出自己的土地的边界。”[④]希尔·陶特关于西廷奈写道，猎场归部落的首领们所有，“猎场的界线总是被极其明确地加以规定”。[⑤] 关于更加游牧成性

① 林克：《土著》，第 31 页。

② “库克船长发现阿特部族‘对于他们的土地所产出的一切东西具有独占财产权利的极其明确观念’，以致他们甚至对于木头、水和草都要求偿付。他们的部落财产界限规定得极其明确，但个人极少要求什么地产。”（班克罗夫特：《土著民族》，第Ⅰ卷，第 191 页）再参看戴伦堡：《北美洲人》，第 410 页及以后。

③ 《美洲印第安人手册》中“土地所有权”一文。

④ 哈蒙：《日记》，第 255 页。

⑤ 希尔·陶特：《英属北美洲》，第 147 页。再参看班克罗夫特：《土著民族》，第Ⅰ卷，第 118 页。

的东廷奈，我们听说许多小集团使用同一个猎场；但是，这些地区不被看作是绝对属于它们的。[①] 在内陆的萨利斯人当中，“一切狩猎、打鱼、掘根和采果场所都是公共财产，大家同样享受”。至于在沿海的部落中，生产食物的场所是部族与地区集团的财产。[②] 根据其他记载，似乎在一些地方，家庭与个人所有权得到了承认。这特别适用于太平洋沿岸部落的渔场，在那里“各种长度的海岸被各个家庭的首领们看作是保有私人打鱼权利的，这些权利从父亲传到儿子，并且总是受到尊重”。[③] 斯旺顿关于夏洛特皇后群岛的海达人的风俗习惯提出了一个特别有趣的记载。“每个海达家庭都有它的小湾或小湾的一部分，它的冒烟的房子就建在湾上。一些较小的湾据说是无主的；另一方面，一些家庭据说没有土地。在后一情况下，它们必须等别的家庭采完了才能采果子，而且要为这种特权支付报酬。如果得到所有者同意并支付一定代价，任何家庭都可以在别人的土地上采果子，但要在所有者采完果子之后。”[④] 在提到锡特金印第安人时，埃利奥特说：“海岸线，特别是小溪与河流的沿岸都被适当地分配给各个家庭。这些土地完全被看作是私人财产。”[⑤]克劳斯关于特林基特人提出了只能做个人私有地产的

① 希尔·陶特：《英属北美洲》，第 157 页。

② 同上书，第 159 页。

③ 《美洲印第安人手册》中“财产”一文。关于利卢埃特印第安人这方面的描述，参看泰特：《杰塞普北太平洋探险》，第Ⅱ卷，第 255 页；再参看班克罗夫特：《土著民族》，第Ⅰ卷，第 230 页，和尼布拉克：《史密森学会年度报告》，第 298 页与 337 页。

④ 泰特：《杰塞普北太平洋探险》，第Ⅴ卷，第 71 页。

⑤ 埃利奥特：《北极地区》，第 54 页。

记载。[1] 韦达人中流行的异乎寻常的制度值得我们注意。“整个韦达领地划分为许多小的猎场，每个家庭占有一个猎场。”安排是极其周密的；按土地好坏的不同，每块土地的面积也不一样，并且每块土地都有一块丘陵地带，这样每个家庭“在雨季就都有了着落而不必侵犯别的家庭的领地。”[2]库珀极其充分地评论了关于弗韦果人的证据。据说共产主义存在于他们之中。这是不正确的。他说：“所有弗韦果人都是游牧民，可是一个雅凡人，比方说，绝不轻易侵入阿拉加卢伐或奥纳的领地去偷偷地打猎或打鱼。即使在公认的部落领地里，弗朗教授与达本士明确地而加拉多博士则含蓄地证实，在奥纳人中存在着或多或少的明确划出的家庭猎场。”

四

现在我们来看看第二类民族。我们在每个地方都可以看到部落领地是得到公认的，而且同渔猎民族相比，个人占有土地的例证没有增加，较小集团占有土地的例证数字却增加了，而公社所有权例证数字则相应减少了，这种情况也得到了公认。[3] 我们并不关

① 克劳斯：《特林克特印第安人》，第 167 页。在撇开对印第安人的叙述之前，我们应该注意到每个家庭照例都有它自己的食物储备。据了解，有各种不同储存食物的方法。迁徙较多的萨利斯人与廷奈人，把他们的食物或者储存在孤立的棚屋里，放在离地几英尺高的位置上，或者储存在像井的洞里，那里的土壤特别干燥。参看希尔·陶特：《英属北美洲》，第 108 页。

② 萨拉辛夫妇：《锡兰调查》，第Ⅲ卷，第 475 页及以后。再参看塞利格曼：《美拉尼西亚人》，第 106 页。

③ 霍布豪斯、惠勒与金斯伯格：《原始民族的制度》，第 243 页及以后。

心土地使用权变化的具体情况。关于各个部落的情况提出少数描述,可以作为这些民族各个集团从明确规定的土地面积上取得他们的生活资料方式的例证。“在纳瓦霍人中,一块块土地分配出去并作为氏族的土地保存,这个部落是母系社会,因而这块土地也被氏族的成员们说成是‘我母亲的土地’。妇女在这样的土地上耕种和收获玉米等等,产品被公认为她们的财产。”[①]关于北美洲印第安人,我们常常听说:“占有这个事实逐渐确立了占有一块土地的权利,部落或个人从这块土地上取得食物。这种占有是印第安人所公认的唯有土地使用权制度。他们从来没有形成土地可以买卖的概念……只要一个人耕种某块土地,他对这块土地的要求权是没有争议的,但如果他不在这块土地上从事耕种,任何愿意要这块土地的人都可以取得它。据库欣说,在祖尼人中,不论婚前或婚后,如果一个人取得了一块没被占领的土地,这块土地就严格地属于他,但说是他的氏族的财产,也就是当他死了之后,那个氏族的任何成员都可以耕种这块土地,虽然由近亲接着耕种较好,但不能由他的妻子或子女们接着耕种,因为他们必然属于别的氏族。”[②]同样,奥马哈人在半英亩到三英亩这么大面积的土地上耕种玉米,只要耕种继续下去,他们对于这些土地的财产权就会得到公认。若是他们不种了,任何人都可以取而代之。[③] 墨西哥有一个很周

① 《美洲印第安人手册》中“财产”一文。

② 同上书,“土地使用权制度”一文。

③ 弗拉彻与拉·弗莱什:《史密森学会人种学编辑部第二十七届年度报告》,第269页。多尔西(《史密森学会人种学编辑部第三届年度报告》,第366页)提供了更具体的内容。

密的土地使用权制度。[①] 南美洲的情况同北美洲的情况极其相似。斯皮克斯与马歇斯在谈到巴西时说："野蛮人认为他们所耕种的土地在某种程度上是属于他们的部落的财产……一个或几个家庭联合起来开辟原始森林的一部分并耕种玉米、木薯、棉花或香蕉……每年耕种同一块地，因为每年开辟一块新的森林土地太困难了……耕种了几年的土地被认为属于耕种的家庭，邻人承认这些权利。"[②]

对土地的权利在非洲也极其相似。巴特尔·弗雷尔说："显然，根据在南非洲的早期荷兰人或其他旅行家的记载，每个霍坦特部落都有它的领地，不得到整个部落的许可，陌生人不能侵入领地来放牧或狩猎。每个村庄都有它特定的牧场，若是对他们的畜群的水草需要有利，这个部落的人就可以把他们的席屋移到这块牧场上去。因为每个村庄在某种程度上属于一个家庭组织，从而很难说在多大程度上牧场是公共所有还是个人的财产。"[③]关于埃维民族，埃利斯说，在大多数部落中没有私人地产，但别人不得干扰占有某块土地的家庭。[④] 关于约鲁巴语民族，同一作者说，土地属于社会集体所有，授权于酋长，他根据需要把土地分配给各家族与各家庭。一个人一经分到土地，任何人也不能加以剥夺。他可以把用益权传给子女，但不能出卖土地。[⑤] 塔尔博特说："埃夸伊人

① 乔伊斯:《墨西哥考古学》，第116页。

② 斯皮克斯与马歇斯:《旅行记》，第Ⅰ卷，第83页。

③ 巴特尔·弗雷尔:《人类学会杂志》，第Ⅻ卷，第260页。

④ 埃利斯:《埃维各民族》，第217页。

⑤ 埃利斯:《约鲁巴语民族》，第188页。

领地的任何部分是否现在还无主,那是可疑的。”[①]根据斯考特·埃利奥特的意见,塞拉利昂对于各个家庭的土地权利慎重地加以保持,特别是在饥荒的年月。[②] 在北尼日利亚,“一个人在任何没被占领的土地上可以随意划出一块土地来”,只要他继续耕种这块土地,他就对它拥有所有权。[③] 在上刚果的班加拉人中,“任何城镇的边界都是明确划定的,属于任何城镇的土地都是邻近所有其他城镇所熟知的。如果在不是猎人所属的城镇的土地上杀掉一只动物,猎人必须把一部分——通常是头——送给对土地有权利的城镇的酋长”。[④] 此外,“每个妇女都有她的田地,那是她专有的财产,连一个同乡妇女对这块田地都没有任何权利”[⑤]。布桑果人的猎场是明确划定的;土壤的用益权属于个人,树木为私有财产。[⑥]在芒毕图人中,“每个部落对于它能够打猎、迁徙和建立村庄的领地的边界都了如指掌”。[⑦] 霍布利说,在阿卡姆巴人中有个人地产,这种地产在父亲死的时候传给儿子们。[⑧] 在阿巴布瓦人中,财产的范围是极其明确划定的,也是众所周知的;耕作使财产所有权生效。[⑨] 巴干达人“居住在他们的家园中或耕地中。这些家园往往一个接一个,许多人居住在一个公社里,往往形成四五英里长连

① 塔尔博特:《未开垦地的不速之客》,第262页。
② 斯考特·埃利奥特:《人类学会杂志》,第XXIII卷,第82页。
③ 特里梅因:《人类学会杂志》,第XLII卷,第187页。
④ 威克斯:《人类学会杂志》,第XXXIX卷,第123页。
⑤ 威克斯:《人类学会杂志》,第XXXIX卷,第129页。
⑥ 陶德与乔埃斯:《比属刚果年鉴》,第3辑,第II卷,第91页。
⑦ 万·奥弗堡:《人种志专论集》,第2期,第465页。
⑧ 霍布利:《阿卡姆巴》,第82页与136页。
⑨ 哈尔金:《人种志专论集》,第7期,第493页。

绵不断的园地,每个家庭居住在自己的土地上”。[①] 在阿基库尤人中,即使未开垦的土地“也都属于私人所有,未经所有者的同意别人不能进行耕种”。[②] 在英属中非洲,一个人在建立园子的时候,“完全可以自由选择土地,只要这块土地没被耕种,或没被另外一个人宣称为己有;并且,一旦划定之后,任何人也不能加以干扰”。[③] 关于同一地区我们听说,“这些黑人关于财产具有明确的观念。未开垦的土地往往被认为属于酋长,但已开垦和已圈地则为原先进行耕种或圈地那个人所私有……土人对于大地产和小地产,或他们的王国都具有明确的观念:那些大小地产被某种密植的树标志着,河流与山脉当然被公认为领地的边界或自然限制”。[④] 关于葡属东非洲的通加部落,我们听说,“每个人都有他自己种植的田地”。[⑤] 谈到赞比西河以南的班图民族,西阿尔说:“酋长根据每个家长的宅园需要分配给他足够的土地,只要他耕种这块土地,这块土地就继续归这个人所有。”[⑥]关于贝专纳,康德尔也这样说:“土地属于酋长所有。他把土地分配给他的头人们,头人又依次把土地分配给他的家人。草地不划分。玉米地实际上是耕种者的财产,只要他们耕种这些田地。我发现每块地都属于一个人,通常是由没耕种的荒地同邻近的一块地隔开。”[⑦]在奥瓦赫里罗人中,整

① 罗斯科:《巴干达》,第 15 页。

② 鲁特勒奇:《史前民族》,第 39 页。

③ 沃纳:《非洲》,第 179 页。

④ 约翰斯顿:《英属中非洲》,第 471 页。

⑤ 朱诺德:《南非洲部落》,第Ⅰ卷,第 307 页。

⑥ 西阿尔:《非洲的黄皮肤和黑皮肤民族》,第 230 页。

⑦ 康德尔:《人类学会杂志》,第ⅩⅥ卷,第 86 页。

个土地都是公共财产，但部落和个人对于一些特定地点的权利是得到承认的，只要这些土地已被占用。不管什么人首先占领一个水源和附近的牧场都能够保有他的权利。[①]

关于大洋洲我们只知道主要情况。大洋洲的情况在主要方面与美洲和非洲的情况相仿。在帛琉群岛，每个家庭都有它的一块土地，只要这块土地有人占领和耕种就被认为是私有财产。[②] 在新西兰，"土地首先作为部落的权利被占有；在这种部落权利之内，部落的每个自由战士都对一部分土地拥有特殊权利"。在沙捞越，"每个部落都有它的边界，这是多年来世代相传下来的，因此部落的每个老人都知道它的地区的确切范围"。[③] 在英属新几内亚，我们听说，"适当管理和明确划定的财产权利，当然不是由普通用以指明欧洲人土地要求权的测量的界线来定界，而是由自然特征提供的如地貌情况来标志，并且是众所周知的"。[④] 人们还应当注意到，亚洲北部的民族，像通古斯人与雅库特人，也承认对于一定面积土地的权利。[⑤]

五

转到第二点和第三点，我们发现了在这些地区里，即使最原始

① 汉:《地理学会杂志》,第Ⅲ卷,第 255 页。马达加斯加的情况很相似,关于那里的情况参看帕克:《人类学会杂志》,第Ⅻ卷。

② 威尔逊:《帛琉群岛》,第 297 页。

③ 罗思:《沙捞越》,第 419 页。

④ 汤姆森:《英属新几内亚》,第 194 页。

⑤ 米勒:《通古斯人》,第 46 页。

的狩猎者在寻觅食物方面也存在合作，在分配既得食物方面也存在严格规则的证据。随之而来的，我们发现原始社会存在严格执行的社会责任，每个人必须做他分内应做的事。这样，在渔猎只能合伙进行的地方，在参加渔猎的人和依靠他们生活的人中间，分配猎获物时都有严格的规则。可以用少数例证说明这种情况。豪伊特就澳大利亚分配食物时执行的规则提出了许多具体情况。这些情况不仅各地不同，而且随着打猎形式的不同而不同。以库尔奈人为例，"把一个袋熊煮了，然后切开并剥皮。皮分割为细长片并同这个动物的各个部分一起予以分摊。头分配给杀死这只动物的人。他的父亲分到右肋；他的母亲分到左肋和脊骨，她把脊骨连带一些皮送给她的父母。她的丈夫的父母也得到一些皮。哥哥得到右膀，弟弟得到左膀。姐姐得到右后腿，妹妹得到左后腿，屁股和肝送给帐篷里的青年人"。[①] "如果一个人猎获的野兽或找到的食物只够他自己、他的妻子和他的孩子们吃，那么他不必和别人分摊；但是，如果他发现他的父母没有食物，他要把他所有的食物给他们，自己再外出去另找食物。"[②]"在切巴拉部落中，人们寄希望于所有没生病的男人供应食物。如果一个男人懒惰，待在帐篷里，他就要受到别人的嘲笑和侮辱。"[③]

上面描述的澳大利亚风俗习惯的主要特点在一切渔猎民族中都可以看到，虽然在澳大利亚，常见的这种详细规定的规则，在别

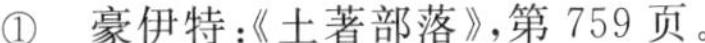

① 豪伊特:《土著部落》，第 759 页。

② 同上书，第 765 页。

③ 同上书，第 767 页。

处是不大常见的。布什门人关于猎获物的分配可能有他们的规则。我们所听到的是他们共享食物。“食物多时，人们就共同享受；挨饿时，就一起忍受饥饿。”[①]我们有爱斯基摩人分享食物和分摊猎获物的证据。关于后者，南森提供了详细情况；[②]关于前者，我们有很多关于村庄在需要者中间分配食物的证据。[③] 关于爱斯基摩人，我们也听说，“每个人只要他能行，应当在海上干猎手这一行，直到他年老干不动了或者有个儿子接替了他为止，这可以被认为是一项法律。他如果忽视这一责任，不仅将受到他家庭其他成员的谴责，也将遭到更广泛的社会非难”。[④] 在印第安人中间，分配食物的规则几乎普遍存在。当哈勒部落的一个猎手杀死一只动物时，他只能得到舌头与肋骨，其余的都根据制度分配出去。[⑤] 同样，利卢埃特人进行猎获物有秩序的分配，其特点之一是，“猎获野兽的人相比于其他人并没有受到优惠待遇”。[⑥] 应用于赛里印第安人的“在生活必需品分配方面审慎公平”[⑦]这类用语，表明存在类似的规则。[⑧]

---

① 斯托：《土著民族》，第 41 页。再参看西阿尔：《非洲的黄皮肤和黑皮肤民族》，第 48 页。

② 南森：《爱斯基摩人生活》，第 113 页。

③ 例如，参看克鲁特萨克：《以爱斯基摩人身份出现于爱斯基摩人中》，第 231 页及以后，与怀姆珀：《旅行和探险》，第 346 页。

④ 林克：《土著》，第 31 页。

⑤ 班克罗夫特：《土著民族》，第Ⅰ卷，第 121 页。

⑥ 泰特：《杰塞普北太平洋探险》，第Ⅱ卷，第 256 页。

⑦ 麦吉：《史密森学会人种学编辑部第十七届年度报告》，第 273 页。

⑧ 希尔·陶特(《英属北美洲》，第 159 页)描述了萨利斯部落的一个例外例证，在这个例证中，“即使食物也是公共保存，并且吃大锅饭，执行族长或工头每天让一个家庭为其余的人供应膳食，每个人依次完成这一社会责任”。

第二类民族的情况是相似的。在斐济，“舆论监督让任何人也不能逃避工作”。[①] 在新爱尔兰岛，“如果一个人不照管家庭，人们将采取同文明民族学生们所实行的极其相似的一种惩罚方式。拿着硬桦枝的男人、女人和孩子们——村庄中的所有人——排成双行；在酋长的号令之下，这个不尽责任的男人要从两排中间穿行一定的次数，受到村里人普遍的棍打”。[②] 关于巴姆瓦人，黑斯曼说：“大家在一起干活……如果哪个人拒绝帮忙耕种，酋长就强迫他干活。我看到一个印第安人在头的一侧和脖子上有一个很长的伤疤，这是由于懒惰而受到惩罚的结果。”[③]

六

这样，情况就很清楚了，在任何原始民族的任何集团中，其成员从他们所局限的特定区域里取得食物时都彼此合作，最适宜的人数原则是适用的。那就是说，在考虑到猎获物的多少、土地的肥沃程度、所使用的熟练方法以及一切其他因素的情况下，有这么一种人口密度，达到这种密度就能赚到每个人平均的最大可能所得；如果实际密度大于或者小于这一可取的密度，则平均所得将少于它可能达到的数字。显然，任何集团接近于这一可取的密度一定有很大的好处。在任何集团面前摆着三种可能性。人们可能达到

① 汤姆森：《斐济人》，第 229 页。

② 安加斯：《波利尼西亚》，第 373 页。

③ 黑斯曼：《美国人类学家》，第 XIV 卷，第 338 页。

这种可取的人数，也可能超过它以至于仅能维持生存，还可能没达到它。离开最适宜的人数过远必然极其不利；如果人数增长到受到饥饿的限制才停止，那么，从可能知道的任何熟练方法的使用中都不能产生任何好处。在这种条件之下，狩猎、打鱼和耕地等活动上的一切发明都没有任何益处。在由于饥饿才限制人数的地方，社会状态也必然不可避免地不稳定。

情况如上所述，那么怎样调节人数呢？首先我们应该看到，在所有这些民族中有许多因素在起作用，它们附带限制人数的增加。这些民族，或者通过降低生育率，或者通过增加淘汰作用，来限制人数的增长。青春期前性交和拖长哺乳期属于前一类，战争和对儿童缺乏照管属于后一类。这些因素有两个特征值得注意。它们对于限制人数增长的影响是附带发生的，这种影响是一些风俗习惯的偶然伴随物。其次，任何单一因素的作用，只要它降低生育率或增加淘汰作用，是相当有规则的。任何时候在任何原始民族中，像拖长哺乳期和早期性交这类习惯一旦形成，就造成生育率的某种程度的降低；像战争和与儿童教养相关的这类风俗习惯则会造成某种一定数量的淘汰。出现的种种因素的性质和它们的影响程度在各民族之间差别很大。但根据以上所说，必然得出这样的结论，任何民族在相当长的时间中所造成的生育率下降数量和淘汰数量没有多大变化。

还有另一类因素，它们的主要的而不是附带的功能要么是降低生育率要么是造成淘汰。这些因素是长期戒绝性交、堕胎和杀婴。这里提出的观点是，在正常情况下每个原始民族都拥有这些风俗习惯中的一种或多种，并且这些风俗习惯施行到导致接近于最适宜人数的程度。关于这一观点，我们可以首先研究这些风俗习惯的流行问题。然后，我们可以讨论这些风俗习惯的性质和起源的证据。这样我们将可以探讨，人们何以认为这些风俗习惯的实行会限制人口增长的数量，从而使人口数量接近于最适宜的人数。

七

在上两章里我们已经提出了实行这些风俗习惯——长期戒绝性交、堕胎与杀婴——的证据。附录里也总括了这些证据，请读者查阅。没有打算进行全面彻底的研究；但据称，这些风俗习惯的一种或多种的广泛流行，确有很多证据。不过毫无迹象表明任何一种风俗习惯与任何一个经济阶段有什么关联。就证据所表明的而论，任何一种风俗习惯都可以存在于任何一个经济阶段。这一意义我们以后还要讨论。人们还声称，如果把同欧洲人接触的影响考虑在内，这些风俗习惯存在的证据给人的印象就更深；因为我们必须依靠的观察大部分是在这些民族同欧洲人接触之后进行的，而随着这种接触而来的是这些风俗习惯的减退。

这一接触所带来的最初变化之一，是和前所未闻的多种疾病的传入有关系的。这些疾病往往特别致命，造成极高的死亡率，显然，除非大规模放弃长期戒绝性交、堕胎和杀婴这些风俗习惯，否则就势必要灭种。了解这些风俗习惯如何在疾病传入之后实际上很快就被放弃并不困难。正如我们将看到的，这些风俗习惯的近因大部分是携带过多小孩的困难和在哺乳期间有一个以上小孩的累赘。如果疾病开始夺去许多儿童的性命，这些风俗习惯的直接原因就会大部分或完全消失，从而这些风俗习惯本身也就会大部分或完全消失。[①]

除了疾病传入而外，接触的影响是在其他方面减小这些风俗习惯的规模。接触往往导致土著民族和欧洲移民之间的战争——像在塔斯马尼亚、澳大利亚、美洲，或者像在布什门人和波尔人之间。就像在疾病这个例证上一样，伴随死亡率的极大增加而来的，是这些风俗习惯规模的缩小。此外，在其他情况下，例如在波利尼西亚，传教士长期以来就朝着制止这些风俗习惯而努力。[②] 我们还应当注意到，观察家往往有低估杀婴与堕胎使用程度的偏见。许多观察家受到他们所观察的民族的感动，似乎认为这些风俗习惯与他们所描述的人们的仁慈性格或愉快性情是不相容的。实际上他们认为，把这些风俗习惯看作这些民族所存在的正常现象是一种诽谤。如果他们报道这些风俗习惯，他们会不自觉地想到这些风俗习惯是不常见的或不正常的。我们只要想起人们对于把在英国新石器时代坟墓中发掘出来的东西解释为杀婴的证据所持的反对态度——这种反对态度是基于不愿相信我们的祖先会由于这

① 有些作者没有提出任何证据就假定这些风俗习惯存在，特别是杀婴——在同欧洲人接触之后增加了，如果它们不是从这个时候才开始的话。因此，注意到下面这种情况至关重要：根据里弗斯的说法，杀婴的消失是从提科皮亚得到的确定的家系证据（《美拉尼西亚社会》，第Ⅰ卷，第352页）。

② 例如，根据诺伊豪斯的说法，堕胎与杀婴以前盛行于新几内亚的一些地方，由于传教士的教导，现在这些风俗习惯在那里罕见了。关于这些部落以前的状态他没有提出确切的记载，这样，很可能现代观察家仅仅把这些风俗习惯记载为“罕见”——这样一个陈述对于我们现在的目的来说易于引起误解，但是对不承认这些风俗广泛流行的那些人来说，这类陈述看来是他们的依据（《德属新几内亚》，第Ⅰ卷，第31页）。

一习惯而犯罪——就能了解以上所说的了。或者，我们也可以想一想，当塔西图斯愿意抬举日耳曼部落作为当时罗马人的榜样时，他宣布他们从来没有杀婴——又一次，杀婴被看作是一种堕落的和不足取的风俗习惯。①

但是，尽管所有这些趋势都使这些风俗习惯迅速消失，尽管人们的偏见不相信这些风俗习惯的存在，正如附录所表明，大量证据证明几乎每个民族都有关于这些风俗习惯中的一种或多种的记载。

八

现在我们可以研究关于这些风俗习惯的性质和起源的证据。我们会发现堕胎与杀婴是由于抚养一个以上小孩有困难而导致的。我们也会发现这些风俗习惯是作为社会生活的正常现象并遵循把儿童数维持在大致不变的平均数上这样的原则而实行的。人们往往有这样一种信念，即某一特定的儿童数目是适当的儿童数。此外，人们也会看到，要保存的儿童数是一个值得研究的问题，在这个问题上不仅必须考虑父母的愿望，亲戚的意见和社会的一般舆论也必须考虑在内。这样来看，这些风俗习惯是因社会压力而推行的。

关于大致说儿童数总是小的——也就是说，在这些风俗习惯发生作用之后的儿童数——这一事实已经有大量的证据。人们应

① 正如以后将指出的，塔西图斯的这一陈述毫无疑问是不正确的。

当注意到，这些风俗习惯的确导致儿童数减少到较小的不变平均数，这一事实本身就是证据。现在我们可以看看一些补充证据。

根据科尔的观点，在澳大利亚，杀婴“主要是因为在他们常有的困苦长途跋涉中，把几个幼儿从一个地方带到另一个地方，即使不是不可能，也是困难的”，[①]以后他观察到“在班格朗人中，杀婴是很普通的事……他们自己为杀婴提出的理由是，在他们经常流浪的生活中，妇女不可能携带一个以上的幼儿”。[②] 另一观察家关于那林野里部落说：“在前一个小孩会走路以前，所生下来的每个小孩都会被消灭，因为人们认为母亲不可能携带两个小孩。”[③]豪伊特关于各种澳大利亚部落提供了相当多的报道。“麦宁人在某种程度上实行杀婴，杀害的方式是饿死。在缺乏食物几天之后，小孩变得爱闹和麻烦，从而大人更加不理他，把他单独放在远离帐篷和火的地方，并据说受到魔力的折磨。当死亡结束他的痛苦时，又说魔力是原因。他们为这种做法提出的理由是，如果他们的人数增加得太快，每个人将不会有足够的食物。可是他们很喜欢子女，很放纵他们保存下来的小孩，不轻易打小孩，母亲宁肯自己挨饿也会把所有的食物给她的孩子。”[④]“在汤格兰卡部落，杀婴是常事，因为照料一个幼儿往往麻烦太大了，往往由母亲把幼儿杀死。但在一家有三四个小孩之前不这样做，有三四个孩子之后，就要进行过多的狩猎来供应家庭的食物……在穆克加拉文特部落，虽然父

① 科尔:《回忆录》，第 252 页。

② 同上书，第 263 页。

③ 塔普林:《南澳大利亚的土著部落》，第 14 页。

④ 豪伊特:《土著部落》，第 748 页。

母照管孩子,但他们是属于祖父母的。例如,如果生一个男孩,以后又生一个女孩,父亲的父母或者母亲的父母可以把他们带走,再生两个孩子也是这样。之后,如果再生一个孩子并被一方的祖父母带走,他就可以被保存下来了。如果祖父母不带走,他就会被杀害,因为小孩太多了。祖父母们要决定是否让一个小孩活下去。如果决定不让这个孩子活下去,那么不是祖父就是父亲会把他杀死,把他摔在母亲的膝盖上,然后敲他的头……根据布克利,在瓦得塔文部落,如果一家的人口增长太快,例如,当一个妇女在前一个孩子出生后的12个月之内又生孩子,部落里就要讨论是否让这个孩子活下去……在库尔奈部落,杀婴是由于有别的小孩,而携带婴儿又有困难,特别是当倒数第二个孩子不能走路的时候。"[①]关于达令河的土人,我们听说,"似乎习惯上许多小孩在出生之后立即被杀害,以便避免天旱时发生麻烦与困难,因为那时必须长途跋涉去寻觅食物和饮水"。[②] 贝弗里奇提到杀婴的同一近似原因。[③]关于林肯港地区的妇女,据说她们提出这一事实作为杀婴的原因:"她们不能一起哺乳并携带两个小孩。"[④]据说中澳大利亚的妇女也提出类似的理由。[⑤] 谈到达尔文港的土人,福尔希说,杀婴的理由是"过多的小孩妨碍父母到处跋涉去寻找食物"。[⑥] 联系到豪伊特所谈的有时人们害怕人口过剩,我们应当注意到,根据斯潘塞与

① 豪伊特:《土著部落》,第749页。

② 邦奈:《人类学会杂志》,第XIII卷,第125页。

③ 贝弗里奇:《维多利亚土著》,第26页。

④ 威廉米:《维多利亚皇家学会议事录》,第181页,再参看艾尔曼:《南澳大利亚殖民地的土著》,第261页。

⑤ 斯潘塞与吉伦:《土著部落》,第608页。

⑥ 福尔希:《人种学会杂志》,第XXIV卷,第192页。

吉伦的看法，无论如何这不是中澳大利亚的情况；[①]但根据科尔的观点，“许多部落由于人口过剩而非常害怕食物匮乏”[②]。在林肯港的部落中，“每个家庭所抚养的儿童数……很有限，极少超过四个”，并且“如果一个母亲很快地连续生小孩……最小的婴儿就会被杀害”。[③] 在迪耶里部落中，30%的儿童在出生时就会被杀害。[④] 在达尔文港附近，“当一个妇女有三四个以上孩子”，后生的孩子就会被杀害。[⑤] 在中澳大利亚，“平均每个母亲只抚养两个孩子”。[⑥] 在中澳大利亚的北方部落中，杀婴把儿童数维持到两三个。[⑦]

类似的证据来自这一类别的其他民族。因此，关于普厄尔切人，金纳德说：“在这些几乎原始的人中，儿童数并不接近于人们可能想象的那么多，因为新生婴儿的生存问题要由父母加以判定，他们决定他的生或死。”[⑧]关于阿比蓬人，夏尔瓦说：“他们抚养的孩子极少，只抚养一个男孩和一个女孩，在最大的孩子强壮到会单独走路之前，其余的孩子出生之后马上就被杀掉。他们说，他们不断地从一个地方迁移到另一个地方，因而不可能同时照管两个以上的幼儿，父亲携带一个，母亲携带一个；因此，他们认为这种残杀行

① 斯潘塞与吉伦：《土著部落》，第264页。

② 科尔：《澳大利亚种族》，第Ⅰ卷，第76页。但在另一著作中，同一作者说他往往同土人谈这一话题，并且“肯定人口过剩这一观念从来没有进入他们的头脑”（《回忆录》，第263页）。史密斯（《维多利亚土著》，第Ⅰ卷，第52页）认为可能有些害怕人口过剩。

③ 舒尔曼：《土著部落》，第223页。

④ 加森：《礼仪与习惯》，第8页。

⑤ 福尔希：《人种学会杂志》，第XXIV卷，第192页。

⑥ 埃尔：《日记》，第Ⅱ卷，第376页。

⑦ 马修：《两个典型部落》，第165页。

⑧ 金纳德：《被巴塔哥尼亚人奴役三年》，第143页。

为是正当的。”[①]

现在来看看第二类别的民族。在富纳富提，每个母亲可以保存隔胎生下来的孩子，但第二个、第四个和以此类推的孩子必须杀死。[②]“一个提科皮亚家庭的儿童往往不过四个，超过这一数字的任何孩子不是在屋内就是在屋外被活埋；偶尔也有养五六个孩子的，但不让再多养了。如果前四个孩子是女孩，其中一个或一个以上可能被杀害，寄希望于以后生出的孩子可能是男孩子，在这种情况下男孩的性命就被保存下来。”[③]在新几内亚，在婚后较晚的年岁，父母为了减少儿童数会实施堕胎，因为大家庭对父母来说意味着过多的工作。[④] 在金斯密尔群岛，“一个妇女很少有两个以上的孩子，从来不多于三个；当她发现自己第三次或第四次怀胎，就找接生婆给她堕胎”。[⑤] 在桑威奇群岛，“在低级阶层中，不管生多少孩子，父母极少抚养两三个以上的，许多人只留下一个；所有其余的孩子都被杀害，有的在出生之后不久就被杀害了，通常是在一岁期间杀掉”。[⑥] 同一作者在另一段里说：“他们认为三个孩子是个负担，不愿意为了负担他们的在无能时期的婴儿和儿童而耕种稍多的土地或从事稍多的劳动。”[⑦]“他们的法律不准许任何一对夫妇（在吉尔伯特群岛中）抚养四个以上的孩子，也就是只有四个孩

---

① 夏尔瓦：《历史》，第Ⅰ卷，第405页。

② 大卫·埃奇沃思：《富纳富提人》，第195页。

③ 里弗斯：《美拉尼西亚社会》，第Ⅰ卷，第313页。

④ 诺伊豪斯：《德属新几内亚》，第Ⅰ卷，第150页。

⑤ 詹金斯：《航海记》，第404页。再参看克雷默：《萨摩亚群岛》，第335页。

⑥ 埃利斯：《夏威夷旅行记》，第324页。

⑦ 同上书，第327页。

子得到生存的机会。妇女有权利抚养或努力抚养一个孩子。要由丈夫决定多少孩子将生存下去,而这决定于有多少土地可分。"①在斐济,"杀婴在贫苦阶级中比在富裕阶级中更流行"。② 亨特在谈到默里群岛时说:"在生过一定数目的小孩之后,所有以后陆续出生的孩子都会被杀死,以免食物供应匮乏。"③关于美拉尼西亚,科德林顿说:"堕胎与杀婴是极其普通的事。如果一个妇女不愿意找抚养小孩成人的麻烦,愿意看起来年轻,顾虑丈夫可能认为不应当这么早生孩子,或者愿意刁难她的丈夫,她会找到人给她堕胎……杀婴在一些群岛中比在别的群岛中更为流行……在通常情况下,村子里的老年妇女决定一个新生的孩子是否应当活下去;如果孩子看起来没出息或者容易添麻烦,就要把他除掉。"④在英属新几内亚的马福卢人中,一个妇女除非能给村庄宴会提供一头猪,否则是不能生孩子的,结果一些孩子或者由于堕胎或者由于杀婴而被害死了,这两种做法都是常事。⑤ 关于托列斯海峡的西部群岛,我们听说,"极少的妇女抚养三个以上的孩子。此外,婚前所生的大部分孩子注定在出生之后马上就被杀死,除非父亲愿意养活这个孩子,而这是极少见的情况。即使其他的婴儿——如果母亲不愿意养他——有一些也以同样的方式被除掉,特别是女婴"。⑥关于东部群岛,据说"在一定数目的孩子生过之后,所有以后陆续

① 图伊图伊拉:《波利尼西亚学会杂志》,第Ⅰ卷,第267页。
② 沃特豪斯:《斐济的皇帝与人民》,第327页。
③ 亨特:《人类学会杂志》,第XXⅦ卷,第9页。
④ 科德林顿:《美拉尼西亚人》,第229页。
⑤ 威廉森:《马福卢民族》,第177页。
⑥ 《剑桥人类探险队》,第Ⅴ卷,第198页。

出生的孩子都被杀掉，以免食物供应不足”。[①]

隆格提到瓜拉尼人儿童数目小的问题，把它归因于生过一定数目的孩子之后经常实行堕胎。[②]“杀婴在伦瓜人中是极其普通的，人们总是可以看到同一家庭中各个孩子的年岁差距是七八岁。不仅出生在这个差距期间的婴儿立即被杀死，而且还实行堕胎。”[③]在克雷克印第安人中，“在已经发展到儿童过多以致供应有困难的家庭，杀掉新生婴儿是很普通的事。”[④]关于夏延人，据说“一个妇女在她的第一个孩子长到十岁以前，不应当有第二个孩子，这已经成为一种风俗。孩子长到十岁时，丈夫多半和妻子带孩子到某个大舞会或公共集会去，在那里……当众宣布这个孩子将有一个小弟弟或小妹妹”。[⑤] 有时有这样的证据，即妻子在同丈夫商量之后就堕胎，例如，在苏人[⑥]和巴西部落[⑦]中。在皮马印第安人中，“有时母亲给孩子喂奶到六七岁，如果在这一期间怀孕，她就设法堕胎”。[⑧] 在斐济，在孩子长到两岁以前夫妇不同居。“这种分居……在过去一律必须实行”，而且，孩子够多时，就要堕胎。[⑨]西曼谈到斐济也说：“如果一个孩子在习惯上要经过的三四年之前出生了，妇女的亲戚们就认为这件事是一种公然的冒犯行为。他

① 《剑桥人类探险队》，第Ⅵ卷，第 107 页。

② 隆格：《南美土著》，第 329 页。

③ 霍特里：《人种学会杂志》，第XXI卷，第 295 页。

④ 斯库克拉夫特：《印第安部落》，第Ⅴ卷，第 272 页。

⑤ 格林尼尔：《美国人类学家》，第Ⅳ卷，第 15 页。

⑥ 凯廷：《记事》，第 394 页。

⑦ 埃伦赖西：《柏林皇家博物馆》，第Ⅰ卷，第 2 分册，第 27 页。

⑧ 腊塞尔：《史密森学会人种学编辑部第二十六届年度报告》，第 186 页。

⑨ 布莱斯：《格拉斯哥医学杂志》，第XXVIII卷，第 181 页。

们认为他们自己有责任以同样公开的方式进行报复。"[①]同样，关于瓦得夏加人，古特曼说，如果一个妇女在给两岁小孩喂奶的时候又当了母亲，就被人们认为是最不体面的，结果往往是堕胎。[②] 在德属新几内亚，根据克里格的说法，由于害怕食物匮乏，照例只有三个孩子被养大成人。[③] 在拉德克，"每个母亲只准许带大三个孩子；她有责任自己把第四个和其后陆续出生的孩子活埋掉"。[④] 在瓦伊塔普，法律命令堕胎，一家不许有两个以上的孩子。[⑤] 关于新几内亚的罗罗语部落，我们听说，"从前，在一个妇女的园子丰产之前，习惯上她是不能有孩子的"。[⑥] 在新赫布里底，"杀婴极其流行。因为耕种和其他的活都落在妇女身上，她认为她无法照管两三个以上的孩子，从而其余的孩子就必须被活埋掉"。[⑦] 在新不列颠群岛，"结婚之后两年到四年之间妇女不会生育孩子。有人告诉我说，这是因为妇女们通常不愿意很快就当母亲，她们使用各种手段去堕胎，并且成功地使用了这些手段……在一个孩子出生和另一个孩子出生之间要有相当长的时间，通常大约是三年。在另一个孩子问世之前，前一个孩子总得完全脱手了"。[⑧] 我们还应当注意到，根据里弗斯的说法，杀婴在托达人中是常见的，还不是当食

---

① 西曼：《维蒂》，第 191 页。

② 古特曼：《地球》，第 3 页。

③ 克里格：《新几内亚》，第 165 页。再参看帕金森：《人种志国际档案》，第Ⅷ卷，第 22 页。

④ 科茨布：《航海记》，第Ⅲ卷，第 173 页。

⑤ 特纳：《萨摩亚》，第 284 页。

⑥ 塞利格曼：《美拉尼西亚人》，第 270 页。

⑦ 特纳：《萨摩亚》，第 333 页。

⑧ 丹克斯：《人种学会杂志》，第ⅩⅧ卷，第 291 页。

物缺乏的时候，而是作为惯常的风俗在实行。[①]

人们会记得，在上两章陈述堕胎与杀婴规模的证据时我们说过，在许多情况下这些风俗习惯是在有了一定数目的孩子以后才进行的，这就确立了上面提出的大意如此的证据。

九

现在我们可以讨论这些民族的人数调节方式了，这些民族的情况如何溯源于自然中各种生物的情况留待以后去讨论。我们已经看到，各处一群一群的人都局限于特定的区域里。构成这些集团的人所明确知道的少数几件事情之一是，他们必须从中取得食物的地界。此外，在寻觅食物中他们彼此合作。因此，必然的结论是，在任何这种区域里都存在——一切有关事实都考虑在内——一个最适宜的人数的问题。对任何集团来说，接近这个人数，就会得到很大好处；远离这一人数，只能是社会的灾难。我们发现在任何集团里都有许多因素，其中一些降低生育率，另一些增加淘汰作用，而这些因素的作用导致的限制人数增长的平均数量是大致不变的。我们还发现有一些其他因素（长期戒绝性交、堕胎和杀婴）到处出现并极大地限制了人数的增长。我们以后会看到，如果有理由认为各处都在某种程度上接近这一最适宜人数，显然仅仅前面各因素本身不能充分限制人数的增长。后面各因素的主要功能是限制人数增长。因此，当寻觅导致人数接近可取水平的途径时，

① 里弗斯：《托达人》，第 401 页。

我们必须着眼于后面各因素。

这些因素的起因如何,我们是清楚的。在若干游牧民族里,堕胎与杀婴之所以实行是因为同时携带和给一个以上小孩哺乳有困难。戒绝性交是作为禁忌而产生的。我们必须面对的问题是,这些风俗习惯如何能够达到必需的强度。人们和集团的人们,由于他们所实行的风俗习惯而受到自然选择,就像由于他们的精神与体力性状而受到自然选择那样。实行最有利的风俗习惯的集团,比实行比较不利的风俗习惯的集团,在邻近各集团之间不断的斗争中将占到便宜。极少有什么风俗习惯能够比把一个集团的人数限制在可取的人数的那些风俗习惯更为有利,并且不难理解——一旦这三种风俗中的任何一种发生了——通过自然选择过程它们如何能够实行得恰到好处,以致产生接近于可取的人数,从而会形成这样的观念,即抚养一定有限数目的儿童长大成人是正当的事,并且家庭人数的限制会由社会风俗来强制实施。

虽说人数调整作为风俗习惯自然选择的结果是可以理解的,但证据表明,即使在最原始的民族中,关于是否让一个孩子活下去,至少有时也经过某种考虑。在比较进步的民族中存在更多的考虑的证据。人们不能认为这类考虑对于最适宜人数重要性的真正论旨已经有所掌握,但人们可以认为,在那些条件之下,当时这个集团的实际人数是过多还是过少在做决定时是重要的。当时各集团的人们,由于他们全都受局限在特定区域里的知识的限制,对于这样一个集团的所有成员,人口过多显然是不利的。因此,即使在比较原始的民族中,可能通过这些方法之一,进行一些半意识的人数调整。不管怎样,即使在低级的集团中没有半意识的考虑,也在某种程度上存在着根据当时需要的自动调整。例如,假设疾病或极端的气候导致较高的儿童死亡率,那么堕胎与杀婴就会减少,因为人们所以要堕胎和杀婴是因为携带一个以上小孩有困难。

十

暂且不谈按照这种方式取得的近似可取人数的证据,我们应当注意到,为了使这种方式有效,还需要多一些的东西。最适宜人数概念涉及生活水准这个观念。达到最适宜人数,就表明了考虑到一切条件所可能取得的最高生活水准已经达到。为了维持生活水准,仅仅限制人数是不够的;青年一代必须精通使这一水准可能取得的熟练方法,特别重要的是,除非青年人既能干又有技术,他们就不应当结婚——也就是说,除非他们既愿意又能够维持从前已经取得的生活水准。大量的证据大致表明,青年一代被施加了压力。人们普遍承认,在原始民族中,姑娘们在青春期或其后不久就结婚了。但人们往往不承认年轻男人常常在一些年之后才结婚。无能的和体力不行的,有时根本不结婚。从这些事实我们可以看出社会条件与风俗所施加的压力。我们也看到,不仅人们仔细地教导年轻男人以熟练的方法,而且新娘的父母也关心地询问新娘维持家庭的精力与才干。人们对于结婚的条件研究得很多,在劳役婚姻和买卖婚姻上我们能够观察到迫使年轻男人表明他精通本民族所使用的熟练方法的压力。未婚夫干活和储蓄买妻身价的责任,或为未来的岳父母服劳役的责任,使年轻男人在结婚之前必须学习熟练技术并表现出精力与才干。因此,在任何情况下似

乎都不可能有新的家庭建立起来而其生活水准比上一代还低。现在我们可以看一看这些事实的证据。

在澳大利亚，人们往往在幼年时代订婚，以后才结婚。订婚仪式往往安排得像成交一样，这种制度表现出买卖婚姻的一些特点。[①] 严重的晚婚现象常常可以看到，特别是在社会上技术较差的成员中。据说30岁是普遍的结婚年龄。[②] 在爱斯基摩人中有一种极其强烈的感情即青年男人必须炫耀精通爱斯基摩人所掌握的艰难的渔猎技术。一个青年男人虽然往往在幼儿时就已订婚，但在20岁以前极少有结婚的。[③] 在这个年龄之前他不可能学会打猎、驾独木舟等各种技能。人们认为结婚是不行的，因为他还不能维持家庭。所有爱斯基摩人生活的观察家们都指出，青年男人在被准许结婚之前必须证明他能够维持自己的家庭[④]。美洲的通常婚姻形式是买卖婚姻。[⑤] 支付的数量照例是相当大的，青年男人必须花一些时间来凑齐这笔款项，或者从他的父亲取得这笔款项。

① 马林诺夫斯基：《澳大利亚土著的家庭》，第48页。

② 科尔：《澳大利亚种族》，第1卷，第110页；道森：《澳大利亚土著》，第35页；史密斯：《维多利亚土著》，第Ⅱ卷，第291页；马林诺夫斯基：《澳大利亚土著的家庭》，第259页；卢姆霍尔茨：《野蛮人》，第184页。

③ 克兰茨：《格陵兰史》，第Ⅰ卷，第158页；博阿斯：《史密森学会人种学编辑部第六届年度报告》，第579页。

④ 克兰茨：《格陵兰史》，第Ⅰ卷，第158页；博阿斯：《史密森学会人种学编辑部第六届年度报告》，第579页；南森：《格陵兰》，第Ⅱ卷，第230页；同一作者：《爱斯基摩人生活》，第139页；默多克：《史密森学会人种学编辑部第九届年度报告》，第104页；达尔在谈到阿拉斯加的爱斯基摩人时说："有这么一个迷信，即青年男人在杀死一只鹿之前不能结婚，不然，他将不会有孩子。"（《阿拉斯加》，第196页）

⑤ 《美洲印第安人手册》，"婚姻"一文。

有时是劳役婚姻。在基奈人中，新郎要服一年的劳役。[①] 海达人的男孩子很早就订婚了，并到女孩家去生活，一直为他们服劳役到结婚。[②] 赛里人新郎离开自己的家庭到新娘家去一年；"他必须表现并运用捕鱼的技术、打猎的膂力、战争中的狡诈以及够上男子汉的其他一切身体条件"。[③] 在贾肯人中，丈夫"要准备一所茅屋、饭锅和其他必需物品，从而足以使家庭生活从一开始就相当舒适"。[④] 在弗韦果人中，"一旦一个年轻男人能够通过尽力捕鱼、捉鸟来抚养妻子，就会取得女方亲属的同意，同时，他还要给女方亲属做件工作，如帮助做独木舟，或备制海豹皮"。[⑤]

关于这一点我们应当注意到，我们时常听到人们对弱者和失败者所倾泻的轻蔑；情况似乎是，这样的人有时根本结不上婚。[⑥] 在库奇人中，"作为猎人，能力小又不能集聚羊群的可怜人，会永远做单身汉"。[⑦] 一个爱斯基摩人必须学会的最艰难的事情之一是如何捕捉海豹。办不到这件事的"可怜人""是最受人看不起的，不得不靠吃妇女们所吃的东西，如他只能在冰上拾到的海扇类、蚝、

① 班克罗夫特：《土著民族》，第Ⅰ卷，第 134 页。关于库奇人，参看理查森：《北极彻底考察探险队》，第Ⅰ卷，第 407 页。关于卡迪亚科的居民，参看利西安斯基：《航海记》，第 198 页。

② 泰特：《杰塞普北太平洋探险》，第 1 卷，第 50 页。

③ 麦吉：《史密森学会人种学编辑部第十七届年度报告》，第 280 页。关于印第安人的劳役婚姻的更具体资料，参看卡弗：《旅行记》，第 373 页以及多梅尼奇：《七年居住期间》，第Ⅱ卷，第 300 页。

④ 斯基特与布莱格登：《马来人》，第Ⅱ卷，第 70 页。

⑤ 金与菲茨罗伊：《记事》，第Ⅱ卷，第 182 页。再参看布里奇斯：《南美之间》，第ⅩⅢ卷，第 201 页。

⑥ 参看卡彭特：《中间类型》，随处可见。

⑦ 理查森：《北极彻底考察探险队》，第Ⅰ卷，第 383 页。

海螺、鲱鱼干等等,来维持生活”。[①] 关于晚婚,汤普森印第安男人的通常结婚年龄是 23—25 岁,[②]利卢埃特男人是 21—25 岁,[③]阿比蓬男人是 25 岁。[④]

关于第二类别的民族,托皮巴托的男人大约在 18 岁的时候结婚。他们要为未来的岳父母劳动,还要送礼物。[⑤] 在印托克伊哥罗特人中,新郎也要给未来的岳父母劳动。[⑥] 在斐济,“过着原始民族生活的低层青年男子结婚较晚,似乎极少在 25 岁以前结婚”。[⑦] 其后同一作者说:“当新郎的家庭太穷弄不到同他们的新娘相称的财产时,婚姻往往会耽搁好多年。”[⑧]在马尔代夫群岛,“虽然一个男人可以同时有四个妻子,这只是以他能够抚养她们为条件”。[⑨] 在加罗林群岛,“一个求婚者在他的岳父家里为他的妻子服务,就像雅各选择拉班那样,而且往往白白付出辛苦”。[⑩] 买

① 克兰茨:《格陵兰史》,第Ⅰ卷,第 163 页。

② 泰特:《杰塞普北太平洋探险》,第Ⅰ卷,第 321 页。

③ 同上书,第Ⅱ卷,第 265 页。

④ 拉澈尔:《人类史》,第Ⅱ卷,第 124 页。根据曼的说法(《人种学会杂志》,第Ⅻ卷,第 81 页),安达曼男人在 16—23 岁结婚。波特曼(前引书,第 369 页)说是 26 岁。德尼克(《人种志评论》,第 301 页)说吉利阿克男人在 25 岁之前不结婚。卡加延地方的艾塔男人在结婚之前须通过射箭比赛(布鲁门特利特:《地学学会杂志》,第 XXⅦ卷,第 65 页)。有人记载了好几个民族为了争夺妻子而决斗的风俗习惯(卢伯克:《原始人类》,第 106 页)。

⑤ 克鲁茨:《社会科学杂志》,第Ⅱ卷,第 202 页。

⑥ 詹克斯:《人种观察丛刊》,第Ⅰ卷,第 68 页。

⑦ 汤姆森:《斐济人》,第 172 页。

⑧ 同上书,第 202 页。

⑨ 罗塞特:《人类学会杂志》,第 XⅥ卷,第 168 页。

⑩ 克里斯琴:《地理杂志》,第 XⅢ卷,第 114 页。

卖婚姻在新几内亚是普遍的，筹集买妻的价款往往导致婚姻的耽搁。[①] 丹克斯谈到新不列颠群岛时说："我遇见一些人从未结婚，原因在于他们没有能力筹措买妻子的贝壳货币。"[②]在苏门答腊，据说买卖婚姻构成婚姻的一定阻碍，虽说如此，独身者却极少。[③]在赞巴拉的小矮黑人中，买妻的价款数量是很大的，"毫无疑问，赠送的礼物几乎代表一个青年男人和他的家庭所能炫耀的一切财产"。[④] 在托列斯海峡的西部群岛中，男人们在20—25岁结婚，[⑤]实行买卖婚姻。[⑥] 在有猎取人头的风俗的情况下，结婚之前必须表现这方面的好本事。[⑦] 在婆罗洲的某些地方，"在一个青年人参加一次或一次以上的猎取人头的冒险行为之前，他不能正式佩带'曼丹'，也就是不能结婚或与异性结交，这是一切部落的规则"。[⑧]

买卖婚姻也往往发现于非洲。因为要筹集买价，往往会在某种程度上导致婚姻的耽搁。从前通加人的男子通常大约25岁的时候结婚，[⑨]但结婚的年龄也有些差别，因为各人在筹集必需的牲畜方面所遇到的困难不同。[⑩] 不过这一部落中所有的男人几乎或

① 克里格：《新几内亚》，第172与297页。

② 丹克斯：《人种学会杂志》，第XVIII卷，第288页。

③ 马斯登：《苏门答腊》，第218与219页；布伦纳：《野蛮人考察》，第247页。

④ 里德尔：《世界殖民地评论》，第II卷，第56页。

⑤ 《剑桥人类学探险队》，第V卷，第247页。

⑥ 同上书，第230页。

⑦ 希克森：《新赫布里底》，第275页(关于新赫布里底群岛)。

⑧ 博克：《猎取人头者》，第216页。

⑨ 朱诺德：《南非洲部落》，第100页。

⑩ 同上书，第102页。

早或迟都结婚了。[1] 所有班图民族的情况都是如此。“叫作单身汉的人在班图人中不是很多。只有卑鄙的人、无能的人和智力低下的人才会被剥夺合法的婚姻，而合法婚姻对黑人来说过去是并且现在仍然是生活的唯一目的。”[2]有时在南非洲，“一个小伙子太穷，不能通过交付牲畜娶到老婆，就要设法同姑娘的父亲协商，以便同姑娘生活在一起并为她的父亲服务”。[3] 在巴隆加人中，小伙子们在青春期之后几年中不结婚。[4] 沃纳关于祖鲁人婚姻的描述特别有趣。“称祖鲁人（在罗波拉的名义之下）和别的民族所支付的代价为买卖是不适当的，因为那属于授予妻子财产的性质或是求婚人能够抚养他的妻子所做的保证；这种代价是委托她的家庭代替她和她的孩子加以保管。”[5]同一作者就英属中非洲的一般情况说：“小伙子由于缺乏生活资料或其他理由而不得不等待几年。在安果尼酋长们统治下的地方，小伙子们被要求……用‘他们的时间来服务’，为酋长放牲畜，以后也许去打仗。”[6]人们描述阿基库尤的男子“不在很年轻的时候结婚”。[7] 罗斯科列举了在巴干达人中构成新娘的代价的各种东西，并补充说：“它们都是难于取得的，对一个穷人来说是个很大的数目，从而要花他很长的时间来筹集它们。一个人往往要花 12 个月的时间在他的亲戚与朋友之间乞

① 朱诺德，《南非洲部落》，第 101 页。

② 同上书，第 125 页。

③ 西阿尔：《非洲的黄皮肤和黑皮肤民族》，第 220 页。

④ 朱诺德：《巴隆加人》，第 30 页。

⑤ 沃纳：《非洲》，第 129 页。

⑥ 同上书，第 128 页。

⑦ 鲁特勒奇：《史前民族》，第 124 页。

求所要求的数额。虽然在他去求婚之前照例已经取得了其中一些东西,但仍然会有一个差额需要找补。”[①]在瓦波哥罗人中,儿童之间经常进行性交。青春期时他们分开了,从此男孩子必须筹集购买的款项,在他没有筹集完款项之前不能恢复性交。[②] 普拉斯简单地记载了在库库人中由于购买所需要的货币数大而耽搁了婚姻。[③] 登达斯关于阿卡姆巴提出了一个有趣的记载。“一个人活着的时候把他的财产划分开,以便分给他的每个妻子各一份。当他死的时候,每个妻子的那份财产分别传给她的儿子……如果所留下的牲畜数不够每个儿子买一个妻子,那么,牲畜就都留给大儿子,直至增加到足以为他买一个妻子。当牲畜数又增加到够大了,就送给第二个儿子去买个妻子,这样轮下去,直到每个儿子都买个妻子。”[④]据约翰斯顿说,“在梅塞战士大约到了30岁并积累了相当可观数量的财产之前,他的部落酋长是不会批准他结婚的,除非由于他的勇敢而使自己杰出并从而可以早期退休”[⑤]。在班加拉人中,如果一个小伙子被一个姑娘接受了,他必须支付“订婚”钱,其后“这个姑娘就为他所预订了,直到他能够支付全部或大部结婚款项”,而且在他筹集这一款项期间,如果他没有房子的话,他就得盖所房子。[⑥] 此外,“一个人只要能够支付结婚款项,同多少妇女结

---

① 罗斯科:《巴干达》,第88页。正如登达斯关于瓦万加人所记载的(《人类学会杂志》,第XLIII卷),当然价格是随着经济条件而变化的。

② 法布里:《地球》,第221页。

③ 普拉斯:《人种志专论集》,第6期,第215与219页。

④ 登达斯:《人类学会杂志》,第XLIII卷,第516页。

⑤ 约翰斯顿:《乌干达》,第II卷,第822页。

⑥ 威克斯:《人类学会杂志》,第XXXIX卷,第440页。

婚都行，[1]但他必须给每一个妻子一所房屋”。由于高昂的结婚代价，如果一个人的家庭不能帮助他，“他在30岁或年岁更大以前，不可能储蓄足够娶到妻子的款项”。[2] 柯罗说，在刚果盆地，新娘的亲属们极其关心地估计求婚者供养家庭和搞好起居生活的能力。[3] 在埃夸伊人中，“根据本地风俗，如果一个人愿意同一个埃夸伊处女结婚，他必须服侍她的亲人相当一段时间，往往是两年到三年。他的工作主要是帮助清理未开垦地，以便作为下一季的耕田，但也可能做其他劳役。在这期间，人们希望他给未婚妻的亲戚们赠送礼品”。[4]

在美洲发现极其相似的制度。在南多文西人中，“当他们的一个年轻小伙子确定了他所喜欢的一个年轻女人的时候，他把他的感情向她的父母表白，后者给他一份请柬，邀他到他们的帐篷里来生活。他诚恳地接受了这一邀请，这样做就是答应按照结婚仆人的性质在帐篷里居住一整年。他在这一期间要打猎，并把他所杀死的一切猎获物拿到这个家里，通过这种方法姑娘的父亲可以有机会观察他究竟有没有供养姑娘以及由于夫妇结合而可能生育的孩子们的能力”。[5] 在奥杰布威印第安人中也是劳役婚姻，据说未

① 威克斯：《人类学会杂志》，第XXXIX卷，第441页。

② 同上书，第417页。

③ 柯罗：《原始社会》，第417页。

④ 塔尔博特：《未开垦地的不速之客》，第105页。人们也会记得，避孕措施在非洲是重要的，并且有证据表明，在赫拉尔得港附近，一对青年夫妇在为自己盖一个房子以前，必须不生孩子。参看第177页。

⑤ 卡弗：《旅行记》，第373页。

来的岳父很希望求婚者能是一个很好的猎手。[①] 关于纳齐兹人，据说“年轻男人在25岁以前结婚是极其罕见的。在他们达到这个年龄以前，人们认为他们太弱，不懂什么事，也没有经验”[②]。据多尔西说，奥马哈部落的男子过去在30岁之前不结婚。[③] 在阿塔卡帕人中，“如果一个野人愿意同一个姑娘结婚而他的父亲还活着的话，他就要向这位父亲求婚；这位父亲会询问他是不是个勇敢的战士、好的猎手”，并问他会不会制作武器以及其他等等。[④] 在墨西哥，男子大约在20岁的时候结婚。[⑤] 在英属圭亚那是劳役婚姻，新郎必须表明他能够做男人做的事情，在一定时间之内他必须清理出一定面积的一块土地。[⑥] 另一位作者提供了更加具体的情况：“在他全然被准许挑选姑娘之前，他必须证明他够得上一个男子汉，能够做男子汉的工作。”有各种各样的检验方法。尤其是“他要在森林里清理出一块土地种上玉米，他要猎获尽可能多的野兽并尽可能地打鱼，来表明他能够供养自己和别人”。[⑦] 在秘鲁，男人必须到24岁才能结婚。[⑧] 封·马歇斯说，巴西的买卖婚姻制度被

① 琼斯:《奥杰布威印第安人》,第79页。

② 普拉斯:《人种志专论集》,第6期,第199页。

③ 多尔西:《史密森学会人种学编辑部第三届年度报告》,第259页。

④ 博叙:《航海记》,第247页。

⑤ 乔伊斯:《墨西哥考古学》,第162页。再参看班克罗夫特:《土著民族》,第Ⅱ卷,第251页。

⑥ 舒姆伯克:《旅行记》,第Ⅱ卷,第251页。

⑦ 瑟姆瓦尔德:《探险》,第221页。

⑧ 里维买与封·楚迪:《秘鲁古代的风习、制度》,第185页。

看作是新郎能够供养家庭的象征。[①] 瓜纳的男人过了 20 岁才结婚。[②]

十一

截至现在，所举出的证据表明，维持人数接近可取的水平的途径到处都存在。研究这些途径的性质时，我们发现一些迹象表明这些途径是有效的。一些风俗习惯的流行，小的平均儿童数及其他事实等对在正常情况下接近于最适宜人数，虽不能说是确证，但提出了强有力的证据。现在我们可以探索这方面的情况还有什么进一步的证据。

确证是没有的。只有当我们能够精确地计量出人数在变动的一些年代中的平均所得，就像在第三类别的一些民族中所能做的那样，我们才能够得出确切的结论。关于其他民族，我们必须采取其他方法，这些方法虽然精确性较差，但也能提供重要的佐证。我们可以研究一般的生活条件，探索究竟有没有接近于可能达到的最高生活水准的迹象，或者是否生活通常更趋于仅能维持生命的水准。我们可以探索灾荒与饥饿是否常常发生，人民的平均身体条件怎样，人们是否往往活到高龄，简单地说，究竟这些条件是接近于最适宜人数的时候我们会看到的条件，还是人数达到最大限度的时候我们会看到的条件，在后一条件下仅能维持生活。

① 封·马歇斯：《美洲人种志》，第Ⅰ卷，第 109 页。

② 阿札拉：《航海记》，第Ⅱ卷，第 93 页。

从前流行的野人生活概念是，原始民族总是处于半饥饿状态。[①] 关于这一点人们应当记得，最适宜人数这种概念和一切条件都有关系；在这些民族中，把熟练程度、社会风俗习惯等都考虑在内，即使达到最适宜人数，倘若不发生饥荒，也会有匮乏的时候。因此，匮乏时刻的存在，就人数而论，并不能证明这些民族没有达到它们可能的最好情况。毫无疑问，它们在生理上适应抵抗匮乏时期的方式是文明人所不能适应的，而且看来有的是。根据一些实验的结果，偶然的半饥饿时期比持续吃不饱的害处要少得多。[②]

关于澳大利亚人的描述所揭示的画面绝不是在半饥饿状态中的一个憔悴民族。斯潘塞与吉伦在某个地方说，澳大利亚人的营养极好；[③]在另一处他们把一个典型的阿伦塔人描述为"身体根本不坏；事实上他往往可以给雕刻师做模特儿，并且，当你在土人的后边走路的时候，你会为他身材的匀称和姿态的优美而不断感慨"。[④] 但这些作者却进一步说："他们在有困难的时候，如在长期持续干旱时，生活并不幸福。"[⑤]同样，关于林肯港的部落，舒尔曼也说："男性的姿态表现出很多不加修饰的自然美，他们走起路来笔挺而又自然，身体的动作舒展自如，姿势随时随地都很自然。"[⑥]此外，人们还说："他们的食物如果说质量低，至少是合乎健康和卫生的，而且容易取得，一天花六小时足够寻觅食物之用，因此人们

① 参看赫伯特·斯潘塞：《生理学原理》，第Ⅱ卷，第515页。

② 莫格里斯：《美国博物学家》，第XLⅦ卷，第477页。

③ 斯潘塞与吉伦：《土著部落》，第44页。

④ 同上两作者：《横穿澳大利亚》，第Ⅰ卷，第191页。

⑤ 同上书，第Ⅰ卷，第197页。

⑥ 舒尔曼：《土著部落》，第209页。

极少知道什么是挨饿。"[①]还有,"在土人居住的大多数地区,同居民数相比野兽极多,从而使每人每天想给他自己和他的家庭弄多少磅肉都可弄到"[②]。也许这个看法太乐观了,肯定有许多论据指出难以取得食物的匮乏时刻。托马斯说:"在澳大利亚,极少有什么地方土人能够依靠某种东西作为经常的食物供应。"[③]我们听说忍耐饥渴的能力在这些民族中极其普通,而对于欧洲人来说这是难以理解的。[④]

伯切尔对布什门人是很热情的。"当我们骑马前进时,我情不自禁地欣赏我们的布什门向导的优美对称姿态,他在我们前面走,有时还跑着,他的步法极其悠然自得,这是我前所未见的。由于不受衣服的束缚,四肢摆动,姿态优美,在欧洲也许是从来看不到的。注视他虽然小巧却十分匀称的身材、他笔挺的男子汉风采、他的坚强而勇敢的步伐以及他面部闪现出的自由感,给我们以难以描述的快乐。"[⑤]虽然如此,布什门人也有"困难的时刻",[⑥]"在根菜与猎物缺少的季节往往一连几天缺乏食物"。[⑦] 他们也"能忍耐住长时间不吃东西,然后能吞咽大量的肉而无丝毫的不良后果"。[⑧]

① 科尔:《回忆录》,第 259 页。

② 西蒙:《澳大利亚处女地》,第 217 页。再参看史密斯:《维多利亚土著》,第Ⅰ卷,第 122 页。

③ 托马斯:《澳大利亚土人》,第 88 页。再参看艾尔曼:《南澳大利亚殖民地的土著》,第 293 页。

④ 例如,参看帕尔默:《人类学会杂志》,第ⅩⅢ卷,第 281 页。

⑤ 伯切尔:《旅行记》,第Ⅰ卷,第 422 页。

⑥ 斯托:《土著民族》,第 91 页。

⑦ 同上书,第 180 页。

⑧ 西阿尔:《非洲的黄皮肤和黑皮肤民族》,第 36 页。再参看莫法特:《传教工作》,第 57 页,与坎贝尔:《私人故事》,第 88 页。

在大多数国家里，每年定期发生一次或多次匮乏时期。这种匮乏时期在一些地区比在其他地区更为严重。澳大利亚人通常设法维持过去而不储存食物，[①]在其他地方食物的储备却成为必要。[②] 我们常常看到，在必须储备食物的地方，到匮乏时期末尾，食物的储存量很低。爱斯基摩人有好几个月必须依靠他们保存下来的食物生活，如果因为什么理由，例如冰块的形成较晚，他们的计划被打乱了，就可能处于极其困难的境地。[③] 对于他们像对其他民族一样，我们听到他们能够耐饿的故事："一个人三天没吃东西，至少除了海草以外没吃任何东西，还能在凶涛骇浪中驾驶他的小独木舟。"[④]

我们听说皮尔河的库奇人是"健壮而相貌堂堂的民族，比一般人的个儿高得多，他们的大多数身长都在六英尺以上，并且身材异常匀称"。[⑤] "哥伦比亚以北的印第安人大多数都是相貌堂堂身体健壮的人，其中一些人赋有优美的、对称的体态。有人描述他们个子很小，罗圈腿，有着粗鲁的相貌。这是不正确的。通常来说，正

① 托马斯(《澳大利亚土人》，第117页)谈到了食物的储备。库尔奈人不储备食物，但他们的近邻迪里人却小规模地储备食物(法森与豪伊特：《卡米拉罗伊人与库尔奈人》，第108页)。

② 这一风俗的开端，发现于弗韦果人。达尔文说："当他们发现搁浅的鲸鱼时，就把鲸鱼的大部分埋藏在沙滩里，在通常一再发生的饥荒期间，他们远道跋涉来吃这块剩余的半腐烂的鲸鱼肉。"(《航海记》，第Ⅰ卷，第327页)

③ 博阿斯：《史密森学会人种学编辑部第六届年度报告》，第427页。再参看林克：《土著》，第186页。

④ 克兰茨：《格陵兰史》，第Ⅰ卷，第134页。

⑤ 班克罗夫特：《土著民族》，第Ⅰ卷，第127页。

好相反。”[①]蒙塔奈人被描述为“高个、健壮、笔挺，身材匀称而又伶俐”；[②]另一方面，我们听说他们常常缺乏食物，并能忍受一连三天没有东西吃，当食物多的时候，他们就会犯大吃大喝、过量饮食的罪。[③] 哈迪斯蒂说，除非在极其不利的条件下，否则卢秋克斯人总能取得食物。[④] “阿特人有时由于缺乏食物而处于困境，就是晚春以前鱼群不出现时”，[⑤]但“他们能长期忍受食物缺乏而不至于筋疲力尽”。[⑥] 眼光锐利的杰瑞特传教士贝格特关于加利福尼亚人的记载是特别有趣的。“虽然这个地方是不毛之地，但加利福尼亚人从来极少饿死，除非有人在荒野中生了病并且离教会很远，因为健康的人极少替病人做事，这些人甚至可能恰巧是患者的丈夫、妻子或其他亲属。失去母亲或父母的婴儿偶尔也有饿死的危险……加利福尼亚人的食物质量肯定很坏，但能使他们的身体处于健康状态。虽然他们的饮食很坏，可是他们身体强壮并能活到长寿。”[⑦]“加利福尼亚人比别的民族能够更加自在地和更加长久地耐饿，可是一有机会他们就会大吃大喝。”[⑧]科学考察站的一个观察员和一个印第安人俘虏对于三天没有东西吃的反应是不同的。

① 斯旺：《西北沿海岸》，第 154 页。

② 勒·茹诺：《杰瑞特的陈述》，第Ⅵ卷，第 229 页。

③ 同上书，第 233 页、277 页和 285 页。

④ 哈迪斯蒂：《史密森学会年度报告》，第 311 页。其他的记载也描述了困难季节在北方部落中是相当普通的，这时“他们往往靠很少的食物维持很长的时间”（哈蒙：《日记》，第 284 页。再参看摩根：《家族与家庭生活》，56 页）。

⑤ 斯普罗特：《原始人生活实况与研究》，第 53 页。

⑥ 同上书，第 22 页。

⑦ 贝格特：《史密森学会人种学编辑部 1863 年年度报告》，第 366 页。

⑧ 同上。

卡贝萨·达·瓦卡说："我们所经受的饥饿时间如此之长，有许多次我三天没吃一点东西。土人也同样挨饿，所以他们的寿命很长，在我看来似乎是不可能的。"但是，同一作者进一步说："考虑到他们遭受的饥饿，足见他们是快乐的民族；他们虽然挨饿，但从来不停止跳舞，也不停止叙述他们的宴会与纪念会。对他们来说，一年中最快乐的时候是吃刺梨的季节，因为那时候他们就不再挨饿了，什么时候都在跳舞，白天晚上都在吃……当我们和这个民族在一起的时候，我们遇到好多次这样的情况——食物缺乏了，三四天没有东西吃。他们为了鼓舞我们的情绪，会对我们说，不要发愁，很快就有梨了，我们可以大量享受，喝果子汁，我们的肚子会很大，我们会满意而又快乐，不再挨饿了。"[①]

有人认为，上面提出作为例子的这类证据所指出的极其健康的种种状况，同仅仅能够糊口的生存状态是不相符的。[②] 第六章里关于这些民族通常身体健康和活到长寿，应当和这里的证据一并加以研究。

转到第二类别的民族。在托列斯海峡的东部群岛中，"在干燥季节的末期，营养高的食物通常是极少的"。[③] 戴亚克人往往会经受难以取得食物的一个季节。[④] 我们听说，在斐济人们不知道什

① 卡贝萨·达·瓦卡：《记事》，第 63 页。

② 关于许多其他民族还有类似的证据。关于安达曼人参看曼：《人种学会杂志》，第Ⅻ卷，第 342 页及以后；关于帕亚瓜人参看阿札拉：《航海记》，第Ⅱ卷，第 142 页；关于吉利阿克人参看德尼克：《人种志评论》，第Ⅰ卷，第 295 页；以及关于弗韦果人参着海德斯与德尼克：《合恩角科学考察团》，第 122 与 339 页。

③ 《剑桥人类学探险队》，第Ⅳ卷，第 180 页。

④ 罗思：《沙捞越》，第Ⅰ卷，第 422 页。

么是饥荒，[①]但从11月到次年2月，当最末次山药收成消费掉了而下次收获尚未成熟，有时也会出现匮乏。[②] 在巴干达人中也是如此。“在大家尊重古老风俗习惯的情况下，没有一个人挨饿”[③]，但有时出现匮乏的季节。“食物充足时，他们每日三餐；食物匮乏时，他们满足于每日两餐，希望下雨并得到大量的水果。”[④]柯罗在描述刚果盆地民族的时候，提供了同刚才关于巴干达人所引证的一样极为符合情况的概述。[⑤] 在英属中非洲，“‘挨饿’是在雨季之后，那时上一年的谷物已经吃光了，而新的谷物还没有成熟——大约在3月”。[⑥] 关于北尼日利亚的卡吉罗人，我们听说，“人们在12月比在8月当然要健康些，条件要好些”，因为快到年末时，由于收获而有大量的食物，而在雨季的后期往往出现匮乏。[⑦] 同样，关于北刚果的曼德加人，我们听说“通常在10月份，曼德加家庭消费了它的食物储备，跟着就发生两个月的食物匮乏”。[⑧] 在北美洲，卡特林描述了曼丹人的匮乏时节；[⑨]瑟姆瓦尔德描述了圭亚那的类似情况。[⑩]

许多证据表明这些发族体格发育良好。帝汶劳特的居民“相

① 汤姆森:《斐济人》,第332页。
② 同上书,第335页。
③ 罗斯科:《巴干达》,第12页。
④ 同上书,第6页。
⑤ 柯罗:《原始社会》,第252页。
⑥ 沃纳:《非洲》,第181页。
⑦ 特里梅因:《人类学会杂志》,第XLII卷,第180页。
⑧ 高德:《人种志专论集》,第21页。
⑨ 卡特林:《北美印第安人》,第Ⅱ卷,第124页。
⑩ 瑟姆瓦尔德:《探险》,第253页。

貌堂堂，高个，笔挺，体格极好”。[①] 最早的旅行家之一科茨布，对赞比西群岛[②]和拉德克岛[③]居民的体格极感惊奇。同样，非洲的阿基库尤人“非常强壮，肌肉发达，身体健康而良好”。[④] “达马拉人一般说来是非常好的人种。的确可以常常看到六英尺几寸的人，他们的体态也极匀称。此外，他们的相貌好而端正；许多人可以作为人类形象的完善模型。”[⑤]就像第一类别的民族那样，我们听说从前这些人都很长寿。“在自然条件下，班图人比欧洲人的寿命长些。”[⑥]卡特林对北美洲印第安人的良好健康状态大为惊奇。他从来没有见过“更加健壮和健康的男人”，妇女们也是非常健康和强壮的。[⑦] 赫里奥特说：“北美洲人通常是强壮的，性情爽朗，估计能活到高寿。”[⑧]普拉斯高度评价了纳齐兹人的体格。还可以引证许多相类似的证据。[⑨] 例如，阿札拉说，帕亚瓜人活到高寿，[⑩]并且特别提到姆巴亚人[⑪]与查卢阿人[⑫]的良好体格。关于曼得卢科人，华莱士说：“他们的体格通常极好；我在注视最好的雕像时，从来没像

① 福布斯：《帝汶劳特》，第 9 页。

② 科茨布：《航海记》，第 129 页。

③ 同上书，第 170 页。

④ 鲁特勒奇：《史前民族》，第 19 页。

⑤ 安德森：《恩加米湖》，第 49 页。

⑥ 西阿尔：《非洲的黄皮肤和黑皮肤民族》，第 175 页。再参看埃伦伯格：《巴苏托》，第 295 页。

⑦ 卡特林：《北美印第安人》，第Ⅱ卷，第 228 页。

⑧ 赫里奥特：《旅行记》，第 350 页。

⑨ 普拉斯：《人种志专论集》，第 6 期，第 161 页。

⑩ 阿札拉：《航海记》，第Ⅱ卷，第 142 页。

⑪ 同上书，第 107 页。

⑫ 同上书，第 8 页。

注视人类体格美的活例证一样感到这么大的快乐。胸部如此发达，我相信从来没有长得这样合适的欧洲人，同时胸部呈现出令人赞美的一系列的凸出起伏，任何部位都没有一点凹陷。”[①]亨博尔特提到柴马人的男人和女人“肌肉发达，但丰满而挺直”。[②]同样，斯皮克斯与马歇斯谈到巴西部落时也说：“印第安人极少生病，通常活到高龄。”[③]

最后，下述情况可以看作是具有一定重要性的证据，即据我们判断，在不同民族之间，技术越高，天赋环境越优越，每个人的平均报酬就越高。虽然报酬难以计量，但我们所知道的一切生活条件都指向这一结论，不管我们是一般地比较农业民族与渔猎民族，还是比较弗韦果人与美洲西北沿海的渔猎民族。

十二

因此，以前两个类别的研究得出的结论大致是，由于所提到的这三种风俗中的一种或多种的实行，在正常情况下取得了近似的可取人数，从而达到家庭的平均小规模——这种规模正好相应于考虑到以后生活中各种原因所造成的平均死亡率，从而下一代的成年人数将达到同上一代尽可能接近的规模。作为偶然的巧合，被描述为附带产生降低生育率和增加淘汰结果的那些因素，可能

① 华莱士：《亚马孙河旅行记》，第478页。

② 亨博尔特：《私人旅行记》，第Ⅲ卷，第233页。

③ 斯皮克斯与马歇斯：《旅行记》，第Ⅱ卷，第249页。

正好形成接近最适宜人数所必需的确切的生育率降低数量和确切的淘汰数量。但这种巧合必然极为罕见。证据表明，另一类别因素的一种或多种的实行是广泛的，如果不是普遍的话。此外，证据还表明，通过后面这些因素运用程度的变化可取得或多或少的自动调整；与此相反，人们难以看出仅仅通过前面那些因素的变化为何能够达到调整，而且，不管社会组织和一般条件可能怎样不进步，也必须不时做某种调整。

人们已经看到，这些风俗习惯中任何一种的实行与不同的经济阶段之间不存在明显的联系，而且还可以说，人们所进行的调查两者之间是否存在任何联系的研究毫无效果。这个结论不足为奇。因此如何控制人数是任何时候都摆在一切民族面前的问题。虽然我们根据各个民族的经济情况划分它们的类别，但没有理由认为，在某一经济制度之下，控制人数的某一特殊方法会比任何其他方法采用得更多些，例如，杀婴而不是堕胎应当在一个制度下实行而不应在另一制度下实行，这是没有任何理由的。正如已经说过的，限制人数问题总是存在的，所采用的方法必然一开始就决定于与经济阶段无关的其他因素。例如，可能因为某个地方生长了经验证明对堕胎有效的药草，堕胎就在这个地方实行了。

对原始民族的这一概括观察仅限于阐述在正常情况下人数调节是什么。证据不够具体，难以判断在任何一个特定例证上当欧洲人的接触改变土人的条件之前，是否存在非常接近于可取人数的人数。我们只是提出，在通常情况下有接近可取人数的趋势，并且我们还可以进一步推断，由于可取的人数在很长期间保持不变，就使得接近这种人数易于实现，从而在正常情况下能够调整到最适宜的人数。关于这一问题，我们应当记住，原始部落是限制在明确规定的地域之内。对这些地域的普遍承认与用心维持，本身就是一个象征，表明这是正常情况。迁徙是不正常的情况，这件事由于两种理由而易于被遗忘。第一，当回顾历史发展过程时，迁徙突出为主要的如果不是唯一的众所周知的事实，而一个迁徙运动同另一个之间的巨大时间差距被忘记了。第二，我们关于原始民族的知识大部分得自这样的观察：当土人由于同欧洲人接触从而已经进行迁徙的时候所做的观察，例如，在美洲的观察。迁徙可能是干扰因素，打乱了人数调整；但它是一个不正常的条件，因此在这里不能加以考虑。

有些反对意见认为，我们假定杀婴等行为盛行超过了证据所允许的范围。为了做出答复，在记住杀婴等行为的证据之所以缺乏的许多理由的情况下，我们可以回答说，这种假定并不是不合理的。如果不做这种假设，这些民族的情况是难以理解的。人们也许承认，例如，在澳大利亚的一些部落中存在大规模杀婴的证据，但又可以指出在其他部落里缺乏类似的证据。所有澳大利亚人的生育力大概极其相似；如果他们的生育力不相似，那的确是奇怪的了。趋于减弱生育率和产生淘汰使用的因素在一个部落和另一个部落之间的差别不是极大的。从而必然的结论是，如果一个部落大规模实行杀婴从而能维持住它的人数，则不实行杀婴的另一个部落的人数必然迅速增长。这一迅速增长同明确规定的领地界限的严格维持并同我们所知道的一切正常部落之间的关系是不相容的，从而我们认为这里的假定，即杀婴或其他风俗习惯几乎总在实行，客观情况提供了唯一的解释。[①]

最后，应当想到许多迹象表明这些民族的生育力比现代民族要稍差些。但不管这一情况可能怎样，人们都应记住，增加人数的力量仍然是巨大的。例如人们曾经计算过，在 1906 年和 1911 年之间，世界人口按照大约 60 年就会增加一倍的速度增长着。按照这一增长率，一对夫妇在 1782 年后所生育的子孙，就能达到 1914 年世界上的估计人口数，即 1,694,000,000 人。[②] 而且这种增长率发生于各处，在许多方面受到明显的严格限制；因此，即使这些民族的生育力比文明民族要差些，人们也绝不可以认为这会大为减轻控制人数问题的重要性。

十三

我们要问，我们关于原始民族所得出的结论在多大程度上能适用于史前民族。首先，这些结论只能适用于已经确立社会组织的民族，因为只有在人们开始获得合作的好处时最适宜人数的概念才会产生。正如我们已经看到的，说出原始社会组织何时产生是不可能的。在上旧石器时代它必然已经存在了；否则，庞大的社会传统体系的存在就难以理解。正如人们提出的，我们完全应当到下旧石器时代去寻找社会组织的起源。塔斯马尼亚人存在着原

① 证据表明，有个澳大利亚部落要求扩充领地。但这类例证极其罕见，它只能有助于强调说明严格维持领地界限是正常情况。

② 尼布斯：《澳大利亚人口普查》，附录甲，第Ⅰ卷，第 31 页。

始社会组织，而他们的技术并不比阿求尔人高明很多。但是，不管人们认为社会组织在哪里开端，我们必须认为在它具有原始民族社会组织所特有的死硬形式之前，已经经历了漫长的岁月。要对这种意见给予充分适当的重视，我们就必须认为，在上旧石器时代，也许还在这之前，对于人数的意见和原始民族的意见在一切主要论点上是类似的。人们常常碰到大意如下的陈述：人类在开始务农之前是流浪者。如果这种说法意指在社会组织产生之后，不同集团的人们的特定地域仍未得到承认，那就错了。关于这一点不可能有直接的证据；但不管我们往那里看，我们绝对毫无例外地看到所有原始民族都承认并用心地维持这种领域，渔猎民族同农业民族一样。这一事实必然使我们认为，在史前比较有技术的狩猎者，在正常情况下会取得类似的条件。设想这类领地的承认是原始民族同社会进化的主流分开以后的发展，那是完全不合理的和丝毫没有根据的。对领地的承认大概是同社会组织的发展一起产生的。如果对领地的承认是晚期史前民族的特点，这将使我们得出这一结论：最适宜人数的取得与保持的愿望必然像原始民族那样具有相同的后果。换句话说，领地的承认将导致杀婴、堕胎和戒绝性交的实行。因为我们没有理由假定对生育率与淘汰有影响的各种因素比在原始民族中达到更大的强度。但是，我们也没有理由假定是实行了这些习惯中的某一种而不是别种，因为正如我们看到的，这些因素和经济发展阶段之间并无关联。我们所假定的一切，不是通过这种方法就是通过别种方法取得调整，正如下一章里将指出的，为了证实这一点我们应当注意到，当史前民族进入历史范畴，有大量证据表明它们实行了这些风俗习惯中的一种或多种。

十四

最后我们可以探讨，我们如何看待从人类以前的祖先必然生活过的条件转变到我们发现有理由认为是属于史前民族的条件。自然中各种生物经受的条件和我们因此认为人类以前的祖先也同样经受过的这种条件在第二章里已经描述过。我们发现任何种生物的生殖力都是同这种生物的幼体遭遇到的所谓不可避免的危险总和相关联的。下面这一事实限制了生殖力强度的发展不能超过某一点：任何一种生物的生殖力如果极大地超过了保证这种生物的生存点，对这种生物就不可能有什么好处，因为这样的增长会加强这种生物成员之间的斗争——这种斗争的强化不会带来任何相应的好处。

我们不仅对人类以前的祖先的身体结构无知，对他们所生活过的条件也是无知的。但我们必须认为他们的生育力，像自然中的任何种生物一样，具有使其足够的比率能够逃脱不可避免的危险而生存下来的力量。正如我们已经看到的，标志着人类走向统治其他一切生物的道路的出发点是人类智力的增长。智力增长最显著的结果必然使人类能够保护自己免于许多危险。我们不知道他们会遭遇什么危险，但考虑到他们的保卫设施是相当差的，可见他们遭遇的危险大概是很多且严重的。不过我们只要看一看塔斯马尼亚人就可以发现，当人们所达到的技术程度超过下旧石器时代的人类不太多的时候，人们已经可以避免大多数危险了。据我们所知，寄生虫那时候还不是严重的威胁，此外人们几乎完全成功地保卫自己免于其他生物的攻击。我们说不出是否这时候人类的生育力已经变得同人类以前的祖先的生育力不同了；无论如何，史前人类的生育力显然主要是人类以前的祖先遗传下来的——是在完全不同的条件下产生出来的一种生育力程度。自从史前人类时期以来生育力就增长了——这种增长显然主要是由于生活条件的变化而产生的变异性质。

看来我们必须把智力增长视为已使人类能够避免那种超过保证生存所必需的生育力所必然会带来的严重后果。因此，过剩的生育力并无害处，也未因选择而降低。必须记住，人类的生育力只是相对地过剩；实际上人类是繁殖慢的动物，当我们谈到这一相对过剩的生育力时，我们并不认为这样的生育力程度会在人体功能中占据如此重要的地位，致使人类的适应能力会比在生育力较低的情况下差些。换句话说，只有当生殖力导致某种生物成员之间的竞争大为增加而没有带来相应好处时，它才变得有害。要不是因为智力增长间接产生了淘汰的新原因并加强了一些从前存在的因素，这种情况也许就会发生。因此，食物与生活方式的变更显然导致了较高的婴儿死亡率；这种变更是由于智力的增长，而且，这种变更所产生的较高死亡率，即使作为可能的而非实际的好处，至少也为自然选择所默许。① 因此，如果其他情况不变，这些变更像由于禁忌而戒绝性交、青春期前性交、长期哺乳等一样，是被默许

① 有些证据表明，流产在这些民族中是常见的情况（关于澳大利亚参看格雷：《日记》，第Ⅱ卷，第 249 页，关于卢秋克斯印第安人参看哈迪斯蒂：《史密森学会年度报告》，第 312 页）。如果情况是这样，这也似乎是由于原始民族没学会适应变更的条件——他们学会适应这些条件没有好处。

的。杀婴与堕胎这些风俗同长期戒绝性交一起使人类能够完全避免他们的相对过剩生育力可能产生的任何害处——生育力的储备，如果我这样说不错的话，可能有好处。

看来我们必须按照某种方式来对待人类生育力的现状。生育力强度主要是继承于祖先，而他们经受过完全不同的条件。就目前需要来说，生育力相对过剩。但这种过剩并没有害处，因为它可能产生的不良后果间接由于生活条件的变异以及直接由于一些风俗习惯的兴起而得以避免。这些直接和间接的原因最终都可以追溯到智力的增长。

第十章　有史以来的民族

一

在这一章，我们要探讨对第五章中描述的三个类别民族中第三类别的生育率与淘汰产生影响的诸因素。这一章和下一章在一个主要方面同以前各章有显著的不同，以前各章，我们研究的资料不是来自我们要直接研究的民族的事实，而是得自原始民族的事实，目的在于弄清楚史前民族。这一章我们研究的事实同我们要研究的民族的情况有关。关于这些民族的事实，在安排上困难很大——资料数量庞大，但绝大部分远不是令人满意的；而有史以来所发生的迅速变迁也增加了这种困难。我们只打算简略地评论这一课题，目的在于说明比较重要的现象。

这一章研究的民族划分为四类。第一类包括埃及、美索不达米亚、希腊和直到两罗马帝国衰亡的罗马等文明。我们对这些国家从新石器时代文化进步到对自然表现出更为巨大控制的文化的情况略有所知。后来的欧洲文明就是来自这一文化。欧洲文明我们将在第三类和第四类里加以研究——前者开始于西罗马帝国衰亡后的欧洲，大约结束于 1760 年，也就是马歇尔提出的标志工业制度开始的年代;后者大约开始于1760年,包括一切欧洲民族以及它们在美洲、澳大利亚等地的派生。因此,一般说来,第一类包括古代帝国,第三类包括从罗马帝国到工业制度兴起的欧洲,第四类为工业制度时期。

还有一些民族,它们已经超越第二类中各民族的文化,但它们脱离了导致工业化的进化主流。第二类包括印度、中国、波斯、日本以及部分游牧的阿拉伯人和一些其他亚洲民族。近年来这一类民族的风俗习惯由于同欧洲人接触而受到影响;由于这种接触而发生的变化我们将不加以考虑,正如属于第一类和第二类民族的类似变化,我们也没有予以考虑。

第三类中所有民族的条件,在一个很重要的方面,同以前两类民族的条件不一样。疾病是最重要的因素,我们可以首先研究所有类别中疾病流行的情况。在第三类的所有民族中,有关战争、饥荒和儿童死亡率的情况,可说的东西极少,可以一起加以研究。关于其他因素,我们发现前两类的条件在许多方面是类似的,并和后两类的条件有显著的不同。因此,在研究了疾病和所提到的关于一切类别一起加以研究的其他因素之后,再分别研究这些分类的民族将是方便的。首先研究古代帝国与亚洲民族,然后再研究中世纪与近代欧洲。

二

第六章已经谈到疾病演化的一些情况。那里表明大多数疾病大概在比较晚近的历史中才演化出来。新石器时代比较安定的条件，可能提供疾病的演化与传播最初的适宜环境。随着金属的使用、人口密度的增长，条件对疾病更加有利。随着金属使用而来的是最初一批文明的兴起。从那时候起，人们开始聚居于乡镇与城市，并且看来有趣的是，最早的城市极为密集。霍尔谈到米诺文明时说，城市极其狭窄，“比最集中的欧洲中世纪城市还拥挤”。[①] 因此，自从这些早期文明开始兴起，人类的条件就和我们想象中的从前必然存在的条件显著不同，比从前任何时候都更适于疾病的传播。从最早文明的兴起到最近的几百年之前，条件始终适于疾病的传播。中世纪和以后的欧洲城市条件也许对疾病的传播最为适合。根据罗杰斯的说法，“人们的习惯对于时疫是适合的。15 世纪与 16 世纪期间，评论英国人生活风俗习惯的每位作者，都说到他们的饮食过度以及他们人身与习惯的异常不清洁。正如伊拉兹马斯所描述的一个普通英国人住宅的地板脏得难以想象，多少世纪以来就是这样，伦敦比别处更脏。城镇的街道与阴沟的污秽和为害是难以计量的。英国人轻视一切卫生条件”[②]。

谈到证据，我们发现有关这一时期最早年的情况极少。我们现有的证据指出，各早期文明期间疾病流行。我们知道时疫曾蔓延于埃及——《圣经》里的论据是大家所熟悉的；但确切流行什么疾病，人们却不知道。即使在中世纪，人们对症状的描述也极不准确，从而不可能鉴定是什么疾病。[③] 根据其他证据，似乎无论如何

① 霍尔：《近东古代史》，第 110 页。同样，孟菲斯显然是一个很拥挤的城市。

② 罗杰斯：《六个世纪》，第Ⅰ卷，第 336 页。

③ 关于这一课题参看赫希：《地理的与历史的病理学手册》；赫克：《中世纪的流行病》；克莱莫：《疾病地理学》。

结核、麻风病、鼠疫和血吸虫病在埃及都是常见的。很多证据表，大多数疾病只是较晚才传到欧洲。例如，鼠疫大概于公元 542 最初传到欧洲。但是，公元 164 年和 188 年蹂躏大部分欧洲的疫可能是鼠疫。[1] 大致说来，证据支持许多疾病来自东方这种论，许多疾病大概都起源于东方。鼠疫、霍乱与天花似乎都起源印度。这一结论和我们所知道的文明起源的情况是一致的，因正是在人们最初密集居住的地方，我们可以发现疾病的起源。

迄今为止，关于疾病的死亡率极少有精确的资料。例如，人们全不可能说出究竟疾病是否是中世纪死亡率比古代帝国时高的一原因。我们知道的全部情况是，在两个时代都是重要的淘汰素。在 19 世纪里，疾病处于科学控制下的程度逐渐在增长。一疾病如天花在我国几乎被消灭了；别的疾病如白喉也被处理得那么致命了。关于古代帝国当然没有确切的论据。麦克唐纳根柏林科学院的拉丁碑文集的数字进行计算，发现将古罗马与现相比较，那时的估计寿命极低。他还发现，虽然希斯帕尼亚省与西塔尼亚省的死亡率没有那么高，但这两省与罗马的情况很相非洲的估计寿命比较高，但这可能由于存在大量殖民者。[2] 量证据表明欧洲在 19 世纪开始之前存在着高死亡率。罗杰斯我们必须记住，“中世纪时死于疾病的危险比现在大多了，医药几乎不存在，生活条件显然不卫生，人民的吃食虽然大半年数

[1] 公元前 430—前 428 年雅典的著名“时疫”并非技术意义上的鼠疫；它大概是伤天花。

[2] 麦克唐纳：《生物统计学》，第Ⅸ卷，第 369 页。

量丰富都是不利于健康的”;[①]在另一处他说:“根据18世纪以前
报告判断,大城市的死亡数极大地超过出生数。”[②]锡尔哈伯引
戈尔茨坦,提出关于巴塞尔与法兰克福的数字证实这一看法
哈利为布雷斯劳这个城市编制了1687—1691年间的死亡率表
是最早的死亡率表之一;该统计表表明的死亡率“比现代的统计
表明的死亡率高得多”。[④] 普赖斯为北安普敦编制的一张173
1780年间的死亡率表表明,0—2岁的死亡率为249.31%,比今
的高得多。[⑤]

最后,虽然今天大多数疾病已处于科学控制之下,但在很大
度上大部分死亡仍然是由于疾病。1917年英格兰与威尔士的
民死亡数为498,922人。其中20,480人死于暴力(非自杀
2,495人死于自杀,2,485人死于说不清的也就是不知道原因
2,598人在怀孕期间死亡。其余全部死于确诊的疾病。死于
(伤寒与副伤寒)的有977人,死于麻疹的有10,538人,死于
咳的有4,509人,死于肺结核的有59,934人,死于梅毒的
2,127人,死于癌症的有411,158人,死于肺炎的有39,832人
于白喉与假膜性喉炎的有4,498人,死于脑膜炎的有4,761
死于结构性心脏病的有52,692人,死于支气管炎的有38,
人,死于其他呼吸器官疾病的有7,031人,死于腹泻的有13

① 罗杰斯:《六个世纪》,第Ⅰ卷,第118页。
② 同上书,第336页。
③ 锡尔哈伯:《不生育的柏林》,第27页。
④ 亨德森:《死亡法则与统计》,第3页。
⑤ 同上书,第4页与第110页。

，死于肾炎与白莱特氏病的有 14，298 人，死于先天衰弱的有，850 人。[①]

三

疾病是第一个因素，战争则是第二个因素。战争在这些民族，由于其影响的不规则性而引起人们的注意。到近代为止，估计争的生命损失是完全不可能的。同时代的陈述几乎总是大肆夸参加战争的人数和死亡的人数。“我们听说第一次圣阿尔班斯争中死亡 5，000 人。但我们几乎可以肯定，参加战斗的人数只这个数目的一半多一点。”[②]几乎所有这类陈述大都如此。关于过战争的淘汰有两件事要记住。第一件是，即使同时代的陈述正确的，战争并不像乍一看来那样是那么重要的一个因素。导每个家庭有意识地减少一个小孩这种风俗，在若干年中所产生减少人数的后果，比一向宣称的战争在同一时期中减少人数方的直接后果会大些。第二件是，跟着战争而来的间接淘汰比直淘汰重要得多。到近代为止，随着战争发生的饥荒与疾病要比争本身导致更多的死亡。当我们听说三十年战争期间符滕堡的由 50 万人减到 4.6 万人的时候，必须记住疾病与饥荒比战斗的死亡起着更重大的作用。[③] 此外，就战争的直接影响与疾病

① 《1917 年中央注册处处长年度报告》。

② 罗杰斯：《六个世纪》，第Ⅰ卷，第 332 页。

③ 尼布尔：《古代史讲义》，第Ⅱ卷，第 234 页。

的直接影响整个加以对比，显然战争的直接影响是相对无足轻的。疾病所引起的淘汰虽然也是不定规的，但在这一时期总是断取得进展；可是在若干长时期里却极少或根本没有战争造成生命损失。而且，大的流行病造成的死亡比大的战争要严重得例如，赫克对各种记载经过长期分析之后得出结论说，大约 1/4欧洲居民在黑死病流行期间死掉了。[①]

这一时期战争的性质显然是和各庞大国家的兴起与统一有的。战争成为政策问题，它不再是正常程度淘汰的原因。这一评论的民族存在以前评论过的民族所典型具有的那类战争与这时期所典型具有的战争之间的各种程度的淘汰。亚洲的游牧民至少在最近时期以前还维持着某种形式的正规战争。范伯里说两个土库曼部落中存在着“不共戴天的、不可调和的仇恨”。[②]们听说在像那加人这样原始的民族中，各部落从前处于经常敌对状态中。[③] 在这些人中猎取人头，从前是常事，牺牲者有时包括妇女在内。[④] “有个人把他的围巾给卡内基先生看，这条记载了 25 个人——男人、女人和儿童——的死亡，都是这个自杀死的。”[⑤]但是，一般说来，我们必须认为这一时期的战争们以前看到的战争具有典型不同的性质。不过，整个说来，这期究竟战争是否直接导致了较高程度的淘汰，还是说不准的。

---

① 赫克：《中世纪的流行病》，第 30 页。据说，人口死亡的比例往往还大些。斯（《六个世纪》，第Ⅱ卷，第 223 页。）说是英国人口的 1/3。

② 范伯里：《旅行记》，第 313 页。

③ 霍德森：《那加部落》，第 113 页。

④ 克鲁克：《印度北方》，第 41 页。

⑤ 克鲁克：《印度北方》，第 47 页。

在这里具有重要意义的战争特征是，它在产生淘汰方面的相对轻微影响，它的不规则活动和它在导致疾病与灾荒方面的严重后果。我们已经研究了疾病。灾荒在这里第一次出现于比较重要的淘汰因素之中，它的出现显然是和较高级的社会组织有关，这种社会组织如果破坏了，如为战争所破坏，便可能发生灾荒。[①] 社会组织也可能由于战争以外的原因而遭到破坏，如因政府的某种失败。灾荒还可能由于任何时期特别坏的气候而发生。但似乎当社会组织达到一定的阶段时，危险就比以前或以后都要大些。英国在1194—1196年、1257—1259年以及1315—1316年等期间都闹过大灾荒，此后就没听说闹灾荒了。这些灾荒都是与气候恶劣有关，但从那时以后却未发生过灾荒，这应当归因于较好的社会组织与不断增长的知识，而不能归之于较好的气候条件。一些地方发生气候长期突变，如在印度半岛，即使现代的知识与技术也感到伤脑筋。至于生命的损失，在灾荒问题上甚至比在战争问题上更易于被估计得过高。灾荒不知怎样引起人们的妄想，从而得到它不应当得到的历史上的显要地位。它实质上是个不重要的因素。

在摆脱战争这一课题之前，鉴于我们以后应对基督教教义在帮助制止堕胎与杀婴的影响方面将说到的内容，现在看一看早期教会也反对战争是有意义的。据亚历山大的克莱门特、特塔利安、奥里根和拉克坦歇斯提供的材料，对皈依宗教者来说，一切战争都是不合法的。在多米特人统辖之下，有个基督徒士兵因拒绝

① 就像在灌溉的国家里，如果让灌溉系统荒废而不加管理，或者灌溉系统被战争直接或间接破坏了，就可能发生灾荒。克雷斯韦尔：《人类》，第XV卷，第68页。

战争而被判处死刑。塞尔萨斯与奥里根关于这一问题进行了一场争论。后者的看法是基督徒的祷文比他们的战刀更加有效。但这种态度不久就被摒弃。到康斯坦丁时代，军队大部分都是基督徒。[①]

四

在已经讨论过的两个类别中我们看到儿童死亡率是个重要因素。我们把它溯源于诸如粗心大意、无知和在冷水里给新生婴儿洗澡之类的因素。有史以来儿童死亡率也起着重要作用。虽然对指出的这些风俗习惯极少或根本没有证据，但今天在受教育较少的阶级中，无知与粗心大意是大家所极为熟悉的，并且，疾病夺去了很多婴儿的生命。事实上，在原始民族中，儿童死亡的真正原因通常似乎是遗弃和由于无知与不经心看待所导致的虚弱，而在有史以来的民族中，儿童死亡的真正原因往往是他们受到的照管不好而或多或少地染上了疾病。

关于有史以来民族的情况，极少有确切的证据，但根据文献得出的一般印象是，儿童死亡率很高。亚洲民族的高儿童死亡率是众所周知的。在1902—1911年，每千个初生婴儿的平均死亡数在联合省是352，在孟买是320，在缅甸是332，在旁遮普是306。[②] 瓦塔尔引证这些数字时评论道："生产婴儿的极端不卫生条件以及对

① 莱基：《欧洲伦理学》，第Ⅱ卷，第248页。

② 瓦塔尔：《印度人口问题》，第20页。

这一问题的惊人无知。”[1]各处的无知情况是相同的。关于现代的埃及人，我们听说，“儿童看起来讨人厌，他们一旦长出牙来，就让他们大嚼豆子与面包这类不易消化的美味；同时母亲向女医生抗议说，除了牛乳之外，什么也不给小孩吃，尽管小孩的小手里实际上拿着块生土豆”。[2]

关于中世纪也没有确切的证据，但我们所知道的一切都指向很高的儿童死亡率。人们关于18世纪的农村引证了一些数字，毫无疑问，城镇里的死亡率还要高得多。[3] 根据一般条件和疾病的流行情况，显然城镇儿童死亡率不可能不高得多。

19世纪大多数欧洲国家的儿童死亡率则低很多。各个国家的死亡率相差悬殊。在上面提出印度数字的同一时期，英格兰与威尔士的数字为127.37，法国为132.4，德国为186.6，匈牙利为207.6，新西兰为64.4，瑞典为84.4，澳大利亚为87.4，苏格兰为116.1。[4] 在第十一章将提到这一问题的一些进一步论证，特别是关于各个国家之间的差别。

五

在讨论了有史以来疾病、战争、灾荒和儿童死亡率的重要性之后，我们可以进一步考虑其余的因素，首先研究古代帝国与亚洲民

① 瓦塔尔：《印度人口问题》，第21页。

② 鲍尔斯：《埃及》，第224页。关于中国的西藏参看威尔逊：《雪乡》，第193页。

③ 参看鲁宾：《皇家统计学会杂志》，第LXIII卷，第610页。

④ 瓦塔尔：《印度人口问题》，第20页。

族，以后研究罗马帝国衰亡以来的欧洲。我们将看到各种因素的重要性在这两部分之间存在着相当大的差别。大体说来，除了疾病的重要性这个例外，古代帝国与亚洲国家的条件同以前两个类别民族的条件是类似的。欧洲在基督教传入之后，我们会看到一些因素变得极少重要或根本不重要了，而别的因素则初次出现，最后在近代我们会看到进一步的变迁。因此，这样做是方便的，即把前两个分类的条件一起加以研究，然后再研究后两个分类的条件。

一切证据表明，独身与晚婚在古代帝国极其罕见，在亚洲民族也极其罕见。仅有的相反的例证是罗马帝国后期的情况；那些情况完全是例外，要说的内容留到下一章去说。一般说来，每个人在青春期或其后不久就结婚了。在希腊，“在许多地方可能对独身者进行刑事诉讼”。[①] 虽然麦克唐纳据以计算的数字是不多的，但他发现在罗马，结婚年龄为10—20岁。[②] 在所有这些国家我们看到宗教性独身的例子。在埃及[③]与迦勒底[④]，由于宗教原因而独身的男人与女人都有，在罗马有尼姑处女，在波斯太阳教尼姑不结婚，在印度与中国的西藏地区也有类似的例证。[⑤] 但和基督教的独身不一样，这些独身例证对于人数问题根本没有重要意义。宗教性独身者从来都只构成整个人口的次要部分。正如我们以后将看到

① 韦斯特马克：《道德观念》，第Ⅱ卷，第403页。关于这个课题参看肖曼：《希腊考古家》，第Ⅰ卷，第271页，与普鲁塔奇：《里库尔古斯》，第15页。

② 麦克唐纳：《生物统计学》，第369页。

③ 穆勒：《性生活》，第7页。

④ 同上书，第14页。

⑤ 韦斯特马克：《道德观念》，第Ⅱ卷，第407页。中国有个金兰社，女社员发誓永不结婚（贾尔斯：《中国》，第69页）。

的，基督教以外的宗教强烈鼓励人民大众结婚。另一个重要的例外似乎是佛教，它不仅禁止僧侣阶层结婚，也不鼓励愿意变得明智的人结婚。但是，看来在佛教的早期独身虽然可能广泛流行，但以后不久，佛教徒除了一小部分之外就不再奉行这种风俗了。“据说尼泊尔在现代的廓尔喀规则之下，独身者比结婚的和尚地位低，由后者来从事庙堂的劳务。而据说，锡金和其他北方国家的喇嘛经常有孩子们同他们生活在一起，虽然他们不承认这些孩子是自己的。可是，尽管如此，独身还是原则，西亚的大多数喇嘛都是没有结婚的修道僧，至少是名义上的，他们共同生活在寺院里。”[①]

对独身和早婚的义务所采取的看法，能够提出许多证据，波拉克说：“东方人不理解何以一个人有机会结婚而仍然是独身。”[②]斐斯特·德·库兰格说：“独身既是最大的不孝，又是不幸；之所以说是不孝，因为独身者败坏了祖先的荣誉；之所以说是不幸，因为他在死后享受不到任何祭礼，也不可能认识到灵魂的快乐。这既是对于他本人又是对于他的祖先的一种毁灭。”[③]道蒂描述了在阿拉伯人中不存在独身的理由。[④] 同样的条件在中国也可以看到。[⑤]罗斯谈到朝鲜时说：“从来没结婚的男人永远不能叫作‘男人’，不管他的年龄多么大，而是叫作‘丫头’。这个名称是中国人叫未结婚的女孩子的名称。十三四岁的人完全有权利打骂或使唤三十岁

① 莫尼尔-威廉斯：《佛教》，第269页。

② 波拉克：《波斯》，第Ⅰ卷，第205页。

③ 斐斯特·德·库兰格：《古代城市》，第5页。

④ 道蒂：《旅行记》，第Ⅰ卷，第321页。再参看伯塞兰：《阿拉伯人的医药卫生》。

⑤ 加德纳：《人种学会杂志》，新辑，第Ⅱ卷，第19页。

的'丫头',而他却不敢口出怨言。"[①]克尔说:"印度土人认为结婚是不可推卸的责任。"[②]据瓦塔尔说,"印度男人必须结婚并生孩子——儿子,如果你愿意这样说的话——来为他执行葬礼,以免他的灵魂在荒野中忧郁地游荡"。印度处女在青春期不结婚是她的家庭遭受社会诽谤和她的祖先受指责的原因。"伊斯兰教徒虽然没有受这类惩罚的影响,但结婚是同样常见的,部分由于印度人的榜样,部分由于原始社会的一般生活条件,在这种社会里妻子作为家庭苦工和作为田野工作的合作者几乎是必要的。"[③]

早婚被视为是所有人的义务。韦斯特马克按照穆罕默德原来所说的引证如下:"当真主的仆人的确结婚的时候,他就完成了他的宗教义务的一半。"[④]根据马努的法律,结婚是每个人的宗教义务。[⑤] 吠陀时代结婚很受鼓励,并且极其希望有孩子。[⑥] 儒教与袄教同样鼓励结婚。杜波伊斯谈到印度时说:"年轻人在18岁以前不结婚就会被印度人看作是违反造物主命令的罪孽,造物主说'要增加人口并成倍地增加'。"[⑦]格雷说:"几乎所有的中国人,强壮的或衰弱的,发育良好的或发育畸形的,一旦到了青春期,他们的父母就叫他们结婚。"[⑧]两位中国现代作者说:"娶妻生子是每个适于

① 罗斯:《朝鲜》,第313页。

② 克尔:《印度土人》,第202页。

③ 瓦塔尔:《印度人口问题》,第3页。

④ 韦斯特马克:《道德观念》,第Ⅱ卷,第400页。

⑤ 同上书,第400页。

⑥ 莫尼尔-威廉斯:《佛教》,第363—364页。

⑦ 杜波伊斯:《印度风俗》,第214页。

⑧ 格雷:《中国》,第Ⅰ卷,第186页:再参看道格拉斯:《中国》,第85页,与贾尔斯:《中国》,第189页。

结婚的中国人的义务。”[①]关于缅甸人[②]、泰国人[③]、波斯人[④]、蒙古人[⑤]和卡尔莫克人[⑥]也可以看到类似的陈述。

六

青春期以前结婚是常见的情况，并且在印度甚为盛行。但在青春期前进行性交到多大程度是可疑的。印度西北各省，据说在大多数情况下，青春期前不同居。[⑦] 里斯利证实了这一说法；他进一步说，在孟加拉马上开始同居。[⑧] 在1901年的印度，5岁以下结婚的姑娘有243，500人，5—10岁有2，030，000人，10—15岁有6，585，000人。[⑨] 伊拉姆谈到东方时说，青春期前结婚不是罕见的。[⑩] 我们听说10%的吉尔吉斯的姑娘在月经开始之前结婚。[⑪] 在安南人[⑫]与托达人[⑬]中，有时在青春期前发生性交。已经引证的

① 梁与陶：《中国生活》，第10页。

② 克劳福德：《日记》，第Ⅱ卷，第240页。

③ 博克：《庙与象》，第186页。

④ 波拉克：《波斯》，第Ⅰ卷，第201页。

⑤ 赫克：《回忆》，第Ⅰ卷，第297页。

⑥ 普拉斯：《人种志专论集》，第6期，第Ⅰ卷，第305页。

⑦ 克鲁克：《西北各省》，第228页。

⑧ 里斯利：《印度的人民》，第185页。

⑨ 利奥波德与魏塞：《性的秩序》，第347页。但在吠陀时代，儿童婚姻显然是没听说过的（参看贝内特：《印度的古代风习制度》，第114页）。

⑩ 伊拉姆：《东方分娩问题》，第69页。

⑪ 瓦西里也夫：《人类学中央公报》，第Ⅹ卷。

⑫ 蒙达埃尔：《人类学会记录》，第Ⅱ卷，第465页。

⑬ 里弗斯：《托达人》，第503页。

麦克唐纳关于罗马的数字表明，在青春期前结婚有时是必然发生的现象。

七

古代埃及人要给小孩喂奶两三年。[①] 在阿拉伯，哺乳期是拖长的。[②] 在亚洲民族中，哺乳期往往拖到相当长的时间。日本人在第四年之前有时不给小孩断奶。[③] 波斯的贫苦阶级，在第三年之前都喂奶。[④] 在上暹罗，"小孩往往吃奶三年"。[⑤] 在土耳其，哺乳期也是拖长的。[⑥] 一般说来，证据大致证明哺乳期总是拖长的——平均也许是两三年左右。

八

在第一分类中可以看到在一些季节里对已婚人所强加的戒绝性交的许多例证。穆勒提出埃及的例子。[⑦] 根据马努的法律，在一些时期里（例如，在新月、满月和一个月中的某些天）必须同妻子

① 勒诺蒙：《古代史》，第Ⅲ卷，第142页。

② 道蒂：《旅行记》，第Ⅰ卷，第237页；伯克哈特：《贝多因人志略》，第96页。

③ 福尔茨：《九年》，第285页。再参看沃尼克：《妇科医学档案》，第Ⅹ卷，第574页。关于中国，参看马蒂翁：《十年》，第318页。

④ 波拉克：《波斯》，第Ⅰ卷，第216页。

⑤ 博克：《庙与象》，第260页。

⑥ 里格勒：《土耳其》，第Ⅰ卷，第212页。

⑦ 穆勒：《性生活》，第6页。

分开。[1] 波斯存在类似的情况。[2] 但是，这些限制没有多大重要意义。关于长期戒绝性交的证据极少。据格雷说，在中国，“妻子怀孕后，人们认为丈夫不应当和妻子同居，在生过小孩之后和整个哺乳期间也认为不应当同居。对于这一清规的任何违反都被认为不仅会使小孩变得病弱，还会激怒祖先，从而，给全家人带来不幸。富有的中国人一般都极其细心地执行这种戒绝”。[3] 但十分清楚，根据我们所知道的中国人的生育率看来，这种风俗在整个民族中并没有广泛实行。史密斯谈到“阿拉伯人反对同抚育小孩的母亲性交，认为这会有害于哺乳”。[4] 在土耳其，据说在哺乳期间也不性交。[5]

九

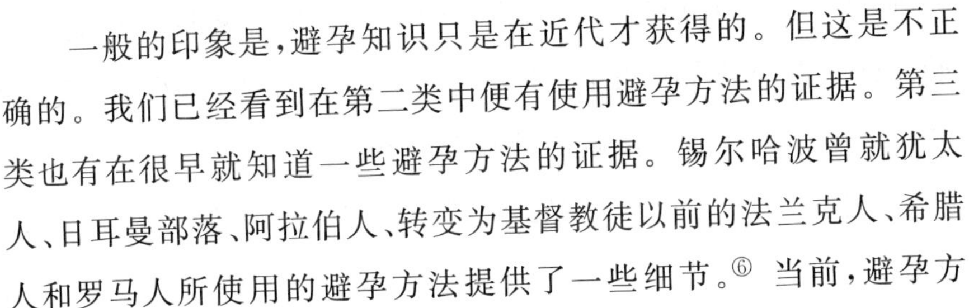

一般的印象是，避孕知识只是在近代才获得的。但这是不正确的。我们已经看到在第二类中便有使用避孕方法的证据。第三类也有在很早就知道一些避孕方法的证据。锡尔哈波曾就犹太人、日耳曼部落、阿拉伯人、转变为基督教徒以前的法兰克人、希腊人和罗马人所使用的避孕方法提供了一些细节。[6] 当前，避孕方

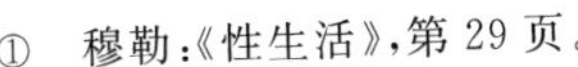

① 穆勒：《性生活》，第 29 页。

② 同上书，第 37 页。

③ 格雷：《中国》，第Ⅰ卷，第 185 页。

④ 史密斯：《血族关系》，第 283 页。

⑤ 里格勒：《土耳其》，第Ⅰ卷，第 212 页。

⑥ 锡尔哈波：《不生育的柏林》，第 10 页。再参看锡尔哈波：“节制生育”，见《新世纪》，1913 年。

法也使用于中国[①]与印度[②],虽然这些方法有效到多大程度不无可疑之处。据瓦塔尔说,印度有一些统计证据可以解释为或是实行这些方法的结果,或是戒绝性交的结果。[③] 我们没有足够的证据能对这些方法的实行程度做出任何确切的估计。但一般说来,在人类史的最近时期以前,我们看不出这些方法的重大意义。

十

关于古代的家庭规模极少有确切的证据。关于今天亚洲各民族的生育率我们有一些证据,不过截至目前的证据只是杀婴与儿童死亡率夺去儿童生命之后剩下来的儿童数。现在我们可以转而讨论来自亚洲各民族的证据,但在进行这种讨论之前我们应当注意到,第一分类其余各民族的证据给予我们的印象同我们研究原始民族所得到的印象很不一样。总的说来,我们得到的印象是,家庭规模至少不像原始民族那样显著地小。[④]

人们常说东方的生育率比欧洲高。就印度而论,这不是事实。之所以产生这种错误是因为人们注意了未加整理的出生率。当未加整理的出生率改正为生育年龄的已婚妇女的出生率之后,就会发现印度的真正出生率比欧洲低。“1911 年英格兰与威尔士登记

① 科利诺:《人类学研究所月刊》,1899 年。

② 韦布:《印度病理学》,第 258 页。

③ 瓦塔尔:《印度人口问题》,第 28 页。

④ 亚里士多德:《政治学》,第Ⅱ节,第 9 页。

的出生总数为 881,138 人,拿这个出生数同总人口进行比较,得出的未加整理的出生率为 24.4‰。同一年里印度登记的出生总数为 9,299,703 人,拿它同总人口进行比较,得出的未加整理的出生率为 38.59‰。因此,似乎印度的生育率比英格兰高。但这不是事实。1911 年人口普查时,英格兰与威尔士的生育年龄(15—45岁)妇女总数是 8,988,745 人,如果我们计算这类妇女每千人的出生数,则所得的数字为 98。1911 年印度这样年龄的妇女的总数为 71,535,861 人,相应的印度总数字为 128 人。但是,如果我们根据生育年龄的已婚妇女数来计算出生数,则印度的数字为 160,而英格兰的数字为 196。”①

人们常说,其他亚洲国家的生育率很高;据说中国的生育率常接近 50‰。但并无确切的数字。毫无疑问,校正后的出生率会低得多。在游牧民族中,证据大致表明儿童数是小的,这大概与堕胎的风俗有关,例如,这种风俗在阿拉伯人中很普遍。

十一

现在我们必须谈谈影响第三类民族的淘汰作用的那些因素。在这些因素中第一个就是堕胎。古典文献对这一问题的论证极多。柏拉图与亚里士多德都默许堕胎。“在希腊、罗马共和国以及

① 瓦塔尔:《印度人口问题》,第 7 页。

罗马帝国的大部分时期内，没有任何法律宣布堕胎为有罪。”[1]“一系列基督徒和非基督徒的作家说，这种风俗被认为是正当的，并且几乎是普遍的。”他们描述这种风俗不单纯是放荡或贫困的后果甚至可能是由于虚荣这样轻微的目的所致。虚荣使母亲们对于生孩子后外貌变丑而畏缩不前。他们说：“从来没毁损她的孩子的母亲值得大加夸奖，他们还向我们保证，犯这种罪行的次数是如此之多，以致产生出从事堕胎的正规行业。”[2]这种风俗在罗马比在希腊更加普通。[3] 虽然如此，包括奥维德、韦纳尔和塞尼卡在内的许多作者都对这种风俗感到遗憾。锡尔哈波提出了所使用的方法的一些细节。[4]

在第二类民族中，我们看到这种风俗广泛流行。伊拉姆提到，在整个东方，人们常常使用这种方法。[5] 威金斯说，“堕胎的罪行在印度是最普通的罪行之一”，并引证了切弗斯医生原话，即堕胎是“几乎每天发生的事情”并成为“一些低级接生婆的职业”。在孟加拉国，堕胎特别普遍——大概每月有一万胎儿被毁掉。[6] 根据马蒂翁的说法，堕胎在中国是合法的，在三年哺乳期中堕胎是常

① 莱基：《欧洲道德》，第Ⅱ卷，第21页。

② 同上。

③ 韦斯特马克：《道德观念》，第Ⅰ卷，第415页。

④ 锡尔哈波：《不生育的柏林》，第11页。再参看封·西波尔德：《助产术史试论》。

⑤ 伊拉姆：《东方分娩问题》，第45页。马努法禁止堕胎(第Ⅷ款，第37项)。

⑥ 威金斯：《印度教》，第429页。再参看肖特：《产科学会报告书》，第Ⅸ卷；杰林豪斯：《人种学杂志》，第Ⅲ卷，第365页。

事。[1]在安南[2]、日本[3]、波斯[4]和土耳其[5]，堕胎也是普遍的。穆罕默德谴责杀婴，但不谴责堕胎。在阿拉伯人中堕胎是常事[6]。在土耳其堕胎极其普遍；[7]据说如经丈夫同意，在第二产之后就堕胎了。[8] 在布尔戈尼人、雷普阿利亚人、维西哥特人、巴伐利亚人、萨克森人、法里斯兰人和伦巴底人中，我们听说在较晚的时候通过法案限制堕胎，这似乎指出了在他们转变为基督徒之前这种风俗很普遍的结论。[9]

十二

人们认为摩西时代的埃及人杀婴是普通的事，[10]这是有某些根据的。"古代的犹太人似乎也杀婴，因为在以赛亚这么晚的时候人们还谴责犹太人'在山谷的岩石裂缝中杀死孩子'的习惯。在历代志略卷Ⅱ第28节第3段与第33节第6段中也有类似的陈述。的确这些事件可能有点以人身献祭的性质而不是普通的杀婴，但

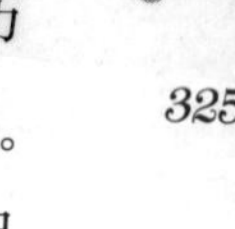

① 马蒂翁：《在中国十年》，第318页。再参看同一作者的《中国的迷信、罪恶与贫困》，与科利诺：《人类学研究所月刊》，第352页。

② 蒙迪埃尔：《人种学评论》，第Ⅱ卷，第487页。

③ 沃尼克：《妇科医学档案》，第Ⅹ卷，第574页。

④ 波拉克：《波斯》，第Ⅰ卷，第217页。

⑤ 普洛斯与巴特尔斯：《妇女》，第Ⅰ卷，第846页。

⑥ 里格：《巴黎医学杂志》，第ⅩⅧ卷，第161页。关于鞑靼人参看涅莫耶夫斯基：《西伯利亚风光》，第Ⅰ卷，第161页。

⑦ 里格勒：《土耳其》，第Ⅰ卷，第206页及第Ⅱ卷，第229页。

⑧ 波拉克：《波斯》，第Ⅰ卷，第218页。

⑨ 萨瑟兰：《道德本能》，第Ⅰ卷，第139页。

⑩ 巴克尔：《杂文集》，第Ⅱ卷，第240页。

两者通常是一并流行的，而且我们有明显的证据表明，那时两者存在于所有邻近的民族中，如腓尼基人、阿拉姆人、叙利亚人和巴比伦人。”[①]

格洛茨就希腊杀婴这个问题写下了有趣的一章。史前时代，在希腊像在属于“雅利安起源”的所有民族一样，家长可以随意杀死他的孩子。[②] 根据格洛茨的说法，分析神话之后情况就清楚了，在神话正在形成的那个时期，杀婴是每天都要发生的事情。[③] 有史以来，杀婴是普遍的。杀婴通常是由父亲下命令，他通常在婴儿降生之后的第五天，有时在第七天或第十天，当众宣布他是否留下这个婴孩。[④] 如果他决定不留下这个婴孩，就把婴孩丢在野外，人们有理由认为绝大多数被抛弃的婴孩都死了。[⑤] 柏拉图与亚里士多德的理想立法，和里库尔古斯与索伦的实际立法，都鼓励杀婴。格洛茨总结他关于这一课题的分析说：“因此，古代希腊的概念差不多是一致的。在生活上已经认可的情况下，立法就自然同意这种事实的存在，而一些权威思想家则理所当然地据以立论。”[⑥]

在很早的年代里，杀婴在罗马是普遍的现象。后来，父亲杀害他的孩子的权利稍许受到限制。“在罗马，对孩子的生杀之权原属

① 萨瑟兰：《道德本能》，第Ⅰ卷，第132页。

② 格洛茨：《社会研究》，第187页。

③ 同上书，第188页。

④ 同上书，第191页。但是，除非父亲决定留下婴孩，否则可能就没有任何公共仪式。

⑤ 同上书，第212页。

⑥ 格洛茨：《社会研究》，第224页。

父亲，这似乎意味着允许无限制的杀婴。但通常认为，罗慕路斯所创立的一项很古老的法律却在这方面限制了父母的权利，命令父亲抚养他所有的男孩及至少是最大的女孩；禁止父亲杀害任何未满三周岁的发育正常的婴儿，因为那时父母对孩子的感情可以认为是建立起来了。不过，这一法律准许父母在取得五个最近亲属同意的情况下，遗弃畸形或残疾的孩子。”[①]证据表明，这一准许往往会得到利用。由于普劳塔斯与特伦西的计谋，有时反对据认为已被杀害的儿童的再出现。“普里尼说，杀婴的确是十分迫切的需要，‘由于一些妇女的生育力如此过强，因而需要这样的风俗予以抵消’；而……塞尼卡则看不出杀婴有什么可以非难之处。”[②]休托涅斯几次提及杀婴问题，证明罗马人颇以既成事实的精神接受了杀婴。例如，在描述公众关于日尔马尼卡斯死亡的悲伤时，他提到许多妇女遗弃了她们的婴孩。阿帕列斯的《金驴》在第十四对话部分的开端，描述了一位丈夫在旅行之前如何指示他的年轻妻子，要是生出来的婴儿是姑娘就把它毁掉；对话把整个过程叙述得好像完全是自然而普遍发生的事情。[③]

阿拉伯人在穆罕默德时代以前杀婴是极其盛行的，穆罕默德禁止了杀婴。史密斯提出一些例证表明了这种习惯实行的程度。[④] 史密斯在另一些讨论中提到这一问题时说：“韦尔肯怀疑在

① 莱基：《欧洲道德》，第Ⅱ卷，第26页。

② 萨瑟兰：《道德本能》，第Ⅰ卷，第136页。

③ 同上书，第137页。

④ 史密斯：《血族关系》，第279页。再参看道蒂：《旅行记》，第Ⅰ卷，第239页，与韦尔肯：《母权》，第53页。

阿拉伯人中这种习惯的实行,超过维持两性均衡的程度以上——男人比女人更易遭到暴力而死亡。但证据表明,无论如何,在一些地方和一些时候存在着反对抚养女孩的公共舆论的强大压力,即使她是父母的独生孩子。如果我们把这一情况同有钱有势的人往往有几个老婆这种事实一并加以考虑,我相信,毫无问题,至少在这个国家的一些地方妻子必然极为缺乏,以致部落的人民大众必然被迫实行一妻多夫制。"①来自中国的证据有点自相矛盾。这大概是由于这个国家各个地方风俗存在差别。诺曼搜集到的证据表明,杀婴广泛实行。他说:"一位中国教师的证词如下:'杀婴在穷苦人中间是极其普通的,即使在小康之家也是如此。极少有一家连一个婴儿也没毁掉的,一些家庭遗弃四五个孩子。'"另一个人现在是基督教会的成员,说他的村子里很少有一家不毁掉两三个孩子的。《华北新闻》的一位投稿女士提供了以下的统计:"我看到160个中国妇女,都在50岁以上,她们生了631个儿子和538个女儿。在这些儿子中,有366个也就是近于60%活到十岁以上;而在这些女儿中,只有205个也就是38%活到十岁。根据这160个妇女自己的陈述,她们毁掉了158个女儿,但没有人毁掉儿子。鉴于只有四个妇女抚养三个以上的姑娘,可能人们所承认的杀婴比事实要低得多。偶尔有个妇女告诉我,她忘记了她所生的超过需要的姑娘的确切数是多少。在所有妇女中,承认杀婴的最多是十

① 史密斯:《血族关系》,第129页。关于在明勒里亚杀婴的证据参看查丁:《旅行记》,第144页。加加人杀死所有自己生的孩子,再偷别人的孩子(巴特尔:《惊奇的探险》,第326页)。

俗。这样，青春期前性交的消失形成这些民族和我们从前研究那些民族之间的差别。

哺乳期的长度有着类似的差别。我们不可能划出什么严格的别。即使今天在一些乡村地区哺乳期也被拖长了，例如，根据戈齐的说法，在匈牙利哺乳期是好几年。[①] 但一般说来，趋势是逐减少到目前在西欧盛行的情况。

十四

独身和晚婚情况体现了这些民族和以上研究过的那些民族之更加显著的差别。截至目前，我们看到，除了极少数个人主要为宗教理由而没有结婚以外，所有的妇女如果的确未在青春期以结婚，那么在青春期以后很快就结婚了。晚婚都限于男人，因，独身和晚婚对于人数都没有任何影响。在这一点上我们碰到崭新的情况。

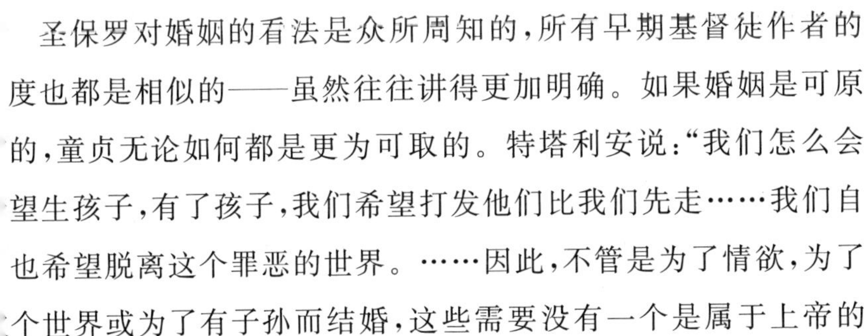

圣保罗对婚姻的看法是众所周知的，所有早期基督徒作者的度也都是相似的——虽然往往讲得更加明确。如果婚姻是可原的，童贞无论如何都是更为可取的。特塔利安说："我们怎么会望生孩子，有了孩子，我们希望打发他们比我们先走……我们自也希望脱离这个罪恶的世界。……因此，不管是为了情欲，为了个世界或为了有子孙而结婚，这些需要没有一个是属于上帝的

① 戈内齐："关于婴儿生育和哺养的习俗"，《人类学中央报》，第 12 卷。

仆人的。”[1]在几乎任何一个神父的作品中都可找到与此相仿
节。他们一遍又一遍地重申这一主题。圣奥古斯丁并没有逃
际的困难。他说:“但我了解到这样一些怨言。他们说什么如
有的人都戒绝性交,则人类将何以存在?要是一切都这样,
‘天城’就会快得多地被挤满了,世界末日的来临也会快得多
早期的宗教会议就独身生活颁布了许多告示。385 年教区牧
首次鼓励独身生活。[3] 格雷戈里对于独身生活极其热心,由
的努力,11 世纪的独身生活在欧洲已经极其普遍,虽然在 13 世
之前在牧师中并未严格推行独身生活。[4] 但是,在基督教教
影响之下,独身生活许久之前在一些国家里已经逐渐具有重要
义。独身生活是在戴西迫害时期[5]之后,从蒂班·保罗和圣安
尼开始的。根据舍恩伯格的说法,埃及有一个时候在一个教区
就有两万男人和一万女人是独身者。[6] 当时人们已经感到有必
采取步骤限制这种风俗的实行范围。381 年萨拉戈萨会议曾禁
40 岁以下的处女戴面纱。[7] 这样,在基督教的影响之下,独身生
在人类历史中第一次成为重要的因素。特兰特会议还强调指

① 特塔利安:《赠给他的妻子的第一部书》,第 414 页。
② 奥古斯丁:《论婚姻的幸福》,第 134 页。
③ 利:《僧侣的独身生活》,第Ⅰ卷,第 62 页。
④ 同上书,第 260 页和第 301 页。
⑤ 利:《僧侣的独身生活》,第Ⅰ卷,第 105 页。
⑥ 舍恩伯格:《国民经济学》,第 868 页。
⑦ 利:《僧侣的独身生活》,第 107 页。

身生活比结婚好。[①]

晚婚在世界史上第一次具有重要意义也是在这一时期。不幸是,结婚年龄的证据太不确切了。但很大数量的证据表明,至少大多数典型的欧洲国家的社会里,自从10世纪以来,除了特权级,男人和女人的婚姻总有些拖延,而且拖延的时期往往很长,然男人拖延的时期比女人还要长。这种拖延是社会条件、风俗惯和法律所造成的。下一章我们有必要讨论这些社会条件和风习惯,在这里只需提到以下情况就够了:一般说来,乡村里房屋量有限,死了人才能空出房子来,愿意结婚的人找不到房子,因他们必须等待;城市里,行会的限制束缚徒弟好多年,这期间他不可以结婚,并且,有许多时候在许多地方禁止穷人结婚。

有关统计证据极少。鲁宾研究过这一问题:他根据16、17和世纪丹麦的数字进行了计算。他说:"普遍的规律是,一旦阻……被克服了,每个人就马上结婚。"[②]因此,除了宗教性独身生以外,没有像我们今天所看到的自愿独身生活。但对从属阶级说这些阻碍是严重的,从而这一阶级的男人拖延结婚的时间很,当然女人比男人拖延的时期要短些。"尽管旧社会的社会与经结构限制了一部分——从属部分——人结婚,而人口的另一部,即自主部分,结婚比今天要早得多。在上流社会的某些阶层里微晚婚……也许会有,但普通的自主民年纪很轻的时候就结婚

① 特兰特会议第二十四次会议,通过《教规》第10条:如有人说结婚状态比童贞独身状态更为所愿,守贞或独身不比结婚更善良和幸福,则此人应被逐出教门(利,同书,第Ⅱ卷,第204页所引)。

② 鲁宾:《皇家统计学会杂志》,第LXⅢ卷,第598页。

是理所当然的。能够早婚的那些人很早就结婚。但直到岁数彳时才能结婚的那些人——当他们不再是工匠、劳动者等时——后还是结婚了。”[①]至于妇女，存在着“和男人方面类似的状况在人口的一些部分存在着独身生活的强制条件……在人口的一阶级中二十多岁不结婚的妇女比现在要多得多”。[②] 同一作者出结论说：“尽管社会上的自主部分在 18 世纪的结婚年龄通常现在早些，但当时平均的结婚年龄却仍然要高些，因为人数更多从属阶级结婚得晚些。”他还补充说：“新娘与新郎之间年岁的差必然比现在结了婚的夫妇之间年岁差别要大得多。”[③]

上面指出的是欧洲中世纪的典型情况，这种情况一直延续工业革命。不能认为从前流行的条件发生了什么突然变迁；与相反，当欧洲中世纪社会仍然具有它的典型状态时，上述这些条是慢慢发展起来的。这些条件的形成与堕胎和杀婴的消失有正如我们将看到的，证据表明在基督教传入之后的很长一段时里，堕胎与杀婴等风俗习惯还继续存在着。

从我们所谓的中世纪条件向现代条件过渡是比较突然的。世纪后半期，同工业制度兴起相关联的经济变迁，扫除了我们所到的婚姻阻碍，从而平均结婚年龄降低了。英国在 1867—1888 之间，男人的平均结婚年龄为 26 岁，妇女为 24 岁。我们不必再述现代结婚年龄的问题，因为不是这一因素的变化控制了人数

① 鲁宾：《皇家统计学会杂志》，第 LXVIII 卷，第 606 页。

② 同上书，第 608 页。

③ 同上书，第 609 页。

结婚年龄有所变化，但这些变化被其他因素所补偿了。

在中世纪的一些时候和一些地方，具有很大重要意义的因宗教原因而过独身的生活，在现代已经不再有什么重要性了。而因宗教以外的原因而自愿过独身生活，在历史上第一次具有重要意义。“在这一世纪（19 世纪），瓦波斯发现，在萨克逊尼人口中有 14.6％的未婚成年人孤苦伶仃地死去了；在瑞典为 14.9％，在尼德兰为 14.2％，在法国为 20.6％。”[①]美国第十三次人口普查报告表明，35—44 岁的妇女，有 10％是独身的。[②]

关于这一点，有另一个问题应当在这里提到。以后还将具体讨论这一问题。这个问题是：中世纪自主阶级结婚早，从属阶级结婚要晚得多；现代的情况却颠倒过来，现在赚工资的阶级比自主阶级结婚早些。

十五

在中世纪人们就知道避孕的方法，[③]但关于这些方法或夫妇之间戒绝性交是否有什么重要意义，却毫无证据。据鲁宾来看，“就 18 世纪而论……可以把以下情况视为事实：婚姻生育力的限制主要只由自然所规定”[④]。这同样适用于整个时期。因此，这一时期同以前的时期在这方面情况相类似。

① 韦斯特马克：《人类婚姻史》，第 145 页。

② 波普诺与约翰逊：《应用优生学》，第 136 页。

③ 例如，参看艾伯塔斯·马格纳斯：《妇女的秘密》，第 233 页。

④ 《递减的出生率》，第 20 页。

不管人们可能认为在以前各时期这些因素的影响是什么，在现代这些因素却开始逐渐具有首要的意义。第一章里关于所谓新马尔萨斯宣传史谈了一些，指出这种宣传在19世纪相当早的时候就开始了。关于这些方法实行的程度显然极难得到任何确切的事实，但极大量的证据指向这一结论，不仅这些方法逐渐具有重要意义，而且这些方法使用上的变化，连同夫妇之间有意识地戒绝性交，使得人口数得以调节。

关于确定的证据，我们可以引证全国出生率委员会的研究成果。在所发出的481张表中，有366张对限制生育提供了确定的答案。在288个例证中特别提到结婚受到限制，288个例证中的203个还有进一步的具体内容。在105个例证中(51.7%)，限制生育似乎只是由于把性交局限于认为不易怀孕的时期，或由于戒绝性交。有98个例证，显然使用了避孕方法。

十六

现在让我们来研究我们所看到的在前两类民族中很有重要意义的三种习惯。作为社会风俗而强制推行的长期戒绝性交并没有任何迹象。长期戒绝性交在中世纪肯定不是典型的；可能在中世纪较早的时候这种习惯从转化为基督教以前那时候就延续下来了，正如我们将看到的堕胎与杀婴在某些情况下继续下来那样。当然，我们对中世纪早期的这些方面知之甚少。注意到以下情况也是很重要的：堕胎与杀婴，至少是大家所承认的社会风俗形式的杀婴与堕胎，是不存在的。

这些风俗没有一项是普通使用的，这在历史上还是第一次。我们可以简短地研究这些风俗是怎样逐渐消失的。

莱基说："信奉异教的晚期的一般罗马人看待堕胎，大概很像上一世纪英国人看待欢乐过度一样，认为肯定是错误的，但认为过失极为轻微，因此不值得非难。基督徒的说法从一开始就大不相同。他们坚定一致地并最强烈着重公然抨击这种风俗，认为它不单纯是不人道，而且确定是谋杀。"[①]证据有助于表明，基督徒反对堕胎是导致这种风俗陷于名誉扫地的主要因素。基督徒的态度是由于相信孩子们在胎里就有灵魂这种信念而产生的。例如，亚历山大城的圣克莱门特的意见是这样的：孩子们有天使的护卫。大概堕胎没有被完全消灭掉。在整个中世纪时期，堕胎在某种程度上继续实行。据了解，今天在较发达的国家受教育较少的阶级里，仍在很大程度上奉行这种风俗。[②] 人们提出的数字表明，堕胎今天在法国仍然是相当重要的因素。但显然堕胎已经从一个头等重要的因素完全变成次要的因素了，而且肯定被看作是有罪的。

菲洛在公元1世纪对杀婴提出了第一个抗议。[③] 基督徒像他们反对堕胎那样反对杀婴，但基督徒在制止杀婴这种风俗方面所起到的作用似乎不如在制止堕胎方面所起到的作用大。莱基谈到帝国的后期时说："那时的立法者绝对谴责杀婴，给予多子女的父亲们以特殊权利的法律也间接地劝阻杀婴。……异教与基督教当

---

① 莱基：《欧洲道德》，第Ⅱ卷，第21页。

② 《递减的出生率》，第58页。勒鲁瓦-博利厄对法国早年发生的堕胎数提出了一个很高的估计（《人口问题》，第330页）。

③ 格洛茨：《社会研究》，第223页。

局联合起来说，杀婴是帝国的严重罪恶，可是特塔利安观察到没有任何法律比谴责杀婴的那些法律更加容易，也就是经常为人们所规避。一般人大致把杀婴与弃婴区别开来。弃婴虽然也会受到谴责，但肯定不受法律的惩罚；人们毫不受罚地大规模弃婴，作者们也以最漠不关心的态度看待弃婴，并且，至少对于处于绝望情况下的父母的弃婴行为，认为是极轻微的过错。"[①]最后，在374年，瓦伦丁门徒把所有杀婴行为归结为最大的犯罪，并特别下命令惩罚弃婴。许多证据表明，经过许多世纪，这种风俗在欧洲才被压制下去。在查理曼以前，杀婴在法国显然是普遍的。查理曼使杀婴成为最大的犯罪。7世纪时，西班牙维西哥斯人的一项法律将堕胎者和杀婴者处以死刑。[②]

这两种风俗的消失同中世纪的典型条件的进化有关，正如我们所看到的，这种典型条件是以晚婚和宗教性独身生活为标志的。当堕胎和杀婴的现象消失时，晚婚和宗教性独身生活就取而代之。并且我们将看到，人数通过后一时期的特殊方法得到调节，正像从前通过前一时期的特殊方法得到调节那样。

十七

也许我们应当提到历史悠久的疾病的影响。淋病很久以来就

① 莱基：《欧洲道德》，第Ⅱ卷，第27页。

② 852年的门茨会议惩罚杀婴的母亲以苦行赎罪这种事实，说明那时候这种风俗是普遍的（韦斯特马克：《道德观念》，第Ⅰ卷，第411页）。

流行；人们有某些理由可以认为，在亚述就有淋病。梅毒是最近传入欧洲的，并且可能是最近演化出来的。梅毒虽然往往是流产、死产和婴儿死亡的原因，但它不能造成不孕。患淋病有阻止妇女怀孕的趋势，如果不在一定的时间内治愈，它可能造成终身不孕。正如第四章指出的，今天的不育婚姻很大一部分可能是由于淋病。当概括观察整个问题时，虽然不能认为历史悠久的疾病影响很大，但应当记住，这些疾病流行于第三时期，从而进一步把这一时期同前两个时期区分开来。①

① 参看《递减的出生率》，第58—62页。

第十一章　有史以来民族的人数调节

一

第九章开始时曾表明，任何特定条件之下都有其最可取的一定人口密度。那里所说的内容适用于人类享有合作好处的任何时候。在第一和第二类别，大多数人忙于生产食物，除第二类别的一些民族外，贫富差别不太大，劳动分工不太细，社会生活的其他复杂情况也进展得不太快。在这些复杂情况极大增加的地方，如第三类别，似乎最可取人数这样一个单纯的观念，即使就一般意义而言，可能也不再是正确的了。我们在这里只要说明这一点就够了。这些复杂情况不能推翻这一看法的普遍正确性。事实上，第六章提出的引自坎南教授的话直接讨论了现代条件，他所创造的原理意在适用于现在的经济条件，正如他所说的，虽然这一原理也可以适用于一旦发生合作的任何社会。

我们要讨论的社会生活的复杂情况，是同财产、分工和划分为阶级有关的。与财产有关的最近发展——资本主义制度的实行和雇佣劳动者巨大阶级的出现——并未改变这种总体形势。分工方面一个明显的现代发展导致了一个国家主要致力于工业品制造，而另一个国家可能主要致力于食物生产。在所有这些复杂情况中，只有一种情况极大地修正了最适宜人数的观念，以致在一种概括性的叙述中需要提到它。这种复杂情况就是划分为阶级。虽然存在着大致有明确标志的阶级划分，来执行大致明确规定的劳动种类，但通常在这些阶级之间存在着很大的消长，以致可以大体上说，在任何一个阶级里都不容易发生任何人口过剩问题。但是，这可能不总是如此的，特别是在今天，就全国来说虽然没发生人口过剩，而在最低阶级里却存在着这种问题。这一阶级由于人口过剩，达不到它能取得的生活水准，以后必须讨论这种情况事实上是否发生过。

在第九章里，当讨论第一与第二类别资料的时候，我们表明了近似可取的人数可以如何实现，我们还进一步得出了在正常情况下存在着这种近似的结论。我们打算在这里以同样方式研究有三类别的资料，但对这一类别比对其他类别的研究甚至还要简略些。随后我们将讨论在这一类别和以前各类别中人数调整失败的主要原因。人们往往主张移民和战争是人口过剩所造成的，最后我们将讨论这些问题。

二

处理第一分类的困难特别大，因此我们将只是简略地研究所发生的问题。关于埃及、亚述和其他大帝国的社会条件的资料极少。我们只对希腊和罗马占有相当数量的资料。当我们完成第三类别中一切民族的概述时，我们关于古代帝国的主要状况所做的结论将具有演绎的性质。

由于不了解这些帝国的社会条件，因此不可能说明我们设想这些民族的人数调整是怎样实现的。但我们知道，这些民族的社会生活是以耕种土地为基础的。的确，除了耕种者以外，我们还看到工匠与雇佣劳动者。[①] 关于怎样把工匠、商人和雇佣劳动者等阶级的人数增加限制在可取的水平这个问题，将在研究第三和第四分类时加以讨论，而且，在一般情况下，各地的条件大概是极其相似的，因此，我们对这一分类各阶级中发生的情况的研究可以从略。就耕种者而言，当研究第二类别时就已经看出，在家族社会与村落社会局限于一定领地的情况下，我们是怎样理解人数增长的不可取之处的，因为它会使平均报酬下降到低于可能的最大数字，从而不仅有可能而且实际上导致了对人数增长的限制。在这里耕种者的情况也是一样，我们可以认为，不适当的人数增长的危险以同样方式引起人们的注意。我们还要稍为具体地讨论第三分类的耕种者中发生了什么情况，因此我们可以略去对这一分类存在的情况的研究，而仅仅探索他们所有的用以阻止人数增长的方法。

关于生育率，我们占有的证据极少。必须记住，根据一般的理由，这一分类民族的生育力比以前各类别民族的生育力要强一些——如果它们之间的生育力有所差别的话。哺乳期显然往往是拖长了的，而青春期前婚姻则可能是普遍的。疾病与战争是极其重要的淘汰因素，而且二者的活动都无规律可循。对于这些原因

① 在这些民族中，资本主义制度的进化已经开始了，并且在巴比伦已经有相当的发展（塞斯：《巴比伦人与亚述人》第127页）。

所引起的某种平均程度的淘汰情况，人们不能再加以考虑，因为这些原因逐年之间所起的变化极微。另一方面，不难设想，为了应付这种局面，而在不同程度上使用了堕胎与杀婴。应当看到，堕胎在罗马以及杀婴在希腊都是有组织地进行的，不仅在有压力时而且为了避免压力的发生都会实行。赫西奥德建议，耕种者一家不能抚养一个以上的儿子，这样才可以“发家致富”。[①] 埃及人、亚述人、巴比伦人、赫梯人和其他民族使用些什么方法，我们知道得一点也不具体——虽然有相当多的证据证实杀婴盛行。可能有把这些风俗实行到某种平均程度的趋势，但不难设想，在战争与时疫之后会放松下来，以致很快又使人数恢复到以前的水准。至于我们估计这些方法究竟有多大效果的问题，将留到这一章后面的部分加以讨论。

三

在第二分类中有许多不同的民族，它们可归于或多或少是游牧民族这一项目之下。印度的更为原始的民族，在许多方面可以同第二类别民族相比拟，但它们在许多方面受到欧亚文化和印度与中国的主要民族的影响。属于第二和第三项目之下的那些民族以农业民族为主，例如，孟加拉人口的75%直接或间接以农业为

① 迈尔斯:《优生学评论》，第Ⅶ卷，第30页。

生。不论是盛行村落社会制度,①如印度的许多地方,抑或是有家庭或个人的土地所有权,②如在中国,上述关于存在可取人数的可能性的说法,也适用于这里。上述关于工匠和雇佣劳动者的情况所做的论断同样适用于这里。作为农业社会盛行家庭制度的地方感受压力的方式的典型例证,我们可以举出两位中国作者所描述的中国的情况。“在一个村庄里,富裕的家庭是罕见的例外,典型的家庭是劳动阶级家庭。父亲照例是个庄稼汉,儿子们走他的老路。如果他们自己不占有一块土地,他们不是种宗族祠堂的土地,就是种村上庙里的土地,或者就得种私人所有者的土地。母亲、女儿和儿媳妇一起做家里的活,并从事在家里就可以干的活,以适当弥补家庭的收入。家庭所有成员赚的钱都交给母亲,合伙养活全家。根据我们的观点,家庭是个生活组织,它具有完全区别于组成家庭的各个成员的精神。每个成员不是为他自己而生活和工作,而是为他所属的家庭而生活和工作。每个其他成员对他所赚的钱都有要求权。”③另一位作者在描述这一制度之后告诉我们说:“家庭的任何成员如果以任何方式做出不体面的事,比如成为赌棍并且经常不干活,或者养成过度吸食鸦片的恶习,就会被正式赶出家庭,他的名字会被从家谱上抹掉。这种人通常越陷越深,直到沦为乞丐,也许死于沟壑。”④

① 每个村庄里的家庭数往往是有限的(巴尼特:《印度的古代风俗制度》,第105页)。

② 关于具体情况参看格雷:《中国》,第Ⅱ卷,第108页。

③ 梁与陶:《中国生活》,第10页。

④ 贾尔斯:《中国》,第189页。

关于各游牧民族，我们总是看到他们局限于有明确标志的地区之内。罗伯逊·史密斯在描述阿拉伯人的地区集团之后进一步说："游牧阿拉伯人的生活方式提示了一切阿拉伯社会形成的主要类型，我们不能认为游牧阿拉伯人在整个半岛上漫无限制地游牧。每个集团或集团的联合都有它自己的牧场，尤其是有它自己的水源，如果它的活动越出范围就会立即有与敌对者遭遇的危险。"[①]所有的游牧民族在某种程度上都有一些类似情况的记录。[②]

四

当研究影响生育率与淘汰作用的因素时，我们发现，像在第一分类里一样，战争与疾病是重要的（特别是后者），而且，它们所引起的淘汰数量从一个时期到另一个时期是极不规则的。几千年来印度似乎连续遭受天灾，夺去了千百万人的生命。灾荒有时使许多人死去。灾荒的形成部分由于水土因素，各个民族由于水土情况形成不同程度的灾荒。但恰巧这些因素在印度比在任何别的地方更加频繁造成灾荒。印度半岛"（降雨量）变化非常大，在极长的时期里降雨量分配极不规则。在这些地区，有时候可能一连几十年，年年风调雨顺，五谷丰登，在此期间相当多的人民安居乐业，开发这个国家。此后就接着发生几年旱情，气温极高；除非能够实行

① 罗伯逊·史密斯：《血族关系与早婚制度》，第36页。

② 关于鞑靼部落参看威廉·得·吕布律：《旅行记》，第53页和第188页。

移民和储粮备荒工作并及时付诸实施，否则这块土地就会荒芜”。[①] 灾荒的形成有时还由于社会组织的某种过失，或因未能维持以前的技术水准，例如，未能维护好灌溉工程。

正如我们已经看到的，这些民族的生育力总的说来比第二类别的民族也许要高些。印度的青春期前婚姻在减少生育力方面有很大影响，至少在总人口中是如此。关于限制生育力和造成淘汰的习惯，我们看到杀婴与堕胎是广泛流行的。而且所有这些民族也许在某种小的程度上都使用避孕方法或经心地戒绝性交。还应当注意到，大量证据表明，以前总是存在一些婚姻习惯，它保证在结婚之前新郎有能力按照公认的生活水准抚养一个家庭。“这样的日子人们还会记得：那时，任何门达族小伙子在能用自己的双手做成一具犁以前，是不能结婚的；门达姑娘在能用自己的双手以棕榈叶织席并纺棉花之前也不准许出嫁。”[②]

五

我们没有理由认为，像阿拉伯这样的游牧民族曾发生过人口过剩；我们所看到的那些使用的方法大概是有效的。印度是否人口过剩，这方面的议论很多，意见分歧也很大。到目前为止，为了在某种程度上弄清楚这一点，我们必须依靠一般的证据；现在第一次有了使确切答案能够提出的一些确证。关于印度，我们所要知

① 迪克逊：《水土与气候》，第 148 页。关于澳大利亚某些相似情况的研究参看泰勒：《澳大利亚的环境》。

② 罗伊：《门达人》，第 346 页。

道的是，当人口增长时，人均实际收入是否递增。不幸的是，印度这方面的证据有些互相矛盾。最近瓦塔尔总结了这些证据。[①] 他提出，支持不存在人口过剩这种看法的一些证据，其可靠性是极为可疑的。例如，据说很多大面积的土地上人口稀少。但就这一点而言，必须记住，这些地方的土壤是贫瘠的。还据说，抱怨劳力不足也说明同一结论。但有许多理由说明劳力不足。另一方面，瓦塔尔指出，农业人口中单位耕地面积很难超过一英亩半，并有继续下降的趋势。他还指出，在欧洲从事农业的地方，每平方公里250人就被认为是人口密度的极限，而在印度，许多地方却有四至五倍的人靠这么大一块土地生活。他发现要说明这一情况，不在于土壤与技术的优越，而在于生活水准的低微。四个人共同赖以糊口的收入在欧洲几乎难以维持一个人的生活。生活水准的低微、平均每个人的小面积耕地以及每个劳动者的耕地数量下降的趋势，强烈地指出印度许多地方的确出现了人口过剩。

大概中国的许多地方也出现了人口过剩。显著的拥挤和低微的生活水准支持这种看法。关于这一点注意到下述情况也是重要的：杀婴与其说作为经常的风俗而实行，不如说当人数太多，不能供应进一步增长的人口时才付诸实行。莫尔说，杀婴是“地方性的和间歇性的”而不是“长期性的和全国性的”，他还看到杀婴尤其同“水灾造成的匮乏、饥荒或内战有关”。[②] 还有许多大体类似的证据。[③] 人们会记得，上一章提出的一些证据指出杀婴盛行；必须记

① 瓦塔尔：《印度人口问题》，第Ⅴ章。

② 莫尔：《新旧中国》，第179页。

③ 同上书，第260页。

住，这种情况是同人口过剩状态一致的。这种习惯盛行的后果在任何方面都不表明人数已经低到可取的水准。这些习惯可能产生这种结果，或者人们有理由认为，像中国许多地方目前存在的情况那样，这些习惯也可能仅仅淘汰那些无处容身的人。杀婴的数目几乎相同，这在人数维持于可取水准的国家能够把人数降低到这一水准，而在人数已经过剩的地方，它只不过是消除那些找不到足够食物以维持其生存的人。

那么，肯定存在于印度和中国一些地方的人口过剩，其原因是什么？淘汰因素的不规则性本身并不妨碍人口的调节，但这一不规则性可能间接对人们的看法并最后对人民大众的行为产生重要影响。严重的天灾必然产生绝望的念头。当战争与疾病不时蹂躏一个国家的时候，必然产生顾不上生活水准的趋势，慢慢就可能出现既无希望也无恐惧的麻木不仁状况。欧洲的影响可能产生过不良后果。疾病和战争方面淘汰的减轻，本身未必会带来什么人口过剩。相反，它倒能消除那些产生堕落的社会条件以及上述随之而来的种种后果的诸原因。但在别的方面，欧洲的影响却是无益的。例如，坚持新郎要有一定程度的技术等风俗废除了，因此，除非有大致明确规定的目标取而代之，否则就没有任何事物能保证付出必需的努力，从而取得可能的最高生活水准了。

有人认为，存在人口过剩的那些民族的共同点是，既无希望也无恐惧，既无奋斗目标也顾不上生活水准；他们满足于仅能糊口的生活。这种情况对于取得可取的人数是致命的。堕胎与杀婴可能仍在实行，但照例是在绝对必要的时候才实行，而不是作为经常的习惯在需要产生之前就实行。上面提到的那些因素有助于产生这些情况，但它们大概从来不是全部原因。在这些情况下，我们似乎总是看到，政治上的不幸压倒了这些民族。它们遭受一种或另一种形式的压迫，老习惯慢慢丢掉了；它们对前途再也不抱希望，也没有奋斗目标。由于压迫人民大众逐渐陷于退化的境地，从而既不实行从前的习惯，也不付出个人的努力以争取通常在现有的技术方法、环境等条件许可之下达到最高的造诣。

大概在埃及也存在人口过剩；也就是说，大概随着农业人口最近的增长，人均收入下降了。任何人有机会对比观察一下埃及农民的行为和像索马里这样民族的成员的行为，就不可能不得到极其深刻的印象。埃及农民耕种大地上最肥沃的一块，他们掌握并在某种范围内使用熟练的现代方法达到了相当高的程度。第一次世界大战期间，人们看到这些人在一个埃及港口工作。索马里人不时乘着装骆驼的船上岸。索马里人居住的地方比起埃及来是不那么肥沃的，而且他们对熟练的方法也所知极少。索马里人第一次在一个现代港口上岸，当然不可避免地对面临的环境感到惊讶，但他们表现出男子汉气派。他们带着一定的骄傲神气。埃及农民向他们卑躬屈膝，而他们则显然看不起埃及农民。索马里人没有遭受埃及农民所遭受的那样的压迫；不难理解，在索马里人中可能产生并保持一些条件，使过剩的人口不会把他们降低到仅仅糊口的水平，而埃及农民的人数大概趋于靠土地糊口的能力加以调节。

六

转到第三分类，我们有一次遇到同截至目前我们所遇到的基本上不同的条件。在以前的类别中，我们所看到的对生育力有影响的一切因素，或者是重要性降低了，或者更为常见的是根本消逝了。哺乳期没有拖长，没有青春期前婚姻，也没有作为社会习惯而强加于夫妇之间的戒绝性交的证据。虽然这时可能已经有避孕的知识，但没有广泛加以使用的证据。还应当记住，生育力增长了——如果和以前有差别的话。另一方面，这一分类的死亡率几乎肯定比以前任何时代的死亡率都高，而疾病是这一极高的死亡率的原因。

但是，这一分类同以前分类的显著差异是，不存在堕胎与杀婴。此外，我们看到从来没有见过的，或者更确切地说就任何重要性来说，从来没有达到这种程度的晚婚与独身生活，换句话说，以新的方法代替了旧的方法，从而可以降低生育率。我们现在必须研究：采取某种限制以实现可取的人数是怎样产生最重要的因素——结婚——的，还要研究这种因素的效果如何。宗教性独身生活是次要的，在英国16世纪期间就不重要了，因此，我们只要注意到它的存在就可以了。在我们将要描述的结婚困难的条件下，修道院显然是许多极少有结婚希望的人的避难所。[①] 关于宗教性独身者人数的估计太笼统了，而且矛盾百出，因此不值得分析。我

① 参看马歇尔：《经济学原理》，第186页。

们只能把宗教性独身看作是次要的因素，代表我们即将描述的压迫作用最极端的后果。

七

下面的概述主要局限于13世纪以来英国的情况，我们应当首先注意到，在该世纪“几乎每个人不仅占有土地，而且耕种土地”。[①] 可是农奴，除了所有耕种者所感到的晚婚压力之外，在婚姻方面的确受到限制。除了不能迁出他所属的庄园，“农奴必须经过许可并支付罚金才能嫁女儿”。最早的时候，在赎买的名义下，我们可以看到这类支付的许多例证。同样，娶庄园以外的女人，娶有财产的女农奴以及别的庄园男人娶本庄园的女农奴，都要支付罚金。罗杰斯说：“我看到了这种风俗的迹象，虽然早在15世纪它们已经变得很不常见了。”[②]一般耕种者的晚婚通常是迫于环境，农奴的晚婚则由法律强制执行，上述事实都是后者的例子。由于农奴使用的地往往是不可分割的，因此就发生了当有一个以上的儿子时会发生什么情况的问题。“农奴使用地的不可分割性在继承法中基本上是明显的。如果有好几个儿子，就只由一个儿子来继承土地；由最小的儿子继承的情形极为常见；而且碰巧取得末子继承制名义的这种风俗被认为是农奴制的证明之一。这肯定是一种极其重要的风俗，它大概以这一事实为基础：年长的哥哥们一有机会并且是

① 罗杰斯：《六个世纪》，第Ⅰ卷，第47页。

② 同上书，第45页。

在父亲活着的时候就离开这块土地了。他们到哪里去呢？人们不难想到，他们作为工匠或劳动者到庄园之外去寻找工作了；他们作为仆人、工匠之类给庄园主效劳；给他们以租用地，这些租用地因为某种理由而不能传给男性后代；他们被给予一定土地，或领取装备从事开荒。我们可以从记载中为这一切假设找到一些支持性引证。但人们仍然难以相信，全部增加的人口都能通过这些小道找到出路。如果找不到出路，兄弟们就不得不留在父亲的那块土地上，他们也这样做了。若是需要证明的话，可以根据文献加以证明。这一情况没有打乱使用地的统一性，并没有分割使用地。"[①]在这里我们看到压迫在起作用。通常使用地的规模足以供养一个家庭，使用地不准分割，就能保证家庭数不会过多，否则就难以糊口。

八

在耕种者中总是可以见到使人口的任何增加极其困难的那些条件，这比农奴不能结婚的个别情况重要得多。当一个村庄有了它所需要的那么多的人手时，家庭数就不增加了。波拉德谈到中世纪时说："租用地的数量几乎是不变的，家庭数也是固定的。"[②]人们看到一个村庄所需要的人手，大约是经验所表明的能够生产最大平均收入的人手。任何进一步的增加，即使不是不可能的，也是极其困难的。"乡村生活的风俗习惯像别处一样，是严格的。在

① 维诺格拉多夫：《英国的农奴制》，第 246 页。

② 波拉德：《现代史的因素》，第 135 页。

某对已婚夫妇退出历史舞台，在本教区让出空位之前，青年人发现自己是难以成家立业的，因为农业劳动者在普通环境下极少想迁移到另一教区去。从而，当时疫或饥荒使人口稀少时，总是有许多人要结婚，他们会填补空出来的地方。”①

这乃是安居地区耕种者的情况；每个人不得不注意到多于一定数目的人手是不需要的，从而把晚婚强加于青年人。年轻时他们既得不到土地，也得不到房屋。“宗教改革之前，不仅坚决不鼓励早婚，而且也不存在这种机会。一个劳动者自己住一所茅屋是罕见的例外；地里的工作一般由……住在地主或农场主家里的仆人来干，当他们处于这种地位的时候，通常始终是单身汉，只有当他们由于精明而储蓄了足够数目的资财，使他们升到某种别的地位时，才能结婚。”②戴维斯小姐根据科斯里教区的数字进行计算，发现有理由认为，任何时候都有许多青年人不能结婚，一直要等到轮到他们能够走进老一辈人让出来的空地方时为止，如果我可以这样说的话。③

九

除了种地的人，还有商人和工匠，他们绝大多数住在城镇。“中世纪城镇的本质就是商人与工匠组成的各种行会”，“在这些同

① 马歇尔：《经济学原理》，第186页。
② 弗劳德：《亨利八世》，第3页，注释。
③ 戴维斯：《英国村庄的生活》，第31页。

业公会的范围内垄断制造业与贸易”。[①] 行会会员的资格是与生俱来的权利，也就是继承下来的权利，新来的人只能在长期学徒之后才能加入行会为会员。这种学徒制度导致了晚婚，从而限制了人口不适当的增加。“当父亲去世时才取得使用地的儿子的地位，同直到取得相应当局的许可才能当店铺主人的学徒的地位是相似的。显而易见，在16世纪的普通人看来，强制学徒制度的好处之一是阻止青年人早婚，那就是有个法案（普通人零零星星规定的）禁止给予任何不到24岁的人以伦敦城公民的权利，并规定不能收太年轻的徒弟，以免他们在24岁之前就学徒期满了。为这一规章辩解的理由是，城市灾难的‘主要原因之一是城市里青年人过早结婚和过快地成家立业……但愿他们永远不在这么年轻和这么技术不熟练的时候就结婚’。”此外，纺织者的请求书说（《商业史稿》，第114页）：“这样看来，由于他们的行业从前的好规章，任何人在学徒满七年并达到24岁之前，都不能从事这种行业，在现在这个混乱的时代，许多学徒抛弃了父母与师傅……拒绝按期满师，可是他们在18岁或20岁以前就力求结婚了。”[②]

鲁宾关于16、17和18世纪结婚年龄的结论已经引证过了，他以下列文字总结了这种情况：“家庭仆役阶级，那时候和现在一样，是未婚的，但这一阶级的人数比现在多得多。工业阶级和手工艺的附属者同我们的时代不一样，不是自由和独立的，而是绝大部分住在他们的主人家里，并且，总是习惯于等到他们成为主人之后再

① 罗杰斯：《六个世纪》，第Ⅰ卷，第106页。

② 托尼：《农民问题》，第105页注释。

结婚；他们取得主人地位的机会比现在要大些。各种行业的其他工匠们，无论在城镇或在乡村都适用同一惯例。”①

这样，在城市就像在乡村一样，压力都在起作用。其结果是双重的。结婚是困难的，许多人在宗教组织的终生独身生活方面寻找庇护所。其次，人们坚持要有一定的技术水准，这可以保证年轻的丈夫能够供养家庭，也保证他们在有地方之前根本不会去组织家庭。而且必须假定，人们所认为的可取的家庭数大致是达到了。这就是在一切既定条件下能从合作中产生最大利益的家庭数。还应当注意到，根据以上这类证据，我们能够发现对于生活水准——取得接近于可取人数的任何社会的主要特征——的承认，因为这一生活水准不过是在一切既定条件下能够达到的最高的人均收入。

十

禁止穷人结婚的规章在这一时期是普遍的。“在巴伐利亚……政府的规定和1616年的警察法令禁止仆役、散工以及其他没有财产的人结婚，并且根据1751年的立法，没有经过上级当局的许可就结婚，以后离开乞讨又不能维持生活的人，将遭到包括体罚在内的处罚。”②1834年的济贫法委员会收到关于欧洲各国规章的报告。关于丹麦，我们听说“除非由于特殊的理由经过委员们的

① 鲁宾：《皇家统计学会杂志》，第LXIII卷，第598页。

② 同上书，第597页。

准许以外,所有领取教区救济的人都不准结婚"。[①] 在符滕堡,该国的臣民要在拥有"一个社会成员的权利或一个定居的非流氓的权利之后才能结婚。但即使这样一个人在他结婚之前也必须向地方长官证明他拥有足够的生活资料。以下两种情况被认为缺乏生活资料:(甲)根本没有条件从事文艺或科学,或为了自己而从事商业、一种自由职业、农业或其他足以供养家庭的某种行业,或拥有足以独立供养家庭的财产的一切人;(乙)在要结婚时,由于流浪、挥霍、一贯懒惰、臭名在外的酗酒,或惯骗、惯窃,以及经常乞讨而成为政治或警察调查的对象,或因这些缘故在前两年之内受到处罚,或在前三年之内为了维持生活接受公共资金的补助(除非不是由于自己的错误而造成的不幸),或在要结婚时领取补助金的一切人"。[②]

十一

同导致在英国晚婚的条件有某些相似的条件在别处也发挥了作用。一般地看一看这一时期,几无疑问,限制人口增加的措施总的说来是有效的。人口在接近可取的人数附近上下浮动;有时因为某种理由也可以看到过大的增长,但很快就得到调整。"人们有理由相信,靠近15世纪中叶人口增加很多,而并未伴随以生产资

① 《关于济贫法的行政与实施的研究报告》,附录F,第283页。

② 《关于济贫法的行政与实施的研究报告》,附录F,第520页。关于这一课题的进一步资料,参看《政治学辞典》,论文"婚姻之缔结"。1891年的丹麦济贫法案禁止穷人在一定条件下结婚。

料的任何巨大增长，以致在许多欧洲国家发生相对的人口过剩。频频抱怨贫穷和缺少就业机会而终于导致对外来人采取的严厉措施，证实其他来源的证据也表明各行会拥挤着过多的工匠，他们难以希望取得业主和雇主的地位。在旧大陆组织发生作用的各种职业里，在15世纪，对取得从事某种手艺这种权利的限制有逐渐增加的趋势；在给予许可时要求缴纳大量费用；同时，当学徒的社会条件也提高了。”[①]在其他的时候，某些社会变动也会造成人口过剩。16世纪由于圈地而造成人口过剩的情况就是如此。“根据1584年进行的一次计算，由于农业衰退，30万人丢掉了工作——也就是大约占人口总数1/10的人失业了。”[②]但是，重要的是，在通常情况下，人民维持生活水准的决心发生了调整——在这一时期往往采取使结婚更加困难的举措。

也有一些例证表明，长时期内的确没能实现调整。爱尔兰在18世纪就是这种情况。土豆大约是在1585年传入的，当时如果全国种植土豆，能使更多的人口维持较高的生活水准。但社会条件变得如此退化，土豆的传入仅仅使更多的人口维持在能够糊口的最低生活水准上。戈尔德温·史密斯用下面这一段话描述了那一时期的情况：“从社会和经济的角度看，人民大众处于也许是历史上所记载过的任何文明国家存在过的最悲惨状态……爱尔兰的豪绅也许是任何一个国家曾经遭遇过的最恶劣的上层阶级。他们习惯于过分残忍和肆无忌惮。他们的酗酒，他们的亵渎神明，他们

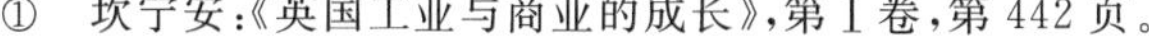

① 坎宁安：《英国工业与商业的成长》，第Ⅰ卷，第442页。

② 波拉德：《现代史的因素》，第144页。

的凶残决斗，都是英国的豪绅所望尘莫及的……正如亚瑟·扬称呼他们的，这些‘王国的害虫’对他们地产上的贫穷的罗马天主教徒实施暴政。同这种暴政相比，老酋长对他们的部族的专横统治也许还是用以施加恩泽的亲如父母的权力，因而应当报以感激之情……新教徒的兴起和惩治性法律把天主教徒农民投入无知的境地，对人口增长的一切道义上的限制都被这种无知和天主教徒农民绝对可怜的命运所消除了……这个岛变得人口极其过剩了。”①

这一时期不常看到这样长时期的大量的人口过剩。一切国家都有一些时期存在着人口过剩，但照例很少发生这样的情况：人民不能在短期恢复较高的生活水准。

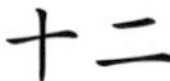

十二

第四分类，可用的资料数量大得多了，对这一分类的情况比对以前各类的情况有可能做出更为确切的估计。我们首先必须探索是否有人口过剩的证据。对这一时期中人数迅速增长的情况进行研究，比探索同现在的情况比较起来相对静止的时期，问题更加容易解答。我们可以根据财富与人口的相对增长并根据许多年的平均实际工资做出判断。下列数字表明，财富比人口增长得更快。②

① 布赖斯编：《爱尔兰史的两个世纪》，第 21 页。霍勒斯·普伦基特爵士估计爱尔兰现在能供养 250 万农业人口或者 50 万家庭（《新世纪的爱尔兰》，第 30 页）。1790 年的人口据估计超过 400 万人。16 世纪人口也许少于 100 万人。

② J. A. 霍布森在全国生育率委员会上作证所引证的《逐渐降低的生育率》，第 285 页。

大不列颠的财富	英镑	人口	
1865	6,113,000,000	1861	28,927,485
1875	8,548,000,000	1871	31,484,661
1885	10,037,000,000	1881	34,884,848
1895	10,663,000,000	1891	37,732,922
1905	13,036,000,000	1901	41,458,721
1909	13,986,000,000	1911	45,216,665

下面的数字表明这一期间实际工资上涨了。[①] 这张表表明，最后几年的实际工资下降了。必须记住，这样轻微的波动在复杂的现代情况下可能有各种原因。信用的条件、资本在总收入中所占份额以及许多其他因素，都会影响实际工资。人们有理由认为，其中一些因素的活动是 20 世纪初年所见到的实际工资下降的原因。

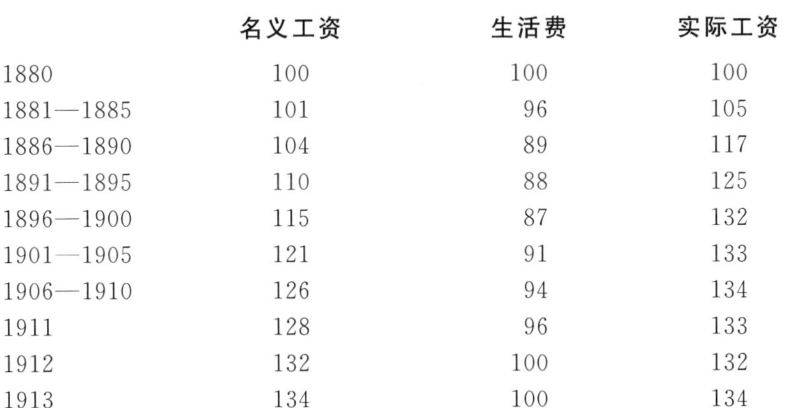

	名义工资	生活费	实际工资
1880	100	100	100
1881—1885	101	96	105
1886—1890	104	89	117
1891—1895	110	88	125
1896—1900	115	87	132
1901—1905	121	91	133
1906—1910	126	94	134
1911	128	96	133
1912	132	100	132
1913	134	100	134

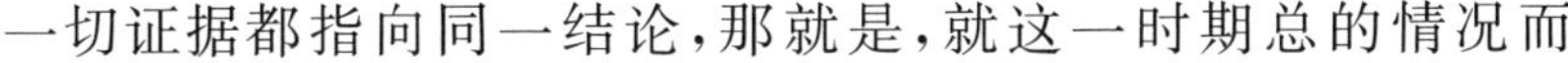

一切证据都指向同一结论，那就是，就这一时期总的情况而

① 鲍莱：《国民收入的分配》，第 18 页。

言，人均实际收入增加了，因此，在英国不存在人口过剩。并且总的说来，同一结论适用于工业条件大致类似的其他国家。众所周知，这一期间生育率的波动极其明显。在英国，从1840年左右到1880年，生育率是稳定的。从那时起，生育率下降了大约1/3。[①]在后一期间，前一时期迅速增长的人口对经济不再有好处了，这一点似乎是显而易见的。换句话说，生育率的下降是同变迁中的经济条件相适应的。我们现在必须探索的是，在这一时期的条件之下，有限制的人口增长如何达到可取的限度，从而出现适应经济需要的人数调整。

十三

对生育率与淘汰作用产生影响的因素，这一分类与前一分类的因素基本上相同。在较早的各类别曾经有过或者也许有过的限制生育率的因素在这一分类中也没有了。如在第三分类中那样，晚婚是个重要因素。此外，避孕措施首次起重要作用。避孕措施的重要性以及这一时期开始对疾病的控制所引起的生育率下降，都是我们比较这一分类和前一分类的条件时所看到的主要差别。还应当注意到，淘汰因素更加经常地在起作用了。流行性疾病是罕见的，战争不像从前那样往往间接造成很大的死亡率。除了堕胎风俗这个例外，限制人数增长的方法仅局限于降低生育率的一

① 奥地利的生育率下降开始于1883年，德意志、匈牙利和意大利开始于1885年，挪威开始于1900年。

些方法。堕胎在低级社会仍有某种重要性，看到下面这一点是很重要的：虽然晚婚在整个时期对生育率有很重要的影响，但和前一分类不一样，生育率的变化主要不是由于结婚年龄的提前或推后。[①] 这一变化主要是由于有意识地限制生育率所造成的生育率下降所导致，其方式或者是通过夫妇之间戒绝性交，或者是使用避孕措施。我们难以估计各种形式有意识的限制人数方法的盛行情况，从而确切地把它们同逐渐下降的生育率联系起来。但是，我们没有发现能够说明事实真相的其他降低生育率因素的任何增加，就像历史悠久的疾病没有什么增加一样。我们没有理由假定生育力下降了，而且，因为我们有充分的理由认为，人们越来越多地推行有意识地限制生育率的方法，所以我们必须把生育率的变化归之于这一原因。[②]

十四

在这一分类里我们可以大致区分开财产所有者、自由职业阶级、自耕农和雇佣劳动者。显著的特征是不占有财产的庞大的雇佣劳动阶级的兴起。自耕农虽然也是财产所有者，但必须同其他

① 所以，英国所有丈夫的平均结婚年龄只从1896年的28.43岁增加到1909年的28.88岁，而所有妻子的平均结婚年龄只从1896年的26.21岁增加到1909年的26.69岁。

② 关于生育率下降是由于人为限制的证据，参看史蒂文森：《皇家统计学会杂志》，第LXXXIII卷，第431页。人们有理由认为，避孕方法比一般所想象的起的作用要小些，而戒绝性交则起到较大的作用（参看格林伍德医生在上引论文中的观点，第440页，再参看达德菲尔德：《皇家统计学会杂志》，第LXXI卷，第25页）。

财产所有者区分开，它在英国的重要性极小。但在其他国家，自耕农阶级却很重要，我们可以首先探讨他们如何通过限制人口增长实现可取的人数。

正如我们已经看到的，在人们依靠一定面积土地的出产以维持生活的地方，不管所有权属于家庭还是属于村庄社会，情况基本上总是雷同的。在一定面积的土地上，人口超过一定数目，就维持不住生活水准，这是很明显的。每个人或多或少都肯定认识到这一点，这些民族的社会风俗也包含这一点。人们对法国农村情况研究得很多，大量证据指出这一结论：由于人们认识到大家庭在经济上没有好处，从而有意识地限制家庭的人数。就这一点来说，法国和其他国家关于地产继承的法律规定与社会风俗是相当重要的，但这里没有篇幅讨论这一课题。一般说来，情况是清楚的。例如，熟悉法国、瑞士或挪威农村生活条件的人，大概看到了客观演进的事实。同对英国中世纪所描述的情况有些类似，房屋数没有增加，因而家庭数也没有增加。此外，人们结婚后，基于经济条件的考虑，显然会对儿童数加以限制。当然，青年人总有机会到城里干活去赚工资，所以，我们现在必须探讨雇佣劳动阶级的情况。

截至现在，除了中世纪的工匠这个例外，我们总是看到各种规模的人群在有限面积的土地上维持他们自己的生活。就雇佣劳动者来说，人们比较难以理解限制人口增长接近于可取的数量如何能够变成风俗习惯，不管这些风俗习惯是有意识还是无意识地得到遵循。进入各种行业并没有重要的限制，至少没有同行会强加的限制可以相比拟的东西。雇佣劳动阶级的青年人看到结婚并无障碍，还进一步看到他们一生可能取得的最大赚钱率在年轻时就有把握赚到。所以，他们为什么不早结婚呢？与中世纪相比，他们的确很早就结婚了。正如鲁宾所说，"以前的工匠和仆人照例是不能结婚的；而在我们的时代，技术工人与工厂雇工由于他们的高水准报酬（以及他们所得的是货币而不是商品），正如早先所说的，还因为他们大半不会通过等待而得到更好的地位，所以他们在当工匠或劳动者的时候就结婚了"[①]。现在我们必须探讨：如果雇佣劳动者既然不通过晚婚来限制生育率，他们为何要通过有意识地限制家庭人数来限制生育率。

这不是一个容易回答的问题。正如对结婚没有障碍那样，对形成大家庭也没有必须遵守的社会条件或习惯形式的障碍。能养活多少孩子就可以生育多少孩子，也就是说，人口增长到仅仅能以维持生活的水准，显然是没有障碍的。可是，这样的增长却没有发生过。要理解为什么会发生这种情况，我们首先必须认识到，改善社会条件和提高生活水平的愿望在雇佣劳动者当中是何等地强烈。哈蒙德夫妇最近描述了19世纪初农村劳动者的生存条件。[②]继拿破仑战争之后出现的农业衰退期间，统治阶级做了最坚决的努力来诱使劳动者降低他们的生活水准，错误地希望这样一种变化能够缓和形势。最重要的是，统治阶级怂恿劳动者不吃小麦做的面包而接受某种代用品。统治阶级使用了各种论证和多种形式的压力。但劳动者是顽强不屈的。他们坚持原来的生活水准，在英国，至少从产业革命以来，雇佣劳动阶级曾经强有力地表现了要

① 鲁宾：《皇家统计学会杂志》，第LXIII卷，第606页。

② 哈蒙德：《农村劳动者》，第Ⅶ章。

维持生活水准并在可能时提高生活水准的决心。[①] 现在回到我们必须解答的问题上来。我们可以说，这种决心转变成为限制家庭人数的制度，并且，有意识的限制所造成的生育率下降是同变化的经济条件相适应的。从前的增加率对雇佣劳动阶级来说不再是可取的了，从而受到了抵制。但是，它不是由于完全有意识地认识到这种形势而受到抵制的。充其量只不过是半意识地理解到所涉及的内容而已。基本上我们必须认为，由于社会风俗习惯不知不觉地适应了时代的需要，这一决心才实现了它的目的。还有其他因素朝着同一方向起作用。限制雇用童工的工厂立法，其影响是使大家庭在经济方面比较处于不利地位。再者，在雇佣劳动阶级收入较高的阶层里，有些影响趋向于降低生育率，这些影响根本不是经济的，而是社会的。

应当注意到，维持生活水准的决心表现得不强烈的地方就可能发生人口过剩。例如，在英国和一切工业国家里，在社会阶梯的最底层有一个不节俭、没有技术而又临时受雇的阶级，它极少限制家庭的人数。这一阶级极少表现出改进生活条件的愿望，以致生育率没有受到限制。霍布森说，如果这一阶级的成员“极大地限制他们的增长率，人们就有合理的根据认为他们会得到双重经济利益就是因为更加有效的和更加经常的工作而得到较高的报酬率”。[②]

关于自由职业阶级的情况我们不需要多费时间。除了像工人

① 参看庇古：《财富与福利》，第 28 页。

② 霍布森：“在全国生育率委员会上作证”，《逐渐下降的生育率》，第 289 页。

阶级那样感受到限制的利益外，还介入了许多其他因素。其中最重要的也许是取得最大收入的年龄问题。由于职业阶级仅仅形成人口的一小部分并且由于在下一章里我们将不得不讨论这一阶级的人口增长率比雇佣劳动阶级低的原因（要看到质量变化问题可能产生的影响），我们在这里可以不再进行进一步的讨论，只要注意到没有发生人口过剩的问题就行了。可能存在相对的人口不足，有些像最低阶层存在人口过剩那样——究竟是否如此，大部分取决于自由职业阶级从下面补充成员是否容易。

十五

关于有史以来民族种类的讨论是简短的，只是为了圆满结束这一课题才加以研究。同人数调整相关的还有其他论点必须提到。但是，比较便当的方法是，首先简短回顾我们关于整个调整问题的结论，然后依次探讨各个时期我们所认为必然已经发生的情况。

我们曾经提出理由认为，如果有史以来生育力发生过什么一般性变化的话，那就是生育力增长了。生育力毕竟是很强大的——也就是说，理论上的增长力是很强大的。为了说明这一事实，我们在第四章的末尾曾提出一些数字。几乎在所有的数量问题讨论中都可以看到低估增长力的趋势。因此，应当想到从前提出的另一种计算。这种计算表明，按照世界人口现在的平均增长率（显然是在各处都受到极其严格限制的一种增长率），一对男女在1750年生育出来的后代数与现在的世界人口数字相等。

同低估增长力有关的是，过高地估计了解救因素，即对于容许人口增长的任何因素(例如技术的增进与移民)所提供的解救程度估计过高。当看到这样一个因素在起作用时，人们就常常假定生育力有充分的出路了——如果我这样说不错的话。这就是构成移民消除“剩余人口”之类说法的基础观念。但是，当进行计算时，人们却看到所提供的解救因素，除非在极其例外的条件下，几乎是无足重轻的。在前文中我曾经表明过，在所提条件下，只要每个已婚妇女平均生育两个孩子，则可将人口保持在 100 万这个数字上。但如果平均数是两个半孩子，则一百年之后人口将是 305 万。因此，必然的结论是，最不寻常的有利条件只能容纳可能增长的人口的一部分，移民同样只能消除可能增长的人口的一个不重要部分。

从这样的考虑出发并考虑到这一事实，即存在社会合作的任何地方，在任何土地面积之内必然有一定的可取人口密度(最适宜人数)，我们曾经主张，限制人口增长的一些风俗习惯的实行，会导致人口接近于这一人数。我们还进一步主张，除非在最不寻常的条件下，风俗习惯已基本上而不是偶然地出现，因此必然到处存在这一结果。这一点极少为人们认识到。例如，迈尔斯在提到古埃及与古亚述的生育率之后说：“杀婴之类的事情与问题无关。”[①]从上下文可以看得很清楚，他考虑的不单是杀婴，而是限制人口增长的任何风俗——含义是，在一个富饶的国家里，技术又在不断增进，人类增长力所产生的人口增长会有充分的出路。还有，人们提出，班图族同其他原始民族不一样，他们不杀婴，至少不大规模杀

① 迈尔斯：《优生学评论》，第Ⅶ卷，第 21 页。

婴；因为他们很长时期以来就在移动，在移动中周围总要进行战争，因战争而造成的减员足以抵消“剩余的人口”。但人们却忘记了班图民族长期戒绝性交，这个风俗同杀婴与堕胎同样有效，考虑平均家庭人数小的证据时可以注意这一点；[①]班图家庭的平均人数同一般原始民族一样小，而我们不能认为在成年人之外战争的伤亡是惨重的。因此必然的结论是，战争在这些民族中只提供极不重要的解救数量。

十六

现在转到调整的方法，我们可以首先把第一、二类别放在一起加以研究，然后再研究第三类别。但是，战争与移民可以先搁在一边，在本章末尾再分别加以研究。关于第一、二类别所必须说的话如下：已提出的证据表明，任何地方的原始种民，不管是堕胎、杀婴或长期戒绝性交，都是以限制人数增长为主要结果来确定实行的程度和方式的。

这些风俗习惯在导致接近于可取的人数方面有效到什么程度，这个问题是不容易回答的。欧洲人观察过的那些原始民族是没有确切证据的，因为在精确观察之前生活条件已经完全改变了。但是，除了现有的证据表明接近于可取的人数这一事实不谈之外，人们可以看到客观条件易于形成接近于可取的人数。技术的增进极其缓慢，以致可取的人数长期保持不变，战争与疾病之类淘汰因

① 正如我们看到的，堕胎也是常见的。

素的活动不是变化无常的。就经济意义而言,社会组织不是复杂的,因此随着可取人数的变动而产生崩溃的危险并不存在。所以我们可以总结说,大概原始社会的人口数通常接近可取的人数。

在第三时期,我们遇到了完全不同的情况。就经济意义而言,社会组织逐渐趋于复杂,战争与疾病的活动也变得没有规律了,和以前的情况相比,技术获得了迅速的发展。因此,可取的人数处于经常变动中,总的说来变得大些,特别是在我们最熟悉的时期。于是产生了这样一种观念:在整个人类历史中人口逐渐在增长。其实,人口在通常情况下是稳定的,这种看法要正确得多。可能在第三时期这方面的情况是特殊的,而我们正接近于人口在通常情况下又一次趋于稳定的时期。不管怎样,以上所提到的变化会使调整更加困难;另一方面,还有倾向于便利调整的变化同时在起作用,其中特别应当注意到越来越摆脱风俗习惯的羁绊和对于经济形势越来越敏感。关于调整的方法,已经引证的证据表明:在我们所谓的中世纪时代以前,从前流行的各种方法都在使用;在中世纪,所有这些方法都停止使用,而代之以晚婚;最后在现代,有意识地限制生育代替了晚婚。

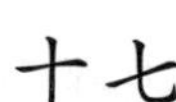

十七

这一时期的调整效果问题已经谈到了。一般我们可以说人口不足是罕见的现象。人口不足极少发生,并且通常都是受战争和疾病等不正常影响所产生的后果。有时发生这样的情况,即一度人烟稠密的地区长时期只有为数稀少的人口,而人们往往把这种现象看作是人口不足。但这样的形势通常发生在由于这种或那种原因(如长期战争期间资本的摧毁,或食物供应所依赖的人造工程的崩溃)可取的人口密度下降的时候。例如,13 世纪时,蒙古征服者不重视美索不达米亚的灌溉水道,结果那一区域的最适宜人数下降了。因此,这样一种形势,不经过进一步的研究,便不能看作是人口不足。

人口过剩更加罕见。人口过剩可能是由于对旨在限制人口增长的古代风俗习惯的忽视而没有同时使用新的方法。当一种较高的和一种较低的文明相接触时,有时会发生这种情况,这历来是印度人口过剩的原因之一。旧的风俗习惯一旦消失,某种影响就可能阻碍采取新的方法,这时也可能产生这种情况。让天主教堂去反对避孕措施,其影响所及,在爱尔兰可能趋于导致人口过剩。但是,更加普通的情况是,这一时期的人口过剩是冷淡与漠不关心所导致的。往往在社会压迫与政治灾祸所造成的环境之下,人们没有做任何努力来保持生活水准,以致用以限制人口增长的一套办法破除了。

让我们更加具体地研究一下第三时期。关于这一时期的最末一段我们拥有确切的证据,大致表明相当接近于可取的人数。在接近可取人数处有小的波动。但是,在任何大致观察整个可取人数问题上时要着重关注的是接近于可取的人数——在这一时期的任何时候和任何国家所出现的人数,大致说来在经济上是可取的——这个事实。的确,当研究战争问题和在下一章再度讨论这一课题时,我们将看到当十分邻近的国家都接近于可取人数时,其相近程度的微小差别可能是相当重要的。

在中世纪时代，虽然疾病的死亡率极高，英国却时常发生人口过剩。黑死病之后的工资上涨，以及17世纪末和18世纪初人口下降之后一般人更加富庶，证明了这个结论，而人们往往试图使婚姻的限制更加严格，同样证明了这个结论。大多数欧洲国家都有人口过剩的类似趋势似乎是可能的，看来晚婚并没有能给人口增加带来充分的限制；尽管疾病流行，晚婚事实上不是堕胎、杀婴和戒绝性交的充分代替。人口不足更加不常发生；而人口过剩的发生，有时部分是由于继扩张与繁荣时期之后出现奢侈和自私风气，西班牙的后期历史中就发生过这种情况。现在欧洲和美洲的富裕阶级由于类似的原因也可能呈现人口不足的现象。

关于前一时期，我们对希腊和罗马的情况知道得相当多。两国的历史呈现出极其类似的特征。早年，可以同在原始民族中看到的限制人口增长的风俗相比的做法在起作用。接着就是强烈的殖民化时期，其后又有一个衰退时期。关于衰退时期人们讨论得很多。在这些讨论中人们有时忘记了大规模内战对于城市的摧毁必然使可取人数减少。虽说如此，显然这里在我们面前又出现了由于自私与奢侈而使得人口下降的例证，至少在富裕阶级是这样；这肯定是波里比亚斯关于希腊的研究所导致的结论，塞缪尔·迪尔爵士的杰作使罗马的情况同样清楚。① 我们对埃及、亚述和巴比伦的知识，不足以使我们对这些国家的情况做出任何判断。

---

① 塔希提和大洋洲的其他地方过分地实行杀婴，可以看作是陷于自私的例证。参看第190页。同样，加加人杀死所有自己的孩子，而偷别人的孩子(巴特尔:《奇异的探险》,第326页)。

十八

因此，我们的结论大致如下。在前两个时期中没能接近最适宜人数的情况是罕见的。在第三时期中，脱离可取人数的情况更加罕见，只要社会的风气是健康的、朝气蓬勃的，这种脱离就往往受到阻碍。在被压迫的社会里往往发生人口过剩，在自私与奢侈的社会里有时可能发生人口不足的现象。

大体上，人数的变化是同经济需要相呼应的。因此，我们不应当把人口数量的变化直接归因于重大的历史事件。所以，我们可以同意凯恩斯所说的，“历史上一些灾难把人类进化推后几个世纪，是因暂时有利条件的突然停止而产生的反应所造成的，不管这种突然停止是自然过程还是由于人类的行动。暂时有利条件所允许的人口增长超过了有利条件结束时所能供养的人口”[①]。但是我们不能同意他说的“历史上的大事件往往由人口增长的缓慢变化和其他基本经济原因所造成；只是由于它们的逐渐性而为当代观察家所忽视，因而归因于政治家的愚昧无知和无神论者的盲目信仰。俄国最近两年发生的非常事变，即打垮了似乎最稳定的东西——宗教、财产的基础、土地所有权以及政府的形式和阶级组织——的社会广泛动荡，可能更多是由于人数不断增长的深刻影响，至于列宁与尼古拉的影响则较少。过剩的全国生育力的破坏力，在突破习惯的桎梏方面，无论是比思想的力量还是比独裁政治

① 凯恩斯：《和平的经济后果》，第 215 页。

的错误,都可能起过更大的作用”[1]。第一段表明,当事件大为扰乱社会组织,以致无法供养以前所保持的人数时,就会产生极其重大的后果。关于这一点我们可以同意,灾难并不直接归因于人数的变化。第二段表明,全国生育率可能极大超过需要,以致扰乱了社会组织。关于这一点我们不能同意。在通常情况下,人口增长是与经济需要相适应的,当人口过剩而且在合理的时间内未能加以纠正时,它所导致的环境并不能产生这里归因于它的这一类后果,虽然这种环境可能产生重要的后果。

十九

战争与移民往往被说成是人口过剩所造成的后果。我们可以首先研究移民问题。

关于移民问题,我们可以同样提出这一观点的某种典型说明。哈登先生说:“用最简单的话来说,移民是由放逐与吸引力所造成的,前者几乎总是溯源于食物昂贵或人口过剩,实际上二者是相同的东西。一个国家的人口增长超过它的正常食物供应的时候迟早会到来。”[2]在《全国生育率委员会报告》中我们看到:“任何国家的人口压力,会导致人口外流,向邻近与其他能达到的国家移民,这是主要的具有历史意义的后果。”[3]迈尔斯教授谈到公元前8世纪到公元

① 凯恩斯:《和平的经济后果》,第12页。

② 哈登:《各民族的流浪》,第1页。

③ 《生育率逐渐下降》,第43页。

前 6 世纪的希腊移民时，把这些移民归因于“人口超过生活资料”。①

这样的说明意味着什么是不完全清楚的。它往往似乎意味着通常存在这样一种情况：现有人口所占据的地区里食物超过需要，但迟早人口会赶上食物供应——如果我可以这样说的话。其后，人口的进一步增长接着将导致移民，我们可以首先看一看这一观点。截至目前，所说的一切都在表明，只有在很短的期间并在很不平常的环境中，才可能在任何条件下的社会组织存在人口不足的情况。即使我们把最适宜人数这种观念撇开不谈，我们也必须把任何地区能供养的人口看作是受到严格限制的。在我们所知道的总是存在着人口增长的巨大力量的前提下，通常不可能出现人口不足的情况，即人口在受到食物限制之前就停止增长了。我们现在讨论的不是向未被占领地区扩散的人口，这种情况也许发生于任何社会组织存在之前。我们现在讨论的是这样一个时期，相对于已经取得的技术程度，地球上所有部分很久以来就被充分占用了。虽然技术的增进可能有时使以前十分贫瘠的土地被占用了，但这完全是一种例外情况；技术的增进在通常情况下只能允许同一地区的人口密度增加。一般的研究指出，正常的情况必然要么是人口增长到仅够维持生活的水准，要么是人口增长到最适宜水准，而现有的证据则表明，照例都在某种程度上接近于后一种情

① 迈尔斯：《优生学评论》，第Ⅶ卷，第 31 页。这些作者只是重复以前经常说过的内容，例如，像培根在下面这段话里说的，“请看，当前世界上只有极少的野蛮民族，即使如此，这些民族在通常情况下除非占有了生活资料，否则就不结婚或不生育（除了鞑靼地方以外今天几乎各处都是这种情况），这样就没有人口泛滥的危险。但是当大多数人继续生育，而不预先考虑生活资料问题时，必然有朝一日在一两年间把他们人口的一部分排除给其他民族”（《事物变迁论》）。

况。一方面是一般的研究，另一方面是证据，都使我们完全不能接受下述这种观点：通常存在人口不足的情况，当人口增加赶上可用的食物数量而产生的压力开始被感受到之后就会发生移民。此外，人们关于任何个别移民所知道的事实也不支持这一见解。迈尔斯教授论证的希腊移民问题，即人们不知道经历了多长的时间，也不知道为了什么理由，人口的增长没有达到食物供应所规定的可能人数的限制，这种说法有什么证据呢？除非存在特殊环境的某种特殊综合的确切证据，否则就不能认为这样的理论可以说明移民的原因。人口追上生活资料并带来恐慌，然后接着发生移民这个观念，是关于这一问题的完全非历史观点的产物。[①]

的确，我们知道发生人口不足的情况，有时主要由于一些淘汰因素的不规则活动。据了解，疾病在两三年的时间内就消除一个国家人口的1/3。但是，没有出现一个例子表明，移民可以追溯到从这样的灾难恢复过来之后。看来通常发生的情况是，从前阻碍婚姻或造成堕胎或杀婴的压力有了某种程度的放松；在再次感受到这种压力之前，人口一直是增长的。还应当注意到，所引证的作者并不认为移民是随着这样的例外情况而发生的。他们认为往往因为存在人口不足的情况而发生移民，关于这一点事实上没有任何证据。这一观点显然进一步意味着对移民所提供的解救程度做了过高的估计。前边某页所提供的计算也适用于这里。

上述受到批评的观点，有时是这样表明的。即不把人口不足

① 这些意见也适用于有时一些国家显得人口稀少的情况。例如，有时人们注意到英国在中世纪看来是一个"人口稀少"的国家。所谓人口稀少只是表面上看来如此而已。相对于当时的技术和一切其他有关条件，英国在中世纪是人烟稠密的；与其说是趋于人口不足，不如说是趋于人口过剩。

强调为最终引起移民的条件。而只是说，人口过剩以某种方式成为移民的原因。现在我们可以评论这一观点。让我们回忆一下我们所看到的无疑曾发生过人口过剩的那些国家的情况。我们看到这些国家的社会情况的突出特征是缺乏希望、缺少企业精神和缺乏维持生活水准的决心。存在这些条件的地方不会发生移民，这是可以断言的。我们关于移民所知道的一切恰恰与上述特征相反。移民运动并不发生在像今天的印度和中国或 17 世纪与 18 世纪的爱尔兰这样的国家。移民的民族表现出相反的性格。我们把创业心、希望、勇敢等同他们联系在一起。就一般道理而言，这种结论是毋庸置疑的。移民并不发生于人口过剩情况出现的地方。此外，如果我们检查个别移民运动的证据，就可以看出，在任何情况下，移民并不是作为人口过剩的直接结果而开始的。[①] 的确，与我们所知道的许多移民运动相比较，我们只对少数例证占有一些有关社会情况的具体资料。但存在这种资料的地方，我们的确没有发现任何关于移民是在人口过剩情况出现之后开始的证据。

提出移民无论如何是同人口过剩相关这种观点的那些人，可能他们所暗指的含义是多少有些差别的。这种观点可能意味着，当我们所谓的最适宜人数达到时，就会发生移民。如果把我们关于这一课题的一般结论记住，显然这个解释是不够充分的。从长期来看，移民的发生是不规则的，而接近于可取水准的某一点的人口调整总是在进行。显然不可能在调整的普通过程中发生某种刺

① 除非是 19 世纪中叶饥荒之后所谓爱尔兰向美洲移民这种情况。但是，毫无疑问，这次移民存在很大的政治因素——以下将讨论它的性质。此外在这一情况中还有许多特殊的特征，这次移民难以算作广义的历史上的移民。

激导致移民，必然有某种或某些导致移民的特殊因素在起作用。这些因素是什么？似乎应当由提出这种理论的那些人来说明，可是他们并没有做到这一点。

另一方面，还有另一种解释看来至少能够部分说明我们知道一些情况的几乎每次移民，并且基于相似论证的解释至少可以部分说明大多数历史上近期的移民。这个解释并无新颖之处，哈登先生承认它是许多次移民的一种解释。[①] 他同意许多次移民是出于政治和宗教理由而进行的，并以“五月花”号船的航行和伊斯兰与佛教的迁徙运动为例。这些解释的共同点是，移民是为了响应某种观点而进行的。这同人口过剩问题根本没有关系。在具体了解与移民有关的情况的所有例证中，我们发现能够指出某种观念是推动力量。因此，当不了解具体情况时，为什么要寻找别的解释？我们曾经指出，基本上与此相同的解释是一切移民运动的最合理解释，至少有史以来的移民运动是这样。关于较早的迁徙，我们发现，移民看来发生于已经达到高技术水准的某些地区。在一些民族同显然是低等技术的其他民族相接触的地方，会产生前者驱逐后者的趋势。其直接的目的是要占有后者的土地，因为与前一民族的技术相对而言，那里的土地是肥沃的。这样，班图民族迫使布什门人后退，直到留给后者的土地与班图文化相对来说是贫瘠的。在整个人类历史中必然有随着控制自然的力量取得重大进展而移民的趋势。但即使在早年也没有理由认为，移民只是因技术增长而引发的。据我们所知，即使最原始的民族，如澳大利亚

① 哈登：《各民族的流浪》，第3页。

人，也证明我们可以做这样的设想，即有些移民运动的兴起同技术上的任何差别完全无关。人们提出的澳大利亚老年人受到尊敬的记载，使我们可能理解到老年人如何能够发动移民运动，这种运动一旦形成，就可以产生深远的后果。此外，我们还有关于原始民族存在不安定情绪的记载。经过分析，这种不安定情绪证明只是一种流行的观念，即如果进行移民就会产生某种好处的一种观念。

但是，我们研究这一问题时必须记住，史前时期的许多次即使不是大多数移民运动，就这个名词的通常意义而言，大概根本不能算作移民运动。也许把它们看作是民族的流动趋势更好；它们可能占了很长的时间，并且与气候的缓慢变化有关。在任何一段时间里，这种运动可能完全看不出来；当情况是这样的时候，如果记住增加人口的巨大力量，就可以很清楚地看到这样的流动趋势是同人口过剩完全没有关系的。

现在我们可以谈谈人们讨论得很多的一种理论，大意是说，有史以来的移民是由气候的变化促成的。埃尔斯沃斯·亨廷顿在许多出版物里提出过这种观点：重要的气候变迁不仅发生于历史时期中，而且是他把这些变化称为“波动的”——也就是说，在世界的许多地方出现了潮湿与干燥条件的交替。[①] 对于这一观点，争论很多。[②] 人们特别怀疑这类变化发生时的“波动的”性质。究竟关于气候变化的这个看法是否正确，对于我们现在的目的来说是没有特殊重要意义的。因为一方面，业已证明某些移民运动是由于政治变化，这是说得通的，特别是中央亚细亚的移民运动，据说那

① 特别参看他的《亚洲的动向》和《文明与气候》，第Ⅺ章。

② 格雷戈里：《地理杂志》，第ⅩLⅢ卷。

里气候变化的波动性质的证据是最明显的。[①] 另一方面，在通常情况下，看来不可能把历史上的移民运动同缓慢的气候变化联系起来，因为这些迁徙基本上是迅速的运动。似乎人口会毫无困难地随着缓慢的气候变化而调整，或者其困难之小就像它随着其他变化而调整那样，这些变化能够改变最适宜的人口密度。毫无疑问，史前曾发生过极其缓慢形成的极端气候变化，它可能导致人口的流动趋势，[②]但有史以来不太剧烈的气候变化大概对于移民运动没有什么深刻影响。

以上所述足以表明，根据理论并在检查了证据之后，我们可以引用许多资料来反对把移民归因于人口过剩这种理论，但在许多情况下已经得到承认的解释，其延伸部分也有许多可以介绍的内容。即使移民不是人口过剩的结果，但移民一旦开始，它就可能严重地影响人口的调整。我们可以把移民溯源于人口过剩的错误归因于所看到的是移民对人口的次要干扰影响。

但是，在承认了这一切之后，普通移民理论之被认定是正确的并为很高的权威作者所使用，这种轻率态度是极其令人惊讶的。例如，霍格斯先生在一部众所周知的和赏心悦目的书中，提到来自阿拉伯的迦勒底的或第四次大移民运动，他对阿拉伯所有这些移民运动所做的解释如下："巨大的南方半岛的大部分是赋有独特的纯洁空气和未受污染的土壤的高原草地。从而，这个半岛孕育着健康的居民，同它的死亡率相比，居民的死亡率是非常高的；*但自

① 佩斯克：《剑桥中世纪史》，第Ⅰ卷，第328页。

② 毫无疑问，这样的人口流动趋势往往朝着从前不住人和不可能住人的地区迁徙。

* 原文如此。——译者

从这个半岛表层的特殊条件阻碍半岛的食物供应的发展，使其不能超过很久以前已经达到的水准以来，半岛迅速积累起来的剩余人口就被迫不时到别处去寻找谋生之道。”①让我们花点时间来研究这一理论。首先，与尼罗河流域和幼发拉底河流域的文明相对而言，疾病是罕见的，因而死亡率也是低的，截至目前，阿拉伯的情况只接近于原始民族的标准。因此，他们所享受的健康情况未必形成一种刺激移民的因素。这个理论的其余部分是放在对技术增进或移民所提供的解救程度的过高估计上。霍格斯的意思是，如果增加的技术能够应用于增产食物，则可以吸收“剩余人口”，但它并未被吸收，从而向移民谋求解救办法。曾经提出的计算表明，认为移民能够提供解救之道这种观念是何等地虚幻。在这样的论证中，人类生育力的强度总是被低估。此外，这种理论假定在阿拉伯存在一种很难理解的事物状态。迦勒底移民大约发生于公元前800年；第三次或阿拉姆移民大约发生于公元前1500年；第二次或迦南移民大约发生于公元前2500年，我们还可以加上公元7世纪的伊斯兰移民。这些移民运动之间的间距至少八百年。这个理论要求我们设想有好几百年的时间存在着超过能够适当得到供养的人口增长，因为显然未曾设想人口增长只是刚刚发生在移民之前。我们知道在阿拉伯经常实行堕胎与杀婴。因此，同可能的人口增长比较起来，实际的增长必然很小；可是根据这种理论，堕胎与杀婴等方法在导致每一个朝气蓬勃的社会必然要达到的目的方面是无效的。实行这些方法的程度极其微小的增加就会产生限制

① 霍格斯：《古代东方》，第78页。

人口增长的结果,那么,设想在正常情况下达到接近于可取的情况,而不设想长期失败的结果只能是社会灾难,岂不是合理得多吗?

为了支持这里提出的观点,还可以引证另外两个理由。首先,移民与其说发生在人口过剩而社会处于长期衰退的国家,不如说发生在朝气蓬勃的社会。其次,所讨论的移民问题可用另一种解释加以证明。对这些移民运动中我们唯一具体了解的一次(伊斯兰的),我们知道它是由一种观念的流行所激起的,那么,为什么我们不假设从前的移民运动也是这样激起的,而却要去靠许多困难的人口过剩理论呢?

二十

人们往往说"战争是生物的需要"。封·伯恩哈迪将军说:"在自然界中,不管朝什么地方看,我们都会发现战争是发展的基本法则。过去曾经承认的这一伟大真理,在现代被查理士·达尔文令人信服地证明了。他证明自然界为不断的生存斗争亦即为强者的权力所统治着,并且这一显然残酷的斗争带来了淘汰弱者与不健全者的选择。"[①]这是德国政论家所喜爱的争论。[②] 我们无须在此表明,这种看法是对"生存斗争"这个词的含义的根本错误理解。

① 米切尔:《进化与战争》,第 3 页。

② 至少有一位德国作者最近证明这种看法的虚伪性,只有指出这一点才是公正的(参看尼古拉:《战争的生物学》,第 34 页)。

查默斯·米切尔最近揭露了这种错误，他特别指出，自然中的各种生物的关系之间不存在任何意义的能够叫作战争的东西，并进一步指出，现代各民族是与各种生物不同种类的单位。[①]

人们还主张战争起源于寻觅食物的需要。孔德说过："战争，从最初起，就成为获取生活资料的最简单手段。"[②]不管这种看法是基于我们所知道的自然中的各种生物还是基于原始民族存在的条件，都是没有根据的。"渴望取得财产原是战争的起因与目的。"[③]对这种理论可以提出同样的批评。

人口过剩是战争的原因这种观念有时使人想起上面指出的某种这样的"生物学的"起源；我们无须说更多的话来反证这种看法。我们更加常常遇到下面这样的说法："人口问题迫使德国前进。在大多数情况下，是内陆各民族最严重地感受到人口增长的压力。岛民和沿岸居民能够向海外扩张。但当内陆民族的增长超过它们所能容纳的限度时它们就会加以突破。"[④]这样一种说法是过高估计战争与移民所提供的解救办法和过低估计生育力的显著例子。前面所说关于移民的内容也可以在这里应用。

倘若我们所提出的人口过剩不是移民的原因这个论点是有根据的，那么，战争也是由于人口过剩而发生的这种论证就垮台了。一些条件被认为是促成了民族之间的战争的，人们也认为促使一些民族移民的正是这些同样的条件。正如我们以后将看到的，这

① 米切尔：《进化与战争》，第Ⅰ章。
② 孔德：《实证哲学》，第Ⅳ卷，第 506 页。
③ 尼古拉：《战争的生物学》，第 34 页。
④ 霍兰·罗斯：《战争的起源》，第 47 页。

并不意味着当战争爆发时人口问题就不时为局势所约束。

那么，战争的起因是什么？当人们以家庭为单位群居时，大概好斗的本能会导致战斗——至少为了争夺家庭的领导地位而在男性之间进行战斗。还可能随着社会组织的缓慢进化，这类间断发生的战斗继续着，并导致集团之间的战争。但在很早的时候传统就开始压倒并模糊了本能的表现，这一情况发生的方式将构成本书第二部分的重要组成部分。这里只要说出下面这一点就够了：在原始民族中传统可能完全压倒好斗本能的性质，就像在一些民族中，虽然人们不缺乏这种本能，但从来很少战斗，因为强有力的社会风俗习惯阻止了本能的表现。这样，战争虽然可能形成好斗性的出路，但不能再说是好斗性的直接后果了。事实上，战争逐渐成为一种风俗。现在它基本上仍是战争的性质，这已无须加以证明。显然，当今的战争是一种行动方式，现代国家高度组织的政府试图通过它来实现某种政治目的。[①]

① 最近提出的证据表明，战争不仅是一种风俗习惯，而且还是比较晚近兴起的一种风俗习惯（佩里：《战争的人种学研究》，见《曼彻斯特文学与哲学学会的研究报告与会议记录》，第LXI卷）。据说战争是同帝王与酋长领导下的组织分不开的，并且是由某个民族在多少可以确定的时候所引起的。可是所引证的证据似乎不够充分。这种理论属于一系列的尝试之一，它们试图表明，现在广泛流行的许多风俗习惯与社会制度是从某一中心演化出来的，并从那里向别处传播开去。埃利奥特·史密斯教授和他的学派坚持说，人们轻率地设想类似的风俗习惯的多种多样的起源。虽然他们的批评可能有道理，但坚持追溯一切类似的风格习惯与制度于同一来源也同样是不合理的。熟悉动物界趋同现象的许多奇异例子（只举一个例子，即蜘蛛类和昆虫类的气管的独立进化）的人将不会有多大困难来接受这样的看法，即与类似的环境条件相应，类似的风俗习惯可能有时独立地演化出来。其他的作者曾经主张，在古代民族的文化遗迹中显然没有武器，这是它们没有进行战争的证据（哈夫洛克·埃利斯：《冲突的哲学》，第 49 页）。但当许多疑问围绕着最普通的工具如何使用的问题时，过分重视这种论证是危险的。

但必须记住，战争在淘汰因素中占有一席地位，战争的淘汰数量越大，实行堕胎与杀婴的需要就越少。可是这同说人口过剩或人口的压力导致战争完全是两回事。它只意味着，在既定的人口增长的压力之下，战争在很小程度上是使人数不超过可取界限所必需的一种淘汰因素。

不过我们必须承认，当战争爆发时，人口的情况可能是构成局势的一种因素，就像所引起的激怒可能是构成局势的一种因素一样——虽然不能把它看作是近代战争的原因。让我们研究一下最近的战争。大体上说，一切欧洲国家人口的增长是同经济需要相适宜的。可是也存在小的波动，脱离了我们所谓经济上可取的人口密度。法国与德国代表两种相反的趋势——分别趋向人口不足和人口过剩。由于对生育率的注意，通常是极大地夸大了这些比较小的差别。德国人想到并谈到扩张，而法国人却是待在国内的民族。德国人向边疆外边看，并认为他们看到了一个半空着的国家，他们能用他们的“剩余”人口很好地去发展这个国家。而法国人则认为，他们看到了一个多产的人口准备突破它的边界来挫败法国人。另外，在英国和德国之间，在许多德国人看来，德国极少或者根本没有机会扩张，而大不列颠由于她的海外自治领却大有机会。但人口的增长是由国内的条件所制约的，从大不列颠向更大的不列颠移民是可能的，这种事实与大不列颠对人口增长的控制无关；可是我国以及德国的许多人，即使他们实际上没有认为大不列颠运用了向外移民的机会，至少他们的观点事实上是以这一设想为基础的。这样，虽然事实上英国同德国大致一样根据国内的经济形势限制其人口，但英国在更大的不列颠中的地位对局势

是有影响的，从而许多德国人认为，除非“剩余人口”有出路，否则德国最终将人口过剩，而事实是，正如我们所看到的，只要一个国家的条件保持正常，人口过剩就不会发生。[①]

我们还可以极详尽地阐述这一课题。经过分析人们总会看到，虽然人口问题的一些方面和关于这一命题的一些错误看法可以并且的确使各民族与各政府容易走向战争，但严格说来，说人口问题在任何意义上是战争的起因，都是与事实不符的。战争现在已变成只是一种行动方式，一个有组织的国家试图通过它来达到一些政治目的。人类有力量抛弃这种行动方式。就人性和社会组织的性质而言，没有任何东西会让战争不可避免。“上帝既没有给他们大炮，也没有给他们刺刀，他们自己制造了大炮和刺刀，用以互相残杀。”[②]

① 人们曾经提出，发动战争的那些国家总的说来是生育率最高的国家。人们曾经得出这样的结论：人口的压力引起战争。根据上面相同的理论，可以证实这一结论是不可接受的。

② 伏尔泰：《天真》——再浸礼教徒雅克的观点。

第十二章　一些现代问题

一

在英国，现代可以自1760年算起，而在大多数欧洲国家，则开始于较晚一些时候。（现代标志着史无前例的人口增长。一些年以来，增长率已逐渐降下来了。所以，有时谈到这次发生的人口剧增情况，就好像其中有什么秘密似的。事实上，人口增长只是对技术增进的反应，同样，逐渐下降的出生率至少大部分不过是对技术不再增进得那么快的一种反应。）[①]上等社会阶级在下等社会阶级之前开始限制人口增长，部分是由于它们对于经济需求更加敏感。这一点几乎总是在讨论差别生育率时被忽视，可是对于这一课题做出任何判断时，数量调整方面所得的收获必须抵消质量方面的可能损失——虽然这是个极其困难的问题。关于前面某页引证的穆勒的观点，可能比大多数优生学家愿意认可的内容还要多。

① 作为这次技术增进的一个例子，应当注意到，在1840年和1895年之间美国每单位劳动的各种农产品产量增加了五倍（奎恩坦斯：《美国经济学会丛刊》，第三辑，第V卷，1904年，第21页）。

在我们进一步观察所发生的许多问题中的一些问题之前，可以谈谈将来的一些情况。人们对这次人口增长的印象极为深刻，发布了人类行将遭遇最悲观的命运的预言。人们进行了许多计算，表明在一定的时间之内将只有立锥之地。尼布斯先生计算过，如果 1911 年以前的五年世界人口增长率继续下去，那么五百年间就会达到 246,114,000,000 人。他对这一前景感到震惊。他说："没有任何耕种技术，也没有任何可能使人类身躯缩小以减少每人食用必需数量的办法，可能解救这种严重的局势。每年增加 1%，就难以维持五百年。"[1]这种悲观主义是没有根据的。他似乎把人口增长看作无法制止的某种不可避免的情况；忘记了在大部分人类历史中，由于一切实际目的，人数一直是稳定不变的，只是在特殊情况下，人口增长才超过经济需要。[2] 的确，没有感到十分满足的余地。虽然可取的人口密度也许通常是由经济压力造成的，而并非由于有意识的努力，但这并不是说，如果有意识地进行调整，也不会更好些。情况可能是这样：当人们开始有意识地调整人数的时候，他们可能必须把经济以外的其他标准考虑在内。现在，我们可以转到这一点上来。

---

① 尼布斯：《科学》，第Ⅻ卷，第 495 页。

② J. A. 霍布森的观点是和大多数经济学家的观点一致的，可以引注如下。他说："没有任何证据表明世界人口超过了自然资源；与此相反，人们的假设是，为了资源的更加充分利用，需要更多的人口，并从而能够维持较高的生活水准"（《逐渐下降的生育率》，第 75 页）。

二

截至目前,我们是根据这种假设进行讨论的:唯一标准是经济标准——可据以确定可取人数的唯一验证是以人均收入为基础的。似乎没有理由可以认为对食物生产技术的增进有什么限制,和对可取人数有什么限制——只要标准仍然是经济的话。这就使人想到,在某一点上人类必须引用其他方法来估计什么是可取的人口密度,因为显然人口增长的经济利益在某一点上将与可取的社会条件的其他理想发生冲突。换句话说,在某一点上较大的收入会是不值得的,如果它必然需要过多的人口的话。

在对这一问题可能得出任何确切结论之前,要对许多论点进行长篇讨论,并对许多因素加以估量。应当注意到,有些人由于某种明显理由而怀疑,从人类福利的广义观点来看,较之比利时现存人口更密的人口是否能够被认为是可取的。坚持以下看法似乎也是合理的:我们的大城市,特别是伦敦,已经超过发展为最健康的社会条件所容许的界限。即使国家的总人口在增长,究竟像这样的人口集中,现在或将来是否仍有必要。这是个可疑的问题。有两项研究与此有关。首先,应当反对这种看法:虽说我国和其他一些国家的平均人口密度较高,却仍然容易找到人烟稀少的一些大面积地区,这些地区的存在表明,还不可能存在超过所谓从社会看来是可取界限的人口拥挤问题。必须记住,人民大众从来极少迁出人烟稠密的地区,如果他们试图迁到乡村去,即使只是为了休假——正如闲暇的时间增加了,收入较高了,他们将很快试图做的那样——那么，今天很容易找到的僻静之处很快就会所剩无几了。

与此极有关系的另一项研究是人均收入。鲍利教授说："战前，国内收入每年提供给每个五口之家的毛数不会超过230英镑，或者在缴纳中央税与地方税以及适当数额的款项投资于国内企业之后，每家净得170英镑。"[①]

三

至少还可以从其他两种观点来研究可取的人口密度。例如，英国的食物供应情况是特殊的，其中只有一小部分产于本国，其余都是进口的。英国只有通过这一方法才能维持它的现有人口。那么，在战争情况下，或在较小程度上其他地方的社会或经济动乱的情况下，这种局面能同全国安全适合到多大程度，这肯定是要仔细加以研究的问题。鉴于限制人口会带来经济牺牲，似乎永远不会仅仅因为这一理由而决定限制人口。

除了对因这一问题而影响刚才所指出的那种意义上的安全必须加以研究之外，还可以从纯军事的角度来研究它。正如在第一章里看到的，16世纪以来那种对稠密人口经常表现出的热望，大部分是基于人口越多潜在的士兵越多这种事实。例如，哈里森写道："有些人也不愿意看到近来人口大为增长的情况，认为必要的牺牲繁殖比多余的人口增长要好得多。但当碰到任何外国侵略——基督因其仁慈而禁止这种侵略——的时候，这些人就会看

① 鲍利:《工业产品的划分》,第49页。

到血肉筑成的墙比一堆一堆的谷物和一口袋一口袋的钱要好得多，并抱怨起人口的缺乏来了，可是要寻求补救之道已为时过晚了。”[①]这一态度战前在德国表现得特别明显。一位德国作者批评道：“对人数的渴望不如说是对拥有更多士兵愿望，虽然我认为这种愿望往往是很模糊的。”[②]在英国也绝不是不存在这种愿望。在全国出生率委员会的第二次报告里我们看到：“但在发生和我们刚刚经历过的类似战争时，要是出生率大为减少，我们会发生什么情况呢？我们所有的一切肯定将被拿走，我们定会成为奴隶——就像我们同德国进行战争时那样，如果我们没有足够的人力，我们今天就会成为奴隶。而且，我们的帝国又会发生什么情况呢？”[③]近年来即使在德国这种考虑是否对人数问题已产生什么影响还是个疑问；大概经济力量完全压倒了这类考虑。可能在早年这类考虑对于军事国家产生过某种影响。人们设想并且肯定希望，将来在这一问题上这类考虑不会形成什么观点。

四

业已指出，当今欧洲各国偏离可取的人口密度的情况，是属于微小波动的性质。从生产的角度看，欧洲人口并不过剩（或者说，1914 年的情况如此；自从战争造成资本损失以来，要总结这方面

① 哈里森：《英格兰概述》，第Ⅱ卷，第Ⅹ章，第 215 页。

② 尼古拉：《战争的生物学》，第 48 页。

③ 《人口问题与血统》，第 73 页。一位法国历史学家说：“人口的密度是国家的力量。”（得·摩根：《早期文明》）

的情况是很困难的)。托马斯·霍尔迪奇的悲观主义是没有根据的,他说:“亚洲不能为过分拥挤的欧洲提供收容所。”①

应当看到,[在工业国家通常看到的失业现象并不是人口过剩的证据。]贝弗里奇已证明,现在英国发生的失业,在任何方面都同人口过剩无关。失业是由于工业体制的某种失调所引起的,诸如工业的衰退、贸易的季节性与周期性波动以及正常的劳动储备情况等。工业体制是这样运行的:除非采取特殊措施,总会有一定数量的失业。因此,贝弗里奇把失业叫作“工业问题”。② 还应当看到,各个国家之间对每个人的报酬的显著差别,在任何情况下很大一部分为所使用的技术的数量所决定而不是为接近于可取人数的程度所决定。③

① 霍尔迪奇:《政治边疆》,第 256 页。看一看这种情况是有趣的:在 1906 年以前的 25 年中,世界上吃小麦的人口不及生产小麦的地区增长得那么快。在这一时期的开始,每百英亩的小麦有 283 人,这些人或多或少是吃小麦的,而在 1906 年,在同一地区有 264 个这样的人(《农业统计》,3832 止,第 XVI 卷,第四部分)。

② 贝弗里奇:《失业问题》,第 I 章。

③ 斯坦普提供的 1914 年的人均收入如下(《皇家学会统计杂志》,第 LXXXII 卷,第 491 页)。

	英镑		英镑
美国	72	奥匈帝国	21
英国	50	西班牙	11
德国	30	澳大利亚	54
法国	38	加拿大	40
意大利	23	日本	6

这些只是近似数字。最准确的数字——关于英国和澳大利亚的数字——的不准确程度大概不会超过 10%,而最不准确的数字——关于日本的数字——的不准确程度则可能超过 40%。朗特里谈到比利时的工资低于英国。他不把低工资归因于人口过剩,而归因于教育水准低、效率低与生产率程度低,归因于只有一小部分工人从事高级产品的生产,并归因于工会的软弱无能(《土地与劳动》,第 75 页及以后)。

在任何时候和任何国家，不管人口是稳定的抑或出现一定的增长率，都是可取的。显然，在许多不同条件下都可以引起人口的增长。（高出生率和高死亡率可能同低出生率与低死亡率产生相同的增长率。）人们对这些条件研究得很多，研究这些条件不属于本书的范围。但我们应当注意到，就人数和环境的直接影响而论，低出生率和低死亡率比高出生率和高死亡率代表了更加健康的条件，但就质量而论则未必如此。在出生率和死亡率之间存在着一定的关联，但是人们往往加以夸大了。例如，在日本，最近出现了出生率减少、死亡率增长的趋势。我们有必要当心这样全面的概括，即认为高出生率意味着高死亡率，反之亦然。还应当注意到，不同的欧洲国家以极其不同的方式实现了出生率的降低。在英国，整个国家的出生率都降低了；而在德国，出生率的降低则几乎完全限于城市。[①]

但这里的讨论只限于一般的原理，对这类性质的问题我们不能进一步加以深究。我们已经看到，邻近国家之间在接近于最令人满意人数的进度方面的微小波动，即使不能产生也可以增加各国之间的摩擦。我们在这里还可以进一步看到，只有当涉及不同民族时才会产生这样的后果。当一个地区里居住着一个民族，而这个地区的某一部分（如郊区）变得人口不足时，人口会从其他地区流入这个地区，在这个例证上是从乡村流到郊区。但当一个国家趋于人口不足，而邻近的国家趋于人口过剩时，人口的流动却极少，调整也极少。各种各样的困难，有些是法律的，还有些是感情

① 纽斯霍尔姆与史蒂文森，前引书，第55页。

上的，阻止人口向人烟相对不稠密的国家流动。但是总还会发生一些流动。比如1911年在法国的外国居民为1,132,696人。[①] 但这一移民在把人口提高到在经济上显然是可取的水平方面只起到了很小的作用，并因此而加剧了德国和法国之间的紧张局面。

在一些“新的”国家，存在着特殊的条件。不能以判断长久以来就有居民的国家的同样方式来判断这些国家的情况。这些国家的占领只能按照一定的步骤进行，如果占领的进度快些，就会发生相对人口过剩的特殊情况。人们有理由认为，在这些国家当中有许多国家的人口增长并没有达到应有的速度，因而事实上存在着相对人口不足的情况。

五

这就使得我们要对当前使用的限制人口增长的方法加以讨论。显然，一些方法是必要的。即使认为人口增长好，但主张尽可能快地增长也可能是不可取的。因此，这个问题就落在那些不赞成一些方法而建议采取别的方法的人的身上。但劝止男人和女人不采取某些方法的那些人却极少面对这一问题。不看整个问题而试图对其中一些问题提出意见，是应当受到强烈的反对的。[②]

堕胎在各方面都受到了谴责，因此，限制家庭扩大的方法就只

① 勒鲁瓦-博利厄：《人口问题》，第55页。

② 爱尔兰一些地方的高出生率——据说是由于罗马天主教会不鼓励使用避孕方法的影响——可能导致人口过剩。

剩下晚婚、限制夫妇之间性交和使用避孕方法了。关于青春期之后一定时期的晚婚可以谈得很多。完成应受的教育、在选择伴侣和担当起组织家庭所应负的责任之前取得一定的生活经验，显然是可取的。但是，为了使晚婚行之有效，所要求的平均结婚年龄应当很晚，从而产生了许多不良后果。下述情况似乎是肯定的：不仅在现在的条件之下，几乎在我们所能描绘的社会生活的任何条件之下，晚婚必然伴随以手淫和不良性习惯，这几乎使每个人都同声悲叹。除了这个几乎压倒一切的反对晚婚的论证以外，还有许多其他反对意见。父母超过一定年岁，总的来说对孩子不是件好事。[①] 根据下述理论可以有力地提出许多反对晚婚的主张：在一定的年龄之后，独身者的观点和习惯变化很大，以致他们不适于教养儿童。极少有人主张晚婚是唯一的方法，所以我们可以撇开这一问题不谈。

关于限制性交，最重要的问题是究竟能否有效。对于单靠这种方法来限制人口增长的建议，人们不免对其颇为怀疑。实行晚婚可能是有效的，因为性欲可以在婚姻之外得到满足。戒绝性交意味着性欲得不到满足；因此大概只有伴随以手淫，戒绝性交才能有效，而手淫我们已经一致认为是不可取的。除此之外，还有以戒绝性交的不良心理后果为基础的反对这一方法的一些强有力的论证。事实上，如果一种婚姻制度不能实现其作为结婚要达到的肉体上的目的，那么，大概人们很少可能认为它是能令人满意的。

---

① 比如，罗马发现年纪大些的父母所生的孩子比年纪轻些的父母所生的孩子要性情忧郁些。

因此,我们就得谈到避孕方法的使用。我们可以简略地看看这个问题的两方面——伦理的和生理的。一切宗教团体——只要人们能够发现它们的意见——都强烈反对这一方法,[①]这是明显的事实。这种反对意见基于许多理由,其中最显著的是,这种方法允许甚至鼓励自我放纵。关心文明进展与衰退的原因的那些人,必然会感受到反对鼓励自我放纵习惯传播的任何论证的力量。但人们可以提出,任何肉体功能的正常运用是不能叫作自我放纵的。在肉体欲望的满足方面有个中点,它的一边是自我放纵,另一边是苦行主义。对那些因这些方法鼓励自我放纵而不赞成的人来说,是否事实上就是要求过苦行生活,这倒是个问题。作为自我锻炼的形式,倒是有很多苦行措施可以介绍,但那是另一问题。事实是,使用避孕法的未必就鼓励自我放纵。这些方法使正常功能的运用成为可能,未必就导致其过分使用。这一反对意见似乎毫无疑问是对这些方法的最确实的反对意见。其他的反对意见,总的说来与其说是伦理的性质,不如说是宗教的性质,这就超出了本书要讨论的范围。[②]

这个问题,除了伦理的一面以外,还有生理的一面。有好几种方法被用以阻止怀孕。知道其中哪种方法可以使用而不会造成健康不良,这是极其重要的问题。对这一点人们所知甚少,而且意见分歧就不用多说了。

① 《逐渐下降的出生率》,第63页。

② 在《人口问题和血统》这本书里,作者充分而公正地阐述了赞成和反对的理由,第44—48页。

提倡任何具体的避孕方法不是本书的目的所在。[①] 这里只打算说明当前整个问题的数量方面发生了什么问题。人们可以说，就限制人口的方法问题取得某种一致的意见是好的。人们不仅要解决他们将限制人口到何等程度的问题，而且还要解决他们将如何去限制人口的问题。

六

现在我们可以看看另一些问题。这些问题，如果在本书这一部分加以讨论，在这里引进最为方便。这些问题与人口问题的数量方面没有直接关系，它们的重要意义主要在于对质量方面的影响。

今天，出生率在人口的某些部分中比在其他部分中为高，这是大家所熟悉的事实。我们有理由认为，一些文明古国的情况也是如此——显著的是罗马。我们可以首先看事实，然后再找原因。许多调查工作已经表明，在较低的社会等级中存在较高的生育率。赫伦发现在生育率和表明较低社会等级的那些条件，诸如每千个居民中的当铺主数、童工数、贫穷现象、过度拥挤以及其他的贫穷和缺乏文化的迹象之间，存在着高的平均相关系数。[②] 差别出生

① 我个人同意圣保罗学院院长关于这一问题的意见。谈到使用这些方法，他说："这似乎是不得已而采用的手段，清高的人如果能够自己克制就会避免使用它。凡是损伤圣保罗所要求我们看作生活上亲密的东西，即'神圣化与荣誉'这种感情的东西，凡是渎污结婚之爱这种神圣的东西，迄今都是一种罪恶。这显然是每个男女必须自行判断的问题，而且一定不要去判断别人。"(《直言不讳的随笔》，第 74 页)

② 赫伦：《德雷珀公司研究报告》，第一期，1906 年。再参看史蒂文森，前引书。

率能否导致对第二代人数的差别贡献，决定于有没有差别的生存率，如果有的话，这个差别生存率又不知能否补偿差别出生率。下面引自全国出生率委员会报告的摘录可以说明这一点。所使用的资料是英格兰与威尔士中央登记处处长提供的。材料提出了根据父亲职业分类的1911年出生的儿童数。情况如下：

"按照我们的社会等级的递降次序安排划分的组别：

社会阶级	五十五岁以下的每一千个已婚男人生育的儿童数
上等与中等阶级	119
中间的	132
技术工人	153
半技术工人	158
非技术工人	213

在这些组别中，还提供了出生后第一年的死亡率，按照相同的次序为76.4、106.4、112.7、121.5、152.5。但是，如果我们以1与死亡率之间的差值，即第一年的剩余率来乘出生率，结果有效出生率仍按相同的次序排列，经过头十二个月的风险之后是110、118、136、139、181。因此，我们得出结论说，较低阶级开始时的较高出生率，没有被较高的儿童死亡率减少得很多，它们的有效出生率仍然高于富有阶级的出生率。没有任何资料允许我们把这一比较延伸到生命的晚年，但同样没有理由设想这样的延伸会改变这种次序。"①

一切可以利用的证据都支持这一结论，即社会地位越高生育

① 《逐渐下降的出生率》，第9页。

率越低，并且这种开始的差别没有被随后的差别死亡率所消除。这不仅在英国显然是事实，在经济情况类似的其他国家也如此，并且这是比较晚近的现象。[①]

七

在寻找人口各个部分之间这种差别增长的原因时，我们必须记住，根据上一章所说，我们认为一个国家整个人口的情况是受经济因素所制约的。如人口有所增长，我们认为这一增长会接近于经济情况所需求的那种增长，以便取得每个人应有的最大收入。因此，一般说来，除了最低阶级以外，我们在工业人口大众中所看到的情况接近于经济所需求的情况；但从经济角度来判断，可能的情况是，最低阶级的增长是过多了，而较高社会阶级的增长也许是太少了。想起上等阶级的较低出生率可能不完全由于接近经济的要求，却可能表明未能按照经济形势以调整人口的增长，我们在这里必须探讨一下引起较低出生率的诸因素。

在引起这些阶级的低生育率的诸因素中，同教育的差别和取得最大限度工资的年龄相关的那些因素最为重要。教育在这些阶级中继续很多年，当工业各阶级的人赚到几乎是他们将来一辈子才够赚到的最大限度工资的时候，这些阶级还在学习。即使受完

① 这在印度也可以看得出来（瓦塔尔《印度人口问题》，第 24 页）。人们会记得，根据鲁宾的说法，中世纪的后半期在丹麦的极高社会阶级中稍微有些晚婚的趋势；但是，那时自主阶级的婚姻在通常情况下不仅早于现在，而且还早于社会上的低等阶级。

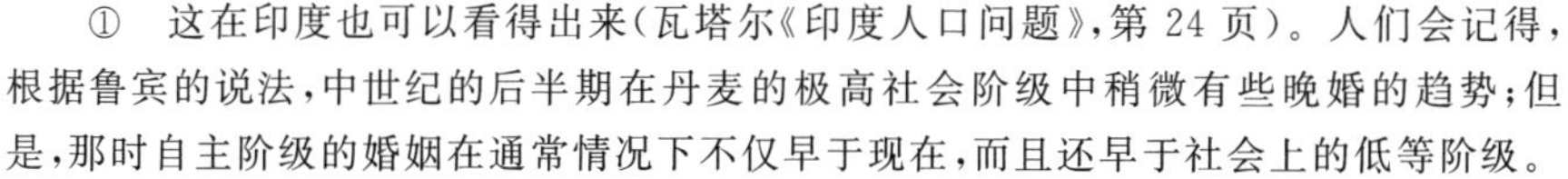

了普通意义上的教育，往往还要继之以一个低工资的时候，或者为了在所选择的职业中取得一个开始而必须支付一笔学费。医生和律师在他们的教育完成之后若干年间极少开始赚钱。即使开始赚钱，在许多年之内也往往收入甚微，而且可能在某些情况下，不到晚年是达不到最大收入的。工业人口的情况则完全不同，很快就达到了最大限度的工资率。因此，不管什么力量可能对工业人口起作用，以上这些附加的力量对职业阶级是起着作用的，这些力量是职业阶级增长率偏低的原因。

还有许多其他因素在同一方向起作用。上等社会阶级的生活比下层社会阶级有更多的方式可以满足消遣、调剂和娱乐的欲望。生活是丰富多彩的。这种情况从两方面对生育率产生影响。上等社会阶级的人结婚时，牵涉到要放弃很多此前追求快乐的机会，比下层阶级要放弃的范围大得多。当一个人结了婚并且“安了家”，他照例要放弃很多从前从中取得乐趣的活动。何况，婚后即使有可能沉醉于丰富多彩的生活所提供的多种乐趣中，那也往往是同教养儿女不相容的。孩子们往往碍事。此外，虽然儿童在下层阶级中不再像工厂法案通过之前那样是经济资产了，但在这些阶级中，有孩子通常被看作是老年不能赚钱时的依靠。而在上等阶级中儿童主要是必须抚养的对象，在任何情况下极少被看作是依靠。[①]

还可以提到很多其他因素，但以上所述已经足够表明差别生育率是怎样可以基本上得到解释的。人们常常指出，上等阶级中

① 在工业阶级中，婚前受孕是普遍的现象。据说许多人大概在他们快要生孩子之前是不愿进行合法婚姻的。这与其说是性道德松弛的证据，不如说是预见并想到老年终将来临的证据，那时如果他们有孩子，或多或少会防止陷于极端贫困的危险。

许多收入稍差的集团收入不足的现象是低出生率的原因。正如经常发生的情况那样，一旦社会风俗习惯迫使这些集团采取所谓较高的生活水准（这一水准只不过是为了维持表面的形式而不增加福利，就要比工业阶级多花钱），这种看法就是很有根据的。但是，当把这种看法引申到，比方说，每年所得为600—1,000英镑的集团时，人们就不能同意收入是真正不足了。在这种情况下，只有当物质享受方面有不合理的开支，才会感到不足。不能对某人说他不能维持一个大家庭，因为他若要维持一个大家庭就不能拥有一辆小汽车；而只能说，那辆汽车对他的职业来说是不必要的。

八

这种差别生育率也发生于人口因素没有英国那么纯粹的国家，从而在另一方面具有重要意义。不管我们设想人口因素之间的差别是由于遗传的性状还是由于各种各样的社会传统（这是以后要讨论的一个问题），各种因素的比例变化将具有很重大的意义。希尔研究了美国的这个问题，根据他的资料，45岁以下土生白人妇女不生小孩的比例为13.1%，而外国移民的这一比例为5.7%。土生已婚白人妇女的平均生育儿童数是2.7，而外国移民的同种妇女是4.4。在外国移民妇女之中，已婚英国妇女的平均儿童数是3.4，德国妇女为4.3，意大利妇女为4.9，波兰妇女为6.2。[①]

① 希尔：《美国统计学会丛刊》，第XIII卷，第590页。与此类似的一个问题是与迁入一个新国家的移民中各种民族因素的比例有关的。在1900—1913年间迁入加拿大的移民中，来自英国的约占1/3，来自美国和欧洲大陆的约占2/3。

以上只是引起困难问题的许多国家里存在的一些情况的一个例子。

当同一国家存在像白人和黑人这样种族差别的情况时，相同的问题甚至会以更加重要的形式出现。这一问题在美国和南非比在别处具有更加重要的意义。在南非，黑人的增长速度比白人快。在美国，过去几百年的情况不是如此的；但白人之所以维持住它的相对地位，除了土生白人的人口增长以外，还有白人的移入所形成的人口增长。[①]

九

各国人口相对增长率的问题是有所不同的，这是由许多因素造成的。其中较次要的因素之一是，各国的人口并不同样接近于每个国家的可取人数。主要的因素是每个国家所使用的生产技艺的差别。一些国家的自然资源开发得比其他国家多些，这种情况只是上述事实的引申。俄国所使用的生产技艺赶不上西方国家那么发达。西方方法传播到这个国家，使人口迅速增长成为可能。而同一时期已经使用这些方法的国家，人口增长却只能是缓慢的。这样，只要所有国家的生产技艺知识不是相等的，当知识向比较落后的国家传播时，就注定会出现不同的增长率。[②]

---

① 塔克:《美国的进展》，第 98 页。

② 勒鲁瓦-博利厄估计，如果现在在西欧看到的生产技术扩及全世界，则经济上的可取人口会两三倍于现在的世界人口(《人口问题》，第 174 页)。

这样的变化正在改变世界人口的构成。人们关于欧洲提出以下数字。在所指出的年代，每一千个人中条顿的、罗曼斯（拉丁）的和斯拉夫的因素的比例如下：

	1801	1850	1905
条顿的	375	369	273
罗曼斯的	355	321	251
斯拉夫的	268	310	375

第十三章　质量问题

现在我们讨论人口问题的第二部分，从人口数量的研究转到质量的研究。在第二章和第三章中我们发现生殖是一种必需，并且发现数量问题与质量问题的起源都可以追溯到生殖。在第三章中我们还进一步发现，自然中的动物和植物就质量问题而言，从最广泛的方面来说，情况是简单的。把有机组织的结构变化作为一个整体来观察，我们把它叫作进化，它是由新的世世代代由其产生的物质基础的变化所造成的。这种一长列的有机组织通常具有递增的复杂性，从最简单的类型演化为有理性的人类的直接祖先，因此它的存在应归功于胚种细胞的一长列的变化。

当研究人类的数量问题时，我们研究了对质量也有影响的大量证据，当哪里有需要时这种证据就起到补充的作用，能够使我们对人类的质量变化的重要意义做出某种估计。这就是以下各章的目的。我们必须试着估计人类史可以同自然中各种生物的变化相比较到如何程度——换句话说，人类史在多大程度上是由胚种变化造成的。人类的变化还有其他两种可能的原因——环境的直接影响和传统的影响；为了估计胚种变化的重要意义，也必须研究这两个因素具有何等重要意义。对于其中的一个（即对于传统），我们将有理由认为它具有巨大的重要意义。事实上，在构成历史的基础原因之中，传统最后逐渐比胚种变化更加重要。但传统特别受到人口数量这个因素的深刻影响，因此，就这种影响所及的程度来说，人类史的决定因素仍然是同人口问题分不开的。历史既然不再与质量的变化紧密相关，它的发展就得受到这样一个因素的影响，而这一因素的性质与强度却大部分是由人口的数量所决定的。因此，人类的整个人口问题的两个方面是联结在一起的，这种联结的方式并不存在于自然的各种生物中。

我们打算研究的这个问题将通过下列方式进行。第三章提到了环境对成长或对成长体结构的影响。就自然中的各种生物而论，这一课题将在第十四章加以发挥，研究的结果将在第十五章里应用于人类。第十五章的主题将局限于研究环境对于人类身体上的和精神上的性状的影响。环境作为影响精神性状使用方向的刺激因素问题将留待以后的某一章加以研究。

其次我们要转向研究胚种细胞的变化产生过什么影响的问题。在我们能够获得进展之前，必须探讨哪种性状——身体的和精神的——以胚种细胞为基础，这一课题的研究将占用第十六章。在第十七章和第十八章中我们将探讨，在整个人类史中，关于选择与其他因素有些什么证据，使我们有理由认为这些因素会对人类的普通胚种组织的变化产生影响。这将特别需要分析第七章、第八章和第十章的事实，以便确定这些事实对于选择有什么影响。这样，在对什么是遗传的性状有了某些了解之后，并在讨论了人类史中这样一些因素的发生可能引起遗传性状从一代到另一代的变化之后，我们就可能在第十七章试图估计这些因素（选择和其他因素）对于身体性状所造成的后果。我们将看到，这些性状的情况或多或少是清楚的；也就是说，我们将看到，选择与其他因素的影响，同第十五章讨论的环境影响联系起来考虑，能够使我们基本上理解人类的身体进化是怎样发生的。关于第十八章讨论的精神性状，我们将看到不能以同样方式完成这一任务。我们将对精神性状是如何进化来的得出某种概念，虽然在确定程度方面较之关于身体性状要差得多。但是，对于精神性状的进化在多大程度上说明了我们称之为历史的这个问题仍然没有做出回答。要研究这一问题必须研究环境如何对精神起刺激作用，如何制约精神的使用方向和程度，从而导致传统的建立。在第十九章我们要研究人类智能的性质以及传统的建立和相传的方式。在第二十章我们要研究人类在其中发挥精神活动的环境的性质。这将使我们在第二十一章能够综观历史的主要事实，并对人类智能的变化、环境对于智能的直接影响，以及环境对于这些能力的运用作为一种刺激的影响所分别起的作用等得出某种结论。在结尾的一章里将总结整个研究的成果。

第十四章　环境对动物和植物的影响

一

对环境在动物和植物中所起作用做简短的研究，构成我们下一章将进行的关于人类的相似研究的必要的引论。

第二章曾经谈到受精作用和接合子或受精卵发育为成长体的过程。赫布斯特曾经证明，如果这一发育过程产生出正常的成长体，则必须具备组成正常环境的一切因素。赫布斯特调查了那不勒斯地方的海水的确切成分。[①] 他使用海胆的幼体作为材料。他以多种方式略为改变海水的成分。实验是很详尽的。在发育的每个阶段，他都观察了减少海水——幼体的正常环境——的一种或多种组成成分的结果。詹金森评论这些实验的成果说："不管各种事实的最后解释如何，对海胆幼体的适当成长与演变所绝对必需的发生于普通海水也就是幼体的正常环境里的许多因素，至少已经毫无疑问提供了最完整的说明。这还不是全部情况。其中的一些物质对发育的一部分或一阶段是必需的，另一些物质对另一阶

① 詹金森摘要论述了这些试验(《实验胎生学》，第 141 页及以后)。

段是必需的，有些物质仅在开始时是必需的，而别的物质只在后来才是必需的，比如，钾、镁和某种程度的碱对受精作用具有关键意义，氯和钠对分裂是必需的，钙对于胚节的充分结合是根本的，钾、钙和羟离子是取得生长所必需的内部渗透压力所不可缺少的，而没有硫酸离子和镁则消化管的适当分化与骨骼的适当形成就不可能发生；骨骼的分泌依靠一些硫酸和碱，骨骼需要碳酸钙，纤毛只刺入含钾和镁的碱培养液，肌肉只有当钾和钙出现时才收缩。”①

詹金森总结这些和其他实验时说：“(环境的)每个因素或几乎每个因素对于过程这一或那一阶段或部分都是必需的，有些因素对于整个过程是必需的。一定波长的光将加速发育；另一种光——或者在一些例证上是黑暗——将延缓发育，或者会使发育完全停下来；一定程度的热是不可缺少的；氧是呼吸所必需的；水对于生长是必需的；有些卵要求不断的摇动，其他的卵要求完全静止。受精作用、分裂作用和胚种作用，或发育的某一或其他晚期阶段，可能要绝对依靠某种特殊的化学因素；移去有关的因素，不管它可能是什么因素，那一特殊过程就不会发生，也不会达到正常发育中可以达到的那种特定的典型结局。”②

“正常环境”这个名词意味着什么，这个问题暂时撇开不谈，留待以后讨论。我们现在可以探讨遗传和环境之间的关系。把发育中的有机组织看作是受两种力量的支配，一种力量把它推向一个方向，另一种力量把它推向另一个方向，这是根据完全错误的理论

① 詹金森：《实验胎生学》，第151页。

② 同上书，第157页。

来观察这一问题。正如上面提供的证据所清楚表明的，遗传与环境是彼此互为补充的。没有胚种组织就不可能出现有机组织；没有适当的刺激，有机组织就不可能发育。同样，说到两种因素的相对重要性也是会引起误解的，除非给名词规定出很明确的定义。要了解慎重的定义是必要的，只要记住下述情况就行了。因为，除了无血的细菌以外，一切有机组织都需要游离氧，环境可能因而被认为是非常重要的。但是，我们这里不涉及要谈论两种因素的相对重要性的情况；我们只需注意到它们根本上是相互补充的。

二

现在我们应当看到，正如正常的成长体只在正常的刺激之下才能发育起来，实验中引进的特殊刺激可能跟着出现形式上和生命周期上从最极端的变化到最不重要的变化的各种结果。我们可以看一看人们所进行的数目众多的实验中少数实验的结果。就植物而论，业已证明，“每个发育阶段都依靠特殊的外部条件，并且在我们占有充分知识的情况下，可以任意取得一个特殊阶段。绿藻类就像菌类一样，我们可以把它们发育的阶段划分为纯粹的蔬菜生长阶段（生长、细胞分裂、长枝）、无性生殖阶段（游走芽孢的形成，分生孢子）和性的过程（雄性和雌性的性器官的形成）。通过变更外部条件，可能导致藻类和菌类……一连几年继续在生长，或在几天的过程中，在大量生产无性细胞和有性细胞之后就死亡了。在一些例证中，甚至可以造成几乎完全停止生长的情况，因为在有机体再度被迫进行生殖之前是极少形成生殖细胞的。此外，还可以根据我们的愿望变更不同的发育阶段的次序”①。

另外一类实验表明，簇叶苗可以转变为纤匐枝或发生与此相反的转变。例如，在高温的影响之下，导致土豆的生长管形成簇叶枝，那是可能的。植物从一种环境转到另一种环境，往往跟着发生显著的变化。例如，麦克劳德说，生长着穿透圆孔的大叶的一种黄檗树，许多年来种植在根特植物园的温室里，这个温室是比较凉爽而又干燥的。结果人们发现圆孔很少了；有时在标本的叶子上连一个圆孔都找不到。在其他方面，这些植物是健康的。以后这种植物被转移到一个温暖而潮湿的温室里，几个月之后，人们就看到叶子上长了很多的孔。② 邦尼尔对蒲公英进行了一些极其有趣的观察。他发现，当把这种植物种在比利牛斯山上海拔高的地方，它就会长出很短的茎，生着多毛而黑绿的叶子和密集的花。而把从生长在海拔高处的这种植物搜集来的种子播在巴黎附近，三年之后就长出很长的茎，叶子毛少而较光泽，换句话说，所长出的植物同在巴黎附近得到的种子生长起来的植物很相似。平原植物生长在海拔高的地方在一定的时间内就发生了变异，高原植物生长在平原地区在一定时间内也会发生变异；当把这些植物迁回到原来的水土上，③其变异的消失也需要经历大致同样长的时间。同样，“舒伯勒把各种植物的种子种在挪威的不同纬度的土地上，证明花的光泽随着纬度而增加。其差别是如此之大，以致人们难以想象

① 克莱布斯：“环境的影响”，见《达尔文主义与现代科学》，第 227 页。

② 麦克劳德：《数量方法》，第 12 页。

③ 弗农：《动物和植物的变异》，第 312 页。

它们是从同一批种子生长起来的”[①]。波达格进行了欧洲梨树移植到留尼汪的观察。这些树失去了它们脱叶的习惯，变得四季常青，虽然在一些情况下需要二十年才能完成这种变化。[②] 最后，红樱草“栽培在30—35摄氏度的气温中（要潮湿和阴凉），开纯白的花；但同一植物栽培在15—20摄氏度的气温中，却开红花。如果结白花的棵株被移到较凉的地方，已经盛开的花仍然是白的；但在较凉的气温中，后开的花颜色是红的”。[③]

我们也应当注意关于发育中动物的一些实验的结果。斯托卡德用鳉鱼做实验。他把开始分裂前的卵和已经达到两个细胞与四个细胞阶段的卵放进带有镁盐溶液的海水里。多数胎儿的眼睛是不正常的。[④]。“在一长串的实验中费雷证明，把鸡蛋放到各种各样物质的不利影响之下，就可以产生许多畸形。醚、酒精、主要油类、尼古丁、水银和磷的气体，像吗啡、尼古丁、蕃丁鳖碱和其他之类的注射液，细菌毒素（结核和白喉等细菌毒素）注射液，胨、葡萄糖和甘油注射液，几种酒精，一些盐……都是有害的，会在不同程度上延缓和干扰胎儿的发育。”[⑤]许多实验表明，食物、温度和湿度的差别会对发育的有机组织产生影响。艾加对老年低额这种小水蚤进行了一些实验。这种动物包在由两瓣组成的壳里，有点像蚝。在正常情况下两瓣的边缘几乎是合上的，如果对这个动物进行横

① 弗农引自亨斯洛，见《动物和植物的变异》。

② 汤姆森：《动物生活》，第407页。

③ 摩根：《孟德尔遗传的机构》，第38页。

④ 斯托卡德：《实验动物杂志》，第Ⅵ卷，第334页。

⑤ 詹金森：《实验胎生学》，第132页。

切，则包在两瓣里边的身体的形状是椭圆形的。当食物按照一定方式改变时，艾加发现两瓣的边缘是向外翻的，进行横切时身体的形状不再是椭圆形而像钟形了。他还发现，把它放在高温里，它的长度就缩减了。[①] 托尔用甲虫做实验，发现气温和湿度的变化能够改变它的颜色和颜色的花样。[②] 同样，摩根表明，在潮湿的环境中，一种果蝇的腹部呈现特殊的构造；在干燥的条件下培养时，这种不正常的现象就消失了。[③] 波尔顿用蛾的幼虫进行实验，取得了一些显著的成果。“幼虫被它们所吃的叶子所包围，大多数变成浅褐色或浅灰色。但是，如果很多的树林同食物植物的叶子混杂在一起，它们的颜色就变暗了。胡椒蛾提供一切蛾中最显著的成果，因为在绿叶和绿枝丛中培养时，它们毫无例外地变成绿得发亮，而在深褐色树枝丛中培养时，它们则几乎都呈现相应的颜色。”[④]

一位日本实验家让老鼠做运动 90—180 天；他发现这种长期继续不断的运动显著增加了心脏、肾脏和其他器官的重量，平均大约增加 20%。以谷物喂鸥一年，它的胃长厚了，据说这种变化发生于青鱼鸥身上，它们冬天吃鱼，夏天吃谷物。与此相反，如果草食鸟类被喂以肉类食物，则砂囊将形成肉食鸟类的胃的形式。卡维尔发现野猪的肠子的长度是身长的 9 倍，而家猪则为身长的

① 艾加：《皇家协会哲学报告书》，第二辑，第 319 页。

② 托尔：《进化的研究》，第 168 页及以后。

③ 摩根：《家族与家庭生活》，第 39 页。

④ 弗农：《动物和植物的变异》，第 219 页。

13.5倍，这种差别大概部分是因所吃的东西不同所致。[①] 鸟的羽毛的颜色也受到所吃的东西的影响。大麻籽使红腹灰雀和其他的鸟变成黑色。辣椒使黄色变成橘红。纽约动物园业已证明，有些鸟，如食米鸟，可以变更它们的饲料，使其整年羽毛不退，并在仲冬时节唱春天的歌。[②] 沃伦把水蚤属的水蚤的许多代都放在有限的面积里，从而产生了显著的变化。"森珀和得·瓦利尼发现，当把淡水蜗牛养在给它们以充分的水量，但给以极小的面积，使它们无法运动的容器中时，它们就发育为矮小的形态了。在培养过程中要十分注意给以充分的食物，通气完善，一切废物彻底清除。得·瓦利尼的实验特别仔细，得出了令人信服的结论：造成矮小的条件是有限的运动面积。"最后还应当记住，正如众所周知的，寄生物可能导致寄主的显著变化。

三

根据第三章所述，必然的结论是，刚才描述的人为的不正常刺激，其结果会作为下述事实的例证而得到解释，即相同的或接近相同的胚种组织对不同的刺激产生不同的反应。但是，单靠人为的条件所造成的结果是看不出这种性质的大的和明显的变化的。许多种生物在正常情况下遭遇周围环境或多或少是固定的和突然的

① 弗农：《动物和植物的变异》，第294页。

② 汤姆森：《动物生活》，第391页。在达尔文所检查的三多港兔子这个例证上，据发现，颜色的变化是由于环境。

变化，其中一些种生物对这类变化表现出或多或少确定的反应。这在固着的有机组织方面特别明显，它们的外形显然被环境所改变。因此，"当水毛茛属在水池的水面下生长的时候，长出的叶片分裂为许多像细线似的叶子。一旦这棵植物的尖部达到水面，刚刚开始生长但还没有发育完全的叶子却按照完全不同的形状长了出来。它们所长的叶子是宽而没尖的叶片，在水面上漂浮。这两套叶子在外形上完全不一样可谓尽其差异之能事。外部条件对没有发育完全的幼叶的影响决定着将出现哪一类叶子"①。

在自由生活的有机组织的生活史中也可以找到一些例子。普通的蜜蜂就提供了一个例子。众所周知，蜂王的形状同工蜂显著不同。蜂王和工蜂都是从受精卵发育出来的。任何一个受精卵究竟发育为蜂王还是工蜂，看来完全决定于环境。首先，发育为蜂王的幼虫所接受的食物同发育为工蜂的幼虫所接受的食物不同，想来自是更加富有营养的食物；其次，前者所栖息的蜂巢同后者所栖息的蜂巢在大小和形状方面都有所不同。植物蚤（蚜虫属）的生活史提供了另一个例子。在一年当中的一些季节里会出现生翅的形式。人们长久以来就认为，生翅形式的出现决定于某种环境刺激。辛吉的工作实际上肯定了这种想法，他证明蚜虫养在灌有某种溶液的植物上，几乎毫无例外地会生翅。②

在哺乳动物中，旅鼠、松鸡属和各种野兔生长冬季皮毛是一种相类似的现象。约翰·罗斯爵士告诉我们，他在他的船上如何把

① 洛克：《近来的进展》，第317页。

② 辛吉：《蚜虫翅的发育》，见《生物学公报》，第XXXV卷。

哈得孙湾旅鼠放在房间里以免它受寒，使旅鼠在冬天保持它正常的夏季皮毛。当把它放在笼子里暴露在摄氏零下三十度的甲板上，第一天晚上两腮上的毛和两肩上的一块毛就变成纯白的了。经过又一天的暴露之后，"两肩上的那块白毛扩展得很大，身体的后部和腹部两侧变成暗白色……一周之后，除了贯串于两肩并由后背中间向身体后部延伸的那条毛带以外，全都是白的了"。①

驴骡和马骡之间的差别提供了环境在胚胎期间具有重要性的奇特例子。前者是种马和母驴之间杂交的产儿，后者是公驴和母马之间杂交的产儿。人们有一切理由相信，这不是马的祖先在一种情况下通过父亲溯源，而在另一种情况下通过母亲溯源所引起的差别；这种差别只能归因于在一种情况下出生前是在一个种类的母亲的肚子里度过的，而在另一种情况下则是在另一个种类的母亲的肚子里度过的。

四

我们现在能够讨论"正常环境"这个名词意味着什么了。自然中各种生物所遭受的环境刺激的变化，有一个或多或少确定的幅度。各种生物之间这种幅度可能差别很大，但对任何一种生物来说，是大致不变的。只要变化在这个幅度之内，就可以说环境是正常的。这样的变化将在类似的胚种组织方面相应发生不同的反应，而且在正常环境下，任何种生物的成员的变异都是环境的差别

① 弗农：《动物和植物的变异》，第242页。

和胚种组织的差别相结合所引起的。在自然中,有机组织不时遭受超越正常幅度之外的环境刺激的变化,从而产生同实验上导致的变异类似的极端后天变异。因此,格米尔在检查大量鱼胚胎时,发现了一些独眼的畸形,同斯托卡德通过实验所得到的那些独眼鱼很相似。[①]

其次应当注意到,对正常环境的差别所做出的反应的程度,在固着的有机组织和自由活动的有机组织之间存在着显著的差别。前者对于差别敏感得多——至少对某些差别是这样。例如,固着的有机组织彼此在形式上差别很大,而这种变异据了解主要是由环境刺激的差别造成的。自由活动的有机组织不按照这种方式发生差别。其理由是相当清楚的。一切种类的生物都适应其在自然中一个特殊的小生境,前者的适应方式必然采取对周围条件敏感的形式。而自由活动的有机组织通过它们的特定方式适应于它们在自然中的小生境,为了可以达到并维持这一形式,它们必须表现出对周围条件的相对缺乏敏感性。

五

自然中各种生物的情况的主要特征现在相当清楚了。通过外向检查不可能确定究竟哪个特征属于后天变异性质或突变性质。但我们知道固着有机组织的外形大部分属于后天变异性质,而在

① 格米尔:《鱼类的畸形学》,第 44 页。格米尔认为他所发现的独眼鱼之所以形成,环境只是部分原因。

自由活动的有机组织中后天变异所起的作用要小得多。自由活动的有机组织是我们更为关心的,因为它们的条件同人类存在的条件是具有可比性。关于自然中个别种类生物的一些特征人们进行过很多次计量,例如,艾伦关于松鼠的计量和费顿关于普通小虾的计量。虽然按照常理,我们有理由怀疑记载上的变异在多大程度上属于后天变异的性质,但我们得不出确定的答案。人们对于自然中若干种生物的成员进行的观察表明,其中一些成员经受的条件同另一些成员经受的条件有差别。这种观察对于我们现在的目的更有帮助。例如,从热带到温带都有虎。热带虎的皮毛同温带虎的皮毛有所差别。可能这些差别纯粹是环境所造成的。还有,冷水中一种海产软体动物同水温较暖的同种动物的其他成员相比,也表现出差别。这些差别可能又纯粹是由环境造成的。近年来,在某种生物扩散到新的环境的一些例证中,人们发现变异的程度增加了。邦珀斯发现普通麻雀的卵在美国比在英国更加变异,[①]人们还注意到普通玉黍螺的变异在美洲比在英国要大些——这两种生物都是近年来传到美洲的。[②] 看看下面这一点也是有趣的。蒙哥马利发现候鸟比非候鸟的变异大,而迁徙幅度最大的那类候鸟变异最大。[③] 虽然在这一问题经过实验的检验之前,对这些差别的性质不能有所肯定,不过也许这些差别至少有一部分是属于环境性的。这样的观察有助于表明,对自然中自由生

① 弗农:《动物和植物的变异》,第 213 页。

② 同样,蜗牛有一种具有薄壳的变种,在石灰质稀薄的地方可以找到。

③ 弗农:《动物和植物的变异》,第 261 页。

活的动物，我们不能不把它们的变化归因于后天变异的重要程度。还必须记住，脱离环境刺激变异的正常幅度是极常见的，或多或少的极端后天变异也的确发生过，例如，寄生虫的袭击所产生的后果。

最后，我们可以进一步探讨当环境变迁时会发生什么情况。如果进行这一研究，会使我们越出这一章要讨论的范围。但是，谈谈这一问题有助于或多或少地更加弄清楚自然中的某种生物同它的环境之间的关系。环境的变迁可能或者由于某种生物的一些或所有成员迁入环境有所差别的地方，或者由于本地区的环境确实发生了变化。如果变化的确显著，胚种组织对新的条件就会有不同的反应。假设吃的东西变化了，一种鸟的一些成员从前靠吃鱼生存，而现在开始吃谷物了。这将产生不同的反应，即胃将具有不同的形式。但旧的胚种组织对新的条件提供最好的反应是极不可能的。几乎可以肯定，某种不同类型的胚种组织将对新的条件提供最好的反应，换句话说，就是这样一种胚种组织：它能产生最适于消化谷物的胃结构。因此，如果发生胚种组织改变类型这样的突变，它将得到好处，并按照这种方式形成一个新的变种或最后一个新的种类。因此应当记住，虽然胚种组织在某种程度上能对环境刺激做出不同的反应，但要任何普通类型的胚种组织能对这种生物从未经受过的其他环境做出最好的反应，这是极不可能的。所以，不能由此得出这样的结论：由于胚种组织的反应是多种多样的，当环境变化时就没有什么因素促使胚种组织发生变化。

总结以上所述，我们必须认为每种生物都生活在或多或少显然限定的环境之下，这种环境是由很多因素构成的；不管这些因素

的变异或大或小，总有一个一般情况，对于这种一般情况，一定类型的胚种组织可以做出最好的反应。如果自由生活的动物是成长体，胚种组织对脱离常规的普通变异就不能立即做出反应，当然，必须记住，像寄生虫造成的极端影响可能引起显著的反作用。还必须永远记住，发育期间所有动物和植物对环境变化都特别敏感。我们在自然中看到的差别在多大程度上是后天变异，多大程度上是突变，不可能做出任何精确的说明。我们只能说环境在产生后天变异上所起的作用，对自由生活的动物比对固着的动物和植物，总的说来要小一些。

第十五章　环境对人类的影响

一

现在已经为研究环境对人类的影响扫清道路了。人类的祖先同环境的关系必然和任何野生生物同它的环境之间的关系是相同的。人类在历史发展过程中摆脱了这一地位，他同环境的关系逐渐与所描述的动物和植物同环境的关系已经大不相同了，我们也就不再能谈论正常的环境。这种情况的产生不是因为人类和其他有机组织不受相同法则的支配，而是因为人类同环境的关系在许多方面已经改变了。

正常环境这个概念涉及这样的观念，即尽管组成环境的各种因素可以变化很大，但这些因素的变化总有某种或多或少清楚规定的界限。就某种意义而言，这种情况对人类仍然如故；但人类环境的变化在程度上和种类上要大得多，以致文明民族存在的条件与任何野生生物存在的条件之间存在明显的区别。让我们看一看究竟发生了什么情况。显而易见的是人类改变了环境的各个方面，不仅对我们可以叫作的外部条件，而且对营养以及对我们的习俗这个名称加以概括的各种风俗与习惯，都加以改变了。外部条件的最显著变化是与人类分布到每个大陆的每个角落有关的那些变化。人类越来越多地经受极端的热与冷、潮湿与干燥，经受气压和形成气候的一切极端情况。此外，还有很大数量的人为影响，如针对气候所采取的各种各样的保护方法，众所周知的各式各样的房屋，涉及各种程度的使新鲜空气流通的设备，还有几乎无限多样化的服装——这一切变化都有可能影响精神性状和身体性状的发育。人类聚居于城市，受到烟雾、噪音和震动等的袭击。现代工业条件会使工人遇到各种各样的环境。人类吃的东西同样变得多种多样。食物的烹调是一种革新，它涉及影响消化器官各因素的巨大变化。人类以无数的动物和植物作为食物。大概比人类食物的变化更加重要的是人类饮料的变化，在习惯这个项目之下出现像阅读、洗涤、抽烟和修面等种种习惯。各种各样的职业带来了各种程度的肌肉活动或者导致肌肉活动减少到接近于零。乘骑的方式和安坐的方式也多种多样。最后，疾病的流行引来了对精神性状和身体性状具有深刻影响的另一因素。

这一环境变化是渐变的，最初是缓慢的，后来速度递增。时至今日，住在同一城市的四个人中就有一个人可能从事不做体力劳动的职员工作，另一个人可能在纺纱厂工作，那里是高温而又潮湿的，第三个人可能在矿井的半黑暗状态中从事重体力劳动，矿里空气弥漫着一种特殊的灰尘，第四个人可能在船上工作，遭受大西洋上的种种严峻考验。在这些差别之外，还可以补充吃肉者与吃素者、吸烟者与不吸烟者、喝酒者与戒酒者等之间的种种差别。把现代人类的环境变化同自然中任何一种生物的环境变化做个比较，就会弄清楚为什么上面说人类同环境的关系与自然中任何一种生物同环境的关系是显然不同的。

我们在这一章里将研究环境对生命的物质基础的影响；换句话说，我们将关心环境作为胚种组织的补充手段所起的作用。这一讨论将仅关注起作用的那些因素，关于环境的可能影响就不必去谈论了。根据另外两个角度，环境也是重要的，作为选择的一个因素，将在第十七章和第十八章里研究环境；作为精神过程的主题，如果可以这样说的话，将在第十九章和第二十章里研究环境。区分后一方面的环境影响同我们在这一章里研究的环境影响的意义，是极其重要的。这一课题的许多著作由于没能做到这一点而不无缺陷。

研究环境对于人类的影响，区别身体性状和精神性状将会带来方便。精神性状可以在智慧、倾向和气质这些项目之下加以研究。但必须懂得，这只是为了我们当前目的的方便而加以区分的，它并不基于也不意味着任何根本的区别。精神性状（比如社交的本能）和身体性状（比如头的形状）对我们的目的来说，只是一定的刺激对一定的胚种组织的作用所产生的性状。

二

总的说来，人们关于环境对于人类的影响所知极少，这是出乎意料的。我们大多数人得出结论必须依靠观察，而观察是同实验有差别的。虽然人们进行了少数实验，有些是有意进行的，其他是偶然进行的；但如果我们只是继续进行关于一种海产软体动物的体积变化、虎的皮毛的变化以及麻雀和玉黍螺传入美洲之后的变化等所引证的观察，那么在大多数情况下，我们关于环境对人类影响的知识和对其他动物的知识就是一样的。虽然这样的观察对环境所起的作用可以有力地暗示一些结论，但不能得出任何确定的或精确的结论。

我们可以首先研究与特殊因素如运动和气候的影响有关的一些证据。我们可以不考虑有意导致的极端后天变异那些罕见例证，就像通过压力扭歪头或脚的形状。这些极端的后天变异接近于像切断手关节或拔掉门牙这样的损伤。

众所周知，运动对肌肉的发育有很大影响，对每个人来说都有一个明确限度，超过了它运动就不会产生进一步的效果，这也是众所周知的。虽然运动对其他器官有很大影响，特别是对一些内脏器官，但也许运动对肌肉的影响不仅比对其他系统的器官影响更大，而且相对地说，运动对肌肉的影响比我们将研究的任何其他因素——疾病除外——对任何器官的影响，如果不是大些，至少也是一样大。由于运动量的差别，现代社会中人的体格发育相差很大；由于这种变异，职员和铁匠有所差别，不管是否还有胚种的差别。同样，由于习惯上的差别，一个民族的人同另一个民族的人也有所差别。例如，达尔文提到帕亚瓜印第安人的细腿粗胳膊，因为他们把生活的大部分时间消耗在独木舟上。[①] 可以肯定，所有这些身体上的差别不是由于胚种的差别，以使用的形式形成的这种环境是造成这种差别的部分原因。在采取不平常蹲坐方式的民族中可以看到一些特征，其情形是类似的。

① 达尔文：《人类起源》，第 33 页。

关于使用对精神性状的影响所知极少。毫无疑问，智慧由于使用而发展；但是，也许通过教育所取得的思想方法增加了官能的效率，这一结果被误解为使用的影响，从而智慧通过使用而发展的程度在一般估价中易于被夸大。工人教育协会的经验表明，使用的影响是不大的。这一机关对青年时代受到极少智力锻炼的很多中年人讲授高深课程。看来他们的智力强度并不比假使他们曾经受过大学教育差很多。似乎至少能够肯定，现在存在于英国各种职业和阶级之间使用量的差别，在通常情况下对精神性状比对身体性状的影响少些。例如，假设有两个智慧相等的人，其中一人受到当代最好的教育锻炼，而另一个人受到提供给工人阶级的锻炼，训练结束时，他们之间智力强度的差别，不会像一个人受过体育锻炼而另一个人没有受过体育锻炼的两个人之间的体力差别那样大。

三

在环境变化之后，常常看到身体上相应发生变化，不过，如果变化是复杂的，往往不可能说出这些变化是同环境的哪些特征有关。比如，"英国协会的人类学委员会很久以前就证明各工厂法案的有利影响，它们拯救少年儿童于每日劳苦的困境。1873 年九岁儿童的高度与重量等于 1833 年十岁儿童的高度与重量"[①]。

据了解 19 世纪欧洲一些国家的人民身材增高了。索伦·汉

① 米切尔：《进化与战争》，第 47 页。

森关于丹麦提供了以下数字：[①]

1852—1856	平均身高 165.42 厘米
1879—1888	平均身高 167.78 厘米
1891—1900	平均身高 168.43 厘米
1904—1905	平均身高 169.11 厘米

同样，荷兰人的身高从 1866 年的 165.5 厘米增加到 1883 年的 167 厘米和 1899 年的 168 厘米。人们提出许多理由来说明这一显著的增长，比如较高的生活水准、人们所知道的妨碍长高的疾病的减少以及家庭中较少的儿童数。这最后一个因素在今天的确具有重要意义。尤尔特根据在一个英国制造业城市所进行的一些观察总结说，出生期间距离多于两年的儿童，比期间距离较短生下来的儿童，平均高三英寸，重三磅。[②] 在收入少的家庭，儿童越少，环境条件就越有利，这是一个公正的设想。

生活在贫瘠的自然环境里的人体质差，往往被认为至少部分是由于困难条件导致的后天变异所造成的。体质差在自然环境显著贫困的一些欧洲地区是可以看得到的，例如，法国从利摩日到佩里格之间的地区。如果事实如此，其原因要从气候差别中去寻找，也要从其他差别中去寻找，而这些差别和在同一国家里照看好的和照看不好的儿童之间存在的那些差别是更可直接加以比较的。

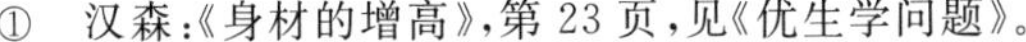

① 汉森：《身材的增高》，第 23 页，见《优生学问题》。

② 尤尔特：《父母年龄对儿女的影响》，见《优生学评论》，第Ⅲ卷。

四

气候对于人类的影响长期以来就引起了人们的注意。人们提出统计证据表明头的形状——这个特征往往被认为，对于不同的两种气候之间的环境差别并不是敏感的——为气候所改变。博阿斯提出的数字表明，生在美国的西西里人的头部指数(通过计算头的宽度和被算作 100 的头的长度的关系而取得的尺度)为 80，而生在西西里的西西里人的头部指数为 78；生在美国的犹太人为 81，而生在欧洲东部即从那里移民来的犹太人为 83。看来犹太人在欧洲头部是宽的，而在美国却变得窄些了；西西里人在欧洲是窄头而在美国却变宽了。这样在美国似乎接近于这样一种头部指数，即它的中位数介于 80 和 81 之间。[①] 人们根据许多观点严厉地批评了这些结论。塞吉宣称已经证明这些结论是“作者使用的方法所造成的幻想的纯粹影响”。[②] 人们也提出这些结论是出自选择。关于这一问题安蒙与利维得出多少类似的结论，而他们都归因于选择，注意这一点倒是很有趣的。前者根据来自巴登的数字进行计算，发现城市居民有头变长的趋势，并得出结论说，在城市生活条件之下短头的类型有消失的趋势。[③] 利维根据意大利的数

① 博阿斯：《移民的变化》，第 5 页。

② 塞吉：《变异与遗传》，第 18 页(见《优生学问题》)。应当补充说，极少的人类学家接受博阿斯的结论。

③ 参看安蒙：《人类自然选择和人类学关于巴登人》。

字进行计算，得出了相应的结论，并把它归之于同一原因。① 其他人提出保育儿童的方法可能影响头的形状，移入美国的移民改变了习惯，可以说明头部形状的改变。环境能够按照所提出的方式改变头部的形状的确还没有得到证明，这个问题不能被认为已经得到了解决。

关于犹太人的头部指数曾经进行过一些观察，这些观察也许可以被认为是支持博阿斯的看法。亨廷顿提出了下列这张表：②

地区	犹太人的头部指数	其他民族的头部指数	头部差数
高加索	87.5	87.4	0.1
加里西亚	83.6	84.4	0.8
巴登	83.5	84.1	0.6
小俄罗斯	82.9	83.2	0.3
都灵	82.4	84.9	2.5
立陶宛	81.7	80.6	1.1
俄属波兰*	81.9	80.9	1.0
白俄罗斯	80.9	82.5	1.6

看来犹太人的头部指数有同周围各民族的头部指数接近的变化趋势。费斯堡把这一事实归因于通婚，③这至少可以是部分的解释，虽然按照我们的知识现状来说不能完全排除环境的可能影响。

事实上，围绕这个问题的不确定性，是我们关于影响人类的许

① 利维：《军用人体测量学》。

② 亨廷顿：《世界强国与进化》，第 173 页。

* 波兰南部和罗马尼亚北部地方的旧名。——译者

③ 菲什伯格：《美国人类学会和人种学会会议纪要》，第Ⅰ卷，1905 年。

多相类似问题的知识状态的一个很好的例子。[①] 应当注意到，博阿斯自己只相信头部形式的“严格有限的适应性”[②]的确很明显，这个身体性状和区分人类各民族的其他身体性状，大部分属于突变而不属于后天变异的性质。迁居热带的欧洲人和热带居民来欧洲生活的，都保持了他们突出的身体性状。

热带气候影响欧洲人的方式和程度是一个很有意义的问题。但是关于这一课题所知还极少。帕特利克·曼森爵士在1907年著述时写道：“虽然人们进行了许多次尝试来探索温度对于人体的生理过程的影响，特别讨论到对病理学倾向可能起作用的大气的热与冷，但不能说已经得到任何重要的结论。……虽然我们也许不能精确地指出我们的身体在生理方面受到极端的大气温度，特别是长期的高温的影响方式，但我们的感觉、体力和智力的损失，白种人好几代居住在热带所经历的身体性状的后天变异，以及所有热带民族的皮肤都是黑色的，这一切都指出白种人初到时并不是在所有方面都适应热带条件的，也不知道他们是怎样偏偏要受到影响的。生活在热带国家的他们比这些国家的土人更易受到某些疾病的袭击。”[③]自从帕特利克·曼森爵士从事写作那个年代以来，又获得了一些有关这一课题的资料。但是，我们的知识仍然是很有限的。至于种种实际发生的情况，据知，白种人在欧洲和在热

① 奈斯特尤姆阐述了一个理论，根据这个理论，各民族的风俗习惯深刻地影响头的形状，但不能说他提出了任何令人信服的证据（《关于人类骨头的形状变化》，人类学档案，Bd. 27）。

② 博阿斯：《移民的变化》，第76页。

③ 阿尔巴特与罗尔斯顿编：《医药体系》，第Ⅱ卷，第二部分，第2页。

带条件下的脉搏、呼吸率和体温都不发生变化。血里边的红血浆蛋白量是一样的，新陈代谢作用也没有减弱。而欧洲人住在热带的时间越久，围绕神经系统运行的神经冲击就越少。肌肉与连接组织变得更有伸缩性。生活在热带的欧洲人的众所周知的肤色苍白是由于皮肤长厚了并变软了，它变得不透明了。[①]

热带气候对欧洲人的影响究竟如何，很难得出任何结论。必须排除热带疾病和住在热带的欧洲人风俗习惯的影响。总的说来，生活在热带的欧洲人经历了相当大的并且通常是有害性质的后天变异，这种一般观念大概被夸大了。例如，据说在爪哇，如果卫生条件好，并采取合理的生活习惯，欧洲人的儿童死亡率比在欧洲还小。虽说如此，热带气候对欧洲人确有不利影响。毫无疑问，热带的欧洲人是比较易怒的，在通常情况下比在他们的本国更加神经过敏。显然，由于居住在热带气候中，神经的健康状态以某种方式受到有害的影响。神经健康状态在文明国家同样受到环境中许多因素的影响，就像震动、噪音等的影响，撇开食物、饮料和疾病等影响不谈。我们以后将回头来谈疾病在这方面的重要意义。关于噪音、震动等所知极少，其影响比通常想象的可能要大得多。

五

埃尔斯沃斯·亨廷顿近年来在许多作品中阐述了一个理论，据说气候是决定文明将在哪里繁荣发达的主要因素之一。由于这

① 参看科尔布拉格：《热带气候对欧洲人的影响》，《优生学评论》，第Ⅲ卷。

一理论是否站得住脚，全靠设想中环境对人所产生的直接影响，所以应当在这里予以注意。他进行了一些观察，这些观察表明，存在着最适宜的一些气候条件，①在这些条件下人们表现出最大的精力。昼夜的平均温度在 580 华氏度和 710 华氏度之间，并有一定的湿度，这些条件就产生了。他的观察是在美国进行的，是以计件工厂的产量和类似的资料为基础的，并倾向于表明，在这些最适宜的条件之下，不仅包括芬兰人在内的一切欧洲民族表现出最大的精力，日本人和黑人也表现出最大的精力。然后他进一步表明，世界上哪里存在这些最适宜条件，在那里就可以看到文明的最高形式。根据这些资料他提出一个广泛的理论，大意是说：在整个历史中，只是在接近于这些条件的地方文明才产生和繁荣起来。从前，文明往往在一些地方繁荣起来，今天这些地方的气候却距离最适宜的条件很远——对于这个明显的困难问题，他的回答是气候变化了。若干年来，他强烈地提倡这一理论。

可以说，最适宜的气候条件这一观念并没有什么新的内容。②上一节曾经指出，在热带的欧洲人遭受了有害的心理上的干扰。值得注意的是，对黑人和欧洲人来说，最适宜条件应当是相同的。在这个理论能够被接受之前，还需要提出更充分的证明。而且，这个理论所需要的气候变化也没有得到证实。格雷戈里教授评论了这个问题，他的结论不支持亨廷顿的结论——无论如何不是采取

① 亨丁：《文明与气候》。再参看同一作者的《气候与文明的进化》，载于《地球的进化和它的居民》，编者卢尔。

② 比如孟德斯鸠提到了最大的精力发现于较冷的气候里这一事实（《法意》，第三部分，第XIV卷，第Ⅱ章）。

使这个理论可以站得住脚的方式。[①] 但是，不管这个理论的现在形式的最终命运可能如何，它的宣布都引起了许多有趣的问题，并偶然有助于表明，关于环境对于人类的影响，我们目前所知道的是多么地少。

六

人们从一种气候转移到另一种气候时，他们不仅受到温度和湿度变化的影响，而且受到食物，有时还受到海拔与其他因素的影响。关于这些因素的影响有相当数量的资料。吃蔬菜据说使营养结构发生变化，但饮料的变化大概比食物的变化还重要得多。人们仔细地研究了酒精的影响，主要是关于它对神经健康状态的影响。神经健康状态受到许多药物的重要影响，例如受到鸦片的影响，并在较小的程度上受到茶与咖啡的影响。神经健康状态的变化很重要，必须记住它对各种影响的敏感性。一种新饮料引进到一个国家，对于一般健康状态会有看得出的影响，从而对历史进程产生影响，这是完全可能的。

据了解，海拔对身体性状有各种各样的影响。正如达尔文关于圭查印第安人所记载的，生活在海拔高处的人肺活量较大，一旦他们下到平原地区，肺活量也就减小下来。这种事实证明这一性

① 格雷戈里：《地理杂志》，第 43 页。关于气候对于气质的影响人们进行了许多研究。可参看德克斯特：《气候的影响》。

状至少一部分是环境性的。[①] 近来,人们更加具体地研究了海拔高的影响。据了解,除了别的变化以外,血液中红血球数增加了。[②]

七

人们曾使用统计方法试图取得更加确切的资料。人们计量了儿童的视力状态和十五种环境条件之间的关系,发现有关的平均数为0.04——只有一个达到0.1。[③] 此外,人们也计量了各种智力的和身体的性状与条件之间的关联,这是被作为代表好的或坏的环境而进行的。人们发现在男孩的智慧和每个房间里人数不多之间存在着很小的关联,在视力、腺体与听觉状况和坏的经济与道义环境之间不存在任何关联。[④] 美国的调查工作者得出的结果有些不同,他们发现通过心理测验,在同一学校的儿童之间能够检查出很显著的差别,因为他们的父母属于不同的社会阶级,因而他们必然受制于不同的家庭条件。[⑤]

解释这些结果是困难的。在对任何性状能够得出确切的结论之前,似乎必须计量环境中每个因素对这一性状的影响。只要我

---

① 达尔文:《人类起源》,第35页。

② 阿克顿与哈维:《红血球数的增加》,载于《生物统计学》,第Ⅷ卷。再参看罗萨山与帕克诸峰探险的结果,见《皇家学会哲学报告书》。

③ 巴林顿与皮尔逊:《优生学实验报告书》,第5期,1909年。

④ 埃尔德顿小姐在名为《血统和教养的相对力量》的一本小册子里摘要叙述了这些研究的结果。

⑤ 例如,参看布里奇斯与科尔斯,《社会地位与智力的关系》,见《心理学评论》,第XXIV卷。

们设想被计量的各对象之间不存在固有的差别，那么根据现状来看，就存在着对环境的影响不大的强有力的但不是决定性的证据。如果存在固有的差别，那么对于缺乏任何显著程度的有关解释必然是，为社会所提供的环境上的共同因素要比固有的差别重要得多。我们在以后的一些章节里会有理由得出结论说，的确存在小的固有差别，并且，如果情况是这样的话，那么，对这些结果的解释同根据以前提供的证据所得出的一般性的——虽然必然是含混的——结论，就并没有差别了。这个一般性结论是：截至目前所提到的环境中各因素实际发生的变化，所表明的环境影响是很小的。

八

还有另一类因素，可以总括在疾病这个项目之下。人们提出，疾病对于自然中的生物能够产生令人注意的后果。但是，同人类的情况相比，特别是在历史上较晚的阶段中，疾病在这些生物当中是罕见的。而在人类中疾病却逐渐具有特殊的重要意义。

疾病是由于寄生虫的袭击和其他原因而染上的。我们将在下一章讨论各种疾病。在这里我们只关心其后果。我们可以认为，疾病影响身体上的个别器官并影响各个器官的一般功能。身体上的每个器官都可能受到疾病的袭击，并且所产生的后天变异在许多情况下是相似的。这样，一切身体的和精神的性状都可以因疾病而直接产生几乎任何程度的变异。此外，据了解，疾病对儿童的后果是妨碍其成长，由此而造成的损失是无法弥补的。疾病可以说是耗费儿童的资本而不是他们的收入。[1] 我们在这里可以把自己局限在注意疾病对身体各器官的一般功能的影响，虽然我们对这种情况不很熟悉，但从我们的角度看这是更加重要的。

近年来人们以一种毫不怀疑的态度认为身体各器官的功能大部分决定于某些腺体——称为内分泌腺或无管腺。例如，甲状腺的一种分泌物对适当的生长和整个身体的正常新陈代谢功能是必不可少的。如果把甲状腺从孩子的身体上摘除，整个身体的生长就会受到阻碍并会造成智力上的缺陷。据了解某些疾病像甲状腺肿大、呆小病等等，都与甲状腺的疾病状态有关。因此，一旦这些腺体的功能不正常，可能跟着就发生身体性状和精神性状的深刻变异，一些特殊疾病就是这种情况。变异也可能发生在其他方面，不过我们对其并不充分了解。

气质决定了身体器官的一般功能和神经系统的实际状态。疾病，不管是由于内分泌腺不能按应有的功能起作用所导致，还是采取其他形式，总会影响身体的一般功能，从而对于气质产生直接影响。麦克杜加尔说："现在我们知道这一器官（甲状腺）的功能出了毛病，可以使我们当中的任何人进入神志呆滞状态，接近于白痴；而甲状腺的过分活动则产生相反的影响，可以使人过分兴奋，甚至接近于狂躁症。还有，我们知道一些疾病有产生气质特殊变化的趋势。肺结核往往产生光明的和有希望的气质，糖尿病往往产生不满意和爱吵闹的气质。显然，由于身体失调而产生气质的深刻变化这种情况，是由新陈代谢的化学产物所造成的。这些化学产

① 加尔顿：《人类才能探讨》，第 236 页。

物被排除出有病的组织，进入血液，并通过血液流到神经系统，从而以化学的方法改变神经的运行过程。大概身体上每个器官都以这种方式给予我们的精神生活以某种影响，而气质在很大程度上是所有这些起作用的影响的结余或结果。”①

这样，除了疾病对身体性状和精神性状更加明显的直接影响以外，还有对气质的微妙的和深刻的影响。在我们的一般总结中，我们将有理由认为气质对进步的影响具有重要意义。因此，看到这种情况就变得重要了：在世界的一些个别区域存在某些慢性的和不致命的疾病，这种现象是很普遍的。疾病不采取病死人或治不好的形式——总体说来，温暖气候里的情况就是这样——而采取在热带气候中常见的特别是在非洲常见的慢性的、不致命的疾病的形式。在这种情况下，疾病显然对气质会产生最大的后果。钩虫病是传播到美国的一种非洲病。钩虫病（十二指肠钩虫）是接触肠道里层的一种体内寄生虫，会造成流血和贫血，结果可能导致死亡，但病人往往活的时间较长。这是最使人虚弱的疾病。据说它影响了热带和亚热带国家大约50%的居民。即使是轻微的感染，也是造成严重丧失工作能力和严重经济损失的原因。据说在美国，最纯粹的英国血统的“可怜的白人废料”*，他们懒惰而又衰弱，与其说是由于环境②与遗传，还不如说是受这些寄生虫之害。1915年阿兰·史密斯在宾夕法尼亚大学所做的一次公开演讲，引

① 麦克杜加尔：《社会心理学》，第118页。

* 指美国南部各州的穷苦白人。——译者

② 在这里，环境显然意味着社会的或传统的环境。

证了造成南部各州在美国发展中落后的因素，提到了钩虫病“同疟疾一样，比战争和战斗的破坏还严重，比其他一切致病的因素加在一起还可怕”。由于这些疾病的影响，“从最好的殖民血统生育出来的先驱者的后代、血脉里具有英国绅士和大陆骑士血液的南部儿女们，身体越来越衰弱、越来越肮脏，被嘲弄和攻击为懒惰和无能，公众舆论斥之为不中用和丢人”。[①]

还有许多性质类似的热带和亚热带疾病。包括“亚斯病”（一种热带的痘状慢性皮肤传染病）：它以各种各样的斑疹为标志，这些斑疹大概是由于螺旋体菌的袭击而发出的；几内亚虫病：这种虫生活在连接组织的深处；血吸虫病：这种吸虫是生活在膀胱里的一种虫，几乎50%埃及人感染了这种病；象皮病：由于同几内亚虫有关的一种虫而产生的病。这些各种各样的疾病影响神经健康状态的方式和程度相差很大。一般来说，后果是虚弱和神经健康状态下降。疟疾是虚弱的原因，并且人们曾经从这一疾病找到了古希腊衰落的主要原因。[②]

九

截至目前的研究，其结果虽具有启发性，但是不明确。这大部分是由于我们对先天差别的无知。关于同卵孪生这种证据的研究，指出了一条摆脱这种困难的途径。人们知道，有两类孪生的情

① 利珀：《人类的一些居民》，第151页，载于《动物生活和人类进展》，编者登弟。

② 参看琼斯：《疟疾与希腊史》。

况。有所谓同卵孪生，它们彼此间极为相似，还有别的孪生，其相似程度并不比由同父母生的任何两个孩子之间更相似些。从前人们认为这两类孪生之间存在鲜明的差别：同卵孪生产生于单一的卵细胞，在早期发育中这个卵细胞完全分开为两半，每半产生一个孩子；普通孪生则产生于两个卵细胞的同时受精。假如事实如此，那么同卵孪生总会有几乎相同的胚种组织，而其他孪生所有的胚种组织彼此之不相同，平均说来，会像同父母的子女的胚种组织之不相同一样。同卵孪生的确有时出现，这是确定不移的事实，但近来有人证明，同卵孪生和其他孪生之间具有鲜明的差别，这种设想的情况是并不存在的。[①] 这可以通过各种假设加以说明。可以设想有些卵细胞是双核的，或者有些卵细胞被两个精子钻进去了；还有，胚节的早些或晚些分裂可能对情况有影响。在此类任何条件之下，介于同卵孪生和其他孪生之间的中间孪生都会发生——也就是说，这种孪生没有相似的胚种组织，但它们的胚种组织比普通孪生的胚种组织更加近于相似。不管情况可能怎样，注意到所谓同卵孪生的胚种组织比普通孪生的胚种组织总是更加相似些，并往往具有实际上相似的胚种组织，这就达到我们的目的了。因此结论必定是，同卵孪生之间的差别极大部分属于后天变异的性质。据此，探索这些差别是由什么组成的就至关重要了。

加尔顿搜集了同卵孪生的35个例证的资料。他总结了他们一直到离开家庭的时候的资料如下："在这些孪生中，少数的例子连一点差别也指不出来。其余的孪生，头发和眼睛的颜色几乎总

① 参看费希尔：《孪生的缘由》，《实验遗传学》，第Ⅳ卷。

是相同的；身长、体重和力量差不多也总是相同的。但是，有少数的例子，身长、体重和力量的差别显著，虽然其他方面很相像。35对孪生的神态和个人谈吐往往被描述为很相似，但伴随以表情的轻微差别，虽然陌生人看不出来，可是近亲是熟悉的。说话时的声音语调通常是相同的，但往往发生这种情况，即孪生兄弟唱歌时的基调并不相同。"[①]他进一步说："在35例中至少有9例一对孪生易于同时生病。我所指的疾病不是传染性的，或者，即使是传染性的，一对孪生也是同时得这种病，并不是其中一个从另一个身上得来。这意味着组织上很相像，所以引一些引语作为佐证是适宜的。"[②]他进一步提供了具体的证据。随后他指出"观念上联想的相似。35个例子中不少于11个证实了这一点。在相同的情况下他们表达了相同的意见，在同一时刻开始唱相同的歌曲等等"[③]。关于嗜好和性情，加尔顿说："在16个例子——接近其中的一半——中，这些孪生被描述为密切相似；在其余的19个例子中，他们是很相像的，但有某些说得出的差别。这些差别几乎完全属于以下这样组别的性质：一个精力旺盛、无所畏惧和精明干练，另一个则温文尔雅、墨守成规和怯懦不前；或者一个更加热情，而另一个更加冷静与平易；又或者一个更加自主、有创造性和沉默寡言，而另一个更加大方、热情和活泼。简言之，这种差别是强度的差别或能力的千变万化形式中这种或那种形式之间的差别，它没有延

① 加尔顿：《人类才能探讨》，第219页。十分奇怪，在写字方面没有发现任何相似之处——这是对于根据写字推断人的性格上的价值的一个有趣评论。

② 同上书，第226页。

③ 同上书，第231页。

伸深入到性状的结构方面。更加活泼的那一个，在他采取另一个的性状之前可能被不良的健康状态所征服；或者后者可能由于健康状态极好而提高到前者的性状。差别在于基调，而不在于曲调。"[①]加尔顿总结证据如下："从上述孪生的性情的相似，他们的观念上联想的相似，他们的特殊烦恼的相似，和他们在通常情况下疾病的相似等，得出的结论是，这种相似不是肤浅的，而是极端亲密的。我只有两个这样的例子，即身体方面极其相似伴随以精神方面的差别；相反类型的例子也只有一个。"[②]

必须记住，截至这一时期，孪生的确是在极其相似的条件之下被抚养起来的；加尔顿事实上说他们是在"完全相像"的情况下抚养大的。[③] 他进一步探讨，当他们离开家庭进入社会的时候会发生什么变化。他总结研究结果如下："这里是 35 对孪生的例子，当他们年轻的时候，在身体上和精神上是极为相像的，并且直到成年(男的和女的)的早期，他们是在完全相像的条件下被抚养起来的。从那以后，他们的生活条件变化了，什么环境变化产生了最大的变异？……他们(35 个例子)向我表明，在一些例子里身体和精神的相像一直持续到老年也不会改变，虽然生活条件很不相同；他们向我表明，在其他的例子里父母把所存在的不相似之处完全或几乎完全归之于某种形式的疾病。"[④]因此，我们可以大致做出总结说："在生活条件相似的人们受到影响的环境变化的幅度之内，能够对

① 加尔顿：《人类才能探讨》，第 231 页。

② 同上书，第 232 页。

③ 同上书，第 233 页。

④ 同上。

成年人的性状产生显著影响的唯一环境就是疾病或造成身体不健康的某种意外事件。”[①]加尔顿然后转而研究20对不相像孪生的具体情况,他发现尽管环境相似,却找不出逐渐增长的相像之处。[②]

十

在尝试总结我们关于这一问题的各种结论时,我们可以首先探讨环境的影响是什么,然后探讨这种影响对以后这些章里评论的主要问题起什么作用。应当总是想到,环境的变化可能产生最极端的后果。关于发育中动物的实验已经提供了一些例子,并曾经证明,例如,在鱼类中能够产生各种各样的畸形。同样,毫无疑问,在人类中也能产生极端的后天变异,有时是由于逆境以及由于变更头形与脚形这种风俗所产生的。但是,我们要知道的不是能够产生什么后天变异,也不是有时出现什么特殊的后天变异,而是通常发生的环境变异会导致什么变化。

答案是:把因素中的疾病搁在一边并把性状中的气质暂时撇开,那么,所发生的各种变异的重要意义是极小的。这适用于身体特质,也适用于精神特质,并且,不仅包括气候等因素的影响,还包括像总括在好的或坏的家庭环境里这样的因素。大概身体特质总的说来比精神特质对所发生的变化更加敏感。例如,没有理由认

① 加尔顿:《人类才能探讨》,第235页。

② 同上书,第237页。加尔顿作品的一般结论在一切主要方面得到了桑戴克的精心研究的证实(《孪生的计量》,载于《哲学心理学和科学方法档案》),第Ⅰ卷,1905年。

为任何因素的正常变化对精神特质的影响能像使用对肌肉的发育产生那么大的影响。但更为清楚的是,在暂时把疾病气质等有关的问题搁在一边的情况下,虽然我们必须认为所发生的各种后天变异没有多大重要意义,但这些后天变异对人类的重要性比对于自然中同人类密切相关的生物要大些。让我们研究一下肌肉的发育。同一街道可能比邻住着两个人,其中一个人每天的工作是坐着做的,结果他的肌肉是不发达的,而另外一个人在矿里或在工厂里工作,因此他的肌肉发达。在自然界的脊椎动物里,在任何地方也找不到这样的差别。

虽然关于这一问题所确切知道的极少,但气质对环境的变化比其他身体性状和精神性状似乎更加敏感。例如,气候的变化看来在气质方面比在任何其他性状方面所产生的变化都更加显著。气质毫无疑问对疾病的影响是很敏感的,疾病也能深刻地影响一切身体的和精神的性状。大概疾病的主要意义就在于它对气质的影响。我们甚至必须承认,一些热带疾病所产生的影响是这些热带国家发展的一种严重障碍。但是,难以区别这种意义上的疾病影响和在以后一些章里将研究的那种意义上的疾病影响。显然,在疾病广泛流行的地方,必然在环境中形成一种重要因素,而这种因素是精神活动的题材——但关于这一问题和有关问题以后还会更多地谈到。

在刚才所说的内容里我们已经提到一种后天变异对发展的影响。对这一问题,一般首先仍应强调指出,就目前所知,还没有任何根据可以相信这一章研究的这类后天变异会产生突变。因此结论是,后天变异的结果不是累积的。除非在每一代人都连续不断地发生后天变异，否则它就不会再现。其次，这些后天变异整个看来，像疾病对气质的影响一样，趋向于同这样一些情况相联系，即它们对于发展与其说起促进作用不如说起阻碍作用。根据上一章所说的内容，这个道理是很清楚的。上一章曾表明，自然中各种生物的胚种组织，是通过在一定的刺激之下出现一定的形式这种选择活动而存在的。这种形式是最适宜于应付正常现象的。只有当这种生物或它的一些成员不再处于正常环境之下时，大的后天变异才会变得明显起来。要应付新的环境，一种有些不同的胚种组织会提供更好的反应。换句话说，最令人满意的环境是不引起重大后天变异的环境。

最后我们可以再提一下已经提到的一点。一些作者极其看重环境对人类的影响，例如李奇微教授。李奇微在一段文字里写道："我的论证过去和现在都是这样，即随着冰川的退落，人类从东南方和南方北上进入欧洲，并安居于欧洲南部的三个半岛，逐渐向北扩展越过阿尔卑斯山，最终延伸到波罗的海。当他们逐渐向北扩展的时候，在环境的影响之下(我当然把食物包括在环境内)，他们长得不那么黑了，沿着阿尔卑斯山轴永远安居的那些人有长着较短的头骨的趋势，而最早北上的那些人则变得白肤、金发、蓝眼，并成为世界上最高的一群人。"[①]从别的段落里可以看出李奇微是把两个迥然不同的事物包括在环境影响这个词组里。他在考虑这里研究过的后天变异的产生，也在考虑在环境的影响下一些类型的淘汰。他没有表述清楚究竟他认为这两个因素哪个是最重要的，

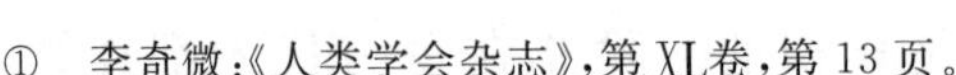

① 李奇微：《人类学会杂志》，第 XL卷，第 13 页。

要是说清楚了，那是会令人满意的。但是，与我们的论证比较有关系的是，把选择的结果包括在环境影响这个项目之下是有些令人误解的。选择是一个完全不同的问题，除非把它和其他因素仔细地区分开，否则就会导致思想混乱。因气候和食物而被淘汰，其相应发生的影响不应当总括在环境影响这个项目之下；对此本书将在第十七章和第十八章加以研究。

第十六章　人类的遗传

一

在探讨环境对产生后天变异的影响之后，现在我们必须研究身体性状和精神性状的选择这一问题。我们打算在这一章研究什么是遗传，然后在下两章研究选择的结果。

根据前几章的陈述，说某种性状来自遗传，其含义是清楚的。在每一个体的胚种组织里有某些因素，它们在一些条件下产生一些性状，在别的条件下产生另一些性状。例如，在第十四章里提到的樱草这种植物有个因素，在某种温度之下开红花，在不同的温度之下开白花，这两种情况下花的颜色同样是遗传的。因此，我们可以把每一个体的组织中有许多这样的因素这种事实作为我们的出发点。

根据孟德尔方法进行的一些培育实验结果业已得出一些结论，使我们前进了一步。这些实验证明，某些单位性状能够分离出来，杂交时可按一定的方式活动，并按其活动的方式推断出这些单位性状取决于胚种组织中一些不变的单位因素。在任何一种生物中所看到的单位性状数是不大的；的确，在一种昆虫中曾发现大约二百单位因素，但是，如果胚种组织完全由这种单位因素所组成，而且杂交时提供孟德尔比例，则即使这一数字也只能形成总数的一小部分。这就是人们所提出的作为说明遗传的工作假设，研究者的目的是要检验这一工作假设。我们现在可以研究一下这一工作假设的含义是什么。

我们必须认为胚种组织包括很大数目的因素。这些因素所引起的种种性状可能是我们分析任何个体时所看到的性状，但它们往往不是。例如，在一些情况下花的颜色和哺乳动物皮毛的颜色是单位性状，但情况往往是，这种可以看得见的性状是两个或两个以上因素的产物。目前知道的许多情况是，可以看得见的性状是由于存在几个单位因素所引起的。就这个假设而言，一般只能说是，目前还不知道有什么事实同这一假设的确相矛盾。这是唯一能站得住的假设。①

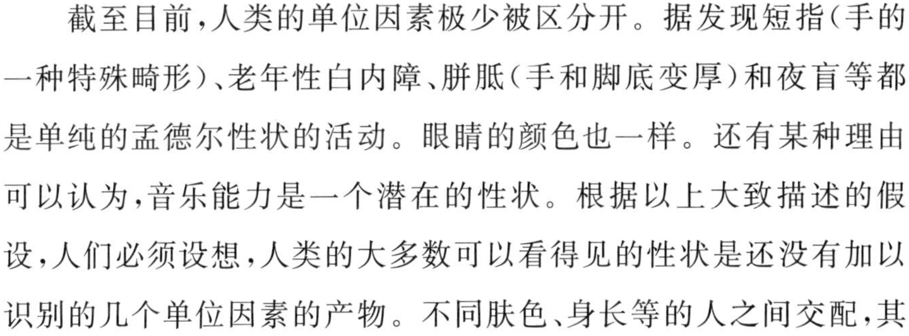

截至目前，人类的单位因素极少被区分开。据发现短指（手的一种特殊畸形）、老年性白内障、胼胝（手和脚底变厚）和夜盲等都是单纯的孟德尔性状的活动。眼睛的颜色也一样。还有某种理由可以认为，音乐能力是一个潜在的性状。根据以上大致描述的假设，人们必须设想，人类的大多数可以看得见的性状是还没有加以识别的几个单位因素的产物。不同肤色、身长等的人之间交配，其

① “遗传的列祖列宗法则”认为，在一般情况下胚种组织的一半来自双亲，1/4 来自祖父母和外祖父母，1/8 来自曾祖父母和外曾祖父母，依此类推。根据一般统计结果，这种说法同孟德尔定律的遗传不是不相容的。但这一学说所涉及的遗传性质的概念是同孟德尔的单位性状概念不相容的，人们可以说：后一概念是符合事实的唯一概念。

后代将出现性状的混杂。这些状态同假设——这种假设是涉及许多单位性状的——不是不相容的。

由于遗传的内在重要性,这里介绍了它的基本性质。事实上这并不是密切相关的。我们要知道的倒是在胚种组织里存在什么因素,这才是根本的;因素在配子里被代表的确切形式,不管是否被单位因素所代表,对于我们目前的研究则不是根本的。我们要求能够对这样的一些问题提出某种答案,即究竟疾病、智力和气质是否在胚种组织中被代表着,而且要能对这些问题找出答案而不涉及遗传的基本性质。

二

根据孟德尔方法所进行的遗传研究,我们不能说出哪些人类性状是遗传的;我们关于这一课题的知识主要依靠生物统计学。生物统计学家所遵循的方法如下。对任何性状(比方说身长)的具体情况——双亲的和孩子的——都加以记录。从而双亲和孩子之间的平均相像程度能够加以计量并用数字表示出来。如果这种相像是完全的,也就是说,如果关于某个性状孩子完全像他们的父母,则这种事实可用相关系数等于 1 来表达。当相像的程度较少时,就用小数代表相像的程度。必须强调指出,这一方法只是计量相像的平均程度;不经过进一步的研究,它不能告诉我们这种相像在多大程度上是由于遗传。就所发现的这种相像程度而论,假设我们对这一问题没有进一步的知识,它们就很可能是这样产生的:可能所有的人都具有相同的胚种组织,而且相像的程度是由双亲和孩子在大致类似的环境中培育起来的。虽然应当记住这一事实，但在以下将引证的例子里所发现的相像，事实上把这种解释排除了，因而我们可以把这种相关作为计量由遗传所引起的相像程度而接受下来。

双亲和孩子之间和同一父母的孩子之间许多性状——身体的与精神的——的相关已经确定了，并发现大约为0.5。比如，就身高来说，父亲和儿子之间的相关系数为0.514，父亲和女儿之间为0.51，母亲和儿子之间为0.494，母亲和女儿之间为0.507，兄弟之间为0.515，姐妹之间为0.537，兄妹（或姐弟）之间为0.553。同样，关于眼睛的颜色，亲子间相关系数是0.495，兄弟间相关系数是0.475。关于能力，兄弟间相关系数是0.46，姐妹间相关系数是0.47，兄妹（或姐弟）间相关系数是0.44。

关于受精作用的性质和发育所说的一切，导致类似的结论。在成熟和受精过程中，我们可能检查出一种机制，通过它遗传特征的培育者由父母传到孩子。在发育中我们看到，当适当的刺激作用于受精卵时这种生物的成长体成员如何生长起来。只有当我们设想，在受精卵里相应于得自双亲的每个性状都有一定的因素时，我们才能够以任何方式理解成长的个体是怎样出现的。[①] 必须着重指出，对遗传机制的确切性质尽管有很多可能互不相同的意见，但对遗传这一事实却没有什么分歧。到某一点为止，所有生物学

① 双亲进行生殖的生物，其任何个体的胚种组织几乎总相同这种生物的任何其他成员有所差别。根据孟德尔学说的假设，这种事实是由于接合子中因素的偶然混合所造成的。

家对这一问题的意见是一致的；争论的问题在这里并无密切关系。

三

但是，鉴于以下各章将采取的讨论方式，有些论点需要进一步研究。就身体性状而言，认为所有性状不管大小都是遗传的就足够了。不过，对于疾病还应进一步研究，到什么程度才可以说是遗传的。

我们所称的疾病可以区分为两个项目：由于寄生虫的袭击而造成的疾病和由于结构上的缺陷或虚弱而造成的疾病。寄生虫感染是怀孕后得的；的确，可以在出生前得病，但这样得的病同出生之后"得"的病完全相似。因此，就寄生虫不从亲辈遗传到卵细胞，即不像胚种组织的遗传那样这个意义上来说，疾病向来不是遗传的。

然而，业已表明，对一些疾病，例如结核病，一定的易感性是遗传的。换句话说，在客观上遭受相同感染的情况下，有些人不"得"这种病，有些人病情较微，而有些人却很快地死于这种病。有些疾病是由于小的、主要是单细胞的寄生虫侵入身体而造成的，这些寄生虫通过分泌毒素而产生有害影响。对所有这些疾病大概生来就有各种程度的易感性。同样说法不能适用于因较大的多细胞的寄生虫的袭击所造成的疾病，这些寄生虫至少在很大程度上是通过造成组织的损害而直接产生有害影响的。至于在多大程度上我们得考虑到为时不同的疾病具有不同的易感性，或在多大程度上疾病可分为各种组别，从而对一种疾病有易感性，对同组的另一种疾病没有易感性，以及反之亦然，对此我们所知极少；但至少在一些情况下易感性之间存在着联系，这是可能的，例如，对猩红热的易感性在某种程度上同对麻疹的易感性有关联。我们必须设想，有某种结构上特点构成这些易感性的基础。虽然人们提出了各种各样的假设，但我们对它们的性质仍属无知。然而，不管这些结构上差别的确切性如何，它们像任何其他身体性状一样具有遗传性，这一点是明确的。

因此，我们必须注意到对特定感染的易感性是遗传的。如果把显著的畸形，如多指和胼指（手的畸形），算作疾病，那么我们应当注意到显著的畸形是遗传的。较小的畸形也是遗传的。在这个项目之下有血友病：这种病既可能是由于血管的某种特异，使它们不能按照常规收缩，也可能是由于血液凝结能力的缺乏；有蛋白尿：这是由于肾脏的过滤组织的某种缺陷；还有白化病、近视、鱼鳞癣及其他，所有这一切显然都由结构上的性质所造成的。此外，我们应当注意到，“似乎由于新陈代谢的紊乱而产生的其他情况，例如肥胖症、糖尿病、痛风和慢性关节风湿病，很可能是以细微的组织变异作为它们的基础。长期以来就有人指出，这些情况有遗传的趋势”[①]。最后，一些神经性疾病是遗传的。我们可以把神经性疾病区分为两类：同形的和异形的。“就前者来说，子女表现出和父母相同的精神损害和象征。这种情况属于某些组别的神经细胞发育不良或过早萎缩。”[②]就后者来说，父母可能患一种病，而子女

① 阿达米：《遗传与疾病》，第 26 页（载于《一种医药体系》，编者奥斯勒与麦克雷）。

② 同上书，第 26 页。

可能表现出一组其他疾病中的一种或一种以上。人们把这归因于整个最高神经中枢发育不良。缺乏"完善的稳定性和各部分之间的协调,从而随着这个家族一些个别成员遇到些什么变化,有时是这一系列的中心,有时是其他系列的中心,就可能表现出不能做出适当的反应,于是一种或他种形式的精神紊乱和神经性疾病就可能因而发生。这里包括疯狂状态、家族性癫痫和神经官能症"。[①]换言之,我们有时看到一些血统中存在神经方面的弱点,它可能以许多种方式表现出来,包括癔症、癫痫病、不能控制冲动以及幻想等等。酒精中毒有时被说成是不可抗拒的饮酒冲动。也许我们应当认为,一般神经衰弱状态可能有时表现为对酒精的使用失去控制这种形式。据莫特说,"毫无疑问,神经衰弱、癫痫、低能、颓废、反常和潜在的神经错乱——这一切的确是和最高控制的内在有限边际分不开的——对酒精的影响显然是不相容的"[②]。但是,有些事实极其令人不解。例如,自杀似乎是一般神经衰弱可能表现的一种方式。但是,自杀的趋势看来有时像是一种很明确的和特殊的疾病,它一代接一代地出现在一定的年岁。也许在这些情况中我们应当看到这样的例子,即相同的外部环境——这里指的是对家族史的了解——如何趋于使一般的神经衰弱以同样方式表现出来,而看不到是一种特定的神经缺陷的例子。[③]

① 阿达米:《遗传与疾病》,第 26 页。

② 汤姆森:《遗传》,第 275 页。

③ 特雷德戈尔德发现 80%精神上有缺陷的人都有坏的神经上的遗传(《精神缺陷》,第 40 页)。

四

我们所了解的气质，介于身体性状和精神性状之间。正如我们已经看到的，气质取决于身体器官的功能对神经系统所施加的影响，也取决于神经系统本身的特质。虽说因此气质或神经健康状态对环境影响特别敏感，但神经健康的一定状态是天生的。我们必须设想神经系统的实际结构大部分是遗传的，并且必须设想身体器官执行功能的形式大部分是由于它们的天生组织。这样，我们就必须认为，一定的气质总是在胚种组织中天生就有的。极端的例子就是甲状腺天生的缺陷，它能产生任何程度的精神麻木。还有，像兴奋性、反应的速度和在疲乏与复原方面的差别大部分是遗传的。

习惯最好在这一项目之下加以研究。关于习惯的基本事实是，如果按照某种方式刺激神经系统，刺激沿着某些途径通过，同种类的下一次刺激产生的冲动也会沿着这些途径比较容易地通过。这样，到了一定的时候，通过较弱刺激的使用就能实现相同的结果，不管这种结果可能是什么。这个事实很重要，它表明了结构上实际的后天变异——一条途径的实际形成。究竟是否如此，则不得而知。这里可以看出，习惯形成的容易程度毫无疑问在人和人之间是不同的，并且，我们还要假定胚种组织中存在着一种因素，它倾向于使形成习惯的力量得到一定程度的发展。

五

研究纯粹精神性状的时候，会出现种种极大的困难。生物学家一般都同意精神性状是遗传的，就像身体性状是遗传的一样。正如我们业已指出的，根据生物统计学方法进行研究所得到的证据，表明大致是这样。我们试图更加准确地陈述精神性状是遗传的，这时各种困难就出现了。研究这一问题的一种方法是分析精神行为，如果可能的话，确定有哪些官能不能用其他官能加以解释。这样的官能为数最少，我们必须设想是在胚种组织里提供的。当然，不能分解的各种性状并不一定是孟德尔所说的性状。十之八九它们是由于许多孟德尔所说的因素的存在。这一分析是个很大的困难问题，目前心理学家对精神方面哪些基本官能是天生的，它们怎样配合起来产生我们所见到的各种性状等，并无一致的意见。现代的分析导致了这种观念，即认为精神过程是主体的行为。虽然我们可以不认为精神只是一束官能，但我们必须把某些官能归之于主体，因此就产生了这些官能是什么的问题。

关于感情的和意动的各种官能困难比较少些，也就是说，关于同感情和奋斗有关的那些官能的困难比关于认识官能的困难要少些。心理学家对哪些本能能够予以承认，在某种程度上意见是一致的。例如，麦克杜加尔提出了下列清单，在每种情况下都把代表意动或感情方面的一种感情同冲动联系起来。[①] (1)逃避的本能

① 麦克杜加尔：《社会心理学》，第Ⅲ章。

和害怕的感情。(2)击退的本能和厌恶的感情。(3)好奇的本能和惊异的感情。(4)好斗的本能和好战的感情。(5)自负的本能和得意的感情。(6)自卑的本能和服从的感情。(7)做父母的本能和仁慈的感情。对于他所指出的其余本能,相伴的特殊感情没有上述那么确切。这些本能就是生育、性的嫉妒、女性害羞、社交、取得和建设等本能。这份清单并不是完整的;还有比较次要的其他本能,就像趋于使男孩在一定的年岁离开家庭的本能。但是,这份清单列举了所有比较重要的本能。

还有许多往往被描述为基本的其他感情,麦克杜加尔把它们描述为情结。因此,根据他的看法,赞赏是奇怪与自卑的混合物。加上恐惧,就有了敬畏的感情;再加上感谢,就有了尊敬的感情。厌恶、迷惑和羡慕可以用同样的方式加以说明。因此,根据这一看法,我们不应当认为,各个针对这些复杂的感情的因素是存在于胚种组织中的;我们应当认为,这些复杂的感情是由针对较简单的感情的诸因素所决定的。

麦克杜加尔进一步描述了三种一般的或非特殊的趋向,有时这些趋向被归类为本能。[①] 同情,或感情的同情诱导说明了这一事实:本能的行为会激起观察者的相似行为。启发的定义是,导致传达的意见被坚定地接受的一种传达过程,而这种接受又缺乏逻辑上的充分理由。模仿往往被用以包括同情和启发,就麦克杜加尔所采用的有限意义来说,是仿效别人的身体活动的趋向。最后还有娱乐的趋向。

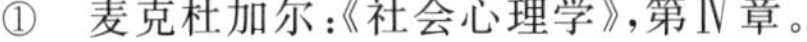

① 麦克杜加尔:《社会心理学》,第Ⅳ章。

因此，除了气质与认识相关的官能以外，我们必须承认针对一些本能和某些一般趋势的因素。毫无疑问，这些本能和一般趋势在人和人之间其强度有所差别；而这些差别大部分可以归因于胚种组织里各种各样的因素，而且我们必须假定这些差别是以某种方式同神经结构或组织的差别相关的。这是一个极难的课题，不能对它提出什么确切的肯定说法。感觉的基本方式似乎是快乐和不高兴、兴奋和沮丧。在这点上停下来是不可能的，看来我们还得继续前进，把比较特殊的感觉或感情方式归因于不可能进一步分析的基本官能。同样，意动或奋斗似乎可以区分为奋斗达到一个目标或奋斗避免一个目标。此外，像对待感觉一样，看来我们还得继续前进，以便假定出一些如上指出的得到比较清楚解释的官能来。

六

关于认识困难就更大。分析似乎让我们想到了三种基本官能——判断官能、比较官能和联想官能。[①] 判断是由肯定和否定组成的，一切较高的论证都以这一官能为基础。记忆也许应当被认为是这种官能的一个特殊方面——是再想一想一个事物并肯定或否定它是否是同一事物的官能。这一官能，同比较官能一起，使区分和系统化过程能够进行，而一切较高的发展都以这一过程为基础。在这些分析和综合官能之外，还要加上联想官能，从而根据

① 麦克杜加尔：《社会心理学》，第Ⅲ章。

事物出现在我们思想上的次序对事物分组加以考虑，而完全与它们的内在的区分没有关系。这样，除了思想上据以对客观世界的构成达到某种理解的官能之外，还有另一种官能，它在某种程度上反映了世界史。

大概除了这些基本官能之外，还可能有许多其他官能不能纳入上述各官能的所属范围，因而也必须认为是基本官能。不管怎样，对我们现在的目的具有重要意义的是，通常理解为才能的官能毫无疑问是天赋的。才能可能是这三种基本官能所组成的各种各样的特化形式，也许是由其他一些官能以多种方式结合在一起的。据了解，有各种程度的才能，并有许多特化形式，诸如在音乐、艺术和其他方面。业已证明，一般才能的高度发展是同某些特殊才能的高度发展相关的。换句话说，我们必须认为，具有某种显著才能的天才，一般说来是具有一般才能的高水准的。关于才能的遗传有大量的证据，有些来自对大量例证的检查，有些来自对家庭历史的分析。这种证据还证明音乐的和其他形式的特殊才能是遗传的。因此，我们必须想到胚种组织中的诸因素，这些因素会产生各种才能。虽然更加正确的分析可能把这些才能归因于上面列举的基本官能的某种结合，很像某些复杂的感情归因于一些基本感情的结合那样，但不能认为在胚种组织中原来就是这样的。

还有其他性状，看来不包括在“才能”这个名词所涉及的范围之内，例如意志和自制。就意志的本质来说，它似乎是某种支配性冲动的兴起，控制或协调了各种感觉。较弱的冲动不知怎样克服了较强的冲动。人们对意志进行了各种各样的解释，现代心理学的著作通常采取的方式是排除特殊官能这一观念。我们在这里不必去深究关于意志起源所做的种种解说。显然,如果意志必须归因于各种复杂官能的运用,而这些官能本身又是可用比较基本的官能加以说明的,那么,从某种意义上说意志就是天生的。毫无疑问,意志在某种意义上说是遗传的。尽管在第二种意义上意志很可能是环境的产物,但是显而易见,有一种使意志发展到某种形式和强度的天然趋势。因此,不管意志是否是基本的官能,它在某种程度上不是由一个明确的天生因素就是由其他天生因素的结合所引起某种性质的意志表现。

最后,我们可以从另一个角度来看一看精神性状遗传的整个问题。据了解,同个别功能相关的大脑的一些区域就不同的个人来讲发育情况是有差别的,其次在神经冲动的进行速度方面也存在着差别,毫无疑问这种差别是由于组织上的特性各不相同等原因引起的——事实上,这是由于在构成精神性状表现的身体基础方面存在着差别。这样,一般就容易了解到以神经组织为基础的精神性状是怎样遗传的了。一个人可以遗传到这样一个大脑,在它的一些区域相对地说体积是大的,或者遗传到一个神经组织,能够迅速传导冲动。这样,我们也就能理解反应速度、集中能力、联想敏捷程度和精神类型(无论是感情上的还是智力上的)是怎样遗传的了。

七

对胚种组织中提供些什么所做的简短研究,导致了这种概念:大量的因素在环境的刺激之下发育为我们所看到的各种性状。至少关于身体的性状是这样。在身体性状方面，我们看到环境对一些因素起作用的结果。精神性状的情况则有所不同。正如已向我们描述过的，环境影响对于精神性状（例如，对于才能的形成）是属于第二种意义的。当我们从实际的观点判断一个人的才能的时候，我们是在判断这样一个性状，它的构造中不仅参与了一些因素和一定的环境，而且还参与了第二种意义上的环境影响的结果，就像习惯和可以看作是工具的东西，即思想方式等等。为了了解这些性状，我们必须清除或酌减这些工具。在身体性状方面这种困难并不存在。当计量两个人的体力时，我们大概不会让一个人利用投掷器去投掷一件东西，而让另一个人毫无借助地用自己的体力去投掷。但当比较才能的时候，我们很容易忘记一个人已经学会区分各种范围，而另一个人可能还没有学会。我们以后还会谈到这一困难。

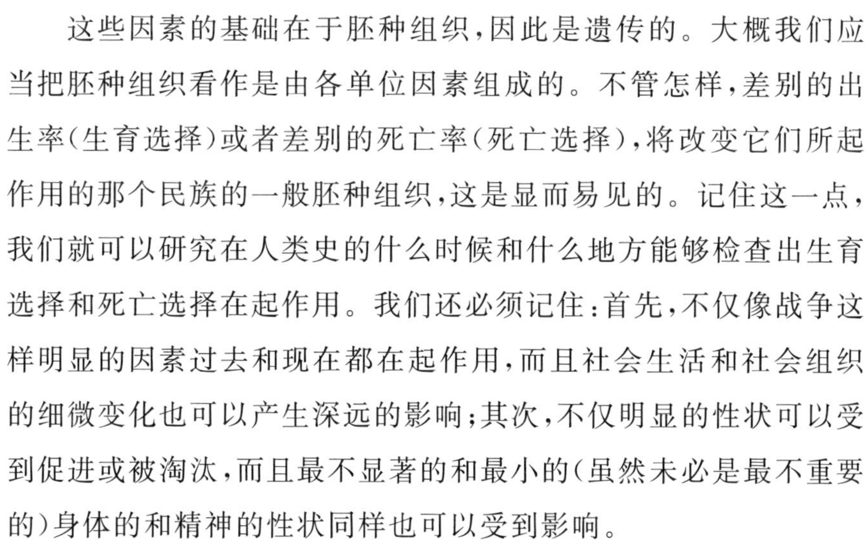

这些因素的基础在于胚种组织，因此是遗传的。大概我们应当把胚种组织看作是由各单位因素组成的。不管怎样，差别的出生率（生育选择）或者差别的死亡率（死亡选择），将改变它们所起作用的那个民族的一般胚种组织，这是显而易见的。记住这一点，我们就可以研究在人类史的什么时候和什么地方能够检查出生育选择和死亡选择在起作用。我们还必须记住：首先，不仅像战争这样明显的因素过去和现在都在起作用，而且社会生活和社会组织的细微变化也可以产生深远的影响；其次，不仅明显的性状可以受到促进或被淘汰，而且最不显著的和最小的（虽然未必是最不重要的）身体的和精神的性状同样也可以受到影响。

第十七章　身体性状的进化

一

在讨论了胚种组织里提供了什么之后，我们现在可以研究胚种组织的变化问题了。这种变化可以影响身体的或精神的性状。在这里，我们只考虑身体性状。同精神性状的进化相比，身体性状的进化是个次要问题。但是，由于这一进化同精神性状的进化是并行的，并且本身具有重要意义，因此，对这一问题的一切议论都不能忽略，不过我们将极其简要地加以研究。作为这一研究的准备，我们应该看看在通常情况下有关身体性状选择的一些事实。

我们对突变的原因实际上什么也不知道。因此，我们不得不把突变视为当然，并探索具有一些个别因素的某些血统如何受到促进，而其他的血统则如何遭到淘汰。在这一过程中，死亡选择和生育选择都起了一定的作用。在自然中的生物中，死亡选择比生育选择更加重要；在人类中生育选择的重要意义有增加的趋势，晚近时期以来其重要意义接近于死亡选择。

截至目前，我们只是顺便提到人类传统的存在。我们研究精神性状选择的时候，将发现传统形成十分复杂的情况。传统也使身体性状的情况复杂化，但只达到相对不重要的程度。首先，它使环境多变，特别是在工业城市居住比邻的人们，在他们的日常工作中可以受到迥然不同的条件的制约。其次，人们保护自己免受外部条件的危害（例如防寒）这种事实可以导致受保护的一群人生存下来，而保护不很好的一群人却死去了，虽然可以想象前者可能天生不如后者能抗寒。在我们将进行走马观花的概述里，可以不考虑这些复杂情况；就身体性状而论，传统的存在并不能引起特殊复杂情况，而那种复杂情况在我们研究精神性状的时候确将构成许多困难的原因。这样，我们研究精神性状的时候，就必须尝试剥除后天得来的东西。可是我们研究身体性状时，还总是能够立刻开始研究这种性状的。把手臂同它使用的工具区分开是没有什么困难的，这样我们就直接看出了作为一定刺激对既定因素的影响的结果而发展起来的性状。而把智力性状同一切传统因素区分开却是困难的，因为这两者在外部表现方面是结合在一起的。例如，对好奇本能强度的计量，就牵涉到要减去可以抑制或加强它的表现的一切传统因素。

除了对现代社会所进行的一些统计以外，我们关于选择的力量没有什么确切的知识。对过去发生的选择，事实上只是根据我们对天生因素、淘汰和差别生育率所知道的情况而做出的判断。但是，业已证明，当今的确还在发生死亡选择。卡尔·皮尔逊教授计算过，[①]死亡的很大比率数——大概是60%——起因于选择，斯诺先生总结这一问题的研究结果说："选择性死亡率这种形式的自

① 皮尔逊：《优生学基础》，见《优生学实验教程丛刊》1909年，第25页。

然选择在人类生活的远古中起着重大的作用。”[1]正如人们普遍认同的，如果有所变化的话，那么自然选择的强度随着文明的进展而降低了，而且我们可以把下述情况看作是确定无疑的，即在人类的出现和我们所谓人类史的第一时期和第二时期里，自然选择在同样大的或更大的程度上起作用。

二

中间期相对说来是极长的时期，在这期间人类身体的进化大部分完成了。可是从这一时期起到目前为止，只发现两三件磨损的和片断的化石残遗。根据这些化石残遗至少可以看得很清楚，从这一时期末以来所完成的身体进化的数量，同这一时期里所完成的数量比较起来是微不足道的。我们可以假定死亡选择在强烈地起作用。生活方式的变化（例如，以陆地栖息代替树上栖息并采取站立姿势）必然牵涉到死亡选择。这些习惯的变化必然使人类的列祖列宗同新的敌人接触。人类分布于新的气候区域，毫无疑问会跟着发生选择，也必然涉及同新的敌人接触。同样，选择必然随着技术的取得（做衣服、使用火等等）的最初各大阶段而发生。除了死亡选择之外，一夫多妻制实现的差别生育率也必然在起作用。毫无疑问，从某种程度上来说，差别生育率只加强了死亡选

① 斯诺:《民族退化研究》，第 7 期，第 34 页。再参看比顿与皮尔逊:《寿数的遗传》，见《生物统计学》，第Ⅰ卷，1901 年，以及埃尔德顿与皮尔逊:《自然选择在人类中的进一步证据》，见《生物统计学》，第Ⅹ卷，1915 年。

择；而从某种程度上来说它也可能采取了性选择的形式，从而促进了其他的类型。

但是，在接触到具体问题的时候，我们发现甚至对造成最大变化的原因，我们也一无所知。人们曾贸然做过一些猜测。大脑容量的增加与智力的进化有关，这可以留待下一章去研究。颚的体积的减小和牙的体积的相应减小，也许跟所吃的东西的变化有关。皮肤上茸毛的消失可能与性选择有关，也可能是受到欢迎，因为它去掉了寄生虫的栖身之所。

三

由中间期过渡到人类史第一期，我们达到了略为明确的境界。我们对中间期期末时人类的身体性状一无所知，但我们知道在上旧石器时代的最早期存在过一种人——格里马尔底种族，他们同黑种人类型有些相像，在同一时期的后一部分存在过同现在欧洲人类型极相像的几种人。因此，就这一时期而论，似乎我们不仅必须说明主要类型的而且还要说明人类不那么容易区分的各种变种的进化情况。分化可能在前一时期就开始了，但大概没有太分化。至于这一进化是如何发生的，首先可以从我们所知道的一般生活条件得出一些结论，其次可以根据我们所知道的第一类别各民族的情况，对选择的性质和方向补充一些更加确切的结论。

业已指明，大概在历史第一期开始之前，人类就分布在各种各样的气候区域。人类的这一分布情况其后果必然是双重的。人类分成各种类别，它们的环境各不相同，首先是它们受到不同的气候环境的约制，其次是它们被迫遵循不同的生活方式。在一些热带地区人类会通过狩猎和采集果实来维持生活，这就要求某种类型的体力运用；而在温带地区，人类就会以极不相同的运用体力方式来维持生活。这是显而易见的。日常生活需要之间的差别，会导致两个地区促进不同的类型。在一个地区里最适宜于谋生的类型同另一地区里最适宜于谋生的类型会不相同。①

在人类各种类别的产生方面比已经注意到的因素更重要的是，人类曾经遇到不同的气候。气候差别如何之大，这是大家所熟悉的，不必赘述。至于不同类型的人以何种方式适应不同类型的气候区域，我们所知极少。但是一般说来，人类各民族天生地适应于不同的气候，这是显而易见的。为什么欧洲民族在南美洲和北美洲各地就不像它们在美国那样把美洲印第安人都驱逐出去，这是没有任何历史原因的。在墨西哥和其他地区，因为那些地区的气候同欧洲气候的差别极其显著，欧洲人没能像在美洲大陆其余地方那样成功地定居下来。在墨西哥，印第安血统的人比欧洲血统的人占很大优势，这就说明欧洲人在身体方面不像原来的居民那样能很好地适应气候。这并没有什么可以感到奇怪的。我们懂得一些类型的呼吸、排泄和循环器官对一些温度、湿度、光线等条件何以比别的类型适应得好些，虽然我们对于那样类型的循环和其他器官最适应什么特殊气候区域可能是无知的。如果不是这样那就非常奇怪了，也就是说，如果任何类型的组织都同样能很好地

① 普鲁纳-贝(《关于黑人的回忆录》，见《人类学会纪要》，第Ⅰ卷，第 334 页)具体地证明了黑种人体格结构的特点如何被看作是对环境条件的适应。

适应于任何种类的气候，那就非常奇怪了。我们按照这种方式可以把人类的各民族的起源归因于习惯上的和气候上的差别。

但是，民族之间的差别远不完全是根据这些原因而进行的选择所造成的，性的选择也很重要。在每个民族里形成的或多或少明确限定的身体美的类型，通过一夫多妻制起作用的差别生育率显然会促进这样的类型。肤色的差别在某种程度上代表了对气候的适应，这是显而易见的。这种差别在一定程度上也许可以解释为是由各种美的观念所引起的，但大概还有其他因素参与民族类型的进化。

最近，基思教授对民族差别这个问题做出了有意义的贡献。我们已经提到过无管腺了。据认为这些腺体的功能变化对身体器官有深刻的影响。基思指出，如果整个考虑人类主要民族类型的典型特征，看来这些特征可以归因于不同民族中这些腺体的发育所达到的不同程度。应当看到，这一观点并不涉及民族差别属于后天变异性质这种结论。它只是设想，这些腺体的先天发育在不同民族中有差别，即在一个民族中针对一种腺体的特殊发育有一个因素，在另一民族中有另一因素针对这种腺体的特殊发育。这种观点的价值在于，它表明许多民族的特征可能只是这些腺体的一种或更多种的发育差别的伴随物而已，而对各民族的特征至少目前还没有做出明确的解释。必须设想，一种腺体的发育的一种或更多种结果，对这个民族所经历的特殊条件，不管是气候的还是其他方面的都具有直接价值，而这种腺体的发育的其他后果却并无妨碍。这些其他后果可能在肤色或身体结构方面具有显著的特点，这样，其本身并不具有关系到生存的价值，而只是一些偶然的

特点。

从基思教授关于这个观点的阐述中引证的一些话可以使这一问题更加清楚。他说:"我们比较人类的三种主要种族类型(黑人、蒙古人和高加索人或欧洲人)时,就能够看出,在脑垂体方面最后提到的这种人比其他两种人占有较大的优势。大多数欧洲人鼻部的明显突出、重眉脊趋势、突起的下巴、身材高大的趋势等等,就我们的知识现状而论,通过脑垂体功能可以得到最好的说明。"[①]在提到间质腺大半是次要的性差别的原因之后,他继续说:"我们的意见是,性的差别(雄性性状的强壮表现)在高加索人中比在蒙古人或在黑人中更加显著。我们看到蒙古人和黑人最有代表性的形式是不长胡子的脸和不长茸毛的身体,并且在一些黑种人类型中,特别是在尼罗河流域的部落中,长着像鹳一样的腿,我们似乎看到了间质停止的表现。在结束性生活之后,我们往往看到妇女皮肤变得比较粗糙,外貌显得更像男子。"[②]后来他又写道,证据指明原来人类的肤色是黑的。现在,肾上腺造成色素的清除,并且"毫无疑问肾上腺构成一种机制的重要组成部分,支配人类身体的发育和成长,并帮助决定人类的种族性状。我们知道,一些种族的性成熟期比别的种族早,在头发和色素的发育方面各种族是有差别的。因此,当我们对肾上腺结构获得或多或少完整的知识时,希望能对这些性状得到令人满意的解释,这是合情合理的"[③]。甲状腺对皮

① 基思:《自然界》,第302页。

② 同上书,第303页。

③ 同上。

肤和头发直接起作用，对骨骼也直接起作用。“头骨的基部和鼻子的情况尤其如此，生长的停止主要表现在头骨的基部，其结果是鼻子的根部看来是平扁的并在两眼之间向后靠了，上额看来突起或凸出，面部看来平扁，同下巴的突出比起来鼻梁骨架极大地长低了。我所列举的面部特征是蒙古人面部的典型特征，并且这些特征在较小的程度上也可以从黑人的面貌上看得出。的确，在黑人的一个变体支派——南非洲的布什门人——里，甲状腺脸甚至比最典型的蒙古人更加显著地表现出来。根据我的观点，人们会看到甲状腺——或者甲状腺活动的减少或变更——一直是决定蒙古人和黑人的某些种族特征的一个因素。我知道一个支持这种论点的显著证据。若干年以前在东伦敦死了一个中国巨人，人们一定认为这尸体属于大脑垂体过分活动类型。我认为大脑垂体在欧洲人的面部和体形的形成方面起到主要作用。这一巨人的骨骼已由T. H. 奥彭肖上校整理好并陈列在伦敦医学院的博物馆里。检查这一骨骼的任何人都能看到，显然中国人的一些特征仍然可以看得出来，但脸上的鼻部区域和上眼窝脊已经表现出欧洲人类型的样子。”①

四

如果现在我们转眼去看看原始民族的生活条件，我们就会发现自然选择和差别生育率有朝着保存现有类型起作用的趋势，而

① 基思：《自然界》，第404页。

不是朝着进一步进化的方面起作用。澳大利亚人可能已在他们现在的地方生活了几万年而没有发生任何重大的类型变化。我们有各种理由认为，如果白人或其他民族不同他们接触，他们的民族类型在未来几千年中也仍然会基本上保持不变。如果我们在任何原始民族的正常环境下进行研究，同样的结论也是会站得住脚的。

如果我们看一看淘汰的主要原因，上述情况也就清楚了。所有这些民族记载的严重的儿童死亡率都归因于不经心和弃婴；总的说来，这就必然导致身体虚弱者被淘汰。给初生婴儿在冷水里洗澡这种风俗就似乎打算保证这一结果。一般说来，在成年人中避免气候危害的保护措施极少，必然总是存在某种把那些比较不能经受严酷季节的人淘汰掉的趋势。还有许多因素使畸形和天生缺陷受到剔除。经常杀婴的那些民族，畸形儿童总是被杀害；而从来不是杀婴成风的那些民族，如非洲的班图民族，不正常的儿童也几乎总是被杀死。同样，巫婆的摧毁有产生相同结局的趋势，不过被杀死的儿童比较更常见的是精神状态显著不正常，而身体奇特者则较少。还有，在第二类民族中，比较不幸和较低的社会阶层在较大程度上实施堕胎和杀婴，这也产生了相同的结果，因为在通常情况下，这些民族中比较强壮和比较成功的成员不必在相同程度上推行这些风俗。最后，这些民族的一般生活条件引起身体比较不适合的人不断被淘汰。谈到赛里印第安人时，麦吉说到“虚弱者和无能者的淘汰”，并进一步说：“类似的淘汰过程在美洲土著中是普通的；一帮一帮的流浪人往往在强壮的战士领导下进行艰苦的跋涉，并希望所有的人都能跟得上这些战士，这就导致年

老体弱者被遗弃。”他把这叫作“改进适者和淘汰不适者的无情过程”。

正如以上所述，一夫多妻制的影响必然强化选择活动。在这一特殊情况下，一夫多妻制的一般结果必然是保持民族的一般特征；因为万能的人即最能适应气候和生活的特殊条件等的人，可以这样说，将留下最多的后代。因此，研究前两类民族中一夫多妻制的频繁情况，是有重要意义的。霍布豪斯教授以及与他同时代的作者们研究了这一点。他们把一夫多妻制区分为通常的和偶然的两种；显然很难得出任何确切的数字，但他们的一般结论可以总括表现。在他们所研究的详细分类中，通常的和偶然的一夫多妻制存在于85%—95%的例证中。虽然一夫多妻制的程度和经济阶段之间不存在强烈的关联，但通常的一夫多妻制在本书归于第二类的各民族里增加了。事实上，我们在任何经济阶段的一切民族中都观察到一夫多妻制盛行，基于这些数字我们必须把一夫多妻制引起的差别生育率看作是极为重要的一个因素。

因此，在第一期和第二期似乎有两种趋势在起作用——向变种的进化和向各种类型的保持。变种的进化首先是由于人类的扩散。一旦扩散完成了，停止进步的趋势必然就要开始了。进一步进化的发生主要是由于迁徙，我们还要研究迁徙的后果。变种进化之后，除了迁徙、气候变化和技术进展之外，进一步进化的基础极少，而后两者只是轻微地并且在长期间才能改变环境。人类支配环境只能达到某一点，并使他们在所生活的环境中的地位得到巩固，从而趋向于保持其在不同地方已取得的成果的某些类型。

五

在我们划分的三个时期的第三时期里出现了显著的变化。我们发现这一时期出现了以下现象:这种情况就是在正常的时候,第一类和第二类各民族出现了严酷淘汰那些脱离中间类型的类型的情况。死亡选择变成大部分采取疾病淘汰的形式。[①] 虽然一夫多妻制逐渐不是重要的因素,但差别生育率的其他形式却变得显著了。

我们可以看一看这些变化的主要特征。上一节我们提到各种各样的因素——对畸形儿童的杀害、对待儿童的风俗、对儿童的不经心和遗弃以及一般的生活条件等等,所有这一切都会产生如下的后果:不仅消除畸形,也消除任何脱离。这时,其中的一些因素——就像杀婴——不见了;其他因素的活动,如果有所改变的话,则出现了相反的动向。因为条件没有以前那么严酷了,不仅不太完全适合的类型比以前有更好的生存机会,而且,由于人为的方法,使条件对不太适合的类型和对比较适合的类型也几乎同样有利,因而不适合的类型就极少或根本没有遭到什么不利。让我们举两个例子,视力有缺陷的人不仅没有被淘汰,而且由于眼镜的发明使他们同视力完善的人处于同样好的地位。同样,骨盆狭窄的妇女由于外科技术的进步而得以生孩子,并把她的特质遗传给她

① 关于疾病导致选择性死亡率的证据,参看波普诺与约翰逊:《应用优生学》,第124页及以后。

的女儿。

不应当忘记，虽然选择的强度逐渐减轻了，但因气候和一般生活条件而形成的选择却仍在继续起作用。不过，另一因素在这一时期逐渐具有超越一切的重要意义，这就是通过疾病的选择。业已指示，疾病大致可以区分为寄生虫袭击所造成的疾病和身体结构缺陷所造成的疾病。第三时期发生的选择，大部分由于第一类疾病。前几章提供的一些数字表明，今天多么大一部分死亡是由第一类疾病中的一种或另一种所造成的。上一章已表明，人们对这些疾病中的易感性是有差别的，从而选择的很大一部分是采取淘汰比较易受感染的人，有利于天生免疫的人、有力量抵抗疾病的人和后天获得免疫力的人。因此，发生了对能够抵抗疾病的组织类型逐渐增长的重大鼓励。这种意义的强健组织同原始民族的强健组织未必是相同的。在原始民族中，对肌肉强健、视觉和听觉的完善发展和对气候条件的抵抗给予更多的鼓励。因此，我们必须认为身体进化的整个进程在这一时期发生了变化，以便应付新的危险；而不是沿着从前的路线继续下去，以便更好地同旧的困难做斗争。

这样，选择在这一时期虽然转向除掉那些对寄生虫的袭击易受感染的人，却让那些结构上有缺陷的人活下去，只要其缺陷不一定被认定为是构成易感性的物质基础的诸结构特征。

这一切是大家很熟悉的。但人们往往不大了解，在我们所谓第三时期的中世纪和现代阶段中，一夫多妻制的消失以完全相同的方式在起作用。不过一夫多妻制的消失并不意味着生育选择也不重要了。在中世纪和现代，各种族不同程度地实行了独身生活、晚婚和限制家庭人数。在较早的各期里，由于一夫多妻制以外的各种原因，存在过差别生育率的某种迹象，但只是在中世纪和现代，这些原因才逐渐变得重要。中世纪的宗教性独身生活阶级，其身体性状方面如果有差别的话，在多大程度上同一般人有所差别，那是可疑的。看来这一时期的晚婚导致了较低社会阶级比较高社会阶级生育较少的儿童。因此，就这一时期而论，差别生育率以何种方式对身体性状产生什么重大影响，是不明显的。也许晚婚的最后结果可能是促进较好的血统。

限制家庭人数在现代的后一时期里具有极其重要的意义。据计算，由于人口中某些部分比其他部分更多地实行限制家庭人数，结果是50%的已婚人口提供了下一代的75%。这样，确定人口各个部分的身体性状究竟是否天生有所差别，就变得最为重要了。主要因为我们对环境的直接影响无知，现在还不可能得出任何确切的答案。但是，总的说来人口最多产的部分是身体上适应性较差的那一部分，对此是没有什么疑问的。

但是，必须按照这些事实的正确关系来进行观察。虽然这类差别生育率可能在一些古代帝国的晚期起过作用，但主要只是最近五十年之内现代欧洲国家及其派生国家所特有的一种非常现代的现象。因此，不管它对现代社会来说可能是何等重要的问题，它对整个人类史都不过是影响极小的因素。应当注意到，限制家庭人数的增加不是现代社会的特征。[1]

① 波普诺与约翰逊：《应用优生学》，第Ⅺ章。

六

这就是通过选择和民族内生育率的差别所发生的变化的方向。但变化也通过各民族的冲突而发生，这些变化的性质要求人们有所注意。战争在几乎一切的原始民族的正常生存中起着一定的作用。战争有时是残忍的，如在美洲印第安人中发生的战争，但它大概是相对不重要的淘汰原因。把战争的后果作为选择的因素，对这一点还不容易得出什么结论。总的说来，就身体性状而论，在原始民族中大概有保存身体强壮与健康的人的趋势。但必须记住，投掷武器很早就应用了，正如苏西迪兹所指出的，投掷武器像杀害虚弱的人一样能把强健的人在壮年时代就杀害了。还有，战争的成就很大一部分取决于身体以外的特征，如技术的掌握。所能肯定说的一切是，在第一时期和第二时期战争不是淘汰适者的原因，而在第三时期它成为淘汰适者的原因了。世界各文明国家近来都极其明显地感受到后面这个事实，就不需要进一步加以讨论了。[①]

伴随迁徙而发生的战争可以消灭一些民族。布什门人在入侵的班图民族手中显然处于灭绝的边缘。据此方式，一种特殊的身体类型可能消失掉，而另一类型可以逐渐占有较大的相对优势。

① 关于拿破仑战争对法国人口的影响讨论得很多。哈夫洛克·埃利斯总结了这些事实(《战时论文集》，第 33 页及以后)，看来毫无问题法国人的一般体质下降了，例如，大多数疾病经常发生。

任何程度的民族混合也可以伴随迁徙而发生。历史家对杂交的生物等后果做了许多轻率的说明。人们实际上看到的伴随民族混合而发生的后果,在很大程度上属于传统——这一问题我们在以后一章里将加以讨论——冲突的结果,杂交的纯生物学上的影响可以极大地被掩盖住。把这一点记住,我们就可以简略地提及最近的生物学作品有关这一问题的结论。大致说民族之间有两类可能的杂交。首先是最明显区分开的民族,如黑人和白人之间的杂交。第一代将以显著的形式表现出杂种优势或混血精力。构成混血精力的基础原因最近才逐渐明显。混血精力总是在第一代杂交达到最高峰。但是,精力的增加在以后各代却不能长久维持。此外,每一类型,就像我们现在研究的这些类型,都有一系列的性状结合,这是通过多年的选择建立起来的,并且彼此适合,可是通过杂交这种结合破裂开了。另一方面,通过性状的有利再结合而发生的利得机会是很小的。因此,一般说来,这样杂交的后果是不利的。其次是差别较少的民族之间的杂交。同样,杂交之后将可以看到混血精力。但同前一类杂交的后果有区别,表现在其他的后果可以不是不利的。巨大的变异性可能伴随这样的杂交发生,可是从总体上说还是有利的。有价值的性状再结合也可能出现。这样我们就可以说,只要杂交的民族之间不存在过大的差别,其结果往往在实验遗传学上是有利的;会出现混血精力的好处,虽然这总是暂时的现象,也很可能出现有价值的性状再结合的好处。①

① 伊斯特与琼斯在他们的《同种繁殖与异种繁殖》那本书里总结了与这一问题有关的新近研究成果。

迁徙的重要意义不仅在于它同战争和民族杂交有关，还在于随着转移到新的气候条件而发生的选择。人们已经指出这些变化的性质；据指出，适合一种环境下生存的民族一般照例不能在极其不同的环境下生存。对于同旧环境仅仅稍有差别的新环境，各民族可以通过选择而达到适应。作为欧洲各民族迁徙的后果必然发生过很多这样的选择，大概迁到美国去的欧洲人现在正发生这种选择。例如，都布林与贝克证明了移民进来的各民族的死亡率相差很大，有些民族对于新环境大概比别的民族适应得好些。① 同样，由于工业国家的迅速城市化，选择在现代各民族中可能正在进行。城市条件对一些类型比对其他类型可能更加有利，但人们还没有证明这些变化的方向——如果变化是在进展中的话。

我们可以概括地得出结论说：人类身体结构的巨大变化完成于中间期，那时候种族的分化也可能已经开始了。这一分化在第一期继续进行着，而现代类型则形成于这一期结束之前。但是，第一期和第二期的主要特征是保持已经进化了的类型，虽然这种保持受到迁徙的干扰。迁徙引起一些类型的淘汰、民族混合和进一步的气候适应。最后，现代出现了选择的严酷程度有所减弱——先是有保持现存类型的趋势——和由死亡选择转向建立抵制疾病的免疫性的现象。

① 都布林与贝克：《美国统计学会丛刊》，第ⅩⅦ卷，1920年。但是，正如赫德利卡在一份重要的研究报告里证明的，在美国环境的影响下，并没有或至少没有很快地产生出一个新的民族。赫德利卡研究了老的美国白人血统的一些代表，他们的祖先已经四代在美国了，他总结说，还没有出现任何新的分支类别。事实上，忠实地保持原来移民的特征是这一研究的突出结论。

七

还有与胚种变化有关的其他一两点，我们应当谈到。对突变的起源我们一无所知，但由于突变的最终原因大概必须到某种环境变化中去寻找，所以我们应当记住，由于人类经受无限变化的环境刺激，突变在人类中比在自然的任何种生物中可能更加常见。据认为，胚种组织可以受到一些因素的不利影响，特别是由于酒精的使用。关于这一点没有确切的证据。① 据设想，在父母年岁的差别和子女的胚种组织之间可能存在某种关联。例如，据设想，父母在一定年岁生育的时候，子女就天生比较精力旺盛。就现在所进行的研究而论，并没有确立任何这种关联——至少是没有足够重要的值得在这里研究的关联。换句话说，在一些民族中，年轻男人娶年岁比自己大得多的妻子和老年男人娶年轻的妻子，并没有在任何值得注意的程度上影响这个民族的胚种组织。还有，据说头胎孩子天生要比后来生的孩子低劣。② 这种结论遭到了批评。③ 即使头胎孩子真的比较低劣，但由于他们在所有孩子中的数量优势不会比在其他时期大得多，因此这种低劣并不会在同一时间的或不同时间的各民族的人们之间形成任何差别。

① 关于所谓酒精对胚种组织的影响，一个值得称赞的概括可以在波普诺和约翰逊的著作中找到，前引书，第Ⅱ章。

② 皮尔逊："实践优生学问题"，载于《优生学实验教程丛刊》，第5期。

③ 格林伍德与尤尔：《皇家统计学会杂志》，LXXⅦ卷，1914年。参看皮尔逊的回答"论头胎的不利条件"，见《优生学实验教程丛刊》，第10期。

不应当忘记性状同性状之间的关系。对一个性状的促进可以牵涉到对完全是另一些性状的促进。关于无管腺所说的内容就是一个例子。据设想，易于生病是同色素沉着相关的，并且由于通过疾病的选择，一般的色素沉着的变化正在发生。但确立这一相关尝试失败了。在身体性状和精神性状之间没有发现任何相关，甚至关于智慧和头的体积也是如此，注意到这一点是特别重要的。

八

对人类身体进化的事实和对这种进化发生的条件所进行的概括观察表明，理解这种进化如何发生比理解任何其他生物品种如何存在至少没有更多的困难。假定突变是已知的，则选择和差别生育率的活动可提供一个一般令人满意的解释——虽然距离理解任何一个特殊的变化是如何发生的可能还很远。事实上，试图对其他动物的进化得出令人满意的解释比研究人类会遇到更大的困难。沿着特殊的组织线索（如哺乳类动物的牙和角）的进化就会引起一项困难，似乎在我们目前的知识状态下也许要有这样一种假定，即不时有在同一方向继续发生突变的趋势。在人类身体进化方面却不会发生这样的困难。

人们业已提出，有机组织进化所采取的途径的有关事实要求这样的假定：大的突变已不时发生，并把自己确立为品种。毫无疑问，在我们所知道的动物类型品种的进化过程中，大的突变的确发生过并把自己确立为品种，而且，在人类中也可能发生同样的情况。但是，没有任何理由可以认为人类任何个别变化的起源是由于大的突变。业已表明，白人的染色体数与黑人的不同，并在这一陈述的基础之上提出，一种人种是由另一种人种突变出来的。但是，这种说法显然是基于错误的观察。还有，人们提出矮小类型的黑人是突变出来的。但据观察，刚果的巴·特尼矮小黑人在三代以前就离开了森林，安居在布桑果附近，开始从事农业，现已变得高多了。据说通婚与问题无关，因此我们会设想，新的环境促进了较高的类型。[①] 假如这是事实，如果较高的类型在一种环境里能够逐渐地被选择出来，那么，较低的类型在另一种环境里就可以同样被选择出来。

截至目前，历史的解释都要在胚种组织的变化中去寻找，而且所发生的变化同自然中生物的变化是全然可以相比的，虽然人类由于更为多变的环境，其外表差别比同人类密切相关的生物可能更常受到环境的影响。

① 李奇微，前引书，第 18 页。

第十八章　精神性状的进化

一

我们在探讨人口质量的变化在多大程度上说明第六章中提出的事实时，就立即看清楚了重要的问题集中于精神性状。现在我们对胚种组织中提供些什么和对通常情况下环境的影响都已得出一些概念，从而就能够更深一步地研究主要的问题了。三个问题摆在我们面前。首先，我们必须对任何时期所达到的精神进化阶段的事实加以研究。这涉及既要对人类以前的祖先同旧石器时期人类之间的悬殊程度做出估计，又要对人类主要生命类型的精神特征差别加以分析，这些类型大致可以认为是代表在三个主要时期里所达到的阶段。其次，我们必须探讨能否说明这些事实，这涉及对选择、差别生育率和可以有助于解释胚种组织变化等其他因素的研究。最后，我们必须探讨所发生的这些变化在多大程度上是和人类史的主要特征相关的。

对一个民族所达到的精神进化阶段和其他民族所达到的相比拟的阶段做出估计不是一件容易的事情。首先，除去环境的直接影响是有困难的。我们发现气质对环境影响特别敏感。气质又以极其重要的方式影响其他精神性状的功能发挥。庞尼特教授说，"有效智能"大部分是气质问题，而气质又十分可能决定于身体各种组织所产生出来的各种分泌物。不同的肝脏同相似的神经系统结合在一起，可想而知就能产生出不同的个人，根据他们的智能世人会做出极其不同的判断。① 但是，除了这一困难和疾病的影响之外，环境中其他因素大概不可能对气质或者对智力有任何显著的影响。

业已指出，还有更加严重的困难。这种困难出于这一事实：日常生活中表现出的精神官能为传统所掩盖并为习惯所形成。研究任何身体性状都没有困难。把四肢和它们所使用的工具划分开总是可能的。在精神性状方面，要实现官能和工具之间相应的划分往往极其困难。表现在日常生活中的人类精神特征，代表着后得的东西同一定基础的结合。所谓基础意味着环境刺激作用于素质的结果而发展出来的东西。因此，一切精神官能的基础严格地说同身体性状是可以比拟的。日常生活中表现出的精神性状代表着这一基础同传统的结合。这不仅适用于智能，也适用于本能。本能的表现取决于传统把本能引进的渠道和传统为本能提供的出路。

试图估计任何时候所达到的精神性状的进化阶段，我们必须尽可能酌量减除把精神性状的表现弄得模糊不清的一切事物。可以试着通过几种不同的方法去做这种估计。对白人与黑人这样不同的两个种族所表现出的精神性状发展的程度，人们将发现有可

① 庞尼特：《孟德尔主义》，第 208 页。

能得出相当确切的结论。但对白种人的不同支派这样更加密切相关的民族之间的差别的研究，却出现了更加困难的问题，我们通过这些方法研究它们将不会有获得多大成功的希望。而且，当进一步研究导致不同类型的进化的变化原因时，我们将更加强烈地感受到这些困难。因此，虽然在这一章我们对较早时期精神变化的性质、原因和结果将得出一些结论，但我们将发现，由于所提到的困难，在我们研究传统的重要意义之前，对较晚时期我们不能得出任何结论。这样，我们就有必要暂停这一研究，并在以下两章转而研究传统。只有进行了这一辅助研究之后，我们才能完成对胚种组织的变化在影响精神性状方面所起作用的估计。

二

从化石残遗的研究可以得到的关于精神发展的迹象，当然是极其模糊的。尽管如此，化石残遗却关系重大。在第一期的后半期，也就是说在上旧石器时代，我们所遇到的人类类型的大脑容量和脑筋构造，就根据大脑所能做出的判断而论，同现代人比较起来在智能方面并无任何差别。必须强调指出，这是比较智能的一种极其粗糙的方法。但是，根据这样的观察可以做出一些推断，并且可能发生下述情况：按照我们今天鉴定差别的办法，克罗马尼翁人和现代欧洲人的智能之间也许已经存在显著的差别，但是从整个人类进化着眼，我们却不能不得出这样的结论，即到第一期末为止，在人类学会用渔猎以外的方法维持生活之前，就已经走完了从我们人类以前的祖先到欧洲人的状况这一旅程的很大部分。这是一个极其重要的推断,因为智能的进展和技术的进展并不是携手并进的。

我们但愿能够做而现在却做不到的事情是,追溯上旧石器时代人类祖先的大脑容量和脑筋形态的进化。但我们所占有的全部中旧石器时代的材料却是特殊的尼安德特类型的代表。这种类型显然是绝种了。根据大脑容量判断,尼安德特人的智能必然是相当发达的,大概不次于澳大利亚人。如果原始人归于下旧石器时代,那么,这是我们占有的这一时期的唯一大脑。根据脑筋构造而不是大脑容量来判断,原始人的智能显然大大小于尼安德特人和现存人类任何其他类型的智能。类人猿一定是出现在旧石器时代之前。的确,类人猿可能使用甚至制造了极其原始类型的工具。就能够做出的判断来说,值得指出的是,在脑壳容量方面类人猿大约介于现代人类和假设的祖先的中间。如果我们对这一困难点必须做任何推论的话,那么设想类人猿的智能通常大约介于现代人和人类以前的祖先的中间,这是合理的。

基于这一证据,我们得出的画面的大致轮廓如下。至少可以说,早期旧石器时代人类的智能发展已经达到人类以前的祖先的智能发展和现代欧洲民族的智能发展之间的中点上。早期旧石器时代人类几乎必然前进得更远一些,也许远得很多。关于旧石器时代的人类,我们仅仅对一个绝种的类型知道一些具体情况,这个类型的智能虽然相当发达,但大概没有达到上旧石器时代类型的同时代的祖先们的智能水准。对后一类型我们仍然一无所知。上旧石器时代类型的大脑容量和其他特征同现代人类没有表现出根本的差别,但必须记住,由于大脑容量只是一个粗略的指南,因此可能存在过智能上的差别。

三

为了对第一期和第二期达到的精神进化阶段得出更加确切的观念，我们必须求助于原始民族所提供的证据——正如我们曾经做过的那样——以补充我们对旧石器时代人类社会习惯的知识的不足。

试图对原始民族同现代欧洲人相比的智能发展得出某种观念，至少有三种方法可用。首先，人们记下了多次的观察与印象，在许多情况下这些人长期同原始民族生活在一起，从而有判断他们的特殊机会。其次，人们已经试图用过比纳—西蒙法来计量这些民族的智能，我们可以看一看其中的一些成果。最后，在世界上的某些地区，若干世代以来白种人就和有色人种在几乎相同的条件下比邻生活，而几乎所有的传教士都得出这样的结论："开始教学时，在黑人孩子和白人孩子掌握教学内容的能力之间几乎不能发觉任何差别。黑人孩子的记忆力如此之强，他们的感觉如此之敏锐，以致在阅读、写作、绘画、地形学和地理学等方面，最初甚至超过白人孩子。"[①]几乎所有的观察都同意，到了某一点时土著孩子的能力就停止发展了。因此，史密斯说："黑人孩子具有敏锐的感觉、迅速的理解和令人惊奇的早熟，但他在刚刚达到这样一点之

① 西蒙：《澳大利亚丛林》，第 78 页。

前就停止了：从这一点前进一步就会导致他的精神性状的完全改变。”[①]马修说：“在学校里人们看到土著孩子同欧洲人生的孩子学习得完全同样容易和同样快。”他还说：“欧洲人的智力发展的幅度好像几乎是无限的，而黑人的智力发展很快就达到了它的极限。”[②]

根据曼的意见，安达曼岛人到了12岁或14岁，就具有“文明民族中普通中产阶级儿童同样的智力”；他进一步引证另一位观察家的成果，这位观察家发现这些人“脑力活跃”，现在他们又几乎在平等的基础上一起竞争，从而我们可以看一看这些地区对他们各自智力的当前舆论。

关于澳大利亚人的一切证据，人们一致认为他们具有相当高的智力水准。托马斯说：“大多数观察家都同意，直到发情的年龄，也许时间还要长些，他们有获得知识的异常便利条件。”[③]谈到维多利亚的土人，史密斯写道：“学校里培养起来的黑孩子学习得很快，在理解、记忆和分辨的能力方面，他们同欧洲人的孩子至少是一样的。传教士F. A.哈格诺牧师是个能力很强的绅士，他管理惠灵顿湖的土著居民点。他报道说，政府督学进行的考试表明，他所教的土著学生同白人学生是完全一样的。他在最后一个报道中说，他的学校里整个第五班都通过了标准考试(公立学校里为孩子们规定的标准考试)并且都领到了毕业证书。”[④]斯皮勒搜集了大

① 史密斯：《维多利亚土著》，第Ⅰ卷，第22页。

② 马修：《老鹰与乌鸦》，第78页。

③ 托马斯：《澳大利亚土人》，第25页。

④ 史密斯：《维多利亚土著》，第Ⅰ卷，第22页。

量这样的观点，[①]西蒙说："查看一下有机会教授澳大利亚土人孩子的传教士的记载，那里的人们并无缺陷；在他们的野蛮状态下，说得恰当一点这种脑力处于潜在的和未使用的状态。"他还提出这样一个例子："一个12岁的土著病人，上过罗斯孤儿学校，他在这样幼小的年龄已经能够流畅地阅读英文和奥尔杜文，也能说和写这两种语言，还保持了对本地语言的知识。此外，他还知道相当多的数学知识。我可以补充说，这不是一个例外的情况，因为我可以举出别的例子，特别是有个男孩还超过了他。"[②]我们可以举出许多与此相类似的观点。例如，耶稣会传教士贝格特认为，加利福尼亚印第安人的智力很好。"像其他人一样，他们是有理性和理解力的，他们的愚钝不是天生的，而是习惯养成的后果。我的观点是这样的：如果他们的男孩子被送到欧洲的神学院和大学里，他们的女孩子被送到年轻妇女们受教育的女修道院，这些孩子们会在一切方面证明同欧洲人学到的伦理学和实用科学与技艺是一样的。"

对第二类民族进行观察的人其观点都极其相似。我们可以提供一些典型的观点。谈到赞比西河流域以南的班图民族，西阿尔说："在教会学校里，人们发现少年儿童能跟得上白人父母生的孩子。的确，在某些方面他们显得还要强些……而当白人青年仍在继续发展他们的能力时，有许多例证表明班图青年却不能取得进一步的进展。他们的智力变得迟钝了，并在学习更多的东西方面

① 斯皮勒：《澳大利亚土著的智力》，见《社会学评论》，第Ⅵ卷。

② 曼：《人类学会杂志》，第Ⅻ卷，第95页。

表现出确定的退化——如果不是不能学的话。最初他们的智力增长是极有希望的，但是正当欧洲人的智力表现出最大活力的阶段时，他们的智力增长却停止不前了。”[①]他后来又说：“大多数人的强烈愿望是在他们的国家已经变更的条件下尽可能像他们的祖先那样地生活，利用白人的少数最简单的文明利器并利用白人的保护来反对敌人，但要避免白人的习惯并杜绝白人的观念。同欧洲人比较，他们的成年人在想象力和信念的单纯方面往往是幼稚的——虽然一个人可以具有成年人的智力。”[②]关于上刚果的班加拉人，威克斯说：“直到十四五岁，男孩子和女孩子，特别是男孩子，接受能力很强，教起来很容易；但在这一年龄之后，极少数人在学习方面取得过什么真正的进展。”[③]这种情况应当部分归因于，到了这一年龄，其他的事情占据了他们的注意力——为他们自己做工作，到处找妻子等等。但特别由于这一事实：到了这种年龄，他们学会了他们的父辈必须教给他们的一切东西，从此以后就要过日常的安定生活了。关于中非各民族的人们，约翰斯顿说道：“他们的智力通过本地的训练没有得到很大发展，但我可以肯定，在现在这一代人身上可能性同一般的印第安人一样大；而且的确难以说出在几代的教育之后他们会变成什么样子。一个野孩子被送到学校，教他读几个月的书，随即就能成为熟练的印刷工或电报员甚至记账员，我认为这个路子是真正值得注意的。小男孩们比成年

① 西阿尔：《非洲的黄皮肤和黑皮肤民族》，第264页。

② 同上书，第265页。

③ 威克斯：《人类学会杂志》，第XXXIX卷，第131页。

男人要锐敏和机灵得多。少年进入青春期，会毫无疑问出现智力发展停顿的趋势。”[①]人们把这后一种趋势归因于对两性问题的注意。这种发展停顿是关于这些民族的精神性状的一些描述中的一个特征。但是，朱诺德倾向于认为这些描述总的说来是夸大的。[②]为了使我们能够对这一点得出这样的结论，可以提出少数进一步的引证。埃利斯描述了多哥兰的埃维各民族，提到当地儿童比欧洲人早熟的情况，并且说：“在青春期，肉体的要求支配了智力，并往往使智力完全停顿。”[③]巴姆巴拉儿童“是很早熟的，在青春期以前往往聪明得出奇。但是，在青春期之后他们就变得异常呆痴，这大半是由于性生活过度和不断酗饮棕榈酒而造成的后果。”[④]谈到葡属东非洲的土人，莫姆提到早期表现出的巨大聪明和看起来有出息；关于以后的阶段，他说他曾“一次又一次地亲眼看到，在年轻的男家仆中由少年接近成年时所发生的突然而令人惊奇的变化。聪明和主动性消失了；他们以最荒唐的方式执行他们的职务；他们记不住最清楚的和最简单的指示，并且常常未经许可就离开了”。[⑤] 就刚果的土人来讨论这一课题，威克斯说：“若干世代以来，十四五岁的男孩子就学会了他们的父亲在捕鱼、狩猎、建筑、划船等方面所要教给他们的一切……这样，若干世代以来他们的智力在上述年龄就达到了充分的发展。现在我们必须帮助他们越过

① 约翰斯顿：《英属中非洲》，第 408 页。

② 朱诺德：《南非洲部落》，第 100 页。

③ 埃利斯：《埃维各民族》，第 9 页。

④ 陶戴与乔埃斯：《人类学会杂志》，第 XXXV 卷，第 268 页。

⑤ 莫姆：《葡属东非洲》，第 268 页。

这个关键阶段。在一些人身上要做到这一点是极其困难的;但在另一些人身上我们能够做到这一点,并且在这样的情况下他们能够取得的智力进展是无限的。在许多情况下,他们掌握了很好的法语、葡语和英语的工作知识,能说能写,并且,机会越多,就会有越多的少年取得如同他们的朋友和老师会鼓励的那样的智力进展。"[①]布赖恩特对南非土人有广泛的经验,他通过确定公认的意见来总结他的印象:土人男孩子早年如果有什么优越,那就是比同年的欧洲男孩子优越,可是到了青春期他的智力进展就停止了。他认为,生活在大森林里实际上没有受到任何锻炼的波尔男孩子,如果低能的话,那么就比非洲男孩子低能。他补充了这样的事实,即开始学习早的非洲孩子不像开始学习晚的孩子那样表现出相同的停止发展。但是,即使非洲男孩很早就受教育,后来也会被欧洲男孩超过。他说,我们还发现"在南非洲土人有机会到欧洲或美洲的一所大学里受教育的每个例证上,这些土人毫无例外地能够比得上他们的白人对手,并像白人那样成功地通过在法律、医学和艺术等方面相同的考试"。但是,他补充说,这样的人可能是作为特别适于通过深造得到好处的人而挑选出来的。[②] 奥利维尔总结他对这一问题的观点时说,不可能"认为这样的概括是正当的,即有什么特殊的人类功能,有色人由于他们的非洲血统关系就不能履行这种功能。在人类活动的许多范畴里,我们可以认为黑人和有色人照例达不到白人的正常水准,并且打起交道来是困难的和令

① 威克斯:《刚果的野蛮人》,第 76 页。

② 布赖恩特:《优生学评论》,第Ⅸ卷,第 47—49 页。

人沮丧的。但在其他范畴里他们的天赋比一般白人却要好一些，不仅具有有价值的人类素质，而且还具有表现这些素质的才能与执行能力”。①

人们从非洲民族的记载中也得到了证据。关于第二类的所有民族能够提出极其相似的证据。但是，这样做并没有什么意义，因为这样的证据只是上面提出的类似观点的重复。在试图分析这一证据之前，我们可以看一看从其他方面取得的证据。

四

近来进行了许多研究来检验现代欧洲人的儿童和原始民族的儿童的相对智力。所使用的方法叫作比纳—西蒙法，它主要是这样组成的，即让孩子们经受多次仔细准备的实验，根据这些实验的总结对每个孩子的智力进行估计。这些观察中一些最有教益的观察是在美国进行的，那些白人孩子和有色人孩子接受极其类似的教育。我们可以描述一下斯特朗小姐在那个国家里所进行的一次研究结果。她对属于两个学校的225名白人孩子和属于一个学校的125名有色人孩子进行了实验。对每个年龄有一个智力的标准程度，这样，根据每个孩子究竟是达到、超过还是低于这个智力的标准程度就能够给他划分等级。这一特殊研究的结果总括在以下这张表里：②

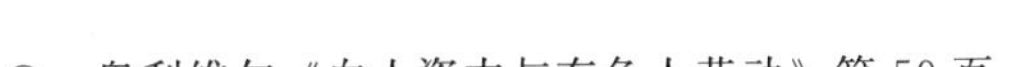

① 奥利维尔：《白人资本与有色人劳动》，第59页。

② 斯特朗：《教育学学校》，第XX卷，第501页。

	有色人孩子	白人孩子
落后一年以上的	29.4	10.2
令人满意的	69.8	84.4
先进一年以上的	0.8	5.3

有色人孩子的低能表现在所有年龄上，由下面这张表可以证明：①

	落后于年龄		适龄		超过于年龄	
	白色	有色	白色	有色	白色	有色
6 岁	19.4	40.0	30.6	33.3	50.0	26.7
7 岁	13.9	39.4	61.1	58.8	25.0	11.8
8 岁	18.5	23.0	55.5	38.5	26.0	38.5
9 岁	32.2	71.4	41.9	21.4	25.9	7.2
10 岁	55.1	75.0	27.6	12.5	17.3	12.5
11 岁	34.6	43.7	42.2	50.0	23.1	6.3
12 岁	67.5	77.0	32.5	23.0	—	—
	34.5	51.4	41.2	33.9	24.3	14.7

斯特朗小姐就这些结果写道："这似乎可以推导出有色人孩子在智力上比白人孩子幼稚的结论。令人满意的一组中有将近15%的差别，落后一年以上的差别将近三倍，而先进一年以上的有色人孩子少于受调查人数的1%。有色人学校的学习过程同白人学校里的学习过程实际上相同。我们不能说在多大程度上这种差别是由于民族的优劣，在多大程度上是由于家庭环境的差别；但这

① 斯特朗：《教育学学校》，第503页。

绝不是由于学校训练的差别。”①

人们对用这一方法进行的智力估计所具有的重要意义做了某些有分量的批评。除了注意以下这种情况以外，我们不必为这些批评耽搁时间：虽然一般说来，只要孩子们使用相同的语言，智力工具就是相似的，但在白人孩子和黑人孩子之间的后得习惯上却可能存在相当大的差别，而这就会影响他们对实验的反应。对这种特殊的调查研究方法，人们还进行了具有某种重要意义的进一步批评。这些实验完全是由白人考试员进行的，很可能有色人孩子不能像被本民族的成员考试那样同样立刻做出反应并同样顺利地表现自己。因此，有理由怀疑有色人孩子可能没有和白人孩子处于同样有利的条件下，且不说可能以相同方式影响这一结果的任何民族偏见。这种结果并不对有色人孩子很有利，看来这一点无论如何是可以肯定的。

波普诺与约翰逊总结了几个类似的研究结果。他们写道：“到目前为止，对黑人与白人相对智力所进行的最仔细研究，是小G. O. 弗格森关于里士满、弗雷德里克斯堡、纽波特纽斯以及弗吉尼亚等地学校里486名白人学生和421名黑人学生所进行的研究。”所用的测验要求较高“功能”的使用，并尽可能（主要是根据皮肤颜色）确定有色学生身上的白人血统数量。共分为四组：纯黑人、3/4的黑人、1/2的黑人（黄褐色的人）、1/4的黑人（白人和黑白杂种人所生的人）。据发现“纯黑人获得的分数为白人的69.2%；3/4的

① 《教育学学校》，第501页。关于美国黑人在无能的情况下劳动，参看布克·T. 华盛顿：《黑人的故事》，第Ⅱ卷，第114页及以后。

黑人获得的分数为白人的73%;黄褐色的人获得的分数为白人的81.2%;白人和黑白杂种人所生的人得到的分数为白人分数的91.8%"。这就证实了许多观察家的信念,即有色人的能力是和他所有的白人血统的数量成比例的。①

亨廷顿在总结对这一问题的评论时写道:"据我所知,每一次大规模进行的测验都表明白种人智力的优越性,甚至当两个民族具有相等机会时也是如此。例如,在华盛顿,有色人孩子在学校读书的时间完全同白人孩子一样长;可是他们在学习上没有多大成就,他们没有达到很高的等级。梅奥与勒拉姆发现,在南方城市里各个民族所受的教育基本上是相同的,可是白人孩子的升学率比黑人孩子的要高。而且,这种差别似乎随着年岁而增长,这就表明一般的有色人孩子不仅在一切年龄的智力发展上低于一般的白人孩子,而且在较早的年龄就停止发展了。在纽约的中学里,梅奥对平均分数的检查表明了白种人的优越性。到儿童升高中时,升学过程淘汰有色人孩子的比例比淘汰白人孩子的比例要大得多。这样,在中学里黑人孩子形成特殊选择出来的一群,他们对他们的民族的一般水准的优越性,比高中里白人孩子同其余的白种人相比时的优越性要更加显著。但是,白人孩子的平均分数显然高于黑人孩子的。"②这里又像斯特朗小姐的调查那样,条件在某种程度上对有色民族不利,这是有可能的。

---

① 波普诺与约翰逊:《应用优生学》,第288页。

② 亨廷顿:《文明与气候》,第12页。

五

求得智能上相对程度的某种迹象的第三种方法是，看一看若干世代以来两个民族就生活在大概类似条件下的地方发生了什么情况。亨廷顿写道："比较两个民族的最好地方之一就是在巴哈马群岛。"基于我们以后将提出的种种理由，形成"穷白人"的过程在巴哈马也许比在几乎任何其他盎格鲁-撒克逊社会都走得更远些。白种人口中的一部分和其他地区的该民族一样，但大部分显然是退化了。请看一看他们的激烈的和顽固的语言、他们的瘦脸蛋和下陷的眼睛、他们的浅黄皮肤和他们无生气的工作方式吧。虽然有民族的偏见，但在巴哈马没有真正的民族界限。带有或多或少黑人血统的人是地位最高的、值得尊敬的占有者，并在高级社交界里普遍得到承认。英国政府给黑人以一切可能的机会。这种情况可以根据一个"穷白人"水手的陈述加以判断，他对我说："你要知道为什么我爱南方各州胜过我爱北方各州。这是因为它们恨黑人而我也恨黑人。在这里他们为黑人做一切事情而不为白人做一件事情。这是怎样的一个地方？不得不进监狱就够坏了，而一个白人被黑人警察逮捕到那里就更不好受了。"在一个巴哈马村庄里我看到黑人姑娘在财团公共学校教白人孩子。在同一村庄里，许多白人领袖都缺乏读和写的能力。

当他们是小孩的时候，他们的父母不愿意把他们送到学校里和黑人在一起。骄傲的白人在鄙陋无知中成长起来。今天同样的事情在发生。我访问了两个村庄，那里的白人孩子缺课，因为他们不愿意到黑人老师那里就学。这些白人孩子的家简直不比他们的有色邻居的家好多少，他们的父亲被一起干活的黑人们叫作“吉姆”和“杰克”。民族偏见显然对白人比对黑人起到更大的危害作用。就职业而论，没有任何差别，因大家同样耕地、开船和采海绵。

“当木材工业推广到这个群岛的时候，黑人和白人对于伐树和把树变成木材所涉及的各种各样工作同样是无知的。经理人不管是谁做的工作，只要做了就行了。他们要求三件事情：体力、驯服或忠诚、脑力。他们很快就发现，在前两项上黑人是优越的。有权力的人（主要是美国人，也有一些比较能干的本地白人）常常告诉我，如果他们需要一班人装船或类似这样的事情，他们总是宁愿要黑人。穷苦的白人比有色人更懒。穷苦白人不太健壮，但骄傲而易发怒。如果其他情况一样，则黑人更受欢迎，但其他情况并不是一样的。就是夸奖黑人的那个人也补充说：‘但是你不能用黑人做所有的事情。他们似乎学不会一些事情，他们不知道如何领导一项工作。’工资表反映了这一情况。即使黑人受到了欢迎，但被雇用的400名黑人平均只赚到大约为57名白人平均赚的钱的60%。如果我们只就57名最能干的黑人说，他们的平均日工资仍然只有本地白人工资的88%。这种差别纯粹是脑力问题。尽管白人可以是无知的和没有效率的，他们受到的训练也不比黑人多，尽管他们的父亲和祖父的处境并不好，但白人继承了机智和主动性，这些优点一有机会就表现得很清楚。”①

① 亨廷顿：《文明与气候》，第14页。

六

根据这些各种各样的证据，我们能够得出什么结论呢？让我们首先探讨一下我们应当如何看待黑人和现代欧洲人之间的差别。在天生的智力方面似乎没有显著的差别；说得恰当一点，差别在于性格和气质。白人有主动性、独创性和领导能力且多才多艺；黑人有谦恭、忍耐、忠诚和自我牺牲的精神。观察家们谈到黑种人在自己的国家里所达到的高度智力发展，他们的意见是非常一致的。其中某些点是有价值的。显著的停止发展同以下这些情况有关：在一定的年岁上专心于实际的事情，专心于部落的风俗与习惯，热衷于性生活，以及热衷于在已经改变的条件下尽可能仿效他们祖先的榜样，安居下来过正常的夫妇生活。以上引证的几段话强烈地表明，我们在这里所看到的情况是由于需要青年人的全部感情和兴趣的当地传统的力量让他们脱离开那些令其感到新奇与生疏的训练。换句话说，这一停止不可能全是这种智力的一种不可避免的后果，这个后果是作为一种特殊的传统在起作用的后果遗传下来的。这个结论得到下述事实的支持：当在非洲教育开始得早些而且打破本地传统时，停止就比较不明显了。此外在美国，这种停止就更不明显了，虽说还能检查出这种停止。这样，结论似乎是，虽然同欧洲民族比较起来可能存在智力发展在较低的阶段就停止的某种趋势，但根本不像对南非居民的观察那样乍看起来表现得那么明显。

所引证的证据主要来自对黑色人种的观察。在这里说明以下

这一点就够了:关于第一类和第二类包括的其他民族的智力发展所知道的情况导致了这样的结论,即在这些民族之间虽然存在着差别的迹象,可是这些差别并不是显著的,而且,像澳大利亚人这样显然低下的民族同欧洲人的差别程度,无论如何也不比黑人同欧洲人之间的差别程度大很多。

还要探讨的是,这一证据在多大程度上补充了得自化石残余研究的证据。根据任何原始民族的智力发展的一般水准同现代欧洲人的距离,并不比黑人在这方面同现代欧洲人的距离更加显著得多这种事实判断,似乎我们必须承认上旧石器时代人的平均智力发展程度至少是和黑人相等的。而且只有假定中旧石器时代里的上旧石器时代人的祖先的智力也相差有限才是合理的,因为我们必须认为尼安德特人的智力程度比澳大利亚人相差有限——如果有差别的话,而中旧石器时代里的上旧石器时代人的祖先比尼安德特人优越,他们显然把尼安德特人消灭了。对下旧石器时代人的情况我们所知道的要少得多。例如,我们不知道他们是否埋葬了死人。但如果我们考虑到他们制作和使用多种多样的工具,又鉴于我们得出的一般结论的性质,则认为他们的智力程度也和中旧石器时代人相差有限是合理的。

我们的结论只能是暂时性的,但是我们占有的这些迹象都指示了同一方向。似乎智力进化的大部分进展在悠久的旧石器时代就完成了。那些现在的原始民族在受到一切应有的保留和条件限制下,可以认为在精神性状和身体性状方面代表旧石器时代的民族,它们同现代欧洲人的差别在于气质而不在于智力。现代人之所以区别于人类以前的祖先,在于智力的增长而不在于其他精神官能的增长，看到这一点是很重要的。

七

我们可以再按上一章一样的程序进行探讨。我们可以回忆人类在中间期和远古期所经受的一般条件，探索精神性状的进化如何受到这些条件的影响。我们可以进一步探索原始民族的生活条件在什么程度上和在什么方向上影响精神性状的选择，因为在通常情况下我们可以假设同样的影响在史前民族中起作用。关于中间期，我们必须记住，它比旧石器时代工业兴起以来所经历的时期还要长得多，也许要长好多倍。在这一时期里，人类（从树上）下到地面上来，如果没有扩散到每个大洲的话，至少也分布到世界的地面上很远的地方，并终于支配了一切其他生命组织，这一点是任何其他生物从未做到的。显然，人类是通过智力而且只是通过智力才取得了这一成果。人类并没有发育出任何其他攻击手段或防卫手段，而是以智力取胜。

一般要理解这种情况怎样发生是可能的。首先，人类以前的祖先对于这一发育处于有利的地位，因为他们是一般化的类型而不是分化了的类型。一旦身体结构的分化开始了，就像在似人的猿类中开始的分化那样，对于像发生于人类的这一发育就有两种障碍。为了应付一个特殊的环境而发生的身体结构的分化，使身体相对不能适应于可以发生的环境方面的任何变化。而且，除非身体具有能够立刻被用来执行各种功能这种性质，否则智力就不能表现自己。我们只要想到大多数哺乳动物分化了的前肢和后肢，就可以理解身体在这些情况下在为智力服务方面成为多么拙劣的一种工具了。

在这些有利的条件下，进化采取了这一重大的转变。既然人类以前的祖先的生存几乎完全依靠智力，我们就能够理解智力的发育会如何受到高度的重视。有理由设想人类以前的祖先是按照一夫多妻制的家庭群居的，从而差别生育率强化了选择。当然，任何时候也从未有过只是单一因素在支配选择；虽然毫无疑问智力在选择中是主要因素，但正如我们所看到的，气候和其他因素也在起作用，引起了我们观察到的身体结构方面的那些变化。

毫无疑问，人类祖先的各种本能同其他哺乳动物的本能是一样的，同我们在一些低级类别的动物中看到的本能比较起来是属于一般化的类型。趋势是使这些本能变得甚至更加一般化，虽然整个说来它们的力量一点也未减弱。例如，逃避的本能，尤其肯定和蛇有关，人类祖先有时想必有受到蛇的攻击的危险，这种情况看来是可能发生的。我们做此假设，是因为我们偶然还遇到这种逃避本能的分化仍然在其中存在的一些情况。逃避的本能还会变得完全一般化，是被一般的条件所引起而不是被特殊的事件所引起。如果认为人类祖先以家族为单位群居这种猜想是正确的，那么为了争夺家族的领导权必然会发生不断的斗争，于是我们就可以得出好斗的和自信的本能受到了支持的结论，并且我们也可以得出其他一些类似的推断，但在估计这些推断时，必须记住我们大都是在假设和猜测中进行的。有一件事情是我们可以确定无疑的，即对智力的重视。

八

中间期终于让位给被原始类型社会的起源所标志的时期，这种类型是由严格的风俗把人们联结在一起这一事实所规定的。对风俗的服从涉及对冲动的很大控制。在这类社会能够兴起之前，智力进化必然已达到更高的水平。

让我们研究一下这意味着什么。首先，正如我们所看到的，人类在世界上的地位取决于智力，这说明在中间期是人类的智力进化达到了相当高的水平。当达到这一水平之后，下一步就可能实现了。这时要做的事情是，人类应当能够享受社会合作的好处。法律对实现这一目标是必要的。麦克杜加尔引证白芝浩的话说："法律，严格的、确定的和简明的法律，是早期人类首要的东西；这是他们超乎一切其他东西之上所需要的东西，是他们能取得任何其他东西之前所必要的东西"，而且"在古代，管理的数量比质量重要得多。需要的是把人们联结在一起的全面规则，使他们做相同的事情，告诉他们彼此之间希望做些什么，使他们成为彼此相像的人，并让他们保持不变。这一规则是什么并没有多大关系。好规则比坏规则好些，但坏规则比没有好规则好些"。[①] 人应当默认社会所强加的包括谨慎在内的种种限制，因为这对那些引起违反风俗的冲动可以起抑制作用。害怕不过是一种幼稚的感情，而谨慎却意味着更多的思想内容。它涉及"深思熟虑的能力和自觉地权

① 麦克杜加尔：《社会心理学》，第 284 页。

衡各种动机”。[①] 为了使社会可以确立起来，就要求智力向前进化，并且，由于社会的确定所得到的好处是如此之大，对于这方面的进化必然受到极大的重视。

这样，历史上第一时期的开端标志着在智力进化方面胜利地完成了一步，把人类提高到高于中间期所达到的阶段。看到以下这一点是很重要的：我们所知道的一切原始民族都是已经完成这一步的人类的代表。因此，就他们的智力能够帮助弄清楚人类的智力进化而论，乃是在所描述的社会组织的进化之后而不是在此之前所达到的进化水平。

现在我们可以看一看原始民族的典型条件，并探索这些条件如何影响精神性状的选择。我们发现，原始社会的严格规则是极其明显的，为了维持社会组织必须绝对服从这些规则。遵守这些风俗是极端重要的；我们可以附带地记住，除非遵守这些风俗，否则就无法形成近似最适宜的人口。因此就产生了这样一种趋势，凡表现出同适当地有助于维护现行传统不相容的那些特性将被淘汰。这样的特性就是与一般的任何显著的智力发育或气质发育相背离的。不遵从的人是不相容的。不管一些发育对个人可以如何有利，因为保持个人所属团体的完整的重要性要重要得多，所以这样的发育是不会受到赞许的。这样，正像在身体性状方面那样，一般趋势总的说来是不利于进一步的进展，而趋向于保持那些已经达到原始民族所特有的情况的类型。并且应当注意到，身体性状总的说来适应于物质环境，而精神性状总的说来则适应于传统环

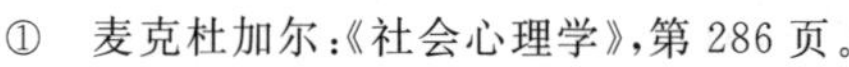

① 麦克杜加尔：《社会心理学》，第 286 页。

境。人类根据社会组织的需要而受到选择，并且随着传统数量的增长也根据人们接受传统的能力而受到选择。

难以指出明显地有助于精神性状进一步进化的任何因素。阅读斯潘塞与吉伦两位先生提供的关于澳大利亚人日常生活与风俗习惯的值得称赞的记载，或者关于一个进步得多的民族——婆罗洲部落，正如霍斯先生与麦克杜加尔先生所描述的——的记载，我们的确看到了对有经验的人和对智力比一般高的人所表示的敬意。我们能够理解没达到一般智力水平的人如何不能在各方面同其他人过得一样好，但我们没有看到明显助长非凡智力的因素。也许有过某种进展。总的说来，取得领导地位的那些人大概比一般人多少要聪明些——虽然辅助这些人取得领导地位的素质中许多其他精神素质比智力起着更加重要的作用。这样，通过一夫多妻制的实行，或比其他的人实行这种制度的程度更大，他们所留下来的后代就比平均数多——并且，在也许提高这个民族的智力水平的同时，更肯定地改变着这些其他素质的平均天赋。

这样一次检验也表明，不同的情况会促进不同的气质。这样，好战类型在美洲印第安人中受到赞扬，因为，虽然最好战的人可能死得最快，但这样的人却极易得到很多的妻子可以抵消伤亡而有余。但这样的差别同下列事实没有什么冲突：趋势是保护一般，虽然这个一般可以有些变化，但在所有这些民族中大致上是相同的。

还要加以注意的是集团（群）和集团之间正常战争以外的冲突的结果。这种冲突有时导致智力较差的民族全部或部分为智力较好的民族所取代，或者至少是技术较差的民族为技术较好的民族所取代，因为这时智力的外部表现在很大程度上已为传统所掩盖。

但这样的代替虽然改变了整个民族的胚种组织，却很少在任何值得注意的程度上说明智力的较高水平的进化。在这两个时期里促进进一步进化的条件，和最后引起第三时期民族的那些条件是相同的。这些条件在第三时期里表现得更加显著并在更长的时期里起着作用。现在我们可以研究这些条件了。

九

世界上某些地区包括着彼此毗邻但显然互不相同的领域。这样的地区见于包括小亚细亚、亚美尼亚、叙利亚、阿拉伯、美索不达米亚和西伊朗在内的西亚那个部分。在这些区域里，一些民族同风俗、习惯和生活方式极不相同的另一些民族住得很靠近，渔猎民族、游牧民族、农业民族和主要从事海上生活的民族都彼此进行接触并相互发生冲突。在这类条件之下，不仅像不同民族的成员之间的冲突，而且像同一民族的成员之间的冲突，也比类似文化的民族之间的冲突，对增长智力有更加有利的趋势。因此，在这些条件占统治地位的地方就有对智力加以重视的趋势，尽管也许趋势并不很明显。但是，恰巧西亚这一地区，可以饲养与培植的动物与植物都超过其他地区，还有对技术提供报酬的其他特色。这样，在这一地区智力受到进一步的重视，显然，开始第三时期的那些民族就出现在这一地区里。因此，我们可以把在这些条件下对智力的重视归因于这一类别的民族所表现的超过其他类别的民族的智力优越性。但这一类别的卓越民族不同于以前各类别的民族，可以说是在于性格与气质。在这些民族中，我们看到了领导能力、足智多

谋、通权达变，这标志着他们同原始民族不同，而在所描述的这类冲突与竞争中，主要受到赞许的恰恰是这些素质。这些素质的外部表现可能大部分是传统问题，但我们所看到的情况是这些素质在现代欧洲人中也部分是天赋的，从而对进一步进化的解释显然要在这些素质所长期经受的条件中去寻找。

让我们转到第三时期的民族的条件。我们不必去管亚洲民族，因为那些民族事实上已脱离前进中的主流而留在一潭死水中。我们发现自己面对这种困难：到现在为止传统逐渐掩盖了智力与气质的天生素质，我们现在只是在极其困难的情况下才能对某些因素的结果做出估计。这指的是我们可以看到在起作用的对一些特殊类型有利或不利的任何因素。但是，我们可以看到民族之间和民族之内的成就反而在于性状而不在于技术。换句话说，极少有理由认为智力可以得到显著的促进，只要智力是用技术来计量的话。而外表上表现出来的性状显然是得到促进的。但我们在这一过程中在多大程度上会看出对一些天生类型的性格和气质的促进，必须留待以后再研究。我们可以说，现在已经停止了保持平均类型的任何强烈趋势，就像身体性状的情况那样。条件许可脱离平均的变异的存在——但就智力而言，不利的变异和有利的变异是相等的。

十

我们已经看到，来自化石残遗研究和来自原始民族研究的证据都引出这一结论：人类智力的进化在远古就达到了相当高的阶段。对我们必须设想在起作用的各种力量进行的研究表明，智力在中间期比在原始社会出现之后更加受到促进。首先，智力作为使人类取得在世界上的支配地位的性状而受到促进，以后又作为使人类能以享受合作的利益的必需特性而受到促进。当仔细考虑自从原始社会成立以来进展就相对较小这个事实时，绝不要忘记后一时期比前一时期要短得多了。可以说，自从人类的祖先开始征服世界以来所经过的时期，按最低限度估计，必然是自从原始社会成立以来到现在这一时期的五倍到十倍那么长。

我们得出的一般结论是，就业已发生的精神进化的整个程度而言，大部分是在技术进展刚开始的时候。至于第五章里所概述的历史过程是否可与野生生物的进展相比拟这个问题，换句话说，是否建立在胚种组织的变化的基础上，这些结论所做的回答是，中间期发生的情况无论如何大部分可用这一方式加以说明。毫无疑问，人类不断增长的优势大多是同人类的天生智力的增长成比例的。但对于原始社会起源以来这个时期里发生的情况在多大程度上是同天生能力的进一步进展有关这个问题，我们现在还不能给出任何回答。我们可以注意到这一显著的事实：这一时期里技术的进展是巨大的并且后来仍以巨大的增速继续在进行，可是胚种组织的变化则相对较小。这显然说明通常所理解的历史过程和胚种组织变化之间的关系是极小的。但在能够做出判断之前，我们必须就传统对历史形成所做贡献的方式得到某种观念。届时，我们才能对天生性状方面已经发生的这种变化所起的作用做出估计，我们现在就可以转入这一工作。

第十九章　传统的性质

一

就身体性状而言，我们看到了必须主要在胚种组织的变化中去寻找人类史的解释。精神性状的情况就不同了。至少在历史的稍后阶段里，突出的特征并不与构成智力基础的胚种组织变化密切相关，这是显而易见的。在某种程度上，可能在很大程度上，这些特征与这种变化并无关系。第二意义的环境影响必须加以研究，而在完成这项研究之前，我们对这些特征的产生归因于胚种组织变化的重要意义是不能得出任何结论的。因此，现在要做的事情是对第二意义的环境影响进行研究。我们将在这一章里和下一章里极其简略地进行这一研究。在这一章里我们所关心的是传统的性质以及传统的传播、储藏和保存的形式。在下一章里我们必须研究在传统形成中各种因素的影响。

在第二章里我们看到，就智力发展而论，人类的显著特征是思想的概念过程。当然，人类也具有在那里所描述的一切简单的思想过程。我们在这里必须特别研究在达到这一较高水平的思想过程之后继而发生的结果。人们已经看到，环境对于这一能力的进化是有利的。环境也使这一能力得以充分使用。[①] 首先，人类的本能是极其一般化的。这些本能为各种方向不大明确的活动提供了基础，而这些活动是对来自一大类对象的区分得不大清楚的印象做出反应的。因为只是通过本能智力才能起作用，所以本能的一般化性质具有重大的好处。其次，未成熟期拖长了。同高级动物比较，未成熟期占据了正常生命时期的长得多的部分，从而提供了长得多的可以进行学习的时期。最后还有说话的能力。

没有语言究竟能不能在概念的水平上进行思维，这个问题业已争论得很多了。似乎只有极其初步类型的概念思维才能在没有语言的情况下存在。“语言不仅是概念活动的伴侣，它也是对概念活动的发展具有关键意义的工具。语言是集中注意力于与知觉相区别而为观念所代表的对象的一个适当手段。”[②]而就语言是知觉实际范围以外的对象的交际手段而言，它只能在能够进行概念思维的人之间发生。从根本上说，这就是语言的功能。它反映了把经验的材料联系起来的各种概念。“质的相像是通过一般的词汇来表达的，存在的继续是通过个别名词来表达的，观念的关系和思想联系的次序是通过把一些词安排在一句中来表达的。”[③]语言表达了经验的诸因素的分与合，而这就是我们所看到的关于概念思维的主要特征。

语言使思想对思想的影响成为可能，这是一切人类社会发

① 参看麦克杜加尔:《心理学》,第 171 页。

② 斯托特:《心理学手册》,第 597 页。

③ 霍布豪斯:《发展与目的》,第 191 页。

展的基础。语言把思想者的思想固着于他自己的观念上，当同另一人交际时，语言就把说话人思想中出现的为观念所代表的对象固着在听话人的思想上。我们不必去研究语言的起源。但应当看到，就像本能的一般化性质和拖长的未成熟时期使观念思维的能力得以被充分使用那样，嘴和喉往往不作别的用途，而随时准备作为谈话的便利工具，这就能够使语言得到发展而不占用其他器官，就像双手能够为了别的目的而同时加以有利地使用那样。

二

在我们研究传统——概念思想的产物——如何传播下去并储备起来之前，应当注意，不要把概念思维过程看作是这样一种东西：它在以往某个时候突然以现有的形式出现并从那时起永远这样继续下去。业已发生过一次思想运动，从模糊的、初步的开端升到现存阶段。可以认为，这一运动主要在于廓清概念。只分析这一运动的性质，而不去讨论在多大程度上后来各阶段依靠天生精神性状的进化问题，这是可能的。只有在智力的进化已经超过只表现出思想的低级阶段这一点时，概念思想的高级阶段才有可能出现。现在可以不去考虑这个问题，而可以极其简略地研究这一运动的性质。如果我们把整个原始民族达到的概念思想阶段同所谓现代文明民族在日常生活中达到的概念思想阶段简单地加以对比，这种运动的性质就可以得到最好的说明。这样，我们就可以理解霍布豪斯教授最近所做的阐述了。[①]

有了语言，就出现了按经验材料的类别加以掌握的能力的初步迹象，从而建立起个人、集团和阶级等观念，以作为一种粗糙而适用的概括性主体。"关于经验中显现得极其清楚的事实或与实际利益密切相关的事实，在方法上并没有很大的差别……但在立刻可以检验的信念的有限领域之外却存在着在人类社会生活中具有重大意义的大量的更加可疑的观念。在这一领域里我们发现，在第一阶段中，感情推动下的幻想运动在形成信念方面起带头作用，并且所形成的观念是极其模糊和前后矛盾的，以致弄模糊了为逻辑范畴里比较发展的思想所划出的深刻区分界限。那么，我们可以认为人类思想的第一阶段是这样的：在这一阶段里把经验组成为普通范畴的组织过程是不完整的，而且证明一个观念的真实性的证据同使这一观念令人满意的素质还没有区分开来。"[②]这就是大多数原始民族所特有的阶段。范畴，特别是实体这个范畴，没有清楚地加以规定。这样，主要的功能可能同物质的实体混淆起来，人类和动物可能被认为同它们的影子是同一东西，疼痛可能同可以投出的石头混淆起来。同样，会有人认为，吃掉一个人就能得到他的素质。关系与素质有变成实体的趋势，实体分解为一系列的变化，一般和特殊是混淆的。早期思想的这些趋势构成精灵论和魔术的基础，这些是一切原始民族所特有的。例如，弗雷泽先生区分了两种形式的交感魔术，他把它们叫作顺势疗法魔术和感染

① 霍布豪斯：《发展与目的》，第Ⅵ、Ⅶ、Ⅷ、Ⅸ章。

② 同上书，第96页。

魔术。跳舞和跳跃以使农作物长高是前者的例子；而“认为存在于一个人和从他身上分出的任何部分如他的头发和指甲之间的感应，从而不管什么人占有了他的头发和指甲，就可以在很远的地方把他的意志加之于从其身上取下头发和指甲的那个人”[①]，这是后者的例子。“顺势疗法魔术建立在通过相似而产生的观念结合的基础之上，感染魔术建立在通过接触而产生的观念结合的基础之上。顺势疗法魔术犯了假定彼此相似的东西就是相同的东西的错误，而感染魔术则犯了假定曾经彼此一度接触的东西就永远会接触的错误。”[②]

接着发生第二个阶段，霍布豪斯把它叫作“常识”阶段。它的特征是根据范畴来组织观念和区别开感情与信念。在这一阶段里各种范畴在通常情况下不再相互混淆了，肯定一个所不愿意相信的东西，这种困难也不像在前一阶段里感觉得那样强烈了。经验得到了验证，适当的证据如实得到了承认。人们不再相信通过虐待同敌人相似的某种东西就能伤害敌人，也不再相信勇敢这样的素质是能够转移的实体。这就是现代社会里普通人在日常生活中，也就是当他不专门致力于科学性质的工作或宗教与哲学问题的时候，所达到的概念思想阶段。正如比较简单的思想过程也出现于达到概念水平的人们中那样，在达到了后期各阶段的地方也能识别出概念思想的最早阶段的存在，如现代社会里通过按手礼给予恩赐就是一个例子。

① 弗雷泽：《金黄的树枝》，伦敦，1911 年，第一部分第一卷，第 175 页。

② 同上书，第一部分，第一卷，第 53 页。应当看到，禁忌只是一种消极的魔术。

常识阶段的开端也许可以在第二期里发现。基本上它为第三期所有，只是在这一期里常识阶段才得以充分发展。把这一阶段同以前的阶段加以对比，就可以看到廓清概念是思想运动的显著特征，换句话说，智力用以工作的工具有所改进——可以同技术由之而增长的任何其他过程相比拟。正如弓、箭和犁被一系列的发明所改进那样，思想的工具也被改进了；正如在达到了一定的阶段之后犁、弓和箭的进一步改进可能取决于智力的进一步进化那样，思想运动的进展也可取决于智力的进一步进化。还应当看到，正如犁这种工具作为传统的一部分而传下去那样，思想的工具也同样作为传统的一部分而传下去。因此，在以下我们研究传统据以传播下去和储备起来的方式时，我们是在研究思想的工具和任何其他技术过程据以传授的方式。

还可以把思想运动区分成更多的阶段。我们在这里没有必要去深入研究它们。它们发生于第三期，并且在本期较晚的时候。它们是以科学、哲学和宗教——也就是说，宗教已经超出了民间宗教的阶段——的兴起与发展为特征的。

三

现在让我们研究概念思维产物的传授与储存。我们可以先进行后一点。观念可以储存在语言、风俗、民间传说、制度和工具等元素之中，并按物质的工具这个狭义来使用“工具”一词。在某种意义上说，语言本身就是一个巨大的观念仓库，且不提它作为传达特殊的风俗与权利观念这一工具的职能。观念缓慢地和辛苦地被精心形成、区分开和澄清了；就像孩子学习本地语言那样，几年之间他就从他之前数不清的世世代代那里获得了思维的产品。要把这种储存观念的方法的巨大重要意义加以夸大是很困难的。尽管并非不能用其他方式储存取得的观念，但一个人到了成年的时候在很大程度上只是通过语言就从相当于原始阶段的思想阶段过渡到非常识阶段，甚至达到更高的阶段。

极其明显，在今天，观念大部分储存在书籍里，而写作和印刷——第三期的两种发明①——的巨大重要意义也是个常识问题。同样，观念也储存在风俗、制度、礼仪、民间传说等元素之中。例如，在一切制度与礼仪的背后，我们必须找到观念。产生风俗的原始观念往往已丧失殆尽，但不管是丧失还是没有丧失，在一个制度存在并传下去的地方，我们都会看到观念的继续存在，即使只是这样的一个观念：在某些情况下做某种简单的活动是正确的。许多有价值的观念储存在工具的制造和使用中以及一些技术过程的实践中，特别是同食物供应有关的那些过程。我们能够懂得，通过将思想运用在某种工具或某种方法上如何常常进行一些改进，并且一旦得到了改进，这些改进是如何储存起来的。要确切懂得上述储存观念的传播是怎样产生的却并不那么容易。

四

我们业已谈到一些关于说话人心中的观念通过语言传达给听

① 文字的开始（例如玛雅人的字体）年代始于第二期。

话人的方式;并已指出,除此之外,学习任何一种语言的本身就是取得以前世世代代形成的观念的过程。记住观念通过语言传送的这个方式,就可以清楚地了解到,在文字发明之后而且特别是在印刷发明之后,通过文字与印刷储存起来的观念是如何传送的。但在这些发明之前,并且甚至在很大程度上在这些发明之后,每一代人所记住的观念是通过语言传下去的。在原始民族中存在着影响行为、信念和生活各方面的大量储存的观念,都是通过语言传下去的。但观念的储存不仅是记忆问题,它的传授也不仅是语言问题。礼节、仪式、工具以及其他等等,本身都是储存观念的仓库,其中所含观念的传授,以及的确只是保存在过去一代人记忆中的观念的传授,大部分是通过吸收过程完成的。

510 这些吸收过程是由于存在着某些天生的禀性。这些禀性有时被归为一类,叫作模仿。例如,像塔德和其他一些人所做的那样,他们研究了这种过程,并强调指出了它在社会生活中的巨大重要意义。根据麦克杜加尔的意见,我们可以分出三种天生禀性。交感指的是行动者方面表现的感情兴奋可以引起接受者方面类似的感情兴奋。模仿是说可以有这样一种禀性,即接受者使他的身体活动跟行动者的身体活动相同。尽管这两种天生禀性在促进风俗的传授等方面是重要的(它们本身最终是概念思维的产物),但启示却占据着更加突出的地位。

麦克杜加尔给启示下的定义已经引证过了。根据他的观点,启示基本上是对一个命题坚定地接受而这种接受却缺乏逻辑上适当的根据。他指出,一个命题并无必要用正式的语言来表达,并进一步分辨出有利于用启示来表达命题的一些条件。这些条件主要是：对所提启示的题目缺乏知识，对知识的组织不完善，以及表达所提命题的来源具有感人的性质。这些条件在儿童中和在一切原始社会中是极其突出的。毫无疑问，儿童大部分是通过启示来吸收其民族和当时的传统的。儿童的知识极少，他们所有的知识组织得也不完善；而且命题是从感人而又有威信的来源传达给他们的，不管是来自父母还是成年人，抑或是支配社会的风俗习惯。正如现代社会里儿童通过启示来吸收传统一样，在各原始民族中人们也是这样做的，而且那里的条件对通过这种手段来传达甚至更加有利。这样，为了使以前世世代代的概念思维的产物能够得到传递，就无须建立在逻辑基础之上的信念或使用正式的语言。传统是能够并且是在很大程度上被"吸收"的。

五

这样传下去的传统被保持下来了，在保持的过程中习惯起着重要的作用。习惯适用于一切形式的思维过程，也适用于一切形式的活动。一旦按照某种方式来完成某种事情，就比较容易再用这种方式而不是用任何其他方式来做这件事情。麦克杜加尔说，"这是一个伟大的原理，通过它个人思想上一切收获得以保存下来"[①]，而不管收获的方式可能是什么。

① 麦克杜加尔：《社会心理学》，第121页。

六

以往世世代代的思维产物就这样储存、传授和保持下来。对这种储存陆续有所补充，储存的方法也有所改进。所谓传统就是储存，储存就是这样积累起来的。过去世世代代的知识传到现在这一代，经过某种程度的修改再传给后代。因此，就已获得的知识而论，新的一代是从上代离去的那一点开始的。这当然并不是说这总是对传统有所补充；实际上传统可能停滞不前，已经获得的许多知识也可能丧失。[①] 但是，传统是可以积累的，与人类以前的祖先相比，这件事给人类生活引进了一个具有极大重要意义的因素。

但是，说这是个完全新的因素，那是不对的。传统可能是并且实际上是在达到概念思维水平之前就出现了。例如，许多种动物是群居的，并且当一群中的一个成员发出警告的叫声时，其余的就都本能地隐蔽起来。如果在过去某个时间一个新的敌人出现了，它们将通过经验学会隐蔽起来。后代子孙在这个敌人出现时也会发出警告的叫声，因为对以往各代所接触到的这种生物的敌对性质已作为一种我们可以认为是传统的东西而成长起来了。据此，我们可以想到，在马当中有一种认为汽车不危险的传统。最初使用汽车时，马本能地倾向于避开它们。许多马从经验中得知汽车是无害的。小马驹在老马在场的情况下第一次看到汽车，它们学

① 关于这一课题参看里弗斯："有用技术的消失"，见《献给爱德华·威斯特马克的纪念册》，1912 年。

到了这一经验，吸收了汽车是不危险的传统。传统在动物中甚至能够比这还走得远些。从某种程度上来说，似乎鸟类筑巢的方式是传统的而不是本能的。[①] 但同人类中传统的巨大重要意义比较起来，传统对于动物来说几乎是它们生活中一个无足轻重的现象，实际上我们可以认为传统是由于人类所达到的高级思维过程而产生的人类特有的特征。

七

这样，任何民族在任何时候都有大量的传统。这些传统支配各种精神过程运用的程度与方向。如果我们考虑到大量的传统对身体性状的影响，对其含意就会更加清楚了。在任何时候人们都知道使用许多工具与技术的过程。首先，体力劳动的程度将受到这些传统的制约；其次，体力劳动的性质与方向也受到这些传统的制约。同样，智力使用的程度将受到语言的形式、学习风俗所规定下来的作为一般社会成员的知识的必要性以及在通常情况下运用推理的机会等的制约。智力运用的方向也会受到传统的紧密制约。在已经吸收某一民族和时代的传统之后，推理所遵循的方向总会大多为已获得的东西所支配。很少有人开辟出新的途径，而

① 有夸大传统在动物中的重要意义的倾向。比如有人说过，筑巢在鸟类中“大部分”是传统性的。但纽约动物园鸟馆馆长从孵卵中抚养许多的野鸟，并发现这些鸟虽然从来没有受到父母的爱护与示范，但是学会了飞行、筑巢和履行有时被说成“大部分”是传统性的一切活动——虽然它们做这些事情时比它们在别的情况下做得要慢些（参看卢尔：《有机组织的进化》，第 170 页）。

当有人这样做时就可以看到，这条新途径的方向受到从前的思想主流的很大影响。因此，传统是倾向于按常轨向前推进的。

传统制约本能倾向的表现程度与性质的方式同样是十分显著的。在像爱斯基摩人那样的一些民族中，战争几乎是不为人所知的。虽然在这些民族中好斗的本能也许在胚种组织里不及其他民族那么强烈，但相对来说，不打仗这种现象在很大程度上肯定是由于传统的缘故。在爱斯基摩人中我们看到很多的风俗和观念，这一切使他们深深认识到打仗是错误的。此外，一种感情可能被某种民族传统大大加强了。自负在较大的和更加繁荣的欧洲民族的成员中比在较小的和较弱的民族中要强烈得多。英国人的态度和丹麦人的态度是极不同的。丹麦人会告诉你，丹麦不过是个小国，不希望别国加以干涉。近来全世界的注意力为一种特殊的方式所吸引，各种历史学家、伦理学家和哲学家的学说就是以这种方式去影响德国人的观点并进而左右他们的感情的。这样，人们就以最显著的方式弄清楚了一个特殊体系的传统——最终是概念思维的产物——如何把整个一个民族的感情和观点引到带来巨大灾难的轨道上去。本能的方向常常会发生变化；没孩子的人的慈爱感情可以转向慈善工作，独身生活者的各种本能显然逐渐变得很多。的确，任何本能根据它所找到的出路能以极其不同的方式来表现自己，而出路的性质则主要取决于传统。朱伯特说："当今的人不仅贪婪，而且具有贪得无厌的野心。"[①]也就是说，在传统的环境影响下，较简单的感情变得复杂了。

---

① 朱伯特：《名言录》，第 217 页。

八

最后我们可以注意一下，任何时候形成的和出现的传统，可以构成供人们和各集团的人们选择的基础。在同一民族的各集团和各阶级之间存在着传统的差别，特别是在较高的民族中。不同民族之间的差别往往要大很多。一个民族的现有传统是更加奋发努力的基础，不管是因为这种传统含有较高程度的技术，能够使更大程度的协调一致得以实现，还是因为它是种种因素的结合，一旦同其他民族发生冲突，就可以使这个民族战胜其他民族。因此，存在着一种基于传统差别的自然选择过程，正像存在着一种基于由后天变异而产生的差别和由突变而产生的差别的自然选择过程那样。正如我们已经看到的，后天变异的选择产生不出永远的后果。但传统的选择像突变的选择一样，产生的后果可以是永久性的。原始社会的传统在一个民族里是倾向一致的，这一传统的选择主要在民族之间发生冲突时才起作用。在更加进步的社会里，各阶级之间存在的传统差别相当大，传统的选择在各民族之内也起作用。

民族之间的冲突在很大程度上终归是传统之间的冲突。在这些冲突之中大量的传统可以被扫除而永远消失，或者也可以发生任何程度的传统的混合。

最终在现代民族里产生了诸多不同性质的观念竞争。在文明的民族里不再有大量的传统必须整个加以接受，可以说有许多观念在竞争。在大多数人的心目中，一种观念可以胜过另一种观念，但并不涉及把主张另一种观念的人淘汰掉的问题,因为人们现在可以改变他们的见解——当然不是绝大多数人由于任何逻辑过程而改变他们的见解。这样,在现代社会里就出现了观念、风俗和制度之间的斗争,这种斗争导致了变化而不涉及人类的选择。

这些考虑给研究传统形成的实际条件的影响铺平了道路。我们已经看到了概念思维随着语言的使用而发展,并为语言的使用所促进。它不只是发展到某一特殊水准并停止在那里。有一种思想运动,至少在它的较早阶段采取了廓清概念的形式。概念思维的产物以传统的形式储存并传递下去。这种传统是累积的。不仅对它有所补充,而且储存的方法也改进了。有些因素也可能消失。最后,正如传统所起的作用那样,在人类精神性状的表现方面形成了一种极其重要的因素。人类,特别是人类各民族,可能根据它们所形成的传统的程度与质量而受到选择。

第二十章　传统的起源

一

对传统形成的研究是一个很复杂的问题。这一问题的许多重要方面还有待阐明。我们打算在这里把讨论简化到仅仅谈个轮廓,把讨论局限于技术过程的起源,特别局限于日常生活中主要需求的提供方面的技术起源。此外,我们只考虑环境的最重要方面,即富饶的影响与人和人、民族和民族的接触的影响。同精神性状和身体性状的天生差别相关的一切问题目前都不予考虑。我们要知道——在其他情况不变时——假定环境中存在富饶和接触等差别,技术是怎样发生和成长的。

二

我们面对的第一个问题和富饶的差别所引起的环境差别有关。这里,“富饶”这个词具有特殊的意义。富饶相当于通常说的任何国家或地区所拥有的财富。动物区系和植物区系的性质与丰富程度、土地的表面特征、土地上层的构成、矿产和在某种程度上气候以及其他因素，都参与形成任何地区的富饶或财富。全世界各地之间参与构成富饶的诸因素的差别，是众所周知的。差别是极大的：紧密相连的地区有时彼此相差极为悬殊；而在另一些地方，在很大的面积上，条件却极其相似。

关于这一问题要看到的最重要事实是，没有绝对的富饶标准。马歇尔说："除非指的是特殊的时间与地点的特殊条件，否则'富饶'这个词就没有什么意义。"[①]富饶事实上纯属具有相对意义的词，由于现在我们必须暂时撇开精神性状和身体性状方面的差别不谈，因此就我们的研究目的来说，富饶只是与技术的数量和可能存在的传统方面的其他因素相对而言的。一个地区对具有某种农业技术的民族是极其富饶的，而对于只具有渔猎知识的民族就可能远不是富饶的了；对于不会利用矿产的民族，矿产的出现并不会给该地区的富饶增加什么东西。爱斯基摩人在他们居住的地方所保持的生活水准与许多民族所达到的水准相对来说远不算低，但这个地方对不占有爱斯基摩文化所特有的技术的民族来说却可能完全是贫瘠的。

应当注意到，就富饶取决于动物和植物的生命而论，从人类出现以后的这一时期里，世界上各个地区的富饶程度起了变化。这种变化不仅是相对的而且是绝对的。有气候的变化，其中最显著的是冰川期。有海的界线的变化，就像地中海，这些变化深刻地影响了邻近地区的富饶程度。撒哈拉沙漠一度确实不像现在这样贫瘠。在任何具体的概论里，就像我们将进行的那样，都必须考虑到

① 马歇尔：《经济学原理》，第160页。

这些变化。但我们在下面的论述中可以不予考虑。

在这里可以看到，一些地区在环境的整个构成中存在着破坏因素。在另一个问题上已经看到的澳大利亚和印度常变的气候条件，在这方面具有重要意义。新喀里多尼亚岛的飓风是另一个例子。在中非洲的环境中，破坏人们的手工艺产品的一切现象也是如此。[①] 这一破坏因素只是构成一切地区某些特征的异常现象而已；虽说如此，在这些现象异常的地方必然跟着发生重要的后果。例如，可能有这么两个地区，其他方面都同样富饶，但如果破坏因素在一个地区里占重要地位，大概这个地区就不能像另一个地区那样达到或维持很高的经济阶段。此外，由于同一理由，在传统方面取得进展的趋势也比较小。当我们分析了富饶对技术的影响之后，就会明白其中的原因了。因为这一破坏因素是一种消极的富饶，所以，总的说来，正如富饶是对技术进步有利一样，不富饶就是对技术进步的一种阻碍。

三

据此，富饶是同任何时候流行的传统有关系的。让我们假设人类扩散居住到全世界，而各地出现的传统又极其相似，就技术而论则属于简单的形式，并且只有初步的渔猎知识。很显然，某些地区（大沙漠、北方的冰冻荒野）是绝对贫瘠的；单靠这种程度的技术，人们就不能在那里维持生活。其余的地区将从刚刚足以维持生

① 参阅柯罗：《原始社会》，第253页。

活的地区变为与这一特殊程度的技术相对来说是最富饶的地区。暂时假设技术程度仍然各处相似,则根据早些时候所说,结论必然是:最富饶的地方人口将是最稠密的,每个人的报酬也将是最高的。如果其他情况相同,富饶的差别就决定着社会生活的重要差别。

因此,富饶的这些差别产生了极其重要的后果。首先,人口最稠密的地方,如果其他情况相同,人与人之间的接触的次数就会最多。我们将在以后的讨论中谈到、接触所引起的后果,但在这里可以提到,接触本身就是导致传统的起源、补充和变化的一种刺激因素,而且接触的次数越多,传统的传递就越快、越彻底。因此,首先,最富饶的地方,现存的传统被迅速吸收的机会就最大。其次,与接触完全无关的一个问题是最富饶的地方由于其他理由,存在着对技术增长的最大刺激。要说明这一点,让我们想想富饶是由什么组成的。较富饶的地区的存在意味着在这些地区或者有较丰富的动物、植物、矿物和其他能使用的东西,或者有较大的多样性,或者二者兼而有之。让我们再想想发明是如何发生的。几千年来,种子如被播下就会以二十倍、五十倍或一百倍的标准,生产出与之相像的东西这一事实,必然以各种各样的方式引起单靠渔猎维持生活的人们的注意。在采用比石器更加有效的工具的制造方法之前,把金属在篝火中熔化过多少次,我们猜想不到。人们终于看到了这些事实,而采取了一些生活必需的实际应用办法,对技术做了有价值的增补并使之纳入传统。人类在大部分的人类史中事实上并不是有意识地试图改善其命运。生活尽管粗陋而又贫困,但人类的需要并不是人类发明的母亲。但是,一旦发明创造出来,发明就成为必要了。把上面的话反转过来,把发明看作是需要的

母亲，就更加与事实相符了。但我们应当期待在哪里看到这些事实并对技术进行改进呢？显然是在它们最常发生的地方，换言之，在最富饶的地方。因为在这些地区存在着质量和数量上最丰富的有用物品，因而它们的用途被看到的机会最多，并且从技术的任何改进上将得到最高的人均报酬。

因此，越是富饶，对技术进步的刺激就越大。这一结论似乎同通常所接受的观念相矛盾，即当谋生容易的时候就有停滞的趋势。① 这种观念来自一些国家的观察与描述，据说在这些国家里自然是如此地慷慨，比如说，为了采集地上的果子只要把手伸出来就行了。这种观念大部分是基于对所进行的劳动的低估，特别是在妇女方面，并且基于对每个人的报酬的夸大，就这样派生出来的观念来说，它是不正确的。在这些地区往往有停滞不前的趋势，这是事实；但这一趋势无论如何不是由于富饶，而是因为在传统之外还加上了别的原因，如偷懒和漠不关心的风气。这种情况如何发生可以在以后再讨论，但这里可以提到任何地区里天然的破坏因素，如时常存在于热带地区里的破坏因素，是这种风气存在的一个原因。

四

那时，富饶是相对的。但是在其他条件一致的情况下，我们在最富饶的地方可以看到对技术增长的最大刺激。由此就跟着发生

① 以下这些说法是人类学文献的常识："当后者（澳大利亚人）发现生活太艰难的时候，这些人（巴西人）却发现谋生太容易了。"（赫伯森：《人和他的工作》，第3页）

了一些重要的后果。只要技术的进步沿着任何一条路线前进,只要它采取改进的形式,例如采取改进打猎方法的形式,那么,这同一地区就会照例成为更加富饶的地区。但这种情况并不经常发生。可能某种显著的发明,也许是弓和箭的发明,使从前不是最富饶的地区变成报酬最大的地区。截至目前,情况可能是,这些地区在达到较高的技术程度以前,由于各种原因,猎取野兽是比较困难的。但既然已经达到较高的技术程度,这些地区就变得比从前最富饶的地区的报酬还要大。于是,随着技术的进步就出现了最高富饶中心的转移。

在进步采取不同方向的地方,这一中心的转移变得更加显著,例如,在农业兴起的地区。就此有两点主要理由。首先,通常发生这样的事情:一个地区从一种技术的角度来看很发达,如从渔猎的角度来看美国的西北沿岸很发达,但从另一种技术的角度来说却比较贫瘠,例如农业。下面这种情况是罕见的:某个地区的资源得天独厚,在同一时候它既允许一种特殊形式的技术发展,又给另一种在开始时也是比较利于生产和最后报酬要大得多的技术类型提供很大的报酬。其次,并不是照例在技术专门化的地方我们可以看到技术的一种新形式的开端。传统倾向于按常轨移动,在人们的注意力成功地集中于技术过程的一种类型的地方,我们不应希望在这个地方看到完全是另一种类型的技术过程的起源。这只是在另一问题上所看到的原理的应用,即进化是从一般化的而不是从特殊化的类型开始的。

把世界的一部分同另一部分区分开的资源差别,以这种方式引起了进步中心的转移。还有在同一方向起作用的其他因素要加以研究，但即使没有这些因素也会发生这种转移。虽然这种转移是人类史每个阶段的特征，但在技术大踏步前进的地方必然最为显著——当农业代替狩猎，最初饲养动物和开始使用金属的时候。

五

就影响技术的进步而言，我们还必须在富饶的差别之外加上接触的差别。接触可以说在质量上和数量上都有所差别，并且主要受到两类因素的影响。我们可以把这种因素叫作地理因素和经济因素。我们首先探讨接触的差别如何带来技术的差别。

有两种结果随接触而发生。传统的传播在各种程度上受到鼓励，传统的进展或多或少受到刺激。传播传统的差别大部分可以溯源于接触数量方面的差别，虽然质量上的差别也起相当的作用；而进展受到刺激在方式上的差别则主要是由接触质量上的差别所引起的。

传统只能通过接触来传播，这一点是很明显的。后来的发展，如文字与印刷的发明，使人们能够进行远距离的接触；但我们在这里所关心的主要是人和人面对面的接触。总的说来这是确实的：如果其他各点相同，接触越多，则现存大量传统传遍任何社会就越快、越容易。因此，一个地区越富饶，传播传统的机会就越大。但在整个历史中其他情况并不是一成不变的。在某一阶段，由于我们可以总括为经济因素的作用，社会组织就要发生深刻的变迁，它的性质将在下文加以描述。这一变化显著地促进了传统的传播。因此我们必须记住，人口密度所规定的接触次数并不是衡量传统的传播受到多大程度的促进的良好尺度。关于这一点，可以留待我们涉及有关变化时做进一步研究。地理因素对传统的传播也有影响，但因它们的影响主要在于不同质量传统的冲突所引起的对技术的刺激，因此我们可以留待以后再全面加以研究。

比接触对传统传播的影响更加重要的是接触对传统所起的刺激作用。以上提到的某个时期里在社会组织方面并发的显著变化，对技术刺激的影响像它在促进传统的传播方面一样具有深远的效果。我们对这一点的研究，也可以留到我们描述这一变化的性质之后。然而，这一点是很清楚的：只要传统是相当一致的，另一些人的出现总的说来是个刺激——虽然它本身不是个重要的刺激，可是，接触越多，总的说来刺激就越多。梅特兰说："有些思想只有严密地收集起来，人们才能想到它们。"[①]但实际上是，当不同性质的传统进行接触时，刺激才变得重要。在发生这种情况的地方，我们必须区分开两件事情：一件是每种传统所特有的因素向另一种传统的传递，另一件是单凭接触就可以提供的刺激。

一种传统的某些因素向另一种传统的传递和所提供的刺激大概是一起进行的。在某些条件下不进行传递，也没有刺激，至少是减少到最低限度。当两种相差极大的文化发生接触时，有时会发生这样的情况：一种文化由于占有比另一种文化高得多的技术程度而受到赞扬。技术较差的民族从它的领土上被赶走，如果它能够生存下来的话，那是因为它的领土上的某些地区对征服民族的较高技术来说是相对贫瘠的缘故。技术较差民族的残余在它从前

① 费希尔：《社会学评论》，第1卷，第61页。

领土的某个角落上生存下来，并同占优势的民族达成妥协。这种妥协可以采取如下形式：一个民族几乎完全不理睬另一个民族；一个民族对另一个民族根本不产生什么影响；从另一种传统所吸收的东西也极少。在韦达人、托达人、中非洲的矮人和它们各自周围的民族之间就形成了一些这样的情况。

要使接触发生应有的效果，两种文化之间的差别就不应太大。在像西亚这样一个地区，接触是最有效的。在那里，一些毗邻的地区就有彼此差别显著的一些领域。由于富饶程度的不同，在这样的地区里会出现多少有点不同的传统。当这些传统发生接触时，极少会彼此完全压倒对方，而是会发生一种传统从其他传统永远吸收一些因素的事情，从而每种传统都得到丰富——要是每种传统完全依靠产生它所处的环境，那就不可能丰富起来。此外，工具、技术过程、风俗和奇特性质的制度往往引起每个民族的注意，这种事实对思想和发明起到刺激的作用，且不说把有价值的东西吸收到它的传统中来可以得到的好处。大概我们必须承认这种对思想的刺激是走向进步的最重要因素之一。

这里没有继续研究这一课题的篇幅。也许应当注意到，当两种文化发生接触时，一切因素并不都是以相等的速度在传播的。例如，人们已经看到，当包括较高技术的传统同技术比较不充实的传统接触时，“那是对资源和流行的艺术的优越性的承认，从而使传入文化的其他因素的被接受成为可能”。[①] 可以得出某几项普通的原理，但有很多地方需要加以说明。大量证据支持这个观点：

① 里弗斯：“各民族的接触”，见《献给 W. 李奇微的短论与研究》，第 478 页。

巨石建筑来自一个中心。如果情形是这样，那就对下述事实提供了一个明显的例证：那些显然使人印象深刻而无实用价值的艺术，可以从一个民族传给另一个民族而不为这种艺术最初实践的那个地方的文化的其他因素所明显同化。还有，如果情形是这样，那么，在专长方面同样令人印象深刻的有用艺术就同样可以来自一个中心，这种情况不是不可能发生的。神话显然能从一种文化传给另一种文化，这也是很明显的。不管我们认为其来源如何，这似乎是没有疑问的。例如在北美洲，在极其不同的经济制度演化出来之后，故事和传说从大陆的一边传播到另一边，而传统中的其他因素却并未得到任何显著的传播。①

六

这样，在指出接触影响传统的起源、成长和传播的方式之后，我们就可以转而研究地理的和经济的因素会对接触产生什么影响。前一个问题三言两语就可以交代了，后一个问题则要求较长的讨论。前者是人们讨论得很多的话题，主要事实是大家所熟悉的，这些事实都和我们有关系。后者没有引起人们很多的注意，但它是极其重要的。

不仅文化因素的传播，而且各民族的迁徙，都受地理因素的支配。一个孤立的地区是脱离传统因素的缓慢渗透的，也是脱离迁徙民族的。但孤立从来不是彻底的。一个地区越孤立，迁徙民族

① 博阿斯：《人类学会杂志》，第XL卷，第536页。

就越少到那里去，而一旦迁徙民族到了那里，结果往往是在技术上很不相同的文化之间发生冲突，而迁徙的民族往往把当地的民族消灭掉。除了迁徙民族入侵之外，在一个孤立的地区里边，发生接触的好处减少到最低的限度。因为在孤立的地区里，传统的差别很小，能够取得的文化因素和从接触中得到的刺激都不很重要。这些地理上的特征是大家所熟知的。

第一个因素是海洋造成的孤立。美洲显然在第一期的某个时候就有人居住了。从最初住上人那个时代之后，就可以把美洲看作是实际上同其他大陆隔离开了，因而当哥伦布"发现"美洲时，美洲的居民已经同其余的人类脱离接触好久了。美洲大概被到达太平洋沿岸的几批人访问过，也许访问了不止一次，也的确被挪威人访问过，但这种小量的接触对技术的进化并没有产生什么影响。美洲是海洋造成孤立的最显著的例子。海洋所造成的孤立对澳大利亚、新西兰和大洋洲其他地区产生了深刻的影响；非洲的半孤立也是关系重大的，这个洲在海运畅通之前只通过一条狭窄的地狭同亚洲接触。在原始民族中荒野和山岳几乎以同等的程度阻碍接触，而且森林与植物，特别是在热带地区，虽然在某种意义上说不是地理的特征，但对接触却产生深刻的影响。

环境的其他特征反而可以看作是促进了接触。江河形成了巨大的交通动脉，它们对接触的阻碍是多么地小，这是显而易见的。"克里斯托弗·吉斯特在 1751 年到俄亥俄探险，发现一个名为肖尼的村子位于塞奥多河口下游的两岸上，大约有一百所房子在北岸，四十所房子在南岸。路易斯与克拉克于 1864 年在密苏里北湾附近发现曼丹印第安人的小而独特的国家，以两组村庄位于河的两岸。在此之前他们于1772年还在下游占有九个村庄,两个在东岸,七个在西岸。”①此外,淡水湖是促进接触的中心,如有个时期在瑞士,还有在墨西哥与秘鲁,后者达到了美洲发展的最高水平。但咸水湖却不是促进接触的中心。

在研究任何地区的时候,除了实际阻碍或促进接触的那些因素之外,还要考虑一些一般的重要特征。任何地区都有它的位置,也就是说,关于它的环境的位置。在非洲,任何地区同东北角的相对位置显然是极其重要的,因为要通过东北角来和其他大陆的民族接触。同样,航海发达时,任何地区同海的相对位置就非常重要。在位置之外我们还可以加上特征的多样化,后者带来了不同经济制度之间的接触。多样化这个特征主要在研究各大区域时才比较重要;在这一方面,欧洲与亚洲比美洲要有利得多。

最后,语言的差别在阻碍接触方面是个潜在的影响,虽然它们与其说是孤立的原因,不如说是孤立的证据。语言的差别一旦确立之后,就会强化因其他原因而造成的孤立。可以顺便指出,同人们所预料的相反,原始民族理解“外界”语言的程度是相当高的。

虽然在头两个时期里阻碍和便利接触的各种因素的重要性相差很大,但如果粗略地看一下,把这些影响的一般性质记住也就足够了。第三期的趋势显然大大地减少了因环境的特征所引起的对接触的一切阻碍的重要性。铁路横越荒野,隧道穿过山岳,而且由于文字和印刷的发明,现在发生在世界各地之间的接触量尽管可能还小,但较之从前毗邻的各民族之间可能进行接触的广阔大道

① 森普尔:《地理环境》,第357页。

能够传播更多的传统了。

在这里我们可以撇开这个问题不谈，因为人们已经很具体地解决了这个问题。我们的目的要求我们必须注意的一切是，记住这一的确显而易见的事实：接触以各种方式受到地理因素的阻碍和促进。

七

现在我们必须研究比较不熟悉的事情——我们可以称之为经济因素对接触的影响。这些经济因素本身只是经济制度起作用的表现，而经济制度是同富饶相关的，但受到地理环境所允许的接触的程度与种类的限制。因此，在研究这些因素的作用时，我们事实上是在研究环境间接对接触产生影响的方式的另一方面。

正如我们所说的，技术的进步是同递增的人口密度相关的，加之，如果其他情况不变，则人口密度越大，接触就越多。但其他情况并不是一成不变的。主要的干扰因素是在那些影响接触的质量和数量方面与社会组织相关的因素。原始社会的起源这一步骤的重大意义已经提到过了。当我们更加具体地观察原始社会的时候，我们可以看到，同第三期兴起的组织类型相比，这种社会主要是由相同的因素的重复所组成的。[①] 这一社会形式的完美类型可能只由家庭集合而成，每个家庭彼此基本上没有差别，每个家庭都是整个社会的缩影。事实上我们看到原始社会往往是由比家庭还

① 德尔克海姆：《社会工作》，第Ⅵ章和第Ⅶ章。

大的因素的重复所组成的,德尔克海姆把这个较大的单位叫作“氏族”。这一名词的使用是为了标明构成这些因素的特征的家庭与政治特征。原始社会组织的变化很多,但从根本上说,它所有的形式就是德尔克海姆称之为“分节”的那种形式。这样一种社会的团结一致只是建立在这些氏族之间相似性的基础上。于是,我们在社会组织的这一阶段中所看到的比邻而居的家庭,极大部分是彼此不互相依存的,但却结合起来形成氏族,这种情况是很典型的。这些氏族照例没有一定的组织;但有时由于内部的争执或战争,一个领袖或一些领袖可能出现,他们把自己封为这些集团的首领。

正如已经说到的,这一类型组织可能变化和发展,并且,虽然在原始民族中可以检查出对较高类型的某种接近,但较高类型组织的进化从根本上说是第三期里出现的一个发展。我们可以把这一类型组织称为有机组织,以区别于分节的组织;因为构成整体的各因素不是单纯地由于它们的相似而协调一致,它们或多或少属于分化的有机组织的性质,为了使整体得以存在,所有这些有机组织都是必要的。每个有机体都有一个特殊的任务,每个有机组织都是由有差别的部分形成的。这些有机组织并不像链条中的各个环节那样单纯地彼此联系在一起;它们在一个有机体系里彼此协调起来,一个有机组织又附属于另一个有机组织。各个部分依靠整体,整体也依靠各个部分。

在一个有机社会里,人们根据他们的职业而不根据他们的家世——真实的或虚构的——而集合在一起,并且就是这一关系决定了他们在社会上的地位。在有机类型的社会里,决定一个人的地位的东西是他所完成的职能。在这种社会形式里存在着较旧的组织形式的残余，正如在承认地区中所看到的，教区那样较小的因素联合成为城市那样较大的地区，城市又联合成为省，再由各省组成国家。但是，这不是较高级别社会维系在一起的组织形式。构成较高级别同较低级别的根本差别的是各部分的关系的有机性质——各种职业彼此之间互为补充的协作。互为补充的各部分相互联结而不是分节的协调强化了第三阶段的典型社会形式。

八

从分节的社会组织形式进化到有机的社会组织形式相对来说是个快速的过程。在分节类型里所能进行的对有机类型的接近只是有限的。毫无疑问，新的类型是在旧的形式中发展起来的。于是，我们在希伯来人中看到了由单一部落——莱维特部落——来执行僧侣的职能。但是如果不破坏分节的组织形式，有机的类型就不可能得到很大的发展；职能的数量和重要意义同现存的组织形式不相适应，因而不可能在现存的形式中长期发展下去。

现在我们必须探讨是什么事物引起了有机社会类型的进化，然后探讨这些组织形式对传统的增长与传播的影响。与其说有机类型的成长是分节社会组织消失的原因，不如说后者的崩溃使前者得到问世。这是必然的，因为正如我们所看到的，分节类型的存在是有机类型发展的障碍。这一崩溃是由德尔克海姆称之为道义密度的增长所引起的。道义密度的增长是由于执行相同职能的人们之间递增的接触的压力而出现的，这就造成了分节类型组织的衰落，从而产生建立在职能基础上的组织。结果对原因起了作用，从而加速了这一过程。道义密度的增长与社会容量的增长相关联，后者只按人口的增长来计量。道义密度的增长虽然只是通过社会容量的增长才成为可能，但不一定同后者一道前进。道义结合的增长并不绝对同社会容量的增长相关。人口密度可以变得相当大，而道义密度仍然处于相对不发达的状态。这种结果有时可以归因于分节组织的某些残存的因素，而各种宗教感情又和这些因素联系在一起，因此这些因素抵制了使它们瓦解的那些力量。例如，中国保持家庭制度的情况就是如此。家庭制度是发展道义结合的巨大障碍。中国人生活中最有力的动机是对家庭制度的忠诚，这一动机阻止了分工的发展。在印度人中，种姓等级制度具有同样的后果。谢林说："印度人当中涉及婚姻与社交方面完全隔离的这种'划分'，其数字不是以百计而是以千计。换句话说，印度人的同胞关系分裂为难以数计的氏族，彼此连最小的联系也不维持，除了偶像崇拜之外不承认任何共同的约束……种姓废除了在其他国家的社会契约，把拼命倾轧的毒素注进分散在全国数以万计的小村庄，为了最微不足道的理由引起邻居之间的不和，以残酷的严厉方式执行它的幼稚礼俗和法律，运用人类从小未经受过的最强的分解力，而只对属于同一种姓的那些自私的家伙表现出联合与团结的精神，于是那些家伙通过人为的分离就同所有其余的人类隔绝了。"①

这样，主要是分节类型组织的崩溃和社会的结聚使分工成为可能，说到底，向较高级别组织类型的发展可以归因于人口的增

① 谢林：《印度的种姓与部落》，第Ⅲ卷，第218页。

长。首要的是，要取得相对高水平的技术就要涉及一定的人口密度。然后引起分节组织崩溃的趋势，从而让位于有机的类型。这种崩溃可能或多或少是不完全的，可能存在反对有机类型充分发展的一些因素。

九

应当尽可能充分估计高级类型组织促进技术增长的程度。只要所有的人都大概是自给自足的，而且人人都履行为维持生存所必需的一切职能，如获取食物、修筑住所、制造武器和做衣服等，他们在任何一方面的技术必然是有限的。一旦有人开始专门从事某些职能，整个情况就会起变化，那时才有可能使技术达到很高的水平，并且，随着职能的进一步划分，可以取得的技术程度实际上是没有限制的。专门从事一种职能的人们的联合，本身就是对进一步取得进展的强有力刺激。这些事实是人们所熟悉的，无须加以详细阐述。最后通过职能的划分逐渐压倒了通过任何其他标准的划分，于是在一个国家里所有从事一种职能的人终于以这样一种方式联合起来：刺激得到进一步强调，而丧失任何有利的新起点的机会却减少到最低限度。

同分节类型相比较，有机类型组织在促进传统的传播与储存方面，其重要意义是同样极其明显的。社会越是划分为自给自足的部分，则某一部分的任何发展就越不容易传播到其他部分。事事都趋于地方化，而任何朝新方向前进的有希望的起点是不大会被推动得很远的，也不大会被纳入传统中去。新的起点看来更容易完全丧失掉而不会保存下来。另一方面,社会越是按照有机类型组织起来,传播和储存传统的便利条件也就越多。随着分节制度的崩溃,传统的传播和储存本身就成为特殊的功能。各种交流手段形成了,新闻的传播本身成为一种职能,教书成为一种职业,图书馆也建立起来了。

十

就有关我们目前的研究目的而论,以上这些就是对社会组织变化的性质、原因和后果所做的非常简要的叙述。与此有关的其他问题我们可以提一提。我们对下述事实已做过评论:转变到较高级别的类型同人数的增加并不是同时发生的。印度和中国的两个例子表明,人口密度和分工之间的一致性可以很小。还有,在现代社会里出现了一种明显的反常现象。在不同社会阶层中传统的数量和种类的差别相当大,这看来是异乎寻常的,因为在这样的社会里分工已经发展到最大的限度。传统似乎应当是极其一致的,而传统的一致性却是原始社会的标志。但这一反常现象只是表面现象罢了。在原始民族当中,不仅传统的数量是巨大的,而且传统还在迅速演化的过程中,因此,传统的差别有大得多的机会产生出来。此外,分工这件事本身指的是,社会上的不同因素有意培养出了不同形式的技术,从而产生出现代社会不同阶层中显著的社会风俗、习惯的差别。正如我们已经看到的,哪里有分工,哪里就有取得技术传统的差别,我们可以认为社会风俗习惯的差别是起源于职能的差别的。在大量存在财产所有权的地方,所有权可以看

作是社会上的一种职能，而且某些风俗习惯显然是与这一职能相联系的，从而分出所谓上层阶级。这样产生的社会传统的差别的确有些接近于分节的社会划分。一旦阶级确立了，就会产生这样一种趋势，即一个人根据他的阶级而不根据他的职能取得他的地位。实际情况是，上层阶级执行了一些职能，例如僧侣的或军事的职能，这样，风俗习惯的差别就变得有些人为地永久化了。阶级以这种方式成为现代社会里传统传播的相当重要的障碍，这样，执行各种职能的人们之间的结合比仅仅因分工所引起的结合就要少了。

我们称之为经济因素的作用的这些变化尽管关系很大，但它们并不严重影响在概述中所得出的结论。向有机的社会类型的转变是第三期的标志，因此，在这一时期里各种条件变得以前所未有的方式刺激技术的增长并便利技术的传播与储存。

十一

因此，假定知道了世界各地之间的富饶的差别和地形的差别，又知道了迁徙的情况，我们就能够理解技术是怎样产生、传播和储存的。已经研究的因素并不是仅有的因素，但它们是主要的因素，仅仅研究它们就能够使我们理解进步怎样取得的，也就是说，怎样在某种程度上取得对自然的支配。此外，我们这样追溯狭义上的进步的原因，就是在某种方式上追溯与支配自然没有直接关系的传统中其他因素的起源与成长。这可以通过参考霍布豪斯、惠勒与金斯伯格等人取得的成果加以证明。正如我们已经看到的，技术的进步可以划分为一系列的阶段——渔猎、农业和金属的使用。这些作者进一步把狩猎民族划分为两个阶段，把农业民族划分为三个阶段，把游牧民族划分为两个阶段。然后他们研究了这些阶段和司法、家庭、战争等有关情况之间的关联。据发现，指明社会组织程度的各点同经济进展之间存在着一定的一致性。他们说，当我们上升到高级阶段，社会里就有了更多的管理和更多公共司法行政事务，并且管理单位与司法单位也扩大了，他们正是在这些事情上发现了“在管理的发展上和在司法的发展上的这种一致性”。存在着一种在内涵和外延上大致与工业的发展相适应的秩序的增长。另一方面，经济发展与社会成员之间关系的改进并没有必然的联系。经济发展并不意味着更能体谅人或对正义更加敏锐，在某些方面可以认为甚至是适得其反的。因此，就婚姻和妇女的地位而言，在各个阶段中我们看到的变化极少，其中我们的确看到了一些最显著的变化就是买卖婚姻和普通一夫多妻制的扩大，它们和经济因素是特别有关联的。此外，经济原因还同有组织的战争的发展以及以奴役俘虏取代杀戮、释放和收养俘虏有关。①

换句话说，社会制度在很大程度上同经济制度相关，在追溯经济制度所造成的“财富”差别和接触的差别时，我们就同时在这种相关的范围内对大多数社会制度的存在加以说明了。那些同经济制度不相关的传统方面，显然往往可用环境的直接影响加以解释；因为对经济制度极少或根本没有影响的环境差别可以引起这些传统方面的差别。例如，人们时常指出，传说的趋势可用环境的某些

① 霍布豪斯、惠勒与金斯伯格：《原始民族的制度》，第254期。

方面加以解释;因此,在亚述,传说大部分是同洪水相关的。因此,大部分富饶的差别和接触种类与接触程度的差别,不仅说明技术的进步,还在很大程度上说明了许多社会制度;至于不能这样加以解释的社会制度的那些方面,一部分是由于对丰饶没有起直接作用的环境的某些方面的影响,一部分则由于传统的复杂的相互作用。曾经指出,就能够看到的而论,把人口水准调整到最适宜人数的比较自觉的方法是同经济制度不相关的。例如,没有任何证据表明杀婴与堕胎同经济制度相关。在一些民族中,不管它们的经济条件如何,都表现出这些习惯,这可以用不影响财富的环境差别加以解释。我们已经看到,一些方法必须加以使用,一个地方使用一种方法,另一个地方则使用另一种方法。例如,一个地区里存在一些植物,使用它们就能够引起堕胎,而在另一个地区里存在为其他目的而设计的一种工具,为了堕胎也能加以利用。在其他区域里,由于迷信动机而杀害畸形儿童的习惯可以发展为杀婴的经常习惯,或者短期间的禁忌性交可以发展为长期戒绝性交的习惯。

第二十一章　传统与遗传的相对重要意义

一

我们现在能够对一方面是胚种变化和另一方面是传统积累的相对重要意义试做一次估计了。[①] 我们不可能完全不考虑环境的直接影响，但是，根据以上对这一课题所做的阐述，已经显而易见，虽然环境的直接影响可以更改历史的进程，但同其他二者比较起来，它却不是重要的因素。使问题极其困难的事实是：人类特征的表现是由传统的变化和胚种的变化二者所形成的，而且每一类变化又作用于另一类变化。因此，如果我们观察到某个民族的特征中递增的奴性，我们就必须记住：从前对比较自负者的淘汰，可能通过许多年的长期过程形成了传统，以奴性这种方式把自己表现出来；环境的性质可以使传统的潮流顺着奴性这个方向流去；或者

① 根据德尔维耶·特拉森：《进步思想史》，第405页。该书著于18世纪，作者史上第一次按照现代的意义强调了传统的重要意义——特别是在他的作品《适用于一切有理性对象的哲学》中。

两种因素都在起作用。并且，只要第二个因素在起作用，它就可以因下述理由而使比较自负者被淘汰，从而加速奴化的过程。对于特殊的过程，事实上极难得出任何确切的结论，但我们在研究了某些问题之后，是可以对通常情况下这些因素的相对重要意义得出相当确切的结论的。

二

把这些问题记住，我们就可以首先研究中间期的一般特征，然后再研究随后三个时期的一般特征，

情况是清楚的：中间期开始时，人类的祖先是生活在已为我们所知的那些对各种生物来说都是共同的自然状态条件之下，因此如果我们谈什么历史的话，那么当时的历史就只不过是胚种变化的表现而已。对这一时期发生的事情，我们缺乏直接的知识。但根据所能得到的种种启示，我们显然一定可以做出某些推断。我们知道在这个长时期里——有其后整个时期的许多倍长——在很大程度上完成了人类智力进化的很大一部分。这就是我们根据以下事实得出的结论：与我们必须假定存在于第一期中人类的智力和人类以前的祖先的智力之间的差别相比较，原始民族的智力和现代人类的智力的差别程度是很小的，而我们必须把原始民族当作代表第一期的人类。还有，我们给中间期里我们的祖先描绘的画面一定是几乎仅仅凭它的智力来取得支配地位的一种动物。此外，我们已经看到，向原始社会阶段前进只是通过智力进化方面的重要步骤才有可能实现——这是一个如此重要的步骤，凡是未能

采取这个步骤的我们的祖先没有一个能存活下来的。由此得出的推断显然是，中间期的历史主要建立于胚种变化的基础之上。如果我们有理由总结说，以后各期里胚种变化不再起这么重要的作用，那么应当记住，以后各时期的总和只相当于中间期的长度的一部分。如果我们观察全部人类史，并把开始的年代定在我们的祖先开始离开支配自然中各种生物生存的那些条件时，那么我们就必然得出结论说，胚种变化业已说明了历史极大部分期间发生的情况。

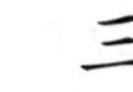

从第一期的开始到现在这段历史进程中出现了一些显著的特征。必须记住，第一期和第二期的大事进程是根据几乎只是在欧洲搜集的证据重新塑造起来的，而且，大部分证据甚至还是来自一个国家，即法国。欧洲并不是发展的中心，可能我们发现证据的一个文化阶段忽然被另一个文化阶段所取代，这种情况同我们在发展中心附近应发现的情况或许是不一样的。那里文化的进化可能更具有连续性。常常有迁徙的波浪向西掠去，从而较高的文化阶段征服了较低的文化阶段。情况可能是这样，种种文化体系达到欧洲之后遵循了它们自己的发展路线，由于条件相对说来不那么有利，这些路线没有把这些文化推进到它们的发源地附近那么高。因此，下一次波浪照例带来较高的技术程度，因而取代当时存在的欧洲体系。

不管情况如何，毫无疑问我们发现的情况是，第一期的早期进展相对缓慢。在上旧石器时代和新石器时代的进展较快。最后，在第三期初叶进展大大加速了，并以不断递增的速度进行下去，但在不同的时间和地点受到了某些阻碍。这一技术进化的加速是第一期开始以来历史上主要的显著特征，而且我们还可以把以下这些事实同它联系起来：各个国家之间的进展不是一致的，有些国家还经历过倒退，特别是在第三期里。回忆一下上一章里关于富饶和接触对传统增长的影响所说的情况，我们现在可以看到，至少这些大事的主要轮廓可以作为这些因素作用的结果而得到解释。现在我们可以开始研究美洲的事实了。

美洲显然在古代就由来自亚洲的人所居住。[①] 除了爱斯基摩人以外，大概侵入者占有简单的和相当一致的文化类型，发现美洲时所看到的这个大陆上各地方各民族之间的文化差别是固有的。换句话说，美洲是这样一个地方，在那里人类的一部分早就同其余部分失去了接触——同古挪威人和可能同太平洋海岛居民发生的接触都没有重要意义。千万年来这个孤立地区的文化发展是独立进行的。发现美洲时，墨西哥和秘鲁的文化已经达到相当高的水准，一种文字甚至已经形成了。一般说来，我们可以把它的文化水准同第三期开始之前不久在欧亚大陆取得的文化水准相比拟。可能这个时候的文化发展正处于同第三期里欧亚大陆所进行的大踏步相似的前进的边缘。但无论如何美洲的进展落后于欧亚大陆几千年，因此比较一下美洲和欧亚大陆的资源是很重要的。

首先应当注意到美洲是个庞大且多样化的地区，因为它包括多种类型的地理的和气候的环境。但是，整个地区，也许相对来说

① 见《美国人类学杂志》，1912 年第 14 卷，《美国权威人士关于这个问题的专题讨论》。

特别是毗邻地区的富饶程度并不像我们在欧亚大陆所看到的那样彼此悬殊，这就使得它在便利接触方面相对于欧亚大陆的一些地方处于比较不利的地位。在这一问题上应当看到，巴拿马地峡是交通的阻碍而不是交通的工具。显然，墨西哥和秘鲁对彼此的文明互不了解。

富饶方面的差别更加显著。一般说来，就渔猎的技术而言，美洲的富饶程度并不比欧亚大陆差很多。北美洲的西北沿海就这种类型的技术来说，可能比世界上任何其他地区都更加富饶。但就低级形式农业和豢养家畜这种技术来说，我们在开始分析整个美洲的资源时，就发现同欧亚大陆相比美洲的资源是贫瘠的。玉米和稻米是仅有的重要土产谷类。其余一切有价值的谷类美洲都没有。这是一个很重要的事实，因为种植谷类比培植根菜或培植树木在许多方面是更加有利的技艺。但美洲不仅缺乏谷类，也缺乏别处在原始农业方面起极其重要作用的许多植物——车前草、番薯、香蕉、面包果和枣椰树。在重要的植物中我们可以看到土豆、椰子树、木薯、葛树和可可树。人们可以看到，葛树是很容易繁殖的。“甚至即使去掉了根把树枝放在地上，经过一阵雨后，新的块茎又会从节上长出来。”[1]像这样的美洲植物或像别处的番薯，想必是首先培植的植物。

美洲缺乏适于豢养的动物甚至更为明显。如果我们把驯鹿除外，产奶的动物是完全缺乏的——这是一个极其重要的事实。印第安人曾尽可能充分利用美洲所有的动物。“驯鹿是凡能生产比

① 佩恩：《新世界史》，第Ⅰ卷，第311页。

苔藓更好的作物的任何土壤上一种无益的动物。除了驯鹿以外，印第安人饲养了这个大陆上能饲养的每一种动物。”[①]其中有骆马，这种动物的用途有限，既不能拉车，也不能产奶。有好几种骆马，这似乎指出在美洲被发现之前的许多世纪就有人豢养骆马了。他们还养了火鸡、狗、野雉、鸭和鹅以及少数其他重要性很小的动物。

同西亚相比，我们看到美洲适于豢养的动物和适于种植的植物等资源是很少的。但必须记住，西亚比任何其他地区都富足得多。同非洲和澳大利亚相比较，美洲并不贫乏。我们现在可以从亚洲开始看一看其他地区的资源。

四

各种动物和植物经过许多世纪的人工培养之后，产生出来现在所使用的许多品种。追溯它们的原始产地往往是最困难的事情，在一些情况下简直是不可能的。例如，人们从来没有看见过野骆驼。[②] 在一些情况下，证据是不明确的，只指出原来的产地是在某个广大的但未经清楚说明的地区。但是，比较重要的人工培养的动物和植物，对其原产地的研究却得出了十分明显的结论。我们发现，除了少数的例外，西亚是大多数比较重要的人工培养的动植物的原产地。动物中最主要的例外是大象、水牛、驯鹿和骆马。

① 佩恩:《新世界史》,第Ⅰ卷,第289页。

② 单峰的阿拉伯骆驼从来没见过野生的。但据说双峰的巴克特利亚骆驼在土耳其斯坦见到过野生的。参看弗劳尔与莱德克:《哺乳类动物》,第297页。

骆马原产于南美，驯鹿发现于极地附近地区，大象和水牛产于印度。大概骆驼的原来产地是在这一亚洲地区的某个地方，如果是这样的话，那么一切产奶的动物，除了驯鹿以外，不管属于羊科的、马属的、牛族的或骆驼类的，其原产地都在这一亚洲地区——当记住产奶动物所起的巨大作用时，这是个很重要的事实。也许应当提到，某些种类的动物分布区域很广，超出了这一亚洲地区，尽管这个地区的界线是不明确的。牛和猪的野生祖先是欧洲和亚洲土生的。[①] 亚洲植物资源的富足同样是显著的。实际上所有重要的谷类，除了玉米和其他一两种之外，原都产在亚洲。小麦、大麦、燕麦、裸麦、粟和在技术进展的一定阶段上很重要的其他五谷都是在这一地区土生的。

五

转到非洲，我们发现大多数家畜和人工栽培的植物并不是土生的；它们不是由阿拉伯人或欧洲人传进来，就是来自埃及，并且大概是从亚洲传到埃及的。现在饲养的动物中，牛、山羊、绵羊和鸡来自埃及，狗来自阿拉伯，猫也是阿拉伯人带进来的，而猪、俄国鸭、火鸡和鸽子是葡萄牙人传进来的。高粱、粟、蟋蟀草[*]、白星海

---

① 尤利乌斯·恺撒时代欧洲的野牛很多，齐凌翰牛群可能是它们的残余。新石器时代欧洲的马很多。但大概牛和马都是最初在亚洲被人驯养的。羊群最初居于中亚的山区，可是萨维尼羊显然是和羱羊类似的，而它的化石发现于诺福克森林林床（弗劳尔与莱德克，前引书，第355、357、367、382页）。

* 一组生长于印度、斯里兰卡、非洲热带和亚热带的禾本科植物，作谷物用。本属约有十种。——译者

芋、莱姆、黄瓜、甜瓜、葫芦、洋葱和大麻是阿拉伯人介绍进来的，可可树来自亚洲，枣椰树来自地中海盆地。“仅有的可疑的例外是花生……它可能是土生的，还有一些半培植的豆类也可能是土生的。”[1]可以看出，非洲适于人工培养的动物和植物虽然很少，但除了一两个例外，黑人从来不培养可以培养的动植物。因此，珍珠鸡和咖啡树都是土生的，而不是黑人培养的。

六

其他地区的自然资源就不必说了。除了有袋动物以外，澳大利亚没有任何哺乳类动物，这是众所周知的，因此而产生的不利条件也是显而易见的。但是，关于富饶和地形有一些明显的事实在这里应当引起注意。关于一般热带地区的富饶情况有两个重要的事实。大部分热带地区没有谷类，土生植物中主要是树木和根菜可以培植。但是，培植树木和根菜在许多方面不能像种植谷类一样提供同样好的报酬。此外，水果和根菜照例是不能储存的，它们的食用价值并不高，而且在许多方面种植根菜和树木所出现的问题并不像种植谷类那样能提供对技术相同的刺激。还有，在热带条件的一般组成中往往有一种破坏因素。在热带非洲，人类工艺产品受到迅速破坏是众所周知的，在或大或小的程度上这类破坏情况是所有热带地区的特征。

① 约翰斯顿：《英属中非洲》，第 429 页。

七

转到促进或阻碍接触的一般地理条件，我们发现美洲是孤立的，并且就它本身作为一个大陆来说，实际上是划分为两部分的，其条件并不显著地促进接触——特别是毗邻的不同经济制度之间的接触。其余各个大陆可以认为是从一个中心向外发展的。中心地区不仅处于有利地位，而且它本身的构成就有利于接触。它的地表是多样化的，内陆湖、大草原、高原、山地、平原和河流使它在这方面得天独厚。相对于在其他地方，森林在这一地区并不那么成为接触的阻碍，而且在这方面西亚比欧洲处于较好的地位。热带地区的森林比温带地区的森林形成更加严重的障碍，而金属使用的发现在减少由于这一障碍而产生的妨害方面，在热带国家里的影响要比在温带国家里小。看一看从这一中心向外发展的各个大陆，我们就可以看到非洲的大部分是如何地孤立。埃及的确几乎是西亚地区的一部分，但它基本上被沙漠割断了同非洲其余地方的联系，而只通过尼罗河流域同本大陆其余部分联系起来。尼罗河流域的中部地区几乎是不毛之地，而它的上游则通过广大的沼泽地。当我们接近非洲的南方，我们就来到了原始时代的死路。同样，不管我们从欧亚大陆心脏沿哪个方向向外走，渡海到澳大利亚去还是到欧亚大陆的西部或东部边疆去旅行，我们所到达的地区对接触都是不利的。这是由于它们的位置和森林或丛林之类的其他因素的存在，或者由于它们的地形所造成的。此外我们必须记住，就富饶而言，中央地区的资源最为丰富。

我们应当记住，还有另一个因素，我们发现有理由认为它对技术的形成和传统的传播与储存能成为一种刺激具有很大的重要意义——分节类型的社会组织被有机类型的社会组织所代替。这一巨大变化发生于欧亚地区，并且必须间接追溯到整个这一地区的特征。因为我们发现，在这样一种变化发生之前，人口数量的增长是必要的，而人口数量的增长却直接取决于富饶和环境中促进技术增长的所有其他因素。

八

因此，自第一期开始以来，历史上突出的大事和影响传统的主要因素在空间与时间的分配上至少存在着非常明显的一致性。我们可以比较一下美洲发现前的大事和世界上其他地区的大事。我们不知道原来的移民具有什么技术程度，但一般说来，就渔猎技术而言，美洲的富饶程度并不亚于其他地区，因此我们没有理由设想美洲第一期的进展会比其他地方要慢一些。况且，尽管种类不很多，却有易于栽培的植物，也会像其他地方一样极便于向最原始形式的农业过渡。但适于人工培养的谷类和动物的贫乏以及产奶动物的缺乏说明，与西亚的条件相比，美洲对进展提供了极少的刺激。此外，一般地形并不像西亚那样有利于接触。虽说如此，美洲在栽培五谷类和饲养家畜方面却曾经取得相当的进展。墨西哥和秘鲁富有湖沼，没有严重的障碍，并有高地和低地相邻所提供的环境的多样化，这一切都使得接触极为便利，于是在那里就曾经发展出技术水准比较高的社会。但美洲曾落后于欧亚大陆。如果我们设想两个地区居民的天赋一度几乎是相等的，有些人流落到比较不利的环境中，其他的人仍然留在原地方或迁徙到更加有利的环境中去，那么美洲落后到什么程度是可以料想得到的。至少以下这种情况是清楚的：如果比较一下美洲大事和欧亚大陆大事的一般趋势，那就没有任何事物同这一理论是不相容的，即环境的构成基本上能说明技术增长与积累的差别。

撇开美洲不谈，同一结论也适用于其他地方的大事。我们已经强调指出了西亚的丰富资源，这一地区看来是第一期的进步中心，在第二期和第三期的早期里也毫无疑问是进步的中心。一切都使得我们认为在比较晚近的时期之前，这一地区的技术水准在任何时候都比其他地方要高一些。迁徙的浪潮不时向外延伸（显然最经常的是迁往欧洲，迁往非洲和大洋洲却不那么常见），它们带着比存在于远离中心地区高得多的技术程度，从而发生了向另一文化的突然过渡，并伴随以居住在远离中心地区的民族不同程度的灭绝或与它们混血起来。如果我们记住非洲和大洋洲的资源与一般条件，那么，根据上述那些相同的原则，这些地区大事的趋势也是可以理解的。还应当观察到，由于相对富饶的变化而产生进步中心的转移这种原理在西亚可能起作用。例如，在某一种文明达到特定的程度之后，从前比较欠富饶的巨大的尼罗河、底格里斯河和幼发拉底河等流域，在某一时期里变成了最富饶的区域。后来，与工业革命相联系的进步引起了另一次进步中心的明显转移，也就是说，转移到煤矿丰富并容易开采的地方。早期文明基地并不始终是晚期文明基地，对这种事实寻求解释的人往往忽视了进步中心的转移。埃利奥特·史密斯教授说："在以下这种显著事

实面前，各个民族成就的显著不同不能用缺乏机会加以解释：在今天的大多数落后氏族当中，有些是最初接触文明的，甚至是文明的创造者，它们在取得文化和物质优势方面处于最有利的地位。”[①]对此，进步中心的转移至少可作为部分解释。

第三期里发生了已经描述的社会组织的变化，这种变化极其明显地刺激了技术的增长并便利了它的传播。这一变化对欧洲和亚洲的大事具有深刻的影响。我们必须把人类史最近一个时期的主要特征即技术进步的显著加速同这一变化联系起来。这样，进步加速的解释最终是以不同地区在富饶、地理位置和提供接触的机会等方面的天赐为基础的。还应当注意到，欧洲和亚洲的大事进一步的趋势是可以理解的。一方面通过最大的富饶中心的转移这一原理，另一方面通过社会的有机类型的不完全实现来理解。在印度和中国，有某些势力大部分由于宗教的原因，以忠于各种形式的一部分社会的方式对有机类型的充分发展起反作用。这就是为什么我们在东亚似乎面对着一股脱离了进步主流的逆流的主要原因之一。

此外，由于传统越来越复杂，环境方面小的差别对技术的发展往往提供有利的或不利的机会。这样，在文字发明之后，占有适当的文字资料的国家处于大为有利的地位。中国文字由于采取不方便的形式，用途一向极其有限。人们曾经指出，希腊思想的明确和印度空想的含糊之间的差别，部分是由于在希腊文字的用途较大。[②]

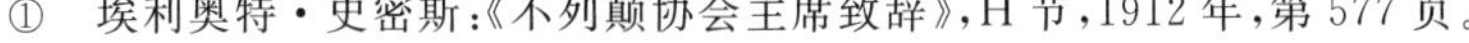

① 埃利奥特·史密斯：《不列颠协会主席致辞》，H节，1912年，第577页。

② 里斯·戴维斯：《佛教》，第40页。

九

这样，在一般情况下，如果我们概观突出的事实，就会发现以环境对刺激技术进展的影响为基础的解释呈现出来。氏族差别的确存在并起着一定的作用。如果我们现在转而研究这些差别的性质，我们对这一作用究竟是什么就可以得出某种概念，因此我们可以首先注意那些较大的差别。必须强调指出，只是关于欧洲各民族之间存在的差别，这些差别才是大的。关于中间阶段的祖先和现代人之间的差别，则几乎无足重轻。

人们对黑人和白人之间的差别曾经做过某种分析，我们可就这些差别看到两件事情。首先，它们只能部分说明成就上的差别。在同欧洲人接触之前，黑人还没有超出原始思想阶段，但他们不是天生就做不到这一点，这是显而易见的。教育黑人的结果，缩小了把他们同白人隔离的观念的鸿沟。正如达莱姆伯和迪德罗不相信俄国人能够文明到欧洲的水准，后来的一代人同样相信黑人不能文明到这种程度；但"黑人在一些领域里现在无可争辩地可与白人相匹敌，而一百年前在这些领域里他们的教师会自信地争辩说，他们生来就不能取得平等"①。然而这里是存在差别的。平均说来，黑人在智力上多少有点低劣，并且毫无疑问具有某种不同的感情上的和气质上的特征。

其次，从第一期末叶到现在，精神性状的进化同技术的进化表

① 奥利维尔：《白人资本与有色人劳动》，第 57 页。

现出较少的一致性。技术一直以巨大的加速度在取得进步，而精神性状进化的进展却减慢下来，并且在第三期里几乎停止了。应当记住，这最后一期里的选择大部分是疾病所造成的。

因此，民族差别的性质和精神性状进化的趋势倾向于证实对富饶和接触的影响的研究所得出的结论——突出的大事要溯源于环境的而不是胚种的变化。但胚种变化并不是无足轻重的。我们已经看到在第三期的早期里促进技术进展的各种条件，正好在白种人优越的那些方面促进了智力的进化。这样，胚种变化就可以被看作对这个时候发生的进步有所贡献。构成白种人特征的自负和其他素质方面的进化，必然加速已经在进行的文化变革。麦克杜加尔先生说："至于文化水准的差别程度是同天生的智力与道义的水准相联系的，文化优越性就必须看作是天生智力优越性的结果而不是它的原因。"[①]据此，上述研究可以启示另一观点。文化变化与胚种变化是一起发生的，并且都是同一环境的产物，这看来更有可能；毫无疑问，一类变化又作用于另一类，但似乎认为前者是后者的结果或主张相反的情况同样是几乎没有根据的。当我们把研究引申到第三期里的大事时，麦克杜加尔先生的看法遇到了相当多的困难。他把各早期文明的文化水准归因于以前的智力进化，但正如他所认为的那样，从那个时候以来就没有显著的智力进化，因此包括技术的继续进步在内的过去五千年的大事必须用其他理由加以说明。从各早期文明的兴起开始一直到今天的一系列

① 麦克杜加尔：《群众心理》，第 119 页。

大事，主要基于一个决定性原因，这无疑是更加可能的。我们发现有理由把这一系列大事同富饶与接触对传统发展的影响协同起来；我们认为在各早期里胚种变化的影响并不小，但它是辅助性的影响。就我们所发现的这一结论得到进一步研究的支持而论，截至目前，说具有黑人天赋的种族不可能自行达到白种人所取得的水平，这是正确的；不过说白种人因为它们的优越天赋而自行进步到现在的水平，则并非事实。

十

我们现在可以研究较小民族差别的重要意义。人们往往承认，欧洲有三种主要的民族类型——北欧人、高加索人和阿尔卑斯人。如果存在天赋差别的话，我们期望会看到同每种类型相结合的一些特殊的传统特征；因为，正如我们已经看到的，天赋的民族特点倾向于使传统的潮流顺着一定的方向流动，而不同的制度和信念同特殊的民族类型相结合可能说明天赋的差别在起作用，但在人们能够接受这个结论之前，必须证明环境因素对传统的作用在所有这些类型中是相当一致的。我们能够积累相当大量的证据表明这种结合的存在。比如，北欧各民族大多数属于新教，而阿尔卑斯和高加索各民族大多数属于天主教或希腊正教。宗教改革期间摆在大多数欧洲民族面前的选择是究竟应当采纳什么宗教——这个争论，有些时候在许多地方悬而未决。北欧人这类人之所以采纳新教是受到这一类型所属的一些天赋性状的影响，例如自负和爱好自主。[①] 南方的德国人属于阿尔卑斯民族，他们仍然是天主教，而尼德兰的北欧属荷兰人却成为新教徒。在欧洲的政治制度类型的分配和民族的类型分配之间同样存在着一定的一致性，并且还能提出很多其他的证据。我们看到了黑人在性情方面同欧洲人的差别是何等明显；类似的差别在欧洲各民族之间也可以看得出，虽然差距要小得多。人们几乎不能怀疑爱尔兰人和苏格兰人在气质方面和英格兰人是不同的，并且还可能有智力上的差别。英国人和法国人在智力上可能有某些轻微的差别；说法国人爱好逻辑而英国人厌恶逻辑完全是传统的特征，这是不大可能的。由此看来，在欧洲各民族之间存在着天赋的差别。这些差别，通过设想各民族类型的祖先经历不同的环境——虽然这未免有些空想——可以得到解释，如阿尔卑斯民族的祖先经历过族长制度，北欧民族的祖先经历过比较个人主义的制度。这样，屈从类型和自负类型就分别受到了促进。[②]

但是，不能过高估计像现代欧洲各民族这样密切相关的民族之间的天赋差别的影响。人们可能举出制度、风俗、习惯等的分布同民族类型的分布并不总是相一致的许多例子。这里只举一个例子。在比利时，瓦龙人属于阿尔卑斯血统，也就是说，他们在民族上是同大多数德国人类似的，但他们在性格上和感应上却显然和法国人类似。而弗兰德人（比利时人口中的另一组成部分）属于北欧民族，可是在一些方面同德国人更接近——虽然在民族上他们

① 麦克杜加尔：《群众心理》，第112页。

② 参看麦克杜加尔：《群众心理》，第XVII章。

同德国人的共同点极少。在这个例证中,要么不存在所提到的这种天赋的民族差别,要么虽然存在这些差别但被传统所模糊了。我们看看现代民族形成的两个例子,就能够发现传统在形成各民族的那些特征中是一个支配因素。而当我们想到任何民族的时候,就能够想到这些特征。例如,我们所看到的波尔民族所特有的那些特征可以溯源于环境对最初的居民带来的特殊传统——在它的宗教方面和社会方面都很显著——所提供的特殊机会。今天的波尔人所代表的民族因素是众所周知的——大部分是荷兰血统,混合一些法国和英国血统。但波尔人所具有的特征不应归因于这一特殊的胚种组织,而应归因于南非草原的母性作用于一种特殊的传统。同样,世界上已经出现的精神特征都不像美国人的特征那样明确,但不可能认为它们是参与形成现代美洲人口各种民族血统的影响的产物。极其显然,这些特征几乎完全是传统的,并且不难证明,地理的、社会的和政治的环境是如何产生出这些特征来的。

我们能够进一步理解这些特殊的传统积累是如何保持的吗?让我们记住,一个人不仅需要在他头上有房顶的普通意义的家,而且还需要传统社会里的家,并且,正如大多数人在他们出生的那个国家里找到一处居所那样,他们同时也在这个国家的传统社会里找到一个家。现在,在人们比较长时间在一起活动的任何地区里,在上面列举的环境的那些因素的影响之下,都形成了某种传统。如果另一群人在极其相似的地区里结合在一起,那里形成的传统将同前一地区里的传统表现出相像之处,但可能有相当多的差别。这些小差别有时会产生深远的影响。还有,正如我们以后将指出的，因我们的无知而被看作是“偶然的”事件，有可能产生深远的后果。小的差别和显然不重要的事件可能扭转传统形成的方向，一种传统和另一种传统之间的一些个别差别，通过传统沿着常轨运动的趋势而逐渐被夸大了。传统的各种特点最终体现在一个民族所特有的一切制度——按照最广泛的意义使用这个词——的总和之中，并且由于每个人都在这些传统的影响之下生活，这些特点因而得以保持。正如常常指出的，语言并没有人们可能想象的那么重要。共同的语言并不意味着共同的传统，反之，语言的不同也并不意味着传统的不同。另一种制度则更加重要。英国的财团公立学校这样的制度体现了社会传统的有特色的因素。犹太人的情况特别值得注意。他们没有共同的语言，也没有犹太国家，* 但有一种东西是一个犹太人和其他犹太人所共有的，那就是他的宗教。在犹太教的周围集中了为犹太人所特有的一切，犹太人坚守其宗教使得犹太人在经受全部奇特的、变化无常的遭遇中保持住一个犹太民族。是什么力量使犹太人经过若干世纪得以生存下来而在各民族中免于灭亡呢？是宗教。保护性的宗教仪式、严防外界触动的戒律，保卫了犹太人达两千年之久，没有什么力量能渗透进去。然而，西方的思想却把它动摇了。要是衰弱的犹太教一旦解体并涣散的话，犹太人将会怎样呢？在宗教禁锢中得以生存下来的犹太人难道没有与犹太教同归于尽的危险吗？①

还有，业已指出，有些人往往作为他们所属民族以外的国家的

* 第二次世界大战之后，根据联合国大会 1947 年 11 月 29 日的决议于 1948 年 5 月 14 日宣布成立的以色列是犹太人国家。——译者

① 勒鲁瓦-博利厄：《各国的以色列人》，第 77 页。

文明或文学的贡献者而成名。据说没有一个人比英国人哈密尔顿、瑞士人卢梭、意大利人德梅斯特、德国人海因或黑白混血的杜马更为法国化了。对典型英国文化做出巨大贡献的一些人并不属于英国血统,尽管他们当然是杰出的英国的爱国者。我们能够引证从西蒙·德·蒙特福特到迪斯雷利一系列的名字。另一方面,"出生在不列颠群岛的人曾帮助大多数欧洲国家创立了陆军和海军,并帮助他们建立起政治制度。在18世纪,你可以发现一位爱尔兰人作为首相支配西班牙人的命运,另一位爱尔兰人支配那不勒斯的命运,第三位爱尔兰人指挥奥地利的部队,第四位爱尔兰人谋求在印度重建法属领土。苏格兰人照例把他们的注意力局限于新教国家,但约翰·劳在该世纪的初叶却为法国的财政创造出奇迹,腓特烈大帝的有力助手是个苏格兰人,苏格兰人在俄国——几乎完全是外国制造的产物——的形成中所参与的程度超出了他们的份额。彼得大帝本人的母亲是在苏格兰出生的,这一事实形成了他和他低能的同父异母兄弟之间的一切差别。拿破仑本人并非生而为法国人;他的一个元帅是意大利人,成为瑞典的皇帝,从而奠定了现在瑞典的皇室血统"①。

这样,关于小民族差别的性质这一讨论倾向于证实以上所说的结论。我们并非不考虑胚种的差别,但我们必须拒绝戈宾诺和豪斯顿·张伯伦的理论,他们在民族中看到对所有国家的成就所做的主要解释。蒙森侮辱凯尔特民族,瓦歇·德·拉普兹把法国

① 波拉德:《现代史的因素》,第15页。

的大多数不幸事件归因于人口中的短头颅分子。[1] 但我们现在对历史进程所做的任何这样轻率的解释都是值得怀疑的。

十一

如果我们继续分析我们所知道的已经发生胚种变化的一些例证，并探索哪些结果要归因于这些变化和哪些结果要归因于伴随着他们的传统变化，我们现在就能够更接近这一问题了。

在历史的进程中一些民族一次又一次地被消灭了。这显然是尼安德特人的命运，在现代则是塔斯马尼亚人的命运。整个人类的一般胚种组织虽然按照这种方式变更了，并且照例是提高了，可是在现存各种血统的进一步进化方面胚种组织变化却极少或根本不起什么作用。[2]

不同民族血统之间的混合是常常发生的。正如我们所看到的，如果血统的差别大，则混血后精力旺盛，可以在杂交的第一代表现出来，但很快就消失了。另一方面，混血容易引起不利的性状结合，因此，黑白混血儿在遗传学上是不可取的类型。但是，黑白混血儿的不可取性状大部分是传统的。黑白混血儿既不属于这一民族也不属于另一民族，而且他知道这种情况。他是被遗弃者。没有他自然而然吸收的任何传统。他既不是怀着白种人的骄傲而

① 瓦歇·德·拉普兹:《社会选择》，第 293 页及以后。

② 关于这一问题的讨论参看霍恩斯:《人类的自然史和上古史》，第 I 卷，第 119 页及以后。

成长起来，同他的有色人亲属也没有共同的感情，他对其他民族的地位一般作为某种不可避免的东西而接受下来。在传统社会里没有他的家。没有任何途径能使他的现有能力按着有利的方式发展，因此，在产生我们所看到的这些后果方面，就传统与不良的胚种组织来说，我们必须更加重视传统。

如果差别较小，则这对混血的活力也有好处，虽然这又是过渡性的。更加重要的是有利于性状重新结合的机会。对产生一些民族的幸运的混血、把实干能力和思考结合在一起以及类似的东西，人们进行了许多有趣的推测，虽然这些推测都是非常荒诞无稽的。一般说来，我们可以把这样的杂交看作是在遗传学上有利的，并在历史上很重要的。同印度和中国相比，这样的杂交时常发生在欧洲和亚洲其他地区大概是对这些地区有利，因为在印度民族的差别也许太大了，而在中国民族的差别也许太小了。

但是，人们认为杂交的遗传效果大概是太大了。当我们研究传统变化的时候，我们将看到伴随着血统的混合，传统的接触是一个何等有力的因素，人们所看到的大部分后果大概要归因于它。

人们曾经看到，精神性状的选择从第一期以来，在递增的程度上大部分取决于传统。传统的趋势倾向于特殊的方向；传统按照常规发展，而各种特征则趋向于被夸大了。只要人们天生适应于传统的各种主要特征，他们就会得到好处。在像古代秘鲁这样一个寡头政治社会里，天生卑屈的人比自负的人日子要过得好些；在好战的北美洲部落里，卑屈的人就要失败了。

我们还看到，在分节的社会组织里，适应特殊传统的一定类型的精神构成有被保持下来的趋势。任何方面脱离幸运类型的精神构成都要被铲除掉。当有机组织代替分节组织时，整个情况就发生了变化。要求某一类型精神的构成必须严格加以保持的特殊传统，就不再是必要的了。允许充分分工的传统受到了赞许，这一传统不仅允许甚至鼓励各种类型的天赋才能。这样，各种类型的智力和感情都各得其所，而在其他情况下就要遭到失败。但这一情景也是一分为二的；虽然艺术家和哲学家可以生存下来，但低能的人也生存下来了。

十二

第三期里的精神性状选择需要我们进一步加以注意。我们已经谈到较早各期里集团选择和个人选择的互不相容性。良好的各种个人发展可能没有生存下来，因为它们同保持集团所必需的类型是不相协调的。集团选择在第三期的早期里是活跃的，并导致了各种高级类型的进化。其后，集团选择采取了不同的形式，它虽然允许幸运类型的变异的存在，却没有完全停止活动。不过，显然极少有朝着整个集团进一步进化的趋势；而是胚种发生了变化，这种变化是根据环境是否让更多的脱离典型者生存下来而发生的，而它的脱离者的数目有时是上升的，有时是下降的。我们可以看一看死亡选择和生育选择的后果。一个民族的一般胚种组织，可以通过我们列在死亡因素这个项目之下的因素的作用而经历深刻的变化，虽然它们不总是通过淘汰来发挥作用。在具有社会组织的复杂机器的文明国家里，政府可以采取大大赞成一些类型而不赞成其他类型的政策；显然，偶然发生的事情可以转变大事的进

程，从而引起相同的结果。例如，南特敕令的废止把一些人驱逐出法国，这些人在天生的精神构成方面毫无疑问同一般人有所差别。西班牙宗教审判的成立也产生同样的效果。1848 年德国自由运动的恶劣策略导致了一种政体的创立，以致同这种政体意气不投的某一类型的德国人倾向于移居国外。布尔什维克政体显然赞成一种特殊的精神状态。从这些例证可以清楚地看出，一般的胚种组织可以在邻近国家里以极其突然的方式向不同的方向变化。但要在这些例证中找到进一步的解释，那显然就是：胚种变化跟着传统变化而变化；胚种变化可以加速传统的变化，但它只是我们所看到的历史运动的辅助原因。最近三百年中西班牙民族缺乏积极性这个特征，不是由胚种变化所造成的，而是由形成这个民族的思想与气质的传统的变化所造成的；毫无疑问，胚种变化也遵循了同一方向，并对现在的情况有所贡献。胚种变化的真正重要意义，并不像一些作者所想象的那样，在于它发动了文明国家的进步运动，而在于它扩大了传统变化的趋势，并使进入常轨的那些国家难以脱离出来。

正如胚种变化由于死亡选择可倾向于不同的方向，同样，它由于生育选择也可以倾向于不同的方向。在中世纪的宗教独身生活者身上，我们大概会识别出一种特殊的精神类型，虽然我们不可能说出这种类型在多大程度上比一般类型更有价值。独身生活者的一些特殊素质毫无疑问是有价值的，但想必他们缺乏其他有价值的素质，因为他们不愿面对他们那个时代正常社会生活的困难。而使人们认为他们的特殊素质总的说来是富有价值的，在对独身生活的后果做出最后的判断之前，我们还必须记住它可以对传统产生有益的影响。一位对中世纪有研究的权威说过："对中世纪早期的任何熟知肯定会导致一位毫无偏见的研究者得出这种信念：僧侣的独身生活在那时对牧师秩序的建立、教会的纯洁和教会对全世界的影响都是根本的；僧侣的独身生活事实上在欧洲社会的净化方面是一个必要的阶段。"①

生育选择主要是因为一些阶级比其他阶级对下一代做出了较大的贡献而引起的。② 一般说来，整个中世纪里，就人们所知而论，所谓上层阶级对继承的世世代代的贡献比所谓下层阶级要多些。现在的情况倒过来了，看来在希腊和罗马的晚期也是上层阶级对人口的贡献比下层阶级少些。可能在其他古代帝国中情况也是相同的。人们认为这种形式的差别生育率对历史的进程具有极重要的意义。例如，麦克杜加尔写道："广泛地观察历史进程，在通过社会阶梯实现的社会阶级分化中，在上层阶层不能再生育出来它们本身的人数这一趋势中，我们可以找到对文明的周期过程的解释。"③显然需要慎重研究这一课题。我们马上就应当注意一些论点，但在我们进一步分析各个阶级之间的传统差别所引起的后天变异的性质之前，我们不能得出任何确切的结论。

在这里我们可以看到，像麦克杜加尔那样，说下层阶级是被社会阶梯的作用所"排除掉了"，这种说法是完全将人引入歧途的，即使今天在英国，上升的机会也像过去一样大——如果不是

① 史密斯：《中世纪的教会与国家》，第 83 页。

② 在不同的民族血统存在的地方，就像在美国，差别生育率具有较大的重要意义。

③ 麦克杜加尔：《群众心理》，第 260 页。

更大的话。极其有限的人能够并且的确上升了。这个阶梯不仅很陡而难以攀登;它还是狭窄的,阶梯上不能同时容纳许多人。此外,阶级的威信是如此之大,已经攀登上去的那些人的后代从来极少降下去,可是,向平庸退化总是在他们当中起作用。换句话说,假设构成上层社会阶级的那些人的祖先是由于可取的精神素质而扬名显身的,那么他们的后代却并不是因为比一般人具有类似的优越性而高贵起来,因为人们颇以为他们的后代已经丧失这些素质了。

假定暂时同意对那些攀登上去的人的优越性所说的一切话,以上的研究也降低了差别生育率的重要意义。还应当注意到,虽然麦克杜加尔先生和别人说,差别生育率是文明的周期过程的起源,他们事实上归功于这一原因的是各个下降时期。人们找到了其他的原因来说明同样明显的各个上升时期。例如,麦克杜加尔先生把希腊文明的兴起归因于两个民族的"幸运的混血"。[①] 另一方面,人们可以说事实强烈地指出这一结论,即"上升"和"下降"都是同一现象的一部分。"上升"像"下降"一样明显,一个过程似乎正是另一过程的反面。没有任何人建议用差别生育率的有利结果来说明"上升",在我们接受不利的差别生育率作为"下降"的主要原因之前,我们可以探索一下两种过程的根本原因是否属于另一种类。如果我们发现根本原因属于另一种类,当然这丝毫也不意味胚种变化不在起辅助作用。

① 麦克杜加尔:《群众心理》,第 247 页。

十三

这一章的大部分讨论一直试图估计胚种差别和胚种变化的重要意义。为了得出更加确切的结论，我们必须多少更加具体地研究传统差别和传统变化，这一点是明确的。我们也不能忘记环境的直接影响，因为它往往作为辅助因素参与历史进程的形成。我们可以顺便在这里研究它。

性情是一种极其重要的特征。正如在我们周围的人当中，我们看到性情影响每个人的成就，而且在很大程度上决定成功与失败，民族性情在决定民族成就方面也是同样重要的。这一特征对环境的直接效果特别敏感，像食谱的变化等因素，由于它们对性情的作用，可以影响历史的进程，这是极其可能的。今天，西方国家的民众很大一部分生活于其中的城市条件——烟雾、嘈杂、震动等等——都可能对性情起作用，从而影响成就。

这样的研究多少是带几分推理的。更加明确的是疾病对性情的后果。基本上在第三期里才引人注意的疾病，总的说来采取死亡的形式，患者得病后或是死亡或是大致完全康复，这是显而易见的事实。但在热带，有许多疾病属于非死亡周期性的类型，例如钩虫病，它影响人口的很大一部分，逐渐破坏遭受攻击者的精力——精神的和身体的。任何这样疾病的流行，必然以一种重要的形式成为进步的障碍，这样一种疾病传播到从前没有遭受影响的国家里，能够阻止这个国家的进步，甚至带来衰退，这是完全可以想象的。例如，人们把希腊的衰退归因于疟疾的传播。因此，在回答为什么一些地区落后于其他地区这一问题时，我们必须不要忘记影响人口的很大一部分的周期性疾病的影响，而且奇怪的是，在通常情况下，这一因素因影响传统的其他因素在同一方向起作用。也就是说，环境的富饶程度低和来自接触的刺激极少的地方，总的说来那里疾病的有害影响也最厉害。

还应当进一步注意到，环境的直接效果会对传统的形成起作用。例如，由于像疟疾这样的疾病而造成的冷淡和没精打采成为环境的一种因素，对传统的发展产生不利的变化。

十四

在上两章里我们已经就传统的性质和形成，在这一章里就世界上主要地理区域中传统在决定历史进程主要轮廓方面的影响，谈了一些问题。传统所起的作用，通过已经提到的两个问题——文明的周期进程和现代的差别生育率——的讨论，可以进一步得到最好的说明。当我们说到文明的周期进程的时候，我们想的是表现出勇敢和精力的时期和表现冷淡的时期的交替。因为是在同一文化里，我们看到进步是沿着一条路线并在同一气氛中前进的。有时，特别是当技术程度较低时，可以几乎没有什么进展，而是处于一种停滞的状态。但在这样的条件之下，倒退是罕见的。另一方面，当技术程度较高时，我们有时看到突然进步的时期往往几乎是开始于一个确定的日期，并在几代之内——也许甚至在一代之内——就达到了高峰。往往随之而来的是停滞时期甚至是衰退时期。弗林德斯·皮特里教授在一本小书里对这一趋势讲了一些引人注意的事实，他的根据大部分是埃及史。他采用了艺术创作的各个时期的残迹，证明这一趋势是怎样可以加以说明的，并且，在欧洲最近几百年来的任何艺术史中不难找出许多进一步的说明，在各种科学史上也能找出这种说明，不过程度较差而已。[①] 弗兰西斯·加尔顿爵士以其毕生的工作对弄清楚胚种性状的性质与重要意义做出了很多贡献，他写道："我从各个方面并根据许多观点研究了文明昌盛的原因，我所得出的结论是明显的，即这些原因当中的主要原因是巨大的劳动能力（智力的、体力的，或两者兼有）同工作热情的结合。"[②]进步时期为这些特征的表现所标志着，我们可以探索一下在多大程度上它们的性质是传统的。让我们以英国文艺复兴这个进步时期作为例子，西德尼·李爵士说："16 世纪的英国人在智力上和精神上呼吸着一种新鲜的空气。他们处于由许多因素混合成的一种新的刺激之下，其中每种因素都是新颖的和鼓舞人心的。我们必须把他们的杰出成就的突然向上增长、建立卓著功绩的机会的增长以及从而比以前任何一个世纪都有更多的英国人名垂青史等，归因于这一刺激。16 世纪时英国人得到的刺激可用人们所熟悉的"文艺复兴"这个词加以总括。欧洲文艺复兴也就是智慧的新生的主要因素，它延伸了人类知识的界限并点燃了把人们的能力使用于新的和比旧的更好的用途上的热情。就物质世界的范围而言，新的奇迹产生了，人们对新发现的古希腊艺术与文学具有无限的热情。人们为争取地球上最好的而不是最坏的

① 弗林德斯·皮特里：《文明的革命》。

② 加尔顿：《优生学评论》，第Ⅰ卷，第 75 页。

生活这种新的决心所激发。他们心怀壮志，作为最高的美德来培养美的观念。”①

让我们看一看问题的另一面，即精力缺乏时的情况。曾经有一个广泛流行的观点：世界末日在公元1000年就会到来。一切阶级都同意这一观点并准备末日的来临。在这种情况下，不管天赋如何，人们都会表现出极小的劳动能力或工作热情，这是容易理解的。还有，在罗马帝国的晚期也呈现出昏睡状态和冷淡精神。庞大的帝国就像一个停了摆的钟表；机器是完整无缺的，但没有力量使它开动起来。据说人们的心中呈现出对某种未来灾难的预见，一种不可避免的末日就要来临的感情。如果把这样的精神水准同摆在16世纪英国人或伯里克理斯时代希腊人面前的精神水准对比一下，我们就能够理解，表现出来的工作热情如何受到传统的深刻影响。

当我们对环境获得充分确切的知识时，我们总是能够分析出各进步时期里强大刺激的影响。它往往采取民族意志的形式。据说，“民族意志是世界上一切事物中最不可征服的和战无不胜的。它能把巴比伦从荒凉的沙滩上建立起来，并能使帝国文明从二十所茅屋中迅速兴起。当民族意志发生作用之后，它的愿望能留下不朽的功业，好像岩石是自然界的一部分那样永恒”。有时这种刺激可能产生于一个极其重要的发明，如金属的使用。但是，更加经常的是，刺激不直接采取发明的形式，而采取不同的观念之间摩擦的形式——进入精神境界的不仅是新的技术方法，还有各种各类

① 李：《16世纪伟大的英国人》，第28页。

新奇的和外来的观念。这样，随着文化接触而来的不仅是一种文化的各种因素转移到另一种文化中去；文化接触本身就是极其强大的刺激，成为历史上最重要的事情。

过去根本没有或极少有远距离的接触，刺激往往是由那些传统近似的各民族之间的有形接触而引起的。“正如在个人的智力发展中印象的冲突引起选择性的注意，在社会的精神发展中文化的冲突同样能唤醒建设性的潜在精力。”[①]这一事实导致了无根据地过分认为战争在刺激精力方面具有直接的重要意义这种错误。[②] 接触往往意味着战争，但没有战争的接触是同样有效的，就像在意大利文艺复兴这个例证上可以看到的。在这个例证上，刺激大部分来自对古代社会的观念与研究的再度发现，只有由于君士坦丁的占领，希腊学者分散到欧洲各地，在这种牵强附会的意义上，才能归因于战争。在更近的现代，刺激往往来自间接的接触，战争在其中根本不起任何作用——正如在艺术史中常常能够充分看到的那样，例如中国和日本艺术对欧洲绘画的影响。

突然刺激的结果可以使习惯崩溃。人们业已谈到，习惯的重要意义在于它具有这样一个特征，它使传统一旦形成之后能够维持下去。这样的崩溃，在我们周围的男人和女人的生活中，在突然压力的影响之下，是能够看到的。类似的某种东西也可以发生在

① 马雷特：《心理学与民间传说》，第73页。

② 例如，像李南在下面这段里造成的错误，但是这段话也包括真理的因素：“从这方面说，战争是进步的条件之一，猛烈的鞭策可以使一个国家保持清醒，督促它从麻木中解脱出来。人只有努力、斗争才能自立……如果有一天人类变成不再有外敌的和平的大罗马帝国，那将是智慧和道德处于最大危险的一天。”（《智慧和道德的革新》，第111页）

整个的一国之中。例如，格雷厄姆·沃拉斯教授详细研究了习惯的崩溃在说明法国革命的过激方面的重要意义。[①]

虽然在进展时期里总是可以发现刺激在起作用，但并不经常可以看到有利的胚种变化的证据。在这样的时期里，往往根本没有胚种变化的证据。在过去，毫无疑问，接触往往意味着民族的混合；虽然在现在的生物学知识状态下，我们有正当的理由设想差别不太大的两个民族之间的杂交往往会产生有利的结果，但我们没有充分的根据像一些作者（例如封·鲁山）所认为的那样把这些有利的结果归因于所有这些混血。结论似乎应当是：胚种变化从来只是进展的辅助原因，而传统变化却是对某些这样时期的全部解释。

正如我们所看到的，衰退时期有时候同不利的胚种变化相结合。传统可能具有耗费精力而不是激发精力的性质。但传统的直接不利转变，就像世界末日在某天就要到了这种信念一样，只是衰退的偶然原因而已。在传统所遵循的发展进程中，几乎不可避免地具有进展时期继之以饱和和冷淡时期的趋势。在艺术史上看来时常发生的情况是，在经过一段进展时期之后可以导致对一般大事的趋势的理解。如果我们观察任何艺术流派的极盛时代，我们便达到了例如以拉斐尔的门徒的作品或者也许有人会说，以拉斐尔本人的作品为范例的时期，这时艺术家们看来沉湎于艺术创作

① 沃拉斯：《伟大的社会》，第 80 页。“在一个安定的和传统的社会里，风俗习惯占据压倒一切的重要地位，以致法律只能按照它行事；政府机器的突然变化会使风俗习惯崩溃——不，在这样一个社会里，除了传统的发展所需要的那些法律，其他的法律几乎是不可能通过的。”贝洛克：《丹顿的生平》，第 142 页。

技术方面的实践。技术是为了表现理想才存在的,而这时理想却消失了。原来的刺激事实上已丧失了它的力量,表现理想的手段被误解为目的本身。技术变成玩物,没有任何要表现的东西,艺术采取了变换技术的形式,简言之,变成了因袭的。这是一般进步看来会发生的情况——对技术过程的情况要适当加以认可,因为要用它们来完成实际目的,所以衰退的机会较少。但一般说来,我们可以看到刺激力量的逐渐减弱、饱和时刻的来临,这时人们沉湎于刺激的影响下积累起来的大量东西,在艺术这个例证上有把已有的技艺用作目的本身的趋势。我们在希腊思想史里可以追溯到这种大事的进程。由于新刺激的出现等因素,大事的进程在许多方面可以发生深刻变化。但我们可以说,这种情况是由各种因素对传统的形成起着不可避免的作用所造成的,以致停滞时期、饱和时期,有时甚至是衰退时期有在突然的进展时期之后发生的趋势。

看来我们还是应当把差别生育率连同它对标志这些时期的胚种变化方向的可能严重影响归因于普遍存在着漠不关心的态度,而不像麦克杜加尔先生和其他人那样,把衰退的证据归之于差别生育率。因为漠不关心的意识与上层阶级最有关系,而上层各阶级对未来各世代人口的贡献最小。此外,我们还可以提到,衰退并不像有时人们认为的那样是个多么神秘的事物。极其复杂的组织乃是各种朝气蓬勃的文明,正如人们所说,“奇妙的是它们毕竟存在;需要加以解释的与其说是某种文明的衰退,还不如说是其他各种文明的长期持久不衰”。[①]

① 麦克杜加尔:《群众心理》,第146页。

在结束对这一问题的讨论时，我们可以提到，当最近时期我们已详细知道传统的作用时，变化就能够追溯到传统，而对传统来说各次周期性变化是相似的，但规模较大。人们的注意力被吸引到德国传统在特殊方向上的形成，它极其强烈地影响着这个民族的成就。这些事件不能说成基本上是由于胚种变化所引起的（虽然正如人们观察到的，大约在 1850 年开始的德国政体可能导致某种类型的德国人的移民），因此胚种变化以这一方式可以起很小的作用。同样，波尔战争期间的英国与 1906 年大选时的英国大不相同，这种显然传统性的差别足以影响这个民族的成就。这样的例证不胜枚举。在这些例证中我们看到，传统的趋势可以完全脱离胚种变化而倾向于一方或另一方，这样的趋势变化如果世世代代坚持下去，就可以导致进展时期或衰退时期。

十五

还需要讨论传统在现代差别生育方面的重要意义。首先必须进行比已经做过的还要更周密的分析，来分析那个表现出精神性状受到传统影响的形式，然后再探索上层阶级和下层阶级分别经受的特殊传统在多大程度上说明了它们所表现出的精神特征。

正如已经指出的，智力所遵循的工作方向和它进行工作的程度极大地取决于传统，这是显而易见的。根据传统的性质，思想将处于原始阶段或常识阶段。但气质的表现就不这么明显受到传统的同等支配了。同白人相比，黑人天生温和、性情好和不自负。可是美国人经常抱怨黑人无礼和粗暴。这些性状显然应归因于美国黑人所遭遇的环境；他们的被人看不起以及他们遭受的令人不快的种种微小限制引起了黑人的反感，而这使他们表现出“无礼和粗暴”。换句话说，他们的气质被传统所大大改变了，使人误以为表现出来的就是他们的天性。在前一章里曾经提到埃及农民的奴性。若干世纪的古老的压迫传统在这一特性的产生中起着主要的作用，虽然比较自负的一些人之被淘汰可能产生低水准的自负。关于自负和自恃，如果我们将英国财团公立学校的学生同埃及农民相比，则所表现的性状对基础天赋差别不形成任何指南。在前者中，自恃受到强烈的鼓励；在后者中，它受到阻碍。但如果我们在英国公立学校的学生彼此之间进行比较，并在埃及农民彼此之间进行比较，那么，所发现的差别在很大程度上就是某种天生的差别，因为传统大概是相同的。还有，让任何一个人观察一下英国士兵对待我们有色人民的态度，或者为此他能了解到后者对待英国士兵的态度，他就会毫不怀疑传统对于产生命令的态度及其反面——服从的趋势——的重要意义。

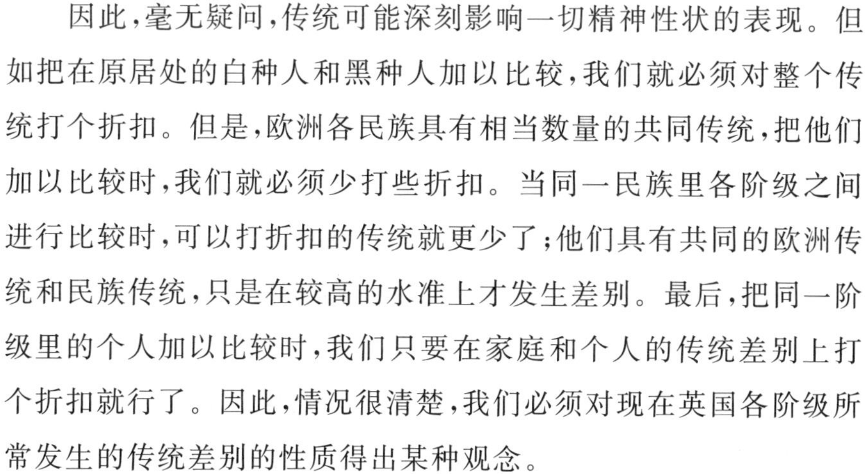

因此，毫无疑问，传统可能深刻影响一切精神性状的表现。但如把在原居处的白种人和黑种人加以比较，我们就必须对整个传统打个折扣。但是，欧洲各民族具有相当数量的共同传统，把他们加以比较时，我们就必须少打些折扣。当同一民族里各阶级之间进行比较时，可以打折扣的传统就更少了；他们具有共同的欧洲传统和民族传统，只是在较高的水准上才发生差别。最后，把同一阶级里的个人加以比较时，我们只要在家庭和个人的传统差别上打个折扣就行了。因此，情况很清楚，我们必须对现在英国各阶级所常发生的传统差别的性质得出某种观念。

十六

我们已经提到了以下这种奇特的事情：根据有机理论形成的社会组织，虽然大大促进了传统的传播，但社会上不同组成分子之间却发生了巨大的传统差别。我们把这种情况归因于以下这些事实：首先，不同的组成分子专门钻研不同种类的技术；传统数量庞大，使每个人不可能吸收所有的传统；就技术而论，每个人吸收技术的某种发展，这种专门化的发展构成他在社会上的功能的特征。这可以说明各阶级在技术方面的差别，但人们可以问，为什么它能说明礼仪、风俗习惯和生活方式的差别？不管社会上的不同分子所执行的职能是什么，现在各个成员不全都相像吗？无论如何，不都享受相同的特权吗？他们不都有家吗？除了他们的职业以外，他们不都可以接近相同的兴趣吗？风俗习惯有差别，并且差别是如此之大：一个公立学校的男孩子发现自己在军队里当兵是外行，一个大学生发现自己难以同他在工人俱乐部里碰到的人建立普通的人际关系，就像他同他那个阶级的人在一起时毫不费力地建立起的那种关系。

这些差别可以归因于财产所有权已经成为一种社会职能。此外，还发生了为财产所有阶级保留一些职业的情况；这些职业虽然不提供高报酬率，但正如拥有财产那样，提供大量闲暇机会。这样，财产所有者作为一个阶级，就具有培养生活艺术的时间与手段。正如所有人会同意的，其中有些结果是有价值的，有些结果是有害的；但就大部分说来，生活艺术的培养导致的增加的习俗，它们既不是有用的，也不是有害的，而只是形式的东西。另一方面，雇佣劳动阶级既没有时间，也没有手段，来形成任何习俗。为了仅仅糊口而每天长时间工作，他们不可能开展这样的习俗惯例，也不可能吸收其中的大部分。他们的生活方式没有地方容纳这些习俗惯例。财产所有还会产生其他后果。拥有财产就是力量。在拥有财产的阶级中会产生自负的传统和支配的习惯，而在雇佣劳动阶级中却会产生自卑的传统和服从的习惯，传统和习惯如此强大，以致极大地模糊了天赋性状。因此，我们可以有趣地注意到，一位卓越历史家根据这些原理，而不是根据胚种的差别，来回答以下这个问题：为什么军事史表明，岁数大而经验丰富的人在战场上会追随上层阶级的青年人而战死，而不会追随他们自己阶级的一个青年人去死。人们可以反对说，方才所说的情况极少适用于今天，现在雇佣劳动阶级的顺从并不很明显。这是事实，但这是最近的变化。这种变化之所以发生，毫无疑问是由于雇佣劳动阶级获得了力量并知道这种力量。没有一个人能把这种差别归因于胚种变化。雇佣劳动阶级由于种种理由而没有吸收有产阶级的风俗习惯：其一，他们的生活中仍然极少有容纳这些习俗的余地；其二，他们趋于以敌对的态度对待与有产阶级有关的每件事物。可是，与此同时，我们应当记住，上层阶级传统的许多因素的存在取决于雇佣仆役。

对这些传统差别的性质的认识是可以根据极不相同的方式得到的。上层阶级的许多成员试图对比较不幸阶级的生活条件发生兴趣。在大多数例证里取得的这种经验，究竟在多大程度上对弄清现在所研究的问题有价值，实属可疑。但是，让任何没有偏见的人去到任何大城市的工人阶级区域并在那里生活，除了体验生活条件以外并不抱有其他目的，在这样的环境之下，他心里逐渐形成的结论大概将是下列性质的某种东西。无论如何，似乎男孩和女孩在气质、性情和智力等方面的天赋品质，很多都是他的男女同学或从前与他结识的男孩与女孩的品质。他对工人区男孩和女孩从中成长的条件越熟悉，似乎他们的精神水准的特性与限制就更加引起他的注意。同他自己阶级的儿童比较起来，工人阶级的儿童极少有机会超出他们的精神水准的特性与限制的范围之外。有两三间房的家，生活阴暗而又单调——如果不是更坏的话。这种生活从大城市的小街上能看到的令人兴奋的事情得到了解脱，或者后来由电影院与偶然的足球比赛加以调节，继之以结婚和在令人沮丧的条件下养家育儿的斗争——好像在个人亲自体验之前，就不能充分估计其重要意义的所有这些特征，似乎恰当地解释了一个阶级的成年人同另一阶级的成年人的差别。总的说来，任何具有这种经验的人不存在更加卑劣的东西这种说法是会令人感到奇怪的，而提出天赋低能这种假设来解释存在着的卑劣的东西也不会受到推崇。

十七

因此，社会各阶级之间确实存在深刻的传统差别，就我们已经进行的研究而论，看来它们可以解释所表现出来的一切精神差别，至少它们必然可以解释很大一部分精神差别。但是，虽然我们能够延长根据相同理论所进行的讨论，并提出倾向得出同一结论的许多证据，但我们却不能得出任何确切的结果。因此，我们可以进一步探索究竟各阶级之间是否存在天赋差别的任何证据。

仅仅观察各阶级的男孩和女孩并不能表明任何差别。仅仅观察是不够的。可以从两方面来研究这一问题。我们应当注意关于儿童智力的现代方法的研究成果，我们也可以探索上升到高级社会地位的那些人是由于什么性状而出类拔萃的，还可以进一步探索，是哪些可设想出的天赋差别构成了这些明显差别的基础。为测验不同社会地位的双亲的孩子的相对智力所进行的调查，结果是相当一致的。例如，布里奇斯与科尔斯研究发现，"智力极大地取决于'社会学的条件'"。他们进一步说："当根据父母的职业划分孩子的类别时，在智力系数和职业类别之间表现出明显的相关。因此，可以用智力年龄而不用自然年龄来决定开始上学的时间。例如，自由职业这一类别的孩子比非熟练工人类别的孩子要早两年上学，因为前者智力上的成熟比后者要早得多。"① 对这种观察的解释引起了重重困难。人们不知道较早的成熟期对成年人的智力有什么影响。虽然环境的直接影响大概无足轻重，但毫无疑问，这并不排除传统可以影响这种结果的可能性。的确，男孩子的相关系数比女孩子要高，这个事实说明传统介入进来了。虽说如此，对这些结果的研究表明，不能在传统方面找到全部解释，我们在这里看到了拥有较高社会地位的父母的孩子在智力上有着某种优越性的迹象。我们所能说的仅此而已。

① 布里奇斯与科尔斯：《心理学评论》，第XXIV卷，第29页。这些作者本人并未认定关于他们所得出的结果的解释的任何一种看法。这一事实给予这些问题的研究者这样一种印象：这一研究不是抱有任何偏见而进行的（很不幸，这种不抱偏见的情况在这一问题的研究中是不普遍的）。

十八

让我们用另一种方法来研究这一问题。我们能够发现在现代社会中成功的那些人，也就是人们称之为从雇佣劳动阶级这个等级上升的那些人所具有的什么特征吗？如果我们能够的话，那么，这些性状是什么，并在多大程度上我们必须假设天赋差别的存在来说明它们？我们可以认为今天英国的上层社会阶级大致分为三个类别——自由职业阶级、商业阶级以及他们的父亲、祖父或更远的祖先以一种或其他手段占有了财产。后一类别中的一小部分是在同今天处于支配地位具有深刻差别的条件下取得这种地位的。这一部分占比很小，我们在这里不需要进一步研究它。所谓上层阶级的大部分都是在现存条件下取得他们的地位的，或者他们的祖先在同现行条件差别不大的条件下取得这种地位。那么，在这些条件下表现出来的导致成功的特征是什么呢？

人们常常设想智力是成功的主要因素。当谈到任何行业中成功者的事业时，几乎肯定会做出这样的评论："他一定是极其聪明的人。"不仅在普通谈话中会做这种设想，而且在慎重研究这一问题时也会做这种设想。这种设想毫无疑问是错误的。在性状中有许多因素比智力对成功的贡献更大，就像工作能力、精力、抱负、支配的欲望以及机智等等。此外，职业上的成功几乎和商业上的成功一样，在同样大的程度上可以归因于这些特征。这些特征的有利结合，甚至在人们可以设想只有智力才能得到鼓励的要求精确学问的职业中，能够使人实现巨大的成功。除此以外，从观察和经验中极少了解到更多的显著事物——指同通常想象的观念相矛盾的显著。毫无疑问，性状中对成功最为重要的因素，是那些我们必须归因于性格和气质差别而不是归因于智力差别的因素，只要我们最终能够把这些因素归因于天赋差别的话。

从根本上说，这就是我们要知道的内容——存在着什么天赋差别。当试图首先决定外表上存在的特性时，我们必须记住，传统可以有力地扭转——有时具有可取的性质，有时具有不可取的性质——上面提到的像抱负这种较简单的特性。例如，在商业界，成功的人从许多角度上看是这样的人，他的理解力超出别人之上，他从别人那里得到的东西超过别人从他那里得到的东西。但是，我们是在想象他具有某种内在的东西迫使他如此对待他的同行吗？或者我们是在想象，抱负和爱好权力这样较单纯的特性在特殊传统的引导之下导致了这样的行为，而他自己并没有任何确定的愿望，甚至也许连他确实在做什么，也没有任何清楚的认识？第二种解释是最符合事实的解释。下面这种情况似乎是清楚的：随着传统在若干年中发生的变化，有精力、有抱负的人们被引导按这一方向或那一方向而进行活动。现在，毫无疑问，就某种程度来说，他们被引导到"富有进取精神"的方向上——法格先生称之为"野心勃勃的作风"。把特殊天赋特性的作用误解为人们活动的结果，那总是危险的。也许历史上很少有像制定狩猎法那一代人的行为那么粗俗的事情了，可是就是这些人不仅以无限的热情引证经典，而且还被废除奴隶制度的真正同情和利他主义所感动，但他们对这个制度的种种恐怖情景只是从报告中得知的。

这些较简单的特性本身是许多因素的极其复杂的表现，传统

是这些因素之一。但在我们所考虑的从低级升到高级社会地位这一特殊问题中,不能认为传统是造成差别的原因。事实上,毫无疑问存在着气质和性格等天赋方面的差别,这些差别构成了导致成功的各种特性的基础。奇怪的是,被人们所忽视的气质差别大概是最重要的,并且也许是成功的一半秘诀。在导致成功的气质特征中,我们应当注意到低度的易疲乏性、高度的恢复能力、反应的速度、乐观的本性、气魄、精力和健全的神经状态。在性格的特征中,我们同样应当注意到自负、竞争和进取等本能。在现代条件之下,形成习惯的力量大概也是对成功很大的帮助。

智力起什么作用?根据它毫无疑问对于成功是一种帮助这个事实来判断,虽然它不像往往被认为的那样是个很强有力的因素,但我们可以得出结论说,各阶级的智力有些差别,大概是极轻微的差别。当智力伴随着成功的时候,与其说它是成功的主要原因,不如说它属于偶然有利因素的性质。强有力的自负本能将发挥它的作用,它的占有者大概将在某个地方成功;强有力的智力,如果缺乏其他天赋素质,或者说其他天赋素质没有得到充分发展,就不能提高它的占有者在世界上的地位。

虽然一方面根据智力测验和另一方面根据对导致成功的素质的分析等所进行的研究,毫无问题可以得出成功的人和不成功的人之间存在着天赋素质的差别这一结论,但由于以上提出的原因,我们有理由认为各阶级的差别是不大的。因为我们必须记住,截至目前,具有某些素质的人们都埋没于下等阶级中,迄今这些阶级的人中只有极少一部分能够走上商业上或自由职业上成功的道路。当考虑到成功的问题时,我们还必须不要忘记在复杂的现代条件下幸运的偶然事件所起的作用——仅仅偶然发生的事情就改变一个人生活的整个进程，它可以决定这个人究竟是成功还是不成功。还有，一旦取得某种地位，极少或根本没有值得说的重陷下等阶级的机会。这就是地位和身份的影响，在大部分情况下，不管天赋素质可能怎样，已经赢得上升之道的那些人的后代可以保持住他们的地位。因此，总是在起作用的向中间状态的倒退，必然趋于减轻各阶级之间存在的天赋差别。

十九

最后，我们一定不要忘记还有一个极其困难的问题，因为它以最深刻的方式影响对这些差别的意义做出的判断。我们必须探索现存的差别的价值是什么。不能单独把成功当作成功的人表现出来的性状价值的指标。的确不可能有任何疑问，如果其他情况不变，平均智力下降会是一件不幸的事情。同样，总的说来，我们可以把已经指出的导致成功的那些气质方面的素质看作是有价值的。但在没有更多的研究之前，我们不能肯定地说，使成功的人突出的一切气质、素质都是值得向往的，更加难以肯定地说，在现存的条件下，自负、进取和竞争等本能的进一步发展会是可取的；情况甚至可能是，我们可以对标志成功的一些素质的平均强度减弱至少泰然处之。进取和自负的本能在过去是具有巨大价值的，人类对显著具有这些素质的人的事业所支付的代价确实很高。但是，如果留心欧洲社会进化的现阶段，人们是否应当说，当进取本能发展到超出平均水准之上的时候，总的

说来是有害的，而我们似乎正趋向于以某种形式的合作来代替或缓和竞争。

如果我们探索一下我们民族所重视的是什么，就可以从另一角度来看这一整个价值问题。因此，以后我们有理由详述我们所认为的构成我们民族最好特征的那些素质。它们不是自尊而又谦虚、固执而又厚道吗？在部队中服过役的任何人都不会同意，总的说来这些品质在部队往往比全国的其他阶级发展得要差些。在这个问题上，我们也许应该记住，在没有物质资财的情况下，面对生存的基本事实时，一种同志感可以提供对这些品质的促进，而沉湎于不太迫切的生活必需品却可以阻碍它们的表现。就这是事实的程度而论，当试图估计各阶级的天赋能力时，我们必须进行必要的斟酌——在所谓上层社会中，斟酌那些对这些品质的表现不利的条件；在所谓下层社会中，总的说来，斟酌那些也许是促进它们的表现的条件。不管怎样，我们认为这些品质是我们民族所提供的最有价值的品质，我们未来的最好希望寄托于它们能保存下来和它们得以表现的更大机会。但是，谁要是主张这些品质的占有超过平均量便是成功者的特征，他会是一个勇敢的人。同样的说法可以适用于良好的嗜好、良好的习惯和其他品质，它们至少可以增进生活的乐趣。

对现代差别生育率的影响做出判断是多么困难的问题，这至少是显而易见的。人们有理由认为，在差别生育率中看到周期文化进程的原因的那些人，既过高估计了差别生育率的结果，也忽视了所涉及的各种变化的某些方面。差别生育率不是一个可以忽视的因素，它正在产生的结果要求最慎重的研究。但是，就我们所知而论，我们应当把它看作是周期历史进程的结果，而不应看作是原因——历史变迁所采取的进程主要是由于传统的变化。这一结论，同本章里关于传统的变化和胚种组织的变化的相对重要意义所说的一切内容，是协调一致的；后一变迁形式远非无足轻重，但它是历史大事的辅助原因而不是基本原因。

第二十二章 结论

一

我们已经试图从人口诸问题的出处追溯了它们的起源，并指出了它们的性质与互相依赖的情况。它们被追溯到人类在自然中的地位。人类的祖先必然一度受到自然中一切生物现在所受到的种种条件的限制。我们研究了这些条件，并且表明，生殖力基本上取决于任何一种生物的幼体所遭受的一切危险的总和——也考虑到了一部分卵将不能受精这种事实。我们还表明，变迁或历史——如果关于这件事可以说是历史的话——只是由于胚种的变化，并曾进一步指出，如何可以设想胚种变化的发生。虽然可以对所发生的情况的主要轮廓做出一些推断，但我们的研究却还弄不清楚人类祖先摆脱这些条件的早期各阶段。关于以后各阶段的证据，在有史时期以前，我们主要依靠这种方法：运用我们关于现存原始民族的知识来弄清史前民族的情况。

二

人口问题分为两个主要方面，即数量问题和质量问题。但所有的人口问题是彼此交织着的，解决任何数量问题的方法对人口的质量也有影响。这样，调节数量的方法由于影响胚种变化而影响质量，在历史上较晚各期中，数量的增长由于它对传统的影响而影响质量。研究任何一个问题都不可不讨论到它对数量和质量两方面的作用。例如，今天人们几乎总是仅仅以质量观点来研究差别生育率，人们忘记了生育率的降低可能是经济条件的要求，并且可能必须从上层阶级中开始。因此，虽然就差别生育率产生不利的胚种变化这个程度来说是令人遗憾的，但是我们必须记住，就数量而论，不能适合经济要求可以酿成更大的不幸。

三

关于数量问题，我们看到了从历史上第一期以来，也就是说，从人们开始可能获得合作的利益那个时候以来，对每个集团来说，接近最适宜人数是最重要的事情。这个人数就是——考虑到环境的性质、使用技术的程度、这个民族的风俗习惯和一切其他有关事实——提供最高人均报酬的人数。这个人数并不是永远固定不变的。与此相反，随着有关条件的变化它会不断地变化，并且，由于整个历史中技术趋于提高，经济上可取的人数也趋于增加。我们曾经指出构成马尔萨斯所提出的完全不同的主张的基础的一些错误；对他来说，无所谓人口过剩这种东西。根据他的看法，人口在任何时候都增加到了可能的限度，并且处于受到阻碍的过程中。按照现代的看法，人数可以接近于可取的水准，可以没达到这个水准，也可以超过这个水准，如果后两种情况的任何一种发生了，那么，人均报酬就不会达到本来可达到的高度。

数量问题在任何时候和任何民族中都存在。不可能避免这一问题。数量问题只在某些时候和某些地方出现这种通常的见解是基于没有掌握住生育力的强度。几乎毫无例外，偶然限制人数增加和引起淘汰的那些因素不足以减少生育力，并从而把人数降低到最适宜的水准。这就引起了直接限制生育力并造成淘汰等因素的需要了；在原始民族中，这些因素采取堕胎、杀婴和长期戒绝性交等形式。这些因素和所达到的经济阶段并不相关，因此，我们没有理由设想，任何一个因素曾经在任何一个史前阶段中盛行过，虽然我们必须设想这些因素中的一种或更多种总在起作用。这一设想被以下这种事实所证明：当我们能够看到史前民族出现于有史时代的任何时候，我们就看到了这些因素中的一种或其他种的存在。此外，我们有各种理由设想所使用的这些因素通常是有效的，因此在历史上第一期和第二期中，通常取得了对最适宜人数的某种接近。

第三期在许多方面同以前各期不同。首先，可取的人数不断在增加，增加得如此之多，以致人们把递增的人数看作是人类社会的正常特征，而事实上在整个历史过程中，人数是稳定的。很可能我们正接近于在正常情况下人数又将稳定的一个时刻，因为虽然人口增加在经济上仍然是可取的，但从人类幸福的更广泛的视角来看，也就是说，当考虑到平均每人所得以外的其他事实的时候，它可能不再是可取的。其次，由于许多扰乱因素在起作用，往往达不到最适宜的人数。其中最主要的是可取人数的波动，以及一些淘汰因素，如战争、疾病和迁徙等反常活动。

就整个数量问题而言，显然，解决这个问题的必要性，对一切时代的一切社会来说都产生过最深刻的影响。它对两性的关系——围绕这一关系极大地集中着人类幸福和每个成年人生活的最密切和最有价值方面以及与家庭相关联的那些方面——都有直接的影响。过去，问题的解决是下意识地或半意识地完成的；现在，人类逐渐有力量在适当地研究了情况之后，有意识地判断什么是最好的解决办法。

四

现在转到质量问题，我们发现自然中生物的变化，以及因此在我们人类祖先中所起的变化，仅仅是由于胚种的变化。正如人类摆脱了自然中一切生物在数量方面所处的地位那样，人类也摆脱了这些生物在质量方面所处的地位。换句话说，认为人类史只是由于胚种变化所形成的是不可能解释通的。传统逐渐成为越来越重要的因素；环境的直接影响也比对于自然中的生物具有更大的重要意义，虽然同传统的变化和胚种组织的变化比起来，它仍然是相对地无足轻重的。但是，就身体性状的永久变化而论，胚种变化几乎保持着它的充分重要意义。

我们已经看到，出现在我们面前的身体性状是一些胚种因素和一定环境的相互作用的表现，并且，除了疾病以外，环境里通常发生的这些变化不以任何显著的方式影响这些性状。传统并不直接参与身体性状的表现；它的确变更着环境，但那是另一个问题。虽说如此，当我们开始研究较小的差别，就像在现代社会里发现不同阶级的成员之间的那些差别的时候，在环境的差别作为产生这些差别的辅助因素被排除之前，必须给予最大的警惕。概括地说，我们可以说身高、视力、肌肉力量等都是胚种差别的表现，但由于不同的器官对环境差别的敏感性有所差别，因而它们所表现的程度不尽相同。从而必然的结论是，至少就身体性状而论，胚种组织是最主要的。由于寄生虫而感染的疾病是另外一个问题。寄生虫可以消灭，而预防性药物可以使疾病感染变得不重要。由于结构缺陷而产生的疾病必须同其他身体性状归在一类，并且不管我们是在研究健康(传染病免疫除外)、身高或任何其他身体性状，我们都必须把胚种组织看作是最主要的因素。

但是，当我们探索什么事物引起历史家分内应该记载的那些大事的时候，我们所想到的不是身体性状的变化，而是精神性状的变化。有三种因素要加以研究，即胚种变化、传统变化和环境的直接影响，最后这个因素我们可以略而不谈，只要回忆一下它有时候可能——就像慢性病在某个时候影响一个国家的很大部分居民这种例证——阻碍进步就行了，它从来不是真正的进步原因。把环境的直接影响这样贬到各因素中极其附属的地位，我们并不是要把环境看作是人类史上或男人与女人的生活中极不重要的事物而放过去。虽然环境对胚种的直接影响和它对形成传统的影响极少被明显地区分开，可是它们是完全不同的；事实上，在认为前者具有极小的重要意义的同时，我们发现后者的重要意义越来越增加，以至发展到完全支配胚种变化的地步。

但是，当认识到了这一区别并对这些因素的相对重要意义的估计做出了毫无偏见的努力的时候，似乎情况往往遭到意外的误解。人们往往认为，将来我们民族的成就或一般人类的成就总得主要取决于胚种变化的过程，并且往往认为，环境对于传统的作用只是在今天或任何时候人们的生活中才是重要的。但这是对情况的误解。想到以前各章关于什么是遗传的东西和关于环境的直接影响的各种讨论，让我们问一问，首先在今天的人们之间，然后在整个历史中，到哪里去寻找胚种变化的重要意义。关于身体性状，除了疾病以外，人们之所以是现在这样，主要是由于他们的天赋，这是清楚的。一个人究竟是高或矮、白或黑、蓝眼睛或黄眼睛，更加重要的是，他是否健康，有气魄，强壮，具有天赋的良好视力与听觉，简言之，他是否具有健全的身体组织，这些主要是天赋问题——假设环境的差别不超过现在一般发生的那些差别的话。同样的结论适用于精神性状，不过要承认气质对环境变化表现出的显著程度的敏感性。究竟一个人是否有超过一般程度的智慧，是否显然自负、好斗或进取，能否经得住疲劳或能从疲乏中恢复过来，都取决于他的天赋。但同时这也是事实，即成就在很大程度上受传统的支配。如果成就的标准是个历史标准的话，例如，某个民族的一个人同属于不同时期的本民族的另一个人相比较，或者某个民族的一个人同另一个民族的一个人相比较时，就符合事实。如果比较是在同一民族的同一阶级中进行，就不符合事实，因为在同一民族的各个阶级中传统大概是相同的。而在传统相同的地方，成就是计量天赋的标准。一个阶级里的传统往往是如此相同，以致任何时候精神性状的外部表现几乎同身体性状的外部表现一样是天赋的标准。因此，并不是根据历史标准来判断一个人的成就，他的思想是遵循原始方式还是遵循常识方式等也不取决于他

的天赋，而是他将如何运用他那个时候的传统取决于他的天赋——换句话说，他的成就同他周围的人的成就的比较取决于他的天赋。

因此，根据历史来推断的成就，在很大程度上可以通过环境对传统的起源与传播的影响得到解释。但是，当考虑整个人类史的时候，直到一个很晚的阶段之前，成就基本取决于胚种变化。但这一很晚的阶段远在“历史”这个词的普遍意义开始之前的千万年。从不晚于旧石器时代的末期开始，历史大事进程的解释基本上不能在胚种变化中去寻找，而要在环境对传统的影响方面去寻找。在后来各阶段中，胚种变化的重要意义并非微不足道，但是胚种变化与其说是这些大事所遵循的进程的原因，还不如说是这些大事的结果。结果又作用于原因，从而加速了这一过程。最后，当研究最近历史阶段的时候，我们得出以下的结论。我们发现，构成这一时期历史特征的进步率的巨大加速，不能通过质量的变化，而是可以通过人口数量的增加得到解释。人口增加虽然未必导致社会的分节组织的崩溃和社会组织的有机类型的兴起，但它是前者崩溃和后者兴起之前不可缺少的条件。这就是人口问题的循环论证。自然中生物的变化只以胚种组织的变化为基础；我们人类祖先当中的变化，同样是人口质量的变化问题；但对从广义来看的最近历史中最突出的事实的解释，却要在人口的数量变化中，而不是在它的质量变化中去寻找。

根据上一章指出的理论，把旧石器时代晚期以来的大事进程解释为由于传统，一般说来是令人满意的。一方面，这种事实得到了斟酌，即民族的差别确实意味着智力上和道义上素质的差别，这

些差别总的说来是同传统变化一起发生的，从而加强了沿着一些路线变化的趋势；另一方面，显然偶尔发生的事情也确实为大事进程提供了曲折的道路。把后一现象同这一理论的一般趋势协调起来并不困难。在某些条件之下，某位显要人物的死亡或不健康，或者一位强有力的大臣一时的念头，看来可以转变历史的进程。但实际上这些事件只具有暂时的影响，并不能掩盖我们所指出的因素的一般作用。

天赋品质和传统的关系可通过隐喻的使用加以说明。传统就像人类正在修建的某一巨大建筑，每一代人都给这个建筑加上少量的砖。任何一个人对这个建筑做出贡献的那部分究竟是底层或各上层之一，完全取决于他所属的民族和时代；他将砌的砖的种类和他将使用的砌砖方法，大部分也是这样决定的。他对这个建筑的贡献是由以前各代精心做出的建筑计划、它们准备好的砖以及它们应用的砌砖方法所支配的。但在任何一代里，一个人同他的同行比较起来，是否精力充沛地和聪明地砌砖，则将取决于他的天赋品质。

因此，我们的结论必然是这样一种结论。那些把人类将来的身体条件的希望建立在胚种变化基础之上的人，他们的希望是建立在健全的基础之上的。不管我们控制和支配生死过程的力量可以增加到多么大，说到底，令人满意的身体条件只是一定的胚种组织的产物。另一方面，认为精神性状方面胚种变化将影响社会的进化和形成历史进程的那些人，总的说来是错误的。历史进程基本上取决于传统的变化，而后者大部分是同胚种变化没有关系的。正如 19 世纪里显著发生的事情（例如，德国的思想和行动沿着一些路线的转变导致了巨大的灾难)是由于传统的变化,而不是由于胚种的变化,同样现在压迫欧洲社会的问题是否得到解决,或者是否某种更大的灾难将是它的结局,而不管它是在一个较长的时期达到顶点或忽然爆发在我们面前,都将取决于传统的变化,而不取决于胚种的变化。此中理由在于,传统的巨大积累掩盖了精神性状的外在表现,决定着智力活动的方向并形成了本能的表现。但是只要传统是相同的,那么,迄今为止,天赋精神差别在人与人之间确实是表现出来了,并且由于传统——即使不是在各民族之间,至少是在同一民族的各阶级之间——是大致相同的,就这个程度来说,天赋智力对个人具有突出的重要意义。

图书在版编目(CIP)数据

人口问题:人类进化研究/(英)亚历山大·莫里斯·卡尔-桑德斯著;宁嘉风译.—北京:商务印书馆,2017
(汉译世界学术名著丛书:120年纪念版:珍藏本)
ISBN 978-7-100-14126-0

Ⅰ.①人… Ⅱ.①亚… ②宁… Ⅲ.①人口学—研究 Ⅳ.①C92

中国版本图书馆CIP数据核字(2017)第139541号

汉译世界学术名著丛书
(120年纪念版·珍藏本)
人 口 问 题
——人类进化研究
〔英〕亚历山大·莫里斯·卡尔-桑德斯 著
宁嘉风 译
楠木 校

商 务 印 书 馆 出 版
(北京王府井大街36号 邮政编码100710)
商 务 印 书 馆 发 行
北京新华印刷有限公司印刷
ISBN 978-7-100-14126-0

2017年12月第1版　　开本710×1000 1/16
2017年12月北京第1次印刷　　印张37¾
定价:188.00元